ものが語る歴史　39
蕨手刀の考古学

黒済和彦

同成社

はじめに

　蕨手刀は、江戸時代より好古家の知るもので、古剣・古刀として図譜などに残されてきた。やがて明治時代には柄の形状が早蕨に似ることから、「蕨手刀」と呼ばれるようになる。蕨手刀の研究は、明治時代以来、先学により多くの研究業績が残されており、これまでのところ奈良時代を中心とする年代観は、各研究者で一致するところである。しかし、祖型、出自、使用者などの諸問題については、諸説があり、研究者間で意見の相違がみられるのが現状である。

　その分布では、北は北方領土国後島から南は鹿児島県まで日本列島各地で発見されるものの、出土例は東北・北海道に圧倒的に多く、とくに東北地方北部に著しく偏在する。そうした分布状況から「蝦夷の刀」と呼ばれる所以でもあるが、これまでのところ大陸、朝鮮半島などからの発見例がないことから日本列島固有の横刀と位置付けることができる。出土状況では、戦後の高度経済成長期を境として、それ以前は偶発的に発見される例がほとんどで、蕨手刀その物の発見に留まり、遺構の詳細記録が残されるものは少なかった。しかし、昭和40～50年代（1965～84）の国土開発の増大と文化財保護法改正にともなう各自治体などによる行政発掘が行われるようになると、発掘調査による出土例が増加し、蕨手刀その物の発見だけに留まらず、出土遺構に関する詳細記録も多く残されることとなった。その多くの場合、古墳・墳墓の副葬品として出土することが明らかとなっている。

　蕨手刀の研究は、昭和41年（1966）の石井昌国著『蕨手刀―日本刀の始源に関する一考察―』によって集大成された観がある。その著書は、蕨手刀を研究する者にとってバイブル的存在ではあるが、刊行から約半世紀を経た現在においても、石井が集成した当時の資料をまことしやかに使用しているのが現状で、筆者はいささか歯痒い思いをしてきた。かねてより筆者は蕨手刀研究の実

践にあたり、考古学はしかり文献史学・刀剣学等々の諸学の他、江戸時代からの好古家の業績も絡めた研究史の検討が必要と考えていた。型式学的研究一つをとっても、石井の業績をはじめ先学の業績が多々あり、本書を借りてその検証を行いたい。

　平成26年（2014）7月に岩手県野田村において「北三陸の蝦夷・蕨手刀」（岩手考古学会第46回研究大会）と題する研究報告会が開催された。その中で西澤正晴が基調報告「蕨手刀概論」を以下のように示している。蕨手刀の見方として、それを構成する主要な属性は、足金物・柄頭・柄の反りと絞り・刀身の長さなどで、その組み合わせによって型式を設定している。これまでの分類案でも、一つの型式内において、同一型式であっても刀身幅が異なっていたり、刃長や柄の長さが異なっていたり、さまざまな差異があった。相対的な組み合わせとしては矛盾がないものの、同工品論など先の議論を進めるためには、さらなる詳細な分類研究が必要であると指摘した。西澤は（公財）岩手県文化振興事業団埋蔵文化財センターで発掘調査に従事する東北地方での蕨手刀研究者の一人である。かつて西澤は岩手県一関市河崎の柵擬定地出土資料を基に刀身の長さについて、①刃長が330 mm以下のものを短寸、②刃長が331〜480 mmのものを中寸、③刃長が481 mm以上のものを長寸と分類した。新しくなるにつれ、刀身が長くなると考えられることが多いが、新しい時期でも中寸や短寸のものが一定数存在すること、足金物との関係からも、刀身の長さ①から③は、時間的に並行する。時期が新しくなるにつれ、③が増加する傾向にあるが、単系的に短寸から長寸へという変遷は辿れないことを指摘しており、傾聴に値する報告である。短寸・中寸・長寸の蕨手刀が同時に存在することは、その用途の違いを具現化しているものと考えられ、そうした蕨手刀に関する積極的な研究姿勢は、出土例が最も多い岩手県の伝統でもあり、江戸時代の蕨手刀発掘調査報告に始まり、中央学界に提供された数々の出土資料報告、地域史研究など枚挙に暇がない。

　本書は蕨手刀について、これまでの出土資料の情勢と先学の業績を踏まえ、型式分類および編年をとおして、古代の東国地域、陸奥国南部から以西の東山

道・東海道の諸国での様相、その分布から出自と普及、その所有者像について検証を試みるものである。

　なお、蕨手刀が盛行した奈良時代は、東国と東北において東北経営および蝦夷征討の歴史が綴られた時代であった。蝦夷征討の際、東国の立ち位置は対蝦夷の兵站であったことや、俘囚の移配地などの諸問題がある。とくに俘囚の移配地については、東国以西において蕨手刀が出土すると、そこは俘囚移配推定地とする傾向が今でもみられるが、東北北部出土と東国以西出土の蕨手刀は、形状が明らかに異なることを、声を大にして発信しなければならないと感じている。地域史研究として蕨手刀という一つの出土資料から何を導き出せるのか、筆者は正史における中央からではなく東国の民としての視点で論を進めたい。キーワードは「なぜ、蕨手刀は東北北部に多く分布するのか」である。

目　次

はじめに

第Ⅰ部　研究篇——蕨手刀とは何か—— ——————— 1

第1章　先達による先行研究 ……………………………… 3
　1. 蕨手刀とは何か　3
　2. 考古学黎明期までの記録と研究　4
　3. 考古学による実証的研究　20
　4. 考古学以外の文献史学・刀剣学・金属学における研究　58

第2章　蕨手刀を出土する遺跡と遺構 ……………………… 67
　1. 遺跡の分布状況　67
　2. 各地域における出土状況　68

第3章　型式分類・編年・型式別分布 ……………………… 88
　1. 型式分類　88
　2. 編年　102
　3. 型式別分布　106

第Ⅱ部　資料検討篇——畿内求心東西地域における蕨手刀—— ——————— 113

第1章　上野国（群馬県） ………………………………… 115
　1. 上野国における出土蕨手刀の概要　115
　2. 蕨手刀の出土遺跡　115

3. 上毛野（上野）地域の地形と蕨手刀の分布　118

4. 型式と編年　121

5. 7〜8世紀の上毛野（上野）の動向による蕨手刀の検討　134

6. 上野国における蕨手刀出土の意義　146

第1章付編　上野国（群馬県）出土蕨手刀集成　149

第2章　信濃国（長野県） 159

1. 発見・発掘履歴　159

2. 佐久市蛇塚古墳出土の蕨手刀　161

3. 遺跡・遺構と出土状況　162

4. 出土資料の型式　164

5. 分布の特徴　166

6. 東北経営の記事　168

7. 信濃国における蕨手刀出土の意義　169

第2章付編　信濃国（長野県）出土蕨手刀集成　171

第3章　下野国（栃木県） 178

1. 芳賀郡益子町田野山居台　178

2. 足利市文選遺跡（東光寺境内）　179

3. 下野国における蕨手刀出土の意義　181

第4章　陸奥国南部（福島県および宮城県南部） 183

1. 発見履歴と資料の再検証　184

2. 陸奥国南部の動向　191

3. 陸奥国南部における蕨手刀出土の意義　193

第5章　甲斐国・駿河国（山梨県・静岡県） 196

1. 山梨県　196

2. 甲斐国における蕨手刀出土の意義　198

3. 静岡県　200

4. 駿河国における蕨手刀出土の意義 204

第6章　武蔵国（埼玉県・東京都） 206
   1. 埼玉県 206
   2. 東京都 209
   3. 武蔵国における蕨手刀出土の意義 212

第7章　上総国（千葉県） 215
   1. 市原市南大広遺跡B地区方形基壇中央施設 215
   2. 袖ヶ浦市根形台遺跡群XIV地点2地区2230土壙墓 217
   3. 上総国における蕨手刀出土の意義 218

第8章　常陸国（茨城県） 222
   1. ひたちなか市十五郎穴横穴墓群館出支群Ⅰ区35号墓の概要と出土蕨手刀 223
   2. 蕨手刀の横穴墓出土例 226
   3. 高根古墳群出土蕨手刀（城里町） 229
   4. 常陸国における蕨手刀出土の意義 231

第9章　西国・出雲国（島根県） 234
   ——出雲市小坂古墳出土蕨手刀の再検討——
   1. 西日本にも存在する蕨手刀 234
   2. 西日本地域出土蕨手刀の概要 235
   3. 出雲市小坂古墳出土の蕨手刀 236
   4. 小坂古墳（刈山28号墳）の概要と出土遺物 240
   5. 『出雲国風土記』神門郡朝山郷条の記述から 246
   6. 石櫃が主体部の墳墓とその年代 248
   7. 横穴式石室を再利用した石櫃の安置 251
   8. 神門郡における石櫃の展開 252
   9. 出雲における俘囚関連記事 254

viii 目次

　　10. 神門郡朝山郷の氏族　254
　　11. 出雲（神門郡）と越と上野　255
　　12. 出雲国における蕨手刀出土の意義　256

第10章　蕨手刀と俘囚 ……………………………………… 259
　　　――菊池山哉の「別所＝俘囚移配地」説の考古学的検証――
　　1. 俘囚料とは何か　259
　　2. 「別所」とは何か　260
　　3. 蕨手刀出土地は俘囚移配地なのか　263

第11章　山国から峠を越え、もたらされた蕨手刀 ………… 265
　　1. 蕨手刀の定義とその分布　265
　　2. 蕨手刀発祥の地　266
　　3. 蕨手刀の所有者は誰か　269
　　4. 蕨手刀の作刀技術、遥か東北の地へ　271
　　5. 蕨手刀の流通先　274

第Ⅲ部　集成篇 ―――――――――――――― 279

　　1. 全国蕨手刀集成図　282
　　2. 全国蕨手刀集成表　300
　　3. 集成　文献一覧　324

参考文献　329
初出一覧　345
おわりに　347

第Ⅰ部　研究篇
──蕨手刀とは何か──

第1章　先達による先行研究

1. 蕨手刀とは何か

　蕨手刀とは、柄頭の形状が早蕨のように先端が屈曲して似る刃と柄が共造りされる鉄刀を示す造語である。その用語は、明治15年（1882）に刊行された図録『撥雲余興（ばつうんよきょう）』第2集所載の「南都東大寺黒装蕨手刀」が初現で、その図録の編者である幕末から明治にかけての北方探険家で好古家の松浦武四郎によって命名された。

　それより先、明治時代以前の蕨手刀に関する古記録では、青森県弘前市熊野奥照神社所蔵刀の場合、元禄15年（1702）神主長利総大夫国凞が記述した『陸奥国高岡熊野神社鎮座伝記』に「頭槌剣一振　右ハ上古ノ剣ト云　伝ヘイフ比羅夫是ヲ納ト云　又田村麿納ムトモ云」とある。これは応仁2年（1468）3月、源朝臣行定の神鏡1面の寄進記事に次いで掲げられることから、すでに室町時代には出土していたとされる。また、正倉院中倉の蕨手刀を除き唯一の伝世品とされる群馬県東吾妻町大宮巌鼓神社所蔵刀は、安永2年（1773）12月の社殿修理の際に天井から発見されたが、「頭槌剣一振」と箱書されている。古来より頭槌剣というように柄頭が塊状を呈する珍しいものとしては、認識されていたようである。明治期になっても国学者で歌人の黒川真頼などは、「古代刀鉾図説」で頭槌としている。しかし、その他では桂川中良の『桂林漫録（けいりんまんろく）』など、蕨手刀は他の刀剣ととくに区別されることもなく「古刀・古剣」という用語の範疇で取り扱われていることがほとんどであった。

　用語としての蕨手刀は、神田孝平が明治20年（1887）1月の「奥羽巡回報告」『東京人類学会報告』第2巻第11号において使用している。それ以後、そ

の会誌などを媒体に資料紹介され蕨手刀と認識、用語として蕨手（刀・大刀・剣）などと広く使われるようになる。ところで明治19年（1886）の奥羽巡回は、当時東京人類学会長であった神田による会員勧誘と資料蒐集が目的であったが、それを機に神田は蕨手刀に関心を持ち、資料蒐集にあたっていたようである。それを裏付ける資料として、明治20年（1887）10月6日付け山形県在住の東京人類学会員の羽柴雄輔あて書簡に「蕨手鉄釼之義ハ　奥羽之間ニ而所々よ里出候　書類大分ニ相集リ申候間　追而整頓　一篇之考察を□□て□相考候」（羽柴編 2010）とある。

その後明治時代後期になって、実証的研究の導入期を迎えた考古学において、高橋健自が著書『鏡と剣と玉』で「蕨手刀」の考察を行い、以後考古学はもちろん、刀剣学などでも蕨手刀は学術用語として定着、現在に至るのである。ところで、正倉院中倉に収められている蕨手刀は、『天平勝宝八歳六月廿一日献物帳（国家珍宝帳）』には記載されない献物帳外の御物である。大正13年（1924）作成の『正倉院御物目録』には、「中倉、黒作横刀第八号、刃長壱尺六寸弐分、鉄柄樺纒、紫皮懸、樺纒剝落、今修之」と記録されており、蕨手刀の用語は一切使用されず、有職故実に基づく横刀の範疇で扱われている。

2. 考古学黎明期までの記録と研究

本節では、蕨手刀の学術用語を生み出し、その後の蕨手刀研究に少なからぬ影響を与えた江戸時代中期から明治時代後期の蕨手刀に関する記録や図などの資料を通して、その業績を学史的に検証するものである。

（1）江戸時代
A.『こしかた物語』（山田近房）

享保19年（1734）に米沢藩士の山田近房による雑話集『こしかた物語』が著されるが、その中に牛森古墳の発掘状況が詳細に記述されている。それには「花沢中町と云所に石坂源七とて御足軽有り。此者牛森原と申所ニ畠を所持致

し延宝六年の夏彼所へ行て見るに、其日ハ勝れて天
気能、所の者共あまた相見へ候ニ付而、幸とおもひ
て走廻り申候、我が畠の中ニ大石あり。数年是を取
除度ねがひ候へ共、小勢ニてハ不レ叶、何茂加勢し
て玉ハれと頼しかバ、安キほどの事とて相集りかの
大石をおしのけて見バ、其下は石のからひつ也。
内ニ種々の鉄具有り。又人の首壱ツ、砂鉢とおぼし
き物も弐ツあり。カウベ大キニシテ今ノ世ノ人ニハ
アルベキモノニハナシトイヘリ。刀廿腰ほど、矢ノ
根数百本。<u>小刀は刀はミね平かにして山刀ノみねに
似たり。又こみじりに穴一ツあき候も有之。</u>上代に
ハ劍を用候所ニいつの御代ニか劍二ツに割て刀と名
付てそりを懸ケしのぎを立てつかひ始しと云り。劍
を二ツにわりたる形則左之通⓵刀二腰のかたち
如レ此。刀ミね平かなるもの二十腰ほど有候内にか
なしやう残りて用ニ可レ立と相見へ候分三腰あり。
一腰ハ長尾権四郎所望、一腰ハ石坂源七が家にあ
り。享保十三年に愚老是を見る。一腰ハほり出し候
砌源七がもとにて買物に取かえ候由。矢の根も多ハ
くちて土の如く成候由。其中ニ天国ト銘をきり候根
壱本かなしやう残りたる有り。持主石垣町ニ五十騎
組関儀八郎と申者の方ニ有レ之享保十二年愚老が嫡
子見之」とあり、下線部分が蕨手刀の記載部分であ
る。

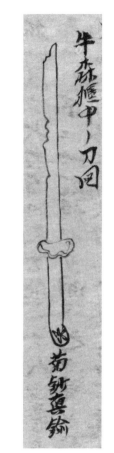

図1 『米沢風土記拾遺』
内図（清水1885、
市立米沢図書館所蔵）

　この記述に関連する資料として、米沢市八幡原石清水八幡神社旧蔵の牛森古
墳出土「天平寶字天國」銘の蕨手刀があったが、現在は亡失してしまい現存し
ない。しかし、明治18年（1885）、旧米沢藩士で自由民権運動家であった清水
彦介の自筆稿本『米沢風土記拾遺』に、同じ内容の古墳発掘調査記事があり、

蕨手刀とみられる図面が掲載されている。二次資料ではあるが、我々現代の研究者にとって貴重な資料となっている。また、昭和50年（1975）には同古墳群中の牛森古墳が発掘調査されている。直径約8mの円墳で、主体部は凝灰岩と川原石積みの横穴式石室だが、玄室に対し羨道がT字形となる変則的な構造である。石室からは、銅製腰帯具（巡方3・丸鞆3・鉈尾1）など8世紀の遺物が出土しているが、過去に出土した「天平寶字天國」銘とともに造営時期など古墳群の様相が把握できる。

B.「蝦夷塚石郭之図」（星川吉寛）

蕨手刀が初めて図示されたものとして、盛岡藩士黒沢尻通の代官であった星川吉寛が書き残した寛政9年（1797）の古墳の発掘記録「蝦夷塚石郭之図」がある。それは明治7年（1875）、孫の郷土史家星川正甫の随筆『公国譚（こうこくたん）』によっても紹介されている。その古文書は、発掘経緯、塚や出土品の出土状況、寸法と特徴を付記した図、歴史的背景、考察などを詳細に伝えている。現代の学術調査報告書と比べても、遜色のないものである。図中の蕨手刀2口は、寛政9年（1797）3月和賀郡黒沢尻通上江釣子村・北鬼柳村の蝦夷塚から出土したもので、「平宗にして菖蒲作りと見ゆる、反りなし。中心に紐通の穴と見し、六

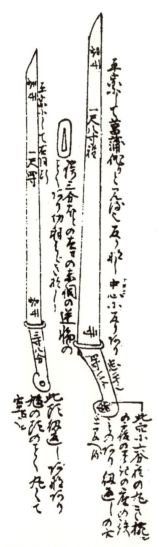

図2　「蝦夷塚石郭之図」内図
　　　（星川 1797、岩手県立博物館所蔵）

分ばかりにして、椀の如き座金有。又同形にして、身一尺四寸、先幅一寸二分、鍔本一寸五分、中心三寸八分、穴等都て同じ」とある。さらに「和賀・稗貫郷村誌に云、二子通りのうち、権現堂の西のかたに蝦夷塚と云者あまた有。先年十民是をあばく所、古刀を出す。中心の先は巴の如く作たるものと云々」とあり、その中で「二振りの古刀は柄、鞘ありしもにあらざるか。木の皮様のものを以て包みたるものならんか」との推察から、使用者を蝦夷の毛人として年代を割り出している。記述からみられるとおり、和賀・稗貫両郡の蝦夷塚から２口以上の蕨手刀の出土があったことがうかがえる。

　この原本は３枚の和紙を貼り合わせた縦約30cm、横約100cmの古文書で、明治９年（1876）以後、行方不明であった。昭和57年（1982）に盛岡市内の酒屋土蔵から図示されたうちの蕨手刀１口とともに発見され、現在、岩手県立博物館に所蔵されている。記述にある蝦夷塚とは、川原石積石室を主体部とするいわゆる末期古墳のことで、蕨手刀が副葬されることが多い。それは現在の国指定史跡江釣子古墳群五条丸支群に位置する。また、現存する蕨手刀は、「蝦夷塚石郭之図」の２口と比較すると図２左のものと照合が可能である。

C.『集古十種』（松平定信）

　図譜に蕨手刀を載せるものとして、『集古十種』第四・刀剣一所収の「上野国高崎郡豊岡村堀地所獲刀図」がある。『集古十種』は、寛政改革の立役者老中松平定信が編纂させた図譜で、寛政４年（1792）に儒学者柴野栗山、屋代弘賢らを奥州から九州、全国各地の寺社宝物を探訪させ、画人谷文晁らによる模写、さらに広瀬蒙斉を中心に寛政12年（1800）頃までに寸法、所在地、特徴などその趣旨を記述、模写図を添付

図３　『集古十種』内図
（松平1800）

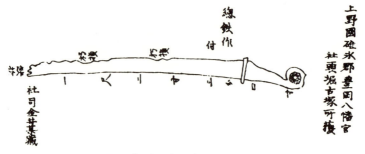

図4 『刀剣図考』内図（栗原1838）

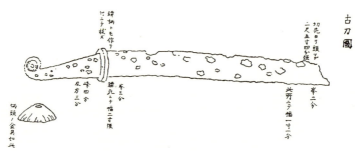

図5 『桂林漫録』内図（桂川1800）

し刊行したものである。内容の詳細は、肖像画・文房具・七祖画賛・名画・玉潤八景・小倉色紙・碑銘種銘・印章・銅器・甲冑・弓矢・刀剣・馬具・楽器の各種に分けられている。ところで「上野国高崎郡豊岡村堀地所獲刀図」に関しては、幕臣で有職故実研究家の伊勢貞丈が天明4年（1784）2月4日に作図、識語を記したものを転載したことが、早稲田大学所蔵の『刀剣図譜（坤）』から確認できる。

　この業績は考古学界をはじめさまざまな領域で学問的に高く評価されている。図示される蕨手刀は、現在、群馬県高崎市下豊岡若宮八幡神社に所蔵され、高崎市重要文化財に指定されている。図3のとおり実際には鍔は喰出鍔であるが、いささか板鍔様に誇張して描かれている。

　なお、この蕨手刀については、天保9年（1838）、武家故実に明るい栗原信

充編纂の『刀剣図考』にも「上野国碓氷郡豊岡八幡宮社頭堀古塚所獲」と図示されている（図4）。また、これには奉納後、薪割り用の鉈に使用していたとする逸話があるが、それが本当であれば蕨手刀を「山刀」とする仮説を実証していたことになる。

D.『桂林漫録』（桂川中良）

寛政12年（1800）に蘭学者桂川中良によって著された『桂林漫録』のなかに「往年北条鉉。南部ニ帰省セシ時。彼地ノ和賀郡。北鬼柳ト云所ニ在所ノ。蝦夷ノ古墳ヲ発キテ。古刀二ヲ得タル人アリ。土ニ入事久遠。質已ニ脆シテ用ニ堪ズ。鉉就テ其刀ヲ見。形ヲ押テ図ヲ作ル。予モ模写シテ一通ヲ収ム。原ヲ縮シテ右ニ見ハス」と盛岡の北条鉉の資料から蕨手刀を紹介する記録がある。和賀郡北鬼柳所在の古墳出土とあるが、残念なことに資料は現存せず、江釣子古墳群からの出土と認知できる二次資料となっている。なお、九州の久留米藩士で国学者の矢野一貞は、弘化4年（1847）より執筆をはじめた『筑後将士軍談』の贅図編に異風の古刀として『桂林漫録』の図と説明を掲載している。

（2）明治時代

A.『尚古図録』（横山由清）

明治4年（1871）に国学者横山由清が刊行した『尚古図録』第2では、「陸中国胆沢郡都鳥村蝮蛇塚之辺土中・陸中国和賀郡万丁目村堀地石棺中・上野国

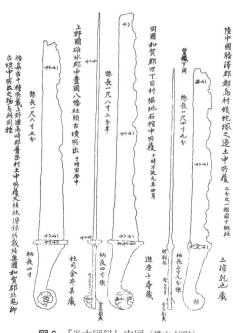

図6　『尚古図録』内図（横山 1871）

碓氷郡中豊岡八幡社頭古墳」の3口が、所有者、発見年、寸法とともに描かれている。蒐集品の図録化やB4版木版刷りの体裁は、まだまだ江戸時代からの伝統的研究姿勢の継承に留まるものである。陸中国胆沢郡都鳥村蝮蛇塚とは日本列島最北端に位置する前方後円墳の角塚古墳（岩手県奥州市（旧胆沢町））のことで、短寸で東北地方では珍しいものであるが、残念ながら現存しない。「同国和賀郡万丁目村堀地石棺中所獲于時万延元年四月　遊座千尋蔵」とあるものは、出土地が万丁目村であれば和賀郡ではなく稗貫郡である。現物はないが、最近になって、出土地は熊堂古墳群の可能性も示唆されている。また、上野国碓氷郡中豊岡八幡社頭古墳出土刀は、『集古十種』所載のものである。

B. 『撥雲余興』（松浦武四郎）

明治15年（1882）には松浦武四郎の『撥雲余興』第2集が刊行され、田崎草雲筆の「陸中国胆沢郡都鳥村蝮蛇塚堀出刀」と青木正好筆の「南都東大寺黒装蕨手刀」と題して有名画人の写生図面を『奥羽観蹟聞老志』巻之十の「月心寺、蝮蛇湖と四柱址（「高山掃部長者物語」に大蛇に化身した長者の妻の角を埋めた塚を蝮蛇塚と呼んだ水沢地方の民話伝説）」とともに載せている。解説文には「奥羽の地、往々古墳中より掘出す古刀多く、蕨手柄の物にして、則我が蔵するハ胆沢郡都鳥村掘出、また遊座某の蔵ハ和賀郡八丁目村掘出、気仙郡唐丹村掘出ハ田所葛西氏に蔵し。其余三四本を見れども、未だ直刀(スグノ)身の物を見ず。依て考ふるニ、此蕨手柄ハ多く陸奥の物にして、関西には無りしと思ひしに、左にも限らず。東大寺三倉中にある黒装刀則是なり。然れとも此余ハ見ることなけれハ、とにかく東奥の物かと思ふに、三倉中の物何となく東奥鄙野の拵ニて西南優美のさまなし。是また因にしるし置り。愚老歴遊中諸方の何れかとなく調度の物を見るニ、越後路より陸奥出羽蝦夷の地かけて猟師木地曳樺剥職の者の佩るタシロと称する山刀、自然と刀身此蕨手柄に似、平鍛なり。鞘も薄拵にて、奥羽の柄も蝦夷の方言も同じきなともて考ふれハ、必ず其遺製にして、上古の風今ニ存するかとうれしさの余り多気志蘆のあるし弘誌。ちはやぶる神代のふりの残りける陸奥山の□□□ゆかしき」とあり、民俗学的視点の所

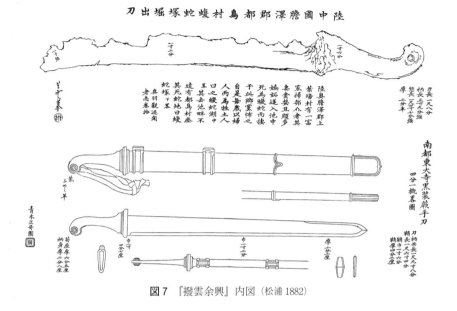

図7 『撥雲余興』内図（松浦1882）

見を記している。

「陸中国胆沢郡都鳥村蝮蛇塚堀出刀」は『尚古図録』第2に掲載のものと同じで、「南都東大寺黒装蕨手刀」は正倉院中倉第8号黒作横刀である。前者は明治4年（1871）段階では、所蔵者は幕末の鬼才・三浦乾也であったが、その後松浦が譲り受けたようで、三重県松坂市松浦武四郎記念館所蔵の『蔵品目録』にも「陸奥胆沢郡都鳥村堀出　神代刀」とある。松浦武四郎と三浦乾也の間柄は、乾也の養育父母の井田吉六、たけ夫婦の養女が武四郎の最初の妻であったこと、また、武四郎の著書『蝦夷紀行』の「納沙布日誌」には乾也の挿画があるなど、以前から交流があった。

C.『信達二郡村誌』伏黒村条

明治22年（1889）に刊行された地誌、訂正増補『信達二郡村誌』第22巻の伏黒村条において、1口の蕨手刀が図示されている。それには、明治12年（1879）5月17日稿成の付録「本村平民佐藤太四郎と云者古刀剣二口を蔵す文

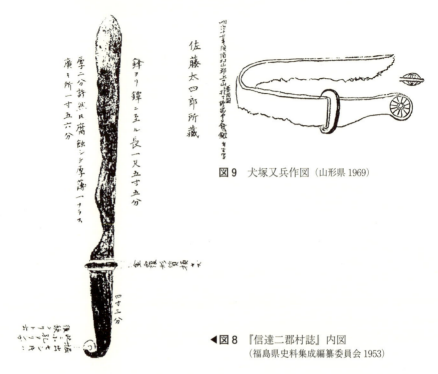

図9 犬塚又兵作図（山形県 1969）

◀図8 『信達二郡村誌』内図
（福島県史料集成編纂委員会 1953）

政七年甲申三月三日新に井を鑿つとも掘出せし者なりと云今明治十二年を距ること五十六年なり其久く土中に在るを以て腐蝕すと雖とも古色鬱然蓋し古代の者たるを知るへし（後略）」との記述がある。原物は現存せず、詳細は不明であるが、図8をみる限り鋒の造りは、鋒両刃とも判断できる。なお、伏黒村とは現在の福島県伊達市にあたる。

D.「山形県南村山郡上山養菌園出土の蕨手刀」（犬塚又兵）

甘古は犬塚又兵の画号で、「明治十七年頃南村山郡上の山養菌園に於て掘出たる鉄剣」といった刀身が折り曲げられた蕨手刀の図がある。現在の山形県上山市から出土したこと以外は、原物が現存せず、詳細は不明である。なお、刀身が折れ曲って描かれているが、蕨手刀の刀身が折り曲げられる事例としては、山形県高畠町愛宕山古墳出土例などがある。犬塚又兵は東北地方の好古家

で、明治22年（1889）福島で古器物研究会を主宰、翌23年（1890）には羽柴雄輔らの奥羽人類学会の結成に参加、多くの考古資料・参考図譜などを提供した。

E.『雲根録』（真崎勇助）

明治20年代（1887～96）になると、後に東京人類学会員として活動する旧秋田藩士の弄石家真崎勇助の小冊子『雲根録』が著されるが、その4篇巻4で「南秋田郡潟西村大字鵜木小字蝦夷カ台ト出云処ヨリ堀出タリモノ」と寸法、現況の記載とともに図が掲載されている。考古学的メモの小冊子で、5編22冊からなり、現在、真崎コレクションとして蕨手刀とともに大館市立栗盛記念図書館が所蔵している。蕨手刀の図は、刀身が欠損している状況である。出土地は現在の秋田県男鹿市鵜木えぞが台にあたる。

「堀出古剣／明治二十七年中、男鹿鵜木村或畑ヨリ堀出タルモノト云。堀出シタル者ハ、凝れ全村ノ寺ノ和尚ヘ呉レタリモノ物ナリト云。然ルニ友人宮澤運治氏ノ学友ニシテ川井成三郎氏ト云ハ、全村之学校ニ勤務也。宮澤氏ノ其人ヘ依頼シテ一見センコトヲ乞フ時、全年三月全校休業ノ折カラ、川井氏ノ帰宅ノ際持来リテ宮澤氏ヘ貸与ヘタルヲ、即チ予カ亭ニ携ヒ来リテ示ス見ルヤ、斎明天皇ノ頃、男鹿ニ恩荷ト云ヘル者住シコトアリ、恐ラクハ其当時ノ棲息ノ地ナラント予ノ考也。此古剣ノ堀出シ時、一木直刀モ同シク出タリト云。又土器モアリ聞得タリ。此事尚再考スヘシ。此堀出タル古剣ハ、宮澤氏ノ取計ヲ得テ今茲明治二十八年二月弐拾八日ノ恵ム所トナリ千載ノ奇遇ト云フヘシ。／左ニ略図シテ参考トス。目釘穴ニハ銅ニテ鳩印アリ。明治二十九年八月三日鵜沼成三郎氏来訪セシ折カラ此剣ノ来由ヲ聞シカ南秋田郡鵜木村全村支郷「道村」蝦夷カ台ト云処ヨリ堀得タリシハ渡辺籐次郎ト云フモノ也。其際直ク全村永泉寺ヘ贈リシカ同村学校教員鵜沼成三郎氏トハ宮澤運治氏ト親友ナレハ余カ好ムモノナルヘシト考ヒシヨリ鵜沼氏ニ依頼シテ明治二十八年三月二八日全ク珍蔵スルコトニナリタリ。依テ鵜沼氏永泉寺ヘモ聊カ寸志ノ程ヲ謝セシ也。明治二十九年十月三一日再記ス。／南秋田郡潟西郡字鵜木小字蝦夷カ台ト云処ヨリ堀出

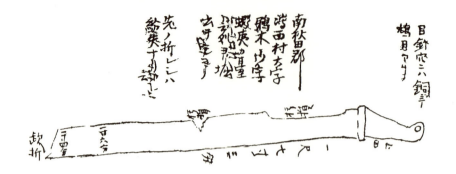

図10 『雲根録』内図（真崎 1891〜89、大館市立栗盛記念図書館所蔵）

テシモノ也。先ノ折レシハ紛失ナリト云。／宮澤氏好意実ニ謝スルニ堪タリ。予カ古物探討ノ事ニシテハ多クハ同氏ノ恵ム処奇ナラザルハナシ。／刀剣図考。二編一九葉ウ、上野国碓氷郡豊岡八幡宮社頭堀古塚一ケ所獲、「社司金井某蔵」「総鉄作付」トゾ見江たり」と記述されている。

　この蕨手刀は、その後以下のように中央の学会雑誌にも紹介されるようになる。明治31年（1898）若林勝邦の「羽後国発見の蕨手の剣」『考古学会雑誌』第2編第2号に「明治二十七年の夏、南秋田郡鵜木村字堂村の伊藤藤次郎なるもの、其所有地なる山畑開墾の際、饅頭形なる丘の上部より長一尺余なる古鉄刀一個を得たりしが、腐朽用をなさざるを以て放棄したり、其後同所開墾の際、又同処より四尺許の鉄刀を得たり、之を堀上る際折断せり、其実用の点に於ては前の鉄刀と同じく放棄すべきなりしも、少しく黄金色の存するを以て之を携え帰れりと、是れ余が先年羽後秋田市眞崎勇輔氏方に於て実見せる蕨手の鉄剣発見の来歴なり、撥雲余興に載せたる蕨手の鉄剣は陸中水沢郡発見のものなることは前号考古資料中に記せるが如し、佐藤初太郎氏の書面によれば明治二十九年の春同氏が同地実践の際は畑中に今尚弓状の隆起を存せりと、又畑主の語る所によれば年々此土を堀崩して平坦にせんとし丘上に至れば内に響あるが如しとぞ」とある。

F.「陸奥全国神代石古陶之図屛風」など（蓑虫山人）

　放浪の画人で好古家でもあった蓑虫山人（土岐源吾）が、東北各地の収蔵家のコレクションや社寺宝物をスケッチしながら青森・秋田・岩手の各県を遊歴していた時期も、明治10～20年代（1877～96）であった。蓑虫は明治11年（1878）から青森県に滞在、さらに明治13～17年（1880～84）の間に津軽各地の下沢保躬や佐藤蔀をはじめとする知識人・文化人との交流、祭りや風俗、古遺物の記録を「山人写画」に収めている。青森県滞在中に収集し得た古遺物集成ともいえる「陸奥全国神代石幷古陶之図」は、その「山人写画」中の遺物スケッチを再収録したもので、それに県社弘前熊野宮宝剣すなわち弘前市熊野奥照神社蔵の蕨手刀がある。県内に4組現存する「陸奥全国神代石古陶之図屛風」はそれを基に作成されている。なお、屛風中にある蕨手刀の図は、実際に

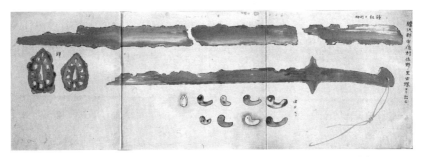

図11　『蓑虫山人絵日記』内図1（長母寺所蔵、岩手県立博物館画像保管）

図12　『蓑虫山人絵日記』内図2（長母寺所蔵、岩手県立博物館画像保管）

は懸緒は存在しないが、懸緒が描かれ、鍔の表現と同様、写実化されていない。それから「山人写画」中に「加夫槌剣」と記された蕨手刀のスケッチがあるが、他の古遺物スケッチのように所蔵者名や出土地名などが記されておらず、詳細は不明である。山人自ら所蔵の蕨手刀の可能性がある。

　明治23年（1890）以後の5年間は、『蓑虫山人絵日記』（名古屋市長母寺所蔵）や『蓑虫山人画紀行』（秋田県立博物館所蔵）の記述から岩手県の各地域を旅しているが、奥州市（旧水沢市）「胆沢郡宇佐村佐野ノ里古塚」出土品、一関市（旧大東町）「東磐井郡摺沢村八幡宮付近」出土品、平泉町「中尊寺宝器、悪路王征伐時の鉄剣」のスケッチや拓本を残している。摺沢八幡神社蔵に関しては、明治25年（1892）頃には社宝として所蔵されていたが、八幡神社東の山から出土し、当時の拓本によると、現存するものより約20cm刀身が長い。

　蓑虫の残した資料は、初期は遺物のスケッチに留まり、細部は略されるものであったが、後期は拓本を多用して、細かな観察記録も添えられるものとなっている。山人自身、考古遺物について、遺物そのものではなく所有者の記録に関心をもっていたが、中央の学者神田孝平や東北各地の研究者との交流により、考古知識の造詣が深まるとともに、遺物自体へ関心をもつよう変化していったことがわかる。

　なお、神田孝平の「奥羽巡回報告」（『東京人類学会報告』第2巻第11号、1887）には、以下のエピソードが記されている。「（前略）波岡と申所にて蓑虫と号する奇人に逢いました。（中略）幷蕨手の鉄刀等を見せられました。（後略）」とあり、明治19年（1886）に神田と蓑虫は面会しているが、その時点で蓑虫は蕨手刀を所蔵していた訳であるが、その詳細は不明である。

G.「東北地方に於ける人類学的旅行」（八木奘三郎）

　明治32年（1899）には八木奘三郎「東北地方に於ける人類学的旅行」『東京人類学会雑誌』第165号において「（前略）又第三図中の（イ）（ヘ）は羽前国東置賜郡蒲生田村蝦夷平発見の品にて今米沢の歴史家伊佐早謙氏の所蔵に帰せ

り、其内（イ）はいわゆる蕨手の太刀にて柄の長さ四寸三分五り、鍔下八寸五分有り、刃先は折て寸尺を知る可からざるも願うに余り長きものにてはあらざる可しと考ふ、厚みは二分二厘にて、横幅は一寸三分有り、鍔は長さ二寸三分横幅最広に一寸分透し一寸四分五厘なり、今是と同形式の太刀を挙ぐれば集古十種に載するもの一桂林漫録尚古図録撥雲余興等に載するもの数枚有り、又近くは考古学会雑誌にも二回程出しやに覚へぬ。其他正倉院の御物太神宮の神寶なぞも皆蕨手の形なり、（中略）次の（ト）は中尊寺に蔵する悪路王所持の劒と称する品なるが柄に透しの有る点と曲りの甚だしき工合とが大に他と異る風にて劒其物より云は矢張蕨手の一種に過ぎざるな

図13 八木奨三郎作図（八木1899）

り、柄の長さは四寸二分横幅一寸四分透しの間四分有り、刀身は折て全長を知り難しと雖も、存在の部分は一尺七寸四分有り、く柄の甚しく曲れるものはて遠州より出しが其他には刀剣図考にも有りしを見受けぬ、要するに実用といては不便の品柄なれば何か儀式的に作らせしものならんか、（後略）」と2口の蕨手刀を資料として紹介している。前者は現在の山形県南陽市出土、後者は岩手県平泉町中尊寺大長寿院所蔵毛抜透柄の蕨手刀である。

H．「東北旅中散見の遺物」（大野延太郎）

明治36年（1903）には大野延太郎「東北旅中散見の遺物」『東京人類学会雑

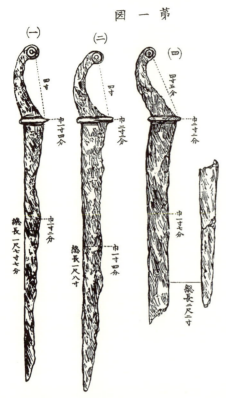

図14 大野延太郎作図（大野 1903）

誌』第206号において、「第一図の（一）は蕨手形の古剣にて陸中国胆沢郡水澤町塩釜字日高神社の西小石森塚において去る明治三十三年十月十八日掘り得たとのことで同所の石原八右衛門氏の所有である。（二）も同郡西根村字桑木田、小丸塚から発見したるものである、其当時の掘出せし有様を聞くに一尺許の自然石十六を四づ、方形に並列して其の中に細かなる石を並べ厚さ一尺位積み重ねて中央に古剣を横たへ剣頭を西にして配置せられたりと云ふ、他に何も出でざりしとのことである。初め開墾せざりしときは土を以て丸く盛り上たる塚と同じきものと云ふ。（中略）（四）も右の古剣と同形式にて少しそりのところ異りて聊か長しされども（一）（二）と同形式である、去る明治二十七年中に掘り得たるものにて出所は羽後国南秋田郡潟西村大字鵜木蝦夷が台と云ふ、古墳から発見せりと外に祝部土器も出て、又た別に剣も出でたりしと云ふ、所有者は真崎勇助氏であります、（後略）」、すなわち岩手県奥州市塩釜字日高神社の西小石森塚（明治33年発見）、同郡西根村字桑野木田小丸塚、秋田県潟西村大字鵜木蝦夷ガ台（明治27年発見）出土の3口の図と寸法を記している。

　八木奘三郎も大野延太郎も日本考古学界の一大主流である東京帝国大学理学部人類学教室・東京人類学会出身の考古学者である。とくに大野は真崎コレクションの蕨手刀（秋田県潟西村大字鵜木蝦夷ガ台出土）を実見し、刀身の接合

に成功している。両氏とも実測に基づく正確な図面を残し、ここに日本考古学の黎明期の終焉をみることができる。

　江戸時代中期には、個人の日記や随筆、公的機関による正式記録などの古文書の他に、多くの好古家が遺物を集成、記録し図譜などを刊行しており、それが研究の中心であった。また、明治時代初期になっても江戸時代の伝統的な研究が継承され、遺物の集成と図録の刊行が一般的な動向で、図録の体裁も江戸時代中期の系統である大型版であった。このように各地の好古家によるコレクション蒐集やその図化が中心で、明治期になっても図録による資料説明に留まり、蕨手刀の呼称についても一貫性がみられず、図の描き方もまちまちであった。しかし、これらの資料は、寸法や特徴の付記により、密度の濃い情報として後世に伝えられるものとなった。なぜならば錆化により亡失したり、消息不明となり現存しない蕨手刀を、二次資料として残してくれたわけで、それは大きな業績となった。とくに明治維新後、近代国家建設のため欧米の学問を積極的に取り入れ、近代の歴史学は国学に傾注した郷土史家の拾遺した成果を避けて疎んじる傾向にあった。しかし、風景や土地に根ざした詳細情報を残してくれた近世・近代の郷土史家の業績は高く評価されるべきである。当時中央で活躍する大野延太郎も秋田の真崎勇助を訪ね、氏所蔵の蕨手刀を実見しているが、その真摯な研究姿勢には、地方の郷土史家の業績を軽んじるような様子は、決してみられない。また、現在でも使われている「蕨手刀」という学術用語が、好古家・蒐集家の業績の中から生まれたことも、研究史上評価に値するものである。

　明治10年（1877）のエドワード・シルベスター・モース（Edward Sylvester Morse）の大森貝塚発掘と翌年の『Shell Mound of Omori』の報告書刊行は、近代日本の考古学の原点とされる。その後、明治時代は日本考古学の黎明期となり、試行錯誤を重ねることとなるが、蕨手刀に関しては、黎明期以前の記録からもわかるように、東北地方での出土例がほとんどであることから、『記紀』にもとづく皇国史観の中で人種・民族論争の一資料として使用され始

める時期でもあった。以後そうした動向にしたがって蕨手刀の研究は、日本考古学界の三大主流の一つである東京帝室博物館歴史部・考古学会の高橋健自、もう一つの流派、東京帝国大学理学部人類学教室・東京人類学会の鳥居龍蔵によって、実証的に進められることとなる。

3. 考古学による実証的研究

（1）戦前の動向

　蕨手刀の研究は、明治末期の高橋健自に始まり、大正期の鳥居龍蔵へと続く。そして昭和に入り後藤守一、末永雅雄などによって進められた。それは正倉院刀（中倉第8号黒作横刀）を中心に、その把頭の特徴から時代性と出自に迫ることが第一の目的であった。さらに資料が増すにつれ、出土地の偏在性が問われるようになり、分布論や民族論へと発展するようになる。喜田貞吉は文献史学の視点から、東北以西の内国出土の蕨手刀に関しては、諸国に移配された俘囚によって持ち込まれたものと解釈している。戦前の研究は、皇国史観の枠のなかで進められたが、戦後まもなく鳥居門下の大場磐雄によって人文科学の一分野である考古学の見地から戦前研究の総決算が行われた。

高橋健自

　高橋健自は、明治44年（1911）『鏡と剣と玉』第2篇「剣」第4章「刀剣の種類」において、伝世品である正倉院御物の蕨手刀と全国で発見された以下の6例を比較することによって、はじめて蕨手刀を分析した。

　　1）阿波国麻植郡敷地村字西の宮
　　2）信濃国小県郡祢津村
　　3）陸中国胆沢郡都鳥村
　　4）陸中国胆沢郡水沢町塩釜
　　5）陸中国胆沢郡西根村字桑野木田
　　6）羽後国南秋田郡潟西村大字鵜木
　高橋はとくに遺存状態のよい信濃国祢津村出土刀と正倉院刀との相違点か

ら、その盛行の年代について考察した。まず、正倉院刀の年代は、奈良時代とする。それに対し信濃国祢津村出土刀は、足金物の特徴から鞘の形態が異なることを指摘し、さらに鎺の有無、鋒形態の違いから古墳時代の遺物とした。そして東北地方のものに関しては、延暦21年（902）の胆沢城築城といった歴史的背景を加味することによって、古墳時代から奈良・平安時代初頭にかけての遺物であることを説いた。つぎに、その出自について祖型は、日本ではなく舶来したものとした。例えば"The Hand book of Indian Arms"（W.Egerton）所載のサンチの彫刻に描かれた剣や"The Book of Sword"（Burton）にあるエジプトを起源とする古代ギリシャ・ミケーネ出土の青銅製刀に近似することからであった。したがって、その起源はエジプトにありインドから中国、日本へと東漸したものと結論付けた。

　ここで、型式・分布・年代・出自に関する高橋の分析結果をまとめると、次のようになる。

　　型式：正倉院刀と信濃国祢津村出土刀の比較に留まり、細かい型式分類は行われない。
　　分布：出土点数が少ないため、その偏在性はつかめていない。
　　年代：古墳時代から平安時代初頭。
　　出自：エジプトを起源とする青銅製刀。

　ところで、高橋は古式の蕨手刀には鎺が存在すると説いたが、それは鞘口金具を鎺と誤認したものと考えられる。また、それらの出土状況や遺構の性格などは考証に加えられなかった。

鳥居龍蔵

　大正13年（1924）に著された『諏訪史』第1巻第2部「原始時代」第2篇「遺物」第2章「遺物各説」第2節「刀剣類（附）小刀子」において、鳥居龍蔵は蕨手刀の型式分類を試みている。

　まず、諏訪地方で発見された3口の出土地を紹介している。

　　信濃国諏訪郡原村八ッ手
　　信濃国諏訪郡湊村小坂大林

信濃国諏訪郡湖南村北真志野字北俗称大安寺跡

　単なる郷土史であれば、この3口の紹介に留まるにすぎないが、鳥居龍蔵は全国の蕨手刀8例とともに柄と刃の長さの相違から2型式に分かれることを説いた。すなわち、比較的柄が長く刃部の長くないものを甲型、柄に比べ刃部の長いものを乙型とし、さらに甲型を古式、乙型を新式と考証している。そこで11口の資料を柄の指数を一として甲乙両型式に分けたものが、次に示すものである（註：高橋健自資料と重複は◎印を記す）。

〔甲型〕
　　信濃国諏訪郡原村八ッ手刀　1：2
　　信濃国小県郡祢津村刀◎　1：3
　　甲斐国東八代郡大塚村上ノ原刀　1：2
　　上野国群馬郡岩鼻村市ケ原刀　不明

〔乙型〕
　　信濃国諏訪郡湊村小坂大林刀　1：4
　　信濃国諏訪郡湖南村北真志野字北刀　1：3
　　陸中国胆沢郡水沢町塩釜刀◎　1：4？
　　陸中国胆沢郡西根村字桑田木田刀◎　1：4
　　羽後国南秋田郡潟西村エゾガモリ刀◎　1：5
　　羽後国河辺郡四ツ小屋字小阿地刀　1：5
　　正倉院御物刀◎　1：5

　この結果、東北地方出土のものは、乙型が多い傾向を示すことが確認された。また、鳥居は、古墳から発見されるものに関しては共伴遺物を重要視することを説いている。

　鳥居の分析結果をまとめると、次のようになる。
　　型式：柄と刃の長さから甲・乙型に分類し、それぞれ古・新式となる。
　　分布：発見例が少ないため偏在性は認められないが、東北地方のものは概して乙型新式に属する傾向がある。
　　年代：正倉院御物刀の年代を基準に、遺物の共伴関係の必要性を説く。

出自：出自については、あえて触れていない。

鳥居はこの分析方法において、柄と刃の長さの比率に注目し、型式分類、編年と新しい試案を試みている。しかし、共伴遺物の資料不足から年代を与えるまでには至っていない。そして、この型式分類の方法は、以後の研究に大きな影響を与えることになる。

その後、大正15年（1926）には、鳥居門下である谷川（＝大場）磐雄が「考古学上より観たる秩父（中）」（『中央史壇』第12巻第12号）によって、埼玉県秩父郡原谷村小学校付近出土刀の報告に付して鳥居の型式分類方法を実践している。この考察については、後述する大場磐雄「蕨手刀について」（『考古学雑誌』第34巻第10号、1948）とともに記述する。

後藤守一

後藤守一は、昭和3年（1928）に発表した論文「原史時代の武器と武装」（『考古学講座』2）の第4「刀剣」4「鉄製刀剣・拵」3「柄頭」7「蕨手刀」において、以下の31口の資料を図示（蕨手刀26・参考5）するとともに考察を行っている（註：高橋健自、鳥居龍蔵資料と重複は◎印を記す）。

1）甲斐国東八代郡大塚村上ノ原◎

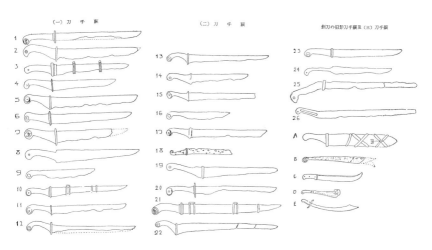

図15 後藤守一実測図（後藤1928）

2）武蔵国秩父郡原谷村原谷小学校敷地

3）信濃国小県郡祢津村◎

4）信濃国諏訪郡原村八ッ手◎

5）信濃国諏訪郡湊村小坂大林◎

6）信濃国諏訪郡湖南村北真志野俗称大安寺跡◎

7）上野国碓氷郡中富岡八幡社頭

8）上野国碓氷郡

9）上野国群馬郡岩鼻村市ケ原◎

10）岩代国安達郡大平村観世寺

11・12）陸前国牡鹿郡石巻町付近（2箇所）

13）陸前国桃生郡桃生村

14）陸前国本吉郡階上村岩月

15）陸中国胆沢郡水沢町塩釜日高神社の西◎

16）陸中国胆沢郡金ケ崎村大字西根字桑野◎

17）陸中国胆沢郡金ケ崎村大字西根

18）陸中国胆沢郡南都田村大字都鳥蝮塚◎

19）陸中国和賀郡（万丁村）

20）陸中国和賀郡鬼柳村

21）陸中国稗貫郡湯口村大字上根子字熊堂

22）羽前国東置賜郡沖郷村大字蒲生田蝦夷平

23）羽前国東村山郡鈴川村

24）羽後国川辺郡四ツ小屋村大字小阿地◎

25）羽後国南秋田郡大平村大字八田久保台

26）羽後国南秋田郡潟西村大字鵜ノ木◎

27）阿波国麻植郡西尾村大字敷地◎

28）肥後国球磨郡大村

29）正倉院御物刀◎

30）平泉大長寿院什物

31）北海道北見国網走郡網走村

　まず、蕨手刀の拵について「平均 40 cm の長さで蕨手刀と呼び、決して蕨手大刀とも蕨手剣ともいわない」と定義付け、正倉院御物の拵を基本に足金物などの遺存する出土刀を比較し、それと同じか、または粗末なものとした。さらに、陸前国牡鹿郡石巻町付近、羽後国川辺郡四ツ小屋村大字小阿地、信濃国祢津村出土の資料をもとに蕨手刀の大要を以下のようにまとめている。

　「1　鞘は足金物、責金物を具えた普通の様式を持っているだろう」
　「2　柄木はなく、茎を蔓なり又は絲で巻いたものが普通であったろう」
　「3　刀装具に於いては、鍔は喰出鍔のものが多いらしい」
　しかし、出土例が少ないせいか、いずれの条件も仮定的表現となっている。

　型式分類としては、刀の長短による鳥居分類を踏襲している。年代観としては正倉院御物刀を中心に考え、平泉悪路王伝世刀（平泉大長寿院什物）は平安時代、その他、例えば阿波国の場合など鉄製の墓誌板をともなうことから奈良時代と考え、さらに、北海道北見国網走村などは八幡座の兜をともなうことから平安時代中期以降といったように共伴遺物の観察によってそれぞれの年代を求めている。

　分布では、東山道から陸奥の地に限られ、近畿からは全く出土しないといった特徴があることを確認している。

　形態的には、平面形として頭椎大刀に酷似するが、断面形では頭椎大刀は中空の球形を呈するのに対し、蕨手刀は単なる板状にすぎない。しかし、鵐目、懸通し孔の座金を装着することでは同一性が認められる。とくに鵐目などで肉厚として、いかにも頭椎大刀柄頭を表出しているとも受けとめられるが、しかしその母系は日本では見あたらず、自生説は証明不可能である。しかし、塊状柄頭の形状は世界各地でみられることから、単に刃方に曲がる塊状柄頭の形状を持った海外資料を祖型とすることは否定しているが、中国に祖型となる類例があることを仮定し、外来説を消極的であるが説いている。

　後藤の分析結果をまとめると、次のようになる。
　　型式：柄と刃の比率による「長・短」の2種類、従来の鳥居分類による。

年代：古墳時代後期から平安時代後期。
　分布：関東地方以北、東北地方。
　出自：消極的ながら中国に祖型が存在するという仮説による外来説。

　後藤は、後に、昭和9年（1934）に「北海道に於ける古墳時代遺物の研究（一・二）」（『考古学雑誌』第24巻第2・3号）において、北海道北見国網走町、恵庭町より出土した各1口と江別町江別兵村より出土した2口の計4口の蕨手刀について紹介している。その論稿で後藤は、「（前略）一・二の足金物を有し、大刀として佩用されていたことは明らかなのである。とくに北海道出土のものは、刀身の長さも長く、大刀と何等異なるところがない。（後略）」と蕨手刀の拵の定義を是正し、改めて「蕨手大刀」といった用語も使用することとした。

　ところで、後藤は『古代文化』第12巻第5号（1940）所載の「資料」において、九州肥後国葦北郡日奈久町所在の後期古墳出土の蕨手刀子を紹介している。それによると「（前略）奈良時代に著しい蕨手刀の柄頭によく似ているので面白い。自分は蕨手刀が古墳文化末期あたりから突然現れて来るのに疑問を抱いている。外来説もあるが、もう一度、内地の例をよく調査したいと思う。この型式の刀子は、帝室博物館にある多くの古墳出土刀子に類例がないし、九州でのみ見るのであるから、あるいは九州特有の形とも思っているが、読者諸君のノートから、この類例を報告して頂いて、出自を確かめたいと思っている。（後略）」とある。その時点において、蕨手刀の出自について後藤は、それまで一般的であった外来説を疑問視し、あたかも刀子自生説とでも思える見解を抱いているようにもうかがえる。

末永雅雄

　京都帝国大学文学部考古学教室の末永雅雄の蕨手刀研究は、昭和18年（1943）『日本上代の武器』後編、第1章「主要武器（1）」第1節「刀剣」「（5）蕨手刀」において、蕨手刀の形状すなわち「柄頭を早蕨状にする手法の源流は、未発見であるが中国大陸に存在する」と仮定することから始まる。すなわち、形状からみて中国では、球状の柄頭を有する「明刀」（内蒙古察口合）、

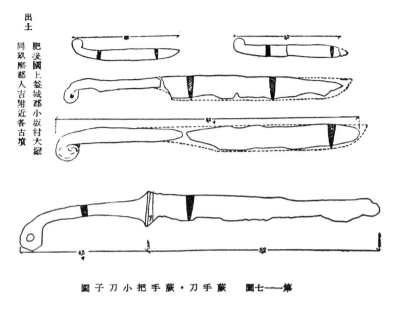

図16　末永雅雄実測図（末永1943）

「御佩腰刀」（旧満州国立博物館奉天分館）の時期的には明朝（1368〜1644）、清朝（1662〜1912）に使用された明刀や満蒙刀に受け継がれ、一方、日本では共鉄造りの蕨手刀として短期間に流行した。よって、その出自に関しては、資料が全く乏しく直接的なものでないが、中国、外来説となる。また、末永の研究視点は、蕨手刀の形状の他、終始徹底した観察による、資料そのものが持つ要素の確認にあった。その要素とは、拵が素朴で実用的な点である。末永は、蕨手刀の佩用者は社会的に下位の者で、使用期間は奈良時代から平安時代初期の短期間であると考えた。なぜなら分布範囲が関東地方以北から東北、北海道の狭い範囲に限られ、近畿地方以西にはほとんど存在しないことが明らかであるためである。蕨手刀の拵について、その実例を「①正倉院刀は、素朴な拵、実用刀である。②信濃国祢津村刀は柄頭の鳩目、喰出鍔、頸幅、足金物などが粗製である。③阿波国刀は長さに比べ幅広、実用的。④合戦ケ谷刀には、目釘

孔の存在から柄木がある。⑤悪路王刀は毛抜き透かし手法。⑥網走刀は毛抜形大刀への型式推移上の現示。⑦紐や樺を巻いて手だまりとするための便宜的な構造」とあげている。

また、日本における蕨手刀の始原的なものとして、肥後国上盆城郡小坂村大塚出土の柄頭を蕨手状に曲げた刀子をあげている。古墳の年代は、古墳時代中期5世紀と古い。しかし、肥後国球磨郡人吉付近横穴墓付近出土刀は、姿は刀子様をしているが蕨手刀へと進化したものと捉え、間接的に関連性を求めている。

末永の分析結果をまとめると、次のようになる。

型式：蕨手刀そのものの分類ではなく、日本刀への過程として観察している。

分布：関東地方以北から東北、北海道に分布。近畿地方以西では、ほとんどみられない。

年代：奈良時代から平安時代初期の短期間。

出自：手法的源流は、中国にあると仮定。

大場磐雄

前述したように、大場（＝谷川）は大正15年（1926）に『中央史壇』第12巻第12号誌上で「考古学上より観たる秩父（中）」と題する論説中に蕨手刀について若干の考察を行っているので、それを紹介する。

大場は、それまでの出土資料から、分布については大部分が東国より発見されたものとした。型式分類では柄と刃の比率観察、すなわち刃が柄に比べ長いものを新式、短いものを古式とする鳥居分類法を踏襲している。また、両型式の分布状況として、信濃では両型式が混在し、甲斐では古式が東北地方では新式のみが出土するといった偏在性が認められることを提示している。

そして蕨手刀を出土する遺構としては後期古墳が主で、東北地方では奈良・平安時代の遺構から検出される特徴が観られ、その年代としては奈良正倉院にも1口所蔵される状況を加味し奈良時代を中心に盛行するものとし、出自については高橋健自説を参考に中国文化流入説をそのまま用いている。

この当時の大場説をまとめると、次のようになる。
　型式：柄と刃の比率から、柄の長さに比べ刃が長いものは新式、短いものは古式。
　分布：大部分が東国に集中する。
　年代：古墳時代後期から奈良・平安時代。
　出自：中国大陸からの輸入説。

一方、「蕨手刀について」（『考古学雑誌』第 34 巻第 10 号、1948）では、46 箇所 55 口の資料を基に、盛行する年代は奈良時代を中心とする前後の時期とした。すなわち共伴遺物に和銅銭、墓誌板などが観察できることと、正倉院御物は奈良時代の遺品であることが理由である。分布の偏りについては、墓制の変改が漸次畿内、西日本では行われたが、中央文化の波及が緩慢な遠隔地である関東、東北では依然、旧墓制の古墳が残っていたため、古墳より出土したと考えられた。畿内、西日本の上流階級の古墳出土のものは、飾り太刀であるのに対し、形状、拵から実用刀の範疇に入る蕨手刀は、すなわち中下級、将軍より軍卒が使用。また、竪穴建物跡からも検出例があることは、実用刀であり、平素の生活にも使用していたことのあらわれであるとした。型式分類は、従来の鳥居説を用い、柄と刀身との比率から短いものを古式、長いものを新式と分類、さらに大場分類は比率計数の長短による新古 2 分類にとどまらず、数値の割合によって 3 種 6 類に分類し、表 1 に示すように、その比率から 1：2 から 1：2.5 を a 式、1：3 から 1：3.5 を b 式、1：4 を c 式。中間様式が多いため 1：2 から 1：2.2 を a′式、1：2.5 から 1：3 までを b′式、1：3.5 を c′式とした。

こうした分析の結果、以下のような特徴が観察できる。
① a、a′型は発見例が少なく、関東、中部、東北地域に限られることから、盛行以前の型式、すなわち古式と断定できる。
② b、b′型は a、a′型、c、c′型の両型式の特徴を備えたもので、発見地は各地域にわたる。
③ c、c′型の発見地は主に東北、北海道で、また、正倉院御物はもっとも発展した刀姿として本型式に含まれる。ただし北海道出土に関しては、ほと

表1 大場磐雄による分類（大場1947）

蕨手刀型式別	型式	発見個所数	蕨手刀型式別		
(a) 1:2 ―六個所― 1:2.5	(b) 1:3 ―九個所― 1:3.5	(c) 1:4 ―七個所―	(a') 1:2 ―三個所― 1:2.2	(b') 1:2.5 ―五個所― 1:3	(c') 1:3.5 ―四個所― 1:4
甲斐大塚。信濃原。上野豊岡。岩代大平。陸中南朝田。羽前沖郷。	武蔵吉祥寺。信濃禰津。信濃湖南。上野碓氷。陸前石巻。陸前富野。陸前北上川。陸中水沢。陸中万丁。陸中湯口。羽後上中村。阿波西尾。北海道網走。北海道最寄。北海道枝幸。	信濃原谷。武蔵吉祥寺。信濃禰津。信濃湖南。上野碓氷。陸前石巻。陸前富野。陸前北上川。陸中水沢。陸中万丁。陸中湯口。羽後四小屋。羽後上中村。阿波西尾。北海道網走。北海道最寄。正倉院御物。	信濃湊。陸中金ケ崎。羽後潟西。北海道江別。北海道恵庭。北海道最寄。正倉院御物。	信濃原。上野豊岡。羽前沖郷。	甲斐大塚。武蔵秩父。信濃禰津。信濃湖南。上野碓氷。岩代大平。陸前石巻。陸前富野。陸中都田。陸中万丁。陸中湯口。羽後四小屋。羽後上中村。北海道江別。北海	武蔵大塚。武蔵吉祥寺。信濃湊。陸前北上川。陸中水沢。陸中金ケ崎。陸中鬼柳。陸中湯口。羽後潟西。羽後上中村。北海道江別。北海道恵庭。北海道最寄。北海道枝幸。正倉院御物。

んどが c′ 式の範疇にある。さらに毛抜形刀への過渡型刀も c、c′ 式の範疇に入る。新式で奈良時代末か平安時代初頭頃の時期と設定している。

　大場は、出自については大陸輸入説を支持していたが、大陸で母型が発見されず、本刀の特徴として奈良時代の出現、特異な流行、短期間の使用といった現象がみられることから、大陸から流入したとしても他の外来遺物とは異なった経路を示すため大陸説をここでは否定することとなった。そこで以下の要素から原形を原史時代の刀子であるとする自生説を唱えた。

（イ）本刀が太刀に属せず、だいたい一尺四、五寸位を普通とすること。
（ロ）古式の分が身短く、かつ幅広いこと。
（ハ）茎が身と同質で共造りとなり、柄間に蔓紐様の類を纏いて手溜りとし、先端に瘤を作って把握使用の便を図ったこと。
（ニ）喰出鐔を特徴とすること。
（ホ）拵が実用的で儀杖でないこと。

　蕨手刀と従来の刀子との特徴の比較として、①茎と身との共造り、②身に比べ茎が長いこと、③喰出鐔は合口作の発達形、④柄頭の瘤は把握時の脱落防止、さらに当時流入した大陸様式の外装であること、鵐目を着け懸緒を通し、鞘の外装をそのまま利用すること、があげられる。すなわち日常利器であった刀子に改良を加え、大陸の太刀外装を使用することによって発展したもので、その発達過程として aa′ 式⇒ bb′ 式⇒ cc′ 式へと移行し、その発見分布地域は関東甲信地方から東北一部⇒東北全域⇒北海道と順次北上していく現象が観察された。この時間、分布、型式変化の具体的偏在性の要因として、大場は律令国家の一大事業である「蝦夷征討」を要因としてあげている。この征討には東海・東山・北陸3道の人々が駆りだされたことと、蕨手刀の各型式の分布と征討事実が重なりあうことを指摘した。すなわち古式が関東・中部・東北、中間型式が東北地方の全域、新式が北海道まで及ぶ全域で発見されており、これは征討が漸次拡張され北海道まで及んでいたことの現象とした。

　また、北海道に残る新式や毛抜形太刀過渡型の蕨手刀は、熟蝦夷への下賜品または倭人との交易品であり、決して蝦夷独自の開発刀ではないことを示唆し

ている。
　大場の分析結果をまとめると、次のようになる。
　　型式：鳥居分類方法を踏襲するが、柄と身の比率数値から3種6類に分類。
　　分布：古式は関東甲信東北一部、中間型式は東北全域、新式は北海道、東北全域。
　　年代：奈良時代を中心とする前後の時期。
　　出自：関東甲信および東北一部の東国、刀子を実用的戦闘利器に改良、大陸太刀外装を加え発達。
　大場は、結果的には蕨手刀を「蝦夷征討」とともに実戦を経験していく過程において急速に発達した武器であると認識した。その発展解消したものが、征討終了後に衛府の官人や武士が佩用する毛抜形太刀であるとした。

北海道における各研究者の研究（後藤守一・河野広道・米村喜男衛・伊東信雄）

　考古学界での研究を中央とすれば、それに対する地方での研究は、とりわけ北海道を舞台に盛んに行われた。北海道における蕨手刀研究は、昭和期になってからの発掘調査によって次々と行われるようになる。それは、オホーツク文化の網走市モヨロ貝塚、擦文文化の江別市および恵庭市での北海道式古墳の発見が契機となっている。北海道では、共伴遺物による年代論が研究の主体であった。

　後藤守一は「北海道に於ける古墳出土遺物の研究（二）」（『考古学雑誌』第24巻第3号、1934）において、「北海道発見のものは、その身の長さを増し、反りも漸く定型の域に達しているに見て、平安時代前期或いは更に一部は平安時代後期に比定し得べく、正倉院御物の蕨手刀等よりも、明らかに相対的年代の降るべきものと推定して差支ない。河野博士所報の網走町出土、景祐元寶伴出のものの如きは、当に其の下限の年代を示す……」と年代を提示した。

　河野広道は「北海道の古墳様墳墓に就て」（『考古学雑誌』第24巻第2号、1934）で、北海道における蕨手刀の盛行年代についての分析を試みている。論文中の記述を抜粋すると「北海道の古墳期住民は、奥羽地方に蕨手刀を遺した人々……」「最近米村喜男衛・阿部清治・中村恒治三氏の手によって、網走町

から二振の蕨手刀が発見された。これは同町モヨリ貝塚からソーメン状浮文のあるオホーツク式土器・景祐元寶等と共に、副葬品として発見されたものである。(中略) この事実によって、蕨手刀が、北海道に於いては、平安以後鎌倉時代までは、引続き使用されて居た事が想像出来る」とある。また事実、米村喜男衛は「北海道網走町モヨリ貝塚中の人骨埋葬に就いて」(『人類学雑誌』第50巻第2号、1935) で、「下層人骨は上層人骨より深部にあるにも係わらず、多くの副葬品の原形を保つものが多く、鉄器には蕨手刀4振、袋柄笹穂形鎗5振、袋物斧2個、景祐元寶の銘のある支那古銭1個、銀製耳環3個、うち1個は石玉付、銀製鈴1個、支那宝石(翡翠?) 環1個、其の他腐食したるも大体うかがい得る短刀3振等の出土を見る。蕨手刀は札幌付近にては、土師器・祝部土器と伴出するも、モヨリにては、オホーツク式土器と伴出す」とした。そのことから河野広道は、モヨロ貝塚での調査において、蕨手刀の盛行年代の下限を伴出遺物の北宋銭「景祐元寶」から1034年(初鋳景祐元年) 以降と、さらにその銭貨遺存状態から鎌倉時代後期までの使用が認められるとしている。

しかし、その後伊東信雄が「北見出土の蕨手刀に就いて」(『考古学雑誌』第28巻第7号、1938) で、「(前略) 自分が該景祐元寶の所有者である阿部清治氏から直接に聴いた所では、これは人骨に伴出したものではなく、同氏が貝塚の表面で拾はられたものである由であるから、これを以て蕨手刀の年代を決定することは出来ない」と指摘している。すなわち、北宋銭「景祐元寶」と蕨手刀が共伴する事実は誤りで、11世紀前半まで使用されていたとすることはなく、河野説を否定した。

ところで伊東信雄は、前述した後藤守一や河野広道とともに北海道における蕨手刀研究の先駆者として同雑誌でその考察を行っている。それまでに発見、報告された蕨手刀、とくに北見国枝幸出土刀を中心に、それにともなう遺物の実見と再考から、蕨手刀の出自、盛行年代についても触れている。

この論文での資料は、次に示すものである。

1) 北見国網走出土
2) 江別、恵庭

3) 北見国網走モヨロ貝塚4口
 4) 北見国枝幸

　伊東信雄は、蕨手刀の分布として、北海道ではそれまで一般的とされていた大陸北方ルートによる搬入論を否定し、日本本土からの日本文化北流の一現象と結論している。なぜなら、①大陸では未発見にもかかわらず、本土東北地方を中心に終末期古墳から出土する、②江別、恵庭出土刀は、奈良・平安時代初期の土師器、須恵器を共伴する、③モヨロ貝塚での共伴鉄器は奈良時代前後の古墳副葬品と同様である、という3点がその理由である。このことから、蕨手刀の出自は、日本本土に求められるとした。

　それから年代論については、本土では、奈良時代から平安時代だが、北海道では若干年代が下がることを指摘している。モヨロ貝塚での年代については、前述したとおり共伴遺物の扱いを修正し、共伴鉄器より奈良・平安時代初期の範疇に江別、恵庭例とともに収めている。また、信憑性には欠けるが、枝幸出土刀にともなう鍔は葵鍔の可能性があること、さらに北大所蔵網走出土刀には八幡座を有する兜鉢が検出されたことから、平安時代末期に推定している。

　戦前の動向をみると、高橋健自は、刀自体の特徴と刀装具の種類から、その年代を推移させた。刀装具では足金物に注目し、単脚式足金物から双脚式足金物への型式変化を指摘している。しかし、刀装具を備えた状態の資料でなければ摘要できないという欠点があった。それに対して年代の新旧の特徴を刀自体に求めたのが、鳥居龍蔵の分類方法であった。それは刀身の長短から求めるもので、柄と刃の比率から短く小さいものが古く、長く大きいものが新しいという分類方法であった。この方法は以後の研究に大きな影響を与え、年代推定の基本的方法となる。刀身のみでも年代が測定できる画期的な方法として、鳥居龍蔵→大場磐雄→石井昌国と蕨手刀研究の主流を成すものとなった。

（2）戦後の動向
　戦前の蕨手刀研究の集大成として前述の大場磐雄「蕨手刀について」（『考古

学雑誌』第 34 巻第 10 号、1948）の分類方法研究が発表され、学界の定説となるが、昭和 20 年（1945）以降戦後の復興とともに各地の開発にともない新資料が次々と発見され、蕨手刀の研究も全国的なものから地方史の中でのマクロからミクロへ、とくに出土例の多い東北・北海道を中心に各地域での研究が積極的に行われるようになる。

　この蕨手刀、これまでの研究の結果、その盛行の年代は奈良時代を中心とした時期であることが、各研究者の見解として一致しているが、その他祖型、出自、使用者など諸問題については、諸説が入り乱れ、意見の相違がみられるのが現実である。そして昭和 41 年（1966）に刀剣学と考古学の協業研究ともいうべき石井昌国の『蕨手刀―日本刀の始源に関する一考察―』によってそれまでの研究が集大成された。以後、新資料が増加し他分野での研究も積極的に行われるが、考古学における全国的研究としては、平成 8 年（1996）の八木光則「蕨手刀の変遷と性格」（『考古学の諸相』所収）があげられる。

　A．地域史における研究
　戦後、昭和 20 年代後半（1950～54）から 30 年代（1955～64）にかけて地域史的な立場により蕨手刀の研究が行われた。研究の躍進の時であり自由な立場で大場分類を実践、再考するのがこの時期の研究の最大の特徴といえる。それは蕨手刀出土の分布密度が濃い、東北北部の各県および北海道での研究が中心であった。なかでも岩手県、山形県、北海道での地道な研究に評価されるものがある。

　岩手県においては、小岩末治の「岩手郡太田村蝦夷森古墳調査報告―附県内出土蕨手刀の一考察」（『岩手史学研究』14、1953）での資料集成と考察がある。県内出土の 10 口を大場分類方法によって分析、A・B・C の 3 型式に区分、新旧編年を試みている。さらに、古式ほど刃長が短く、新式ほど長くなる傾向を確認した。次いで「岩手郡太田村蝦夷森古墳調査報告―附県内古墳出土品に就いての一考察」（『岩手史学研究』18、1955）では、岩手県内 15 口中 15 例が全長 50～60 cm であり、新式が大半を占める傾向にあることを捉えた。

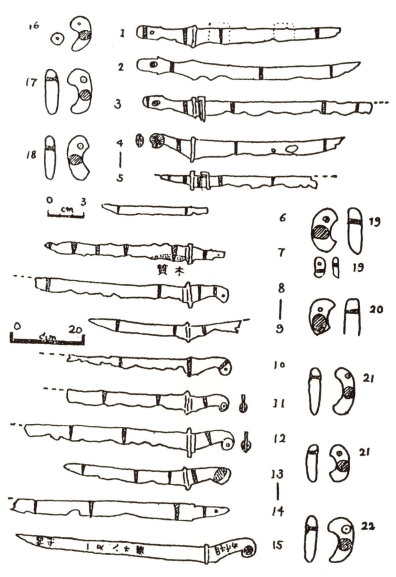

図17 小岩末治実測図（小岩1955）

大場分類が実践され、その編年の照合が確かめられた。

　山形県では、柏倉亮吉が「蕨手刀について」(『山形県の古墳』1953)において、県内発見の新資料を用いて大場分類の再検討を行った。ちなみに、先の大場論文「蕨手刀について」(大場 1948) では、山形県発見の資料は鈴川印役刀と沖郷(蒲生田)刀の2口が使用され、以下の分類結果が得られていた。

1) 鈴川印役刀　1：3　b式　b′式
2) 沖郷(蒲生田)刀　1：2　a式　a′式

　そこで柏倉は、大場分類は本来「蕨手刀の全長が完存しなければ」比率数値も大きく入れ替わることを指摘。たとえば沖郷刀では八木報文(八木 1899)を引用し「刃先は折れて寸尺を知るべからざるも顧ふに余り長きものにあらざるべし」とa〜b式の範疇ではないかとする推定値による分類を批判した。その他、山形県出土の新資料についても、以下のとおり大場分類を実践している。

　　安久津1号古墳　　　1：2　　a式　a′式
　　蒲生田古墳2号刀　　1：2.6　不明　不明
　　伊達城　　　　　　　1：2.2　不明　不明
　　箕　輪　　　　　　　1：3.2　b式　b′式
　　野田1号刀　　　　　1：3.5　c式　c′式
　　野田2号刀　　　　　1：2.4　a・b式？　b′式？
　　吹　浦　　　　　　　1：4　　c式　c′式

これを山形県三地域の古墳分布と照合し、置賜地域ではa型式、村山地域でbまたはc型式、庄内地域でc型式といった古式から新式が置賜地域から村山、庄内地域へと北上分布する傾向にあることをつかむ。すなわち置賜地域の横穴式石室古墳が村山地域の竪穴式石槨古墳より先行する形態の古墳といえるが、イ)柄頭のみ残る資料が多く全長完存するものが少ない、ロ)蕨手刀が村山地域特有の竪穴式石槨古墳より出土していない、ハ)柄長の身長に対する比率の大きいものが古式とする見解にも再検討の必要がある、と結論付けた。なぜなら安久津1号古墳出土刀は完存1：2の比率で、すなわち古式の資料になる。一方、中島平古墳出土刀の場合、刀身は欠損するが推定値からの比率は

38　第Ⅰ部　研究篇

図版第三四　縣内出土蕨手刀聚成

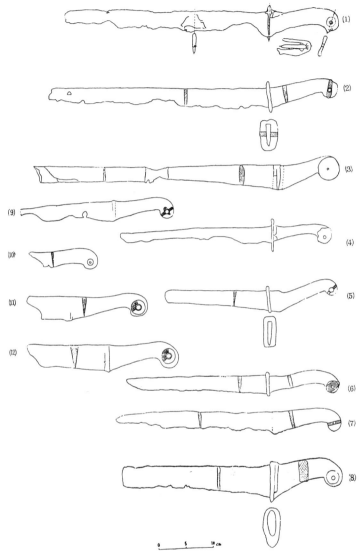

(1) 箕輪　(2) 野田（太田政太氏藏）　(3) 吹浦　(4) 蒲生田一號　(5) 鈴川神明神社　(6) 安久津一號墳　(7) 野田（槇久右工門氏藏）　(8) 漆山伊達城　(9) 蒲生田二號　(10)～(12) 中島平

図18　柏倉亮吉実測図（柏倉1953）

1：3以上となり、b式もしくはc′式と新式の範疇に入る。この両型式の刀の特徴から前者は繊細、後者は豪壮雄大で実用性に富む点から中島平古墳出土刀がむしろ始原的なものと考えた。

　柏倉の要点をまとめると、以下のようになる。大場分類法は刀全体が完存しないと柄、刃の比率数値は正確に得られないと指摘した。しかし、新資料に対しても推定値によって比率計算するという大場批判をしたにもかかわらず、同様の矛盾を行った。さらに実用性を重視する観点から大場分類の型式の年代観に問題を提起する結果となった。

　その柏倉の論考に対し、亀田昊明は「蕨手刀に関する一私考―置賜型、村山型古墳の関係に於いて―」(『置賜文化』19、1958)において、山形県置賜地方出土の蕨手刀を素材にその使用者と古墳文化との関連について考察を行った。基本的には使用年代を古墳時代末期より奈良時代にかけてのものとし、関東地方より奥羽地方に発見例が多いといった分布の偏在性については、古墳時代末期から奈良時代における東北地方の開拓促進事業に原因があるとしている。すなわち律令国家による東北地方進出に関わるものと考えている。さらに亀田は以下のように指摘した。

　①刀自身繊細で華麗なものは、宝器的価値が働くため、製作技法上丁寧に作刀するのが一般的である。一方、東北地方開拓期には、需要と供給のバランスを計り実用性に富んだ簡単なものが大量に生産された。

　②東北地方開発の最前線として出羽国置賜地方が選抜され、農業的拓殖事業が実践された。そして蕨手刀は殖産に必要な「山刀」的な作業刀として使用された。細身で古式の安久津刀から実用的な梨郷刀への変遷が、上記の具現化である。

　すなわち蕨手刀が繊細なものから実用なものへの変遷を辿ることから、柏倉説を真っ向から否定したのである。

　北海道では、戦前からの年代論に加え、伊東信雄が示した蕨手刀の出自とその流入についての研究が続けられている。昭和23年(1948)に児玉作左衛門は『モヨロ貝塚』で「蕨手刀は今日まで大陸では発見されていない。然るに北

海道では江別や恵庭でも出土しているし、本州でも奥羽地方を主として各地から発掘されており、ここに一つの連鎖を認め得るから、之は大和文化の一つとして本州からの渡来品と見るのは至当と考える」と日本列島本州からの流入を説き、伊東説を支持した。一方、河野広道は『網走市史（先史時代篇）』上巻（1958）において、児玉説に対し「蕨手刀は決して日本特有のものではなく、また、断じて大和文化を代表するものでもない。蕨手刀と同型の刀は支那大陸にもあり、遠く印度にも類似品が見られるのである。しかも日本では大和文化圏内からの発掘例はきわめて稀で、当時大和文化圏に対立していた奥羽文化圏を中心として分布しているのである。従って蕨手刀の分布を以て大和文化の進出の尺度となすことはできない。兎に角、網走地方への蕨手刀渡来の経路は二様の道が考えられる。その一は大陸から樺太または利尻礼文地方を経ての北方からの道で、その二は大陸から奥羽地方に渡り、また奥羽でその類型が製造されてそれが道南地区を経て北上したものである。しかし、今日までの研究ではこの二つの道の何れを通ってきたものかを断定し得るに足る資料がない」と大陸輸入説を説いている。

　その後、昭和36年（1961）には、小沼健太郎が「北海道出土の蕨手刀について」（『史叢』第29号）において、奈良・平安時代における本州の文化が北海道に渡ったものという考えを示した。

　この時期の各地方、地域での蕨手刀研究は、出土資料そのものを大場分類をもとに分析し、型式および編年を検証することが主流だった。当然、新資料の報告が多い東北・北海道といった地域での研究が主である。とくに東北を中心とする偏在的分布に絞り込んだ研究が行われ、蕨手刀の発生、流入などについて再検証されている。そして後に蕨手刀は、「正負の分布」の場合、すなわち分布上の空白として示される負の分布の存在から正の分布を解き明かす考古学研究法における分布論の代表的事例として扱われることとなる。

B. 分布論

斎藤　忠

　昭和 28 年（1953）「北日本の古代文化―歴史学と考古学との関連性に関する一問題―」（『古代学』第 2 巻第 2 号）において、斎藤忠は、蕨手刀が北日本地域に特有の分布を示すのは、その地域住民特有のものであり、すなわち蝦夷がとくに愛用した武器とすることも必ず不合理ではないと論じた。また、少なくとも城柵などの前衛基地を越えた地域、いわゆる「化外の地」の古墳や竪穴建物跡から出土する蕨手刀に関しては、蝦夷の所産とすることが妥当という論を示した。

川崎澄夫

　川崎澄夫は分布論について「蕨手刀に関する一試論」（『秋田考古学』6、1957）において発表した。

　その論考の中で川崎は、蕨手刀の分布は東北および北海道に集中する傾向にあり、その使用圏は同地域に限られ、しかも生産地も同地域とみられるが、遺物の集中分布を使用者圏とすることに疑問を投じた。また、そうした偏在的分布現象は、使用者圏を表すものでなく、墓制の文化習慣の違いによって生じる墓制文化圏を表すものであるとする考えを示した。物質的、精神的文化は、文化の中心大和で発生または変質化して初めて地方に波及するものと考えれば、蕨手刀も頭椎大刀同様、大和地方より伝来する凡日本的利器で、東北地方に先行して畿内においても盛行していたと考えられるが、畿内においては仏教思想の浸透により墓制の変化が生じ、火葬へと移行した結果蕨手刀を副葬する風習がなくなったという意見を示した。かろうじて蕨手刀は、畿内では正倉院の伝世品といった特別な条件によって残されたという指摘である。一方、化外の地東北では東日本諸地域の終末期古墳造営の墓制文化との接触により、それを採り入れることになり、それによって副葬品といった好条件が生まれ後世に残されることになると説いた。

　本来、蕨手刀は奈良時代を中心に盛行する凡日本的利器であるが、墓制の文化習慣の相違から副葬といった行為の条件の有無によって偏在的分布が成立し

たという立場である。したがって、中央発生説とした。

佐原 真

佐原真は、「分布論」(『岩波講座日本考古学1（研究の方法)』1985) において、蕨手刀の分布が東日本に偏在的に集中するのは、考古資料の分布そのものではなく、蕨手刀そのものを扱う習慣・風習の相違にあるとした。なぜなら東日本では、8世紀以後も「古墳や墳墓に副葬する」習慣の持続の結果、多く残っているから、という。一方、西日本では、「すでに古墳の造営が終わり、副葬することもなく地金として回収された」習慣の断絶の現象として、出土が稀薄となったことを指摘した。したがって、本来、汎日本的利器であり、日本全国に分布していたものと説いた。

C. 戦後の実証的研究成果

石井昌国

全国レベルでの蕨手刀研究の集大成は、石井昌国の『蕨手刀―日本刀の始原に関する一考察―』（以後、『蕨手刀』1966)であるが、この研究は考古学と刀剣学の方法を折衷したもので、収集された資料182口を統計的に処理している。分類方法は大場説を踏襲するもので、以下のとおりの3型式分類である。

Ⅰ型式：拵はおおかた平造、角棟となり、刃長は長く、柄と身に反りを持ち、鋒は大体カマス鋒、身幅は広い。刃棟とも関はなく、鐔は鋒から挿入し腰元の踏張りで装着する。分布は東北および北海道が中心、一部、関東中部地方にもある。統計的には82%を占める。合わせ鍛え、無地風の小板目、地沸強い地肌で、刃文は埋焼が多く、地刃の境が判然としない。

Ⅱ型式：拵はほとんど平造、角棟となり、刃長は短く、無反りもしくは内反りとなる。刀姿は長三角形、鐔を鋒から挿入するものには関がなく、柄先から装着するものには刃棟両関とも直角に切り込んでいる。分布域は関東、中部地域から東北南部。丸鍛え、大板目、地沸強い地肌で、刃文は乱れ刃または皆焼、刃中に働きが多く、相州物に似る。土取りをしている。14.4%。

Ⅲ型式：鋒は鋒両刃造りで、切刃造りと平造りがあり、主に丸棟となる。

切刃造りでは刃長は長く、かなり強い柄反り、平造りには反りはない。鐔は柄先から挿入、刃棟両関となる。分布は関東、中部のほか正倉院刀畿内以西の西日本。丸鍛え、板目に刃縁は柾目の地肌で、刃文は細直刃、沸は弱くうるみ、焼落しがある。4.5％。

分布状況から日本刀同様の地方色が観察でき、Ⅰ型式は東北鍛冶、Ⅱ型式は関東あるいは中部鍛冶、Ⅲ型式は畿内鍛冶といったそれぞれの刀工技法があらわれていることを指摘した。

分類方法は、造込は、①平造り、②鋒両刃造り（さらに平造り、切刃造りに分かれる）、③鎬造り、④切刃造りの4分

図19　石井昌国による分類（石井1966）

類。法量は、①刃長30 cm 未満を刀子、30〜40 cm を短寸刀、50 cm までを中寸刀、50 cm 超えを長寸刀の4分類。②柄長は平均12 cm を境とする。③元幅は5 cm 超えを幅広、4〜5 cm を中幅、4 cm 未満を細幅の3分類とした。④重ねは0.6〜1 cm を基準に1〜1.2 cm を厚手、0.4〜0.6 cm は薄手の3分類。⑤柄反りは2 cm 以上の深反り、1 cm 以上の中反り、0.1 cm 以上の浅反り、無反り、内反りの5分類。⑥反りは刃反りと全反りがあり、それぞれ深反り、中反り、浅反り、無反り、内反りに分類。

形姿の観察は、①鋒は大カマス、カマス、茅の葉、両刃の4種類。②平肉は平肉付、平肉なしの2種類。③棟は平棟と丸棟の2種類。柄元の形にはくの字の刃区と両区切り、柄の絞りには浅いものと強いもの、柄先（柄頭）には、団扇・半月・弦月・鳩首・勾玉の各型で、横に突き出すものと斜め下に張り出すものがある。鍔については、素材は鉄と銅の2種、喰出鍔（絞り小判・角切三

角）と板鍔（小判・札）からなり、変わり形として幅広に帯状の輪鍔、亀の子鍔、大小二枚を重ねたような子持ち鍔がある。鶚目および座金は、鉄と銅があり、菊花文や無文がある。その他に属性の項目に鶚目・座金、鞘金具および足金物、鞘・柄巻を取り上げた。

　さらに刀剣学の鑑刀の方法を用い地鉄、鍛造法、焼入れ、刃文、「窓開け」研磨によってそれらの特徴を観察し、また反りから編年を試みている。それは直刀から彎刀への変遷を特徴とすることから全長×全反り＝ｘといった方程式により、ｘの数値が大きいほど時代が降るものとした。したがって、短寸から長寸、さらに反りが強いものほど新しく、Ⅱ型式⇒Ⅲ型式⇒Ⅰ型式の順に新しくなる。年代的にはⅡ・Ⅲ型式は8世紀、形状の変化の著しいⅠ型式については8世紀後葉以降9世紀末葉までとした。祖型は北武蔵地域から出土する幅広の長三角形の刀姿を持つ大刀子と考えた。

　石井の分析結果をまとめると、次のようになる。

　　型式分類：拵などから3型式に分類。
　　年代：直刀から彎刀といった変遷から反り指数を計算、数値が大きいほど
　　　　　時代が降る。Ⅱ型式（8世紀）⇒Ⅲ型式（8世紀）⇒Ⅰ型式（8世紀後葉〜9世紀末葉）。
　　分布：各型式ごとに分布の偏在性が認められ、それがその地域の刀鍛冶の作風と一致する。
　　出自：刀姿の特徴から北関東地方で出土する大刀子とする。

菊池徹夫

　菊池徹夫は、「八世紀前後の北海道における金属製品について」（『北海道考古学』第9号、1973）において、蕨手刀は中部、上信地方に起源を持ち、征夷の士から浮囚の工人に伝えられて奈良時代の奥州地方を中心に使用され北海道に及んだものであると論じた。石井説をほぼ踏襲するものである。

　盛行年代については、蕨手刀を副葬する奥羽地方の古墳、北海道石狩平野の墓にともなう土器の年代観と和同開珎や腰帯具からの年代観に矛盾はないとしている。初現地域は本州に求めざるをえず、全国分布からも奥羽地域が中心

で、祖型に近いとみられる平造り、角棟、無反り短寸のものは北部より南部、上信、中部地方に多く、この地方に出自があると説いた。

　この論考では、奥羽地方で蕨手刀が盛行、発達する過程を歴史的背景と対比するため文献から論究しており、奈良時代における律令体制の蝦夷経営と密接な関係があると指摘している。菊池によれば、第1期は天平9年（737）の大野東人の大遠征に見られるような軍事行動でなく陸路の新ルート開墾が目的の遠征であり、こうした事業の実施のため「山刀」のような工具が携帯され使用されたと考えられる。また、遠征部隊の編成は上野、下野、関東一円の騎兵によって組織されたとした。その出自と考えられる地域の騎馬兵がこの地に持ち込む古式の短寸蕨手刀は、武器兼工具として最適のものと考える。

　第2期は、律令国家と蝦夷の武力衝突の時期で、桃生城での海道蝦夷の反乱や伊治公砦麻呂の反乱が起こり、坂上田村麻呂の遠征などが行われた。こうした実戦を経験するなかで蕨手刀は改良され斬撃を目的とした機能的な武器へと変遷していく。さらに遠征軍の武器はヤミ取引により蝦夷側にも流入、必要に応じて改良していたと推察した。延暦6年（787）正月太政官符（『類聚三代格』）により、官給品である綿・冑鐡などをもって蝦夷からの馬や奴婢の買付を禁止している。

　菊池は、蕨手刀自体の型式変遷について、歴史的事象との照合によって機能面や年代観について検証している。

桐原　健

桐原健は、「蕨手刀の祖型と性格─信濃における蕨手刀のあり方について─」（『信濃』第28巻第4号、1978）において、分類、編年については、大場、石井の方法を踏襲し、長野県内出土の蕨手刀10点について、以下のとおり3形態に分類している。

　Ⅰ形態（石井Ⅱ型）：平造りを主体とし、フクラ鋒、刃長は短寸で柄長と刃長の比率は1：2.8から1：3.1までで、元幅は4cm程度の中幅が普通で、柄反りは浅反りか無反りで柄の絞りも浅い。

　Ⅱ形態（石井Ⅰ型）：幅広の平造り、カマス鋒が現れ、刃長は長大化、柄

長にも同傾向が認められ、柄長と刃長の比率は1：4.4と大きい。柄反りは中反りで柄の絞りも強い。

Ⅲ形態（石井Ⅲ型）：鋒両刃平造りで、元幅は広幅で、柄反りは中反り、柄の絞りも強い。

長野県では蕨手刀が出土する遺構は、古墳、大石下、単独出土、火葬墓、特殊遺構から出土する特徴を指摘した。編年としては、刀自体の形態的特徴から、①直刀から彎刀への移行、②刀身に見られる反りの発展、③刃長、柄長の伸長、比率の増大、④鋒の形状、元幅の拡幅などの変遷、という4点によって、Ⅰ・Ⅱ形態に時間差があるとした。3形態の出土する遺構について、Ⅲ形態は、正倉院、島根県小坂古墳では青銅製蔵骨器、徳島県敷島では鉄製墓誌板と共伴することから奈良時代であるとした。Ⅰ形態は末期古墳出土または大石下出土であり、さらにそれにともなう副装品の特徴から馬具の欠落、武具のみの副葬、カマス鋒の直刀、飛燕鏃などから、Ⅰ→Ⅲ→Ⅱの変遷をとらえた。

祖形は儀杖刀の頭椎大刀で、7世紀後半に大和朝廷直属の伴造的氏族に係わる下級位階者の佩用刀とみなした。出自は東国で、小刀が大刀とともに氏族の社会的地位の威儀具と認められるようになることは、天智紀3年（664）2月条「其大氏之氏上賜大刀。小氏之氏上賜小刀。其伴造等之氏上賜干楯・弓矢」でわかるが、この結果蕨手刀が東国で作られる経緯となったとした。ただし時間を経ずして、畿内において畿内作風の鋒両刃造が鍛造され、西国および東国に配布されたものと、畿内政権との係わりが強いことを問いている。分布では、古東山道沿いに分布するのは、Ⅱ・Ⅲ形態が主で畿内と東北を結ぶ官道であることから、交通路による物流にも言及している。

その後、桐原は平成10年（1998）に「蕨手刀雑考」（『長野県考古学会誌』84・85）において、再考している。それは前年に開催されたシンポジウム「遺物からみた律令国家と蝦夷」（第6回東日本埋蔵文化財研究会）の蕨手刀の新資料（250口・189遺跡）を契機としている。

蕨手刀は、頭椎大刀同様に畿内で製造され配布されたもので、それは短寸・鋒両刃のⅢ形態で、配布の範囲は西日本と東日本（信濃・上野）まで及ぶ。製

造期間は 7 世紀後半代から 8 世紀初頭、配布は一過性のもので、その後、東国・東北で独自に生産が始まったとした。その結果、Ⅲ→Ⅱ→Ⅰの編年に変更した。

また、蕨手刀が埋葬施設から出土するのは、官有武器の貸与ではなく、兵士の私自物であったが故であると論じた。それは、大宝 2 年（702）の兵士徴発は、郷戸的大家族集団の家父長層を対象とする兵士私自備の原則に応じられる者であった。東国国司の武器収公は実際には軍丁に武器の所有を許して軍役負担の継続を認めたことによる。また、6 世紀末にみられる装飾付大刀の新式（双龍・双鳳）環頭と頭椎大刀の分布は東国に中心を移すが、それは東国国造の子弟からなる舎人の佩用刀が、有力氏族の最高位にあった墓から出土することによると指摘した。それに置きかえて、東国国造一族に係る軍丁の後身である郷戸主層が蕨手刀の佩用者と想定している。

桐原は、蕨手刀の分布状況は、北海道・奥羽と狭義の東国とに分けて考えるべきとし、狭義の東国については環頭大刀・頭椎大刀に対して行われた同じ論法で検証した。その結果、6 世紀後半以後、信濃での横穴式石室をもつ前方後円墳の進出は伊那を中心に諏訪、小県へ広がることを指摘する。副葬品として環頭大刀・頭椎大刀があり、科野国造がその勢力として考えられるとした。蕨手刀を、国造氏の本貫を外れた旧勢力の繁行地域でありながら外圧の入りやすい地域の振興勢力のステイタスシンボルとみなした。

高橋信雄

高橋信雄の「岩手の古代鉄器に関する検討（2）―自然科学的手法による蕨手刀の調査―」『岩手県立博物館研究報告』第 2 号（1984）・「蕨手刀」『まてりあ』34（1995）では、石井分類Ⅰ型式が出土例の 80% を占めることから、柄反りと柄の絞りおよび刃反りに着目し、以下のとおりにⅠ型式をさらに 3 分類した。

　Ⅰa 型式：柄反り、刃反りおよび柄の絞りがともにないか、あるいはきわめて小さいことを特徴とする。柄の形態は棟と柄棟の方向が一致するものと柄元に近い部分で少し絞り、そこからわずかに柄反りを示すものがあり、Ⅱ

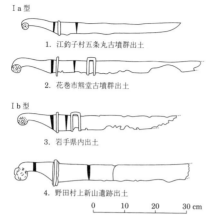

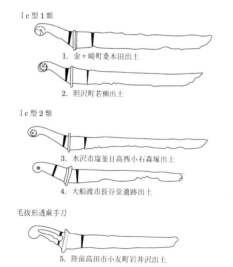

図20 高橋信雄による分類（高橋1995）

型式に近似する。刃長は50cmを越えるものはなく、元幅も5cm以上の広幅を呈するものはない。

Ｉｂ型式：柄の絞りがその差2cm前後ときわめて強いのが特徴。柄反り、刃反りはないかあるいは非常に小さい。刃長はＩａ型式より長くなる傾向にあり、元幅が5cm以上の広幅を呈するものが多い。

Ｉｃ型式：柄反りが2cm前後ときわめて強いことを特徴とし、刃反りも強くなる。1類＝Ｉｂ型式の柄の絞りが強く、広幅、長寸のものに柄反りを加えたもの。2類＝柄の絞りは小さいが、柄反りを強くしたもので、長寸のものが多いが広幅を呈するものはなくなり、刃反りの傾向を強く示す。

また長寸・柄反り・刃反りといった新要素が形態として現れることを指摘した。高橋によれば、Ｉａ型式はＩ型式に先行するⅡ型式の柄に近似、Ｉｂ型式の柄棟と棟が平行するのはＩａ型式にみられ

る傾向にある。柄の絞りの特徴はIc型式1類に受け継がれ、Ic型式2類はもっとも新しい毛抜透型蕨手刀の柄に類似し、長寸、柄反り、刃反りの要素も含まれる。Ⅱ型→Ⅰa型→Ⅰb型→Ⅰc型1類→Ⅰc型2類→毛抜透型蕨手刀への変遷過程を追うことができる。年代については、Ⅱ・Ⅲ型式の一部が7世紀まで遡り、Ⅰa型式は8世紀前半から、Ⅰb型式は8世紀中葉以降、Ⅰc型式は8世紀末以降とのおおよその年代が推定された。Ⅰb型とⅠc型の多くが東北地方北部から北海道にみられることは、機能の変化をともなう製刀技術の変化がこの地方で起きた可能性を示唆しており、関東・中部地方から東北地方にもたらされた蕨手刀が、東北地方で新たに機能上での変化を遂げ独特の形態をもつようになったと推定した。

D. 現状の研究成果から

八木光則

八木光則の「蕨手刀の変遷と性格」『考古学の諸相』（1996）の分類は、石井分類を踏襲するもので、柄頭の形状と足金物を中心に絞り、柄反り、刃長の変化を付加し、以下のとおりに柄頭形状の7分類から、足金物と絞り、柄反り、刃長の変遷を付加要素として、変遷過程を大きく4期分類（範疇）にしたものである。

【柄頭の形状分類】

柄頭A：柄頭は小さく未発達で、柄反りと絞りが小さく、柄と柄頭の中軸線が鈍角になる。

柄頭B：柄全体が内反りになり、柄と柄頭の中軸が鈍角から直角になる。

柄頭C：柄と柄頭の中軸線が直角になり、柄頭の付け根の下が突出する

柄頭D：柄と柄頭の中軸線が直角になり、柄頭の付け根が湾入する。

柄頭E：柄と柄頭の中軸線が直角になり、柄頭の付け根が深く湾入する。

柄頭F：柄と柄頭の中軸線が鈍角となり、柄から柄頭への移行が滑らかである。

柄頭G：柄頭が小さく、柄反りと絞りが大きく、柄と柄頭の中軸線が鈍角に

なる。

【装着される足金物の分類】

単鐶単脚：単脚上部に小さな鐶を付ける。脚に縦の沈線が入るものもある。

山形単脚：脚上部に山形の装飾を付け、佩裏に小さな鐶を付けるもの。脚が縦に分割されるものもある。

張出双脚：双脚上部の枠形櫓が前後に張り出し、張り出し部の上面は三角形となる。

台状双脚：双脚上部の枠形櫓が台状となるもので、前後の張り出しはなく、櫓上面は長方形となる。

横鐶単脚：脚の上部に横向きの方形や環状の鐶を付けるもの。鐶が可動式のものは含めない。

【柄反りと柄反りの数値的分類】

柄反り絞り1：柄反り12mm以下、絞り30mm以下。

柄反り絞り2：柄反り12mm以下、絞り31mm以上。

柄反り絞り3：柄反り13mm以上、絞り31mm以上。

柄頭A〜Cは柄反り絞り1、Gは柄反り絞り3にほぼ限定される。柄頭D〜Fはそれぞれ柄反り絞り1〜3と組み合う（以下、柄頭D〜F1＝柄頭1、柄頭D〜F2＝柄頭2、柄頭D〜F3＝柄頭3と表記する）。

その結果、柄頭A・B（銅製単鐶単脚と張出双脚、刃長平均1尺2寸の単寸刀で、Aに単環単脚が多い）→柄頭C・柄頭1（銅製台状双脚を主体に柄反り絞りは浅く、刃長平均1尺3寸となり両者の時間的型式差はみられない）→柄頭2・3（柄頭2は鉄製台状双脚を主体、柄反りは浅いが絞りは深い。柄頭3も鉄製台状双脚が多いが、横鐶単脚が加わり、柄反り絞りとも深くなる。刃長平均1尺4寸となり、柄頭2とは漸移的である）→柄頭G（柄反り絞りとも深く、刃長平均も1尺7寸の長寸刀となる）の形式変遷が追える。全体を通じ、次第に刃長の長寸化と絞りや柄反りが深くなり、彎刀化の進行がみられる。彎刀化は斬撃刀としての機能を高める。

第 1 章　先達による先行研究　*51*

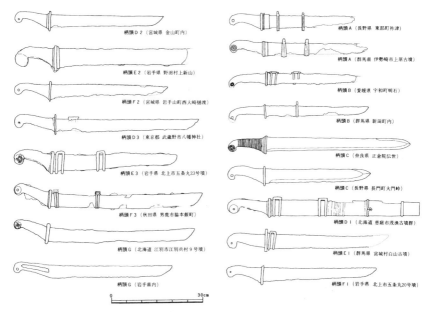

図 21　八木光則による分類 1（八木 1996）

　下限時期が判明する資料を基に、編年については、柄頭Ａは 7 世紀後葉から 8 世紀前葉、柄頭Ｂは 7 世紀後葉から 8 世紀前葉、柄頭Ｃは 8 世紀中葉から後葉、柄頭 1 は 8 世紀後葉、柄頭 2 は 8 世紀中葉、柄頭 3 は 8 世紀前葉、柄頭Ｇは時期不詳とした。型式変遷のメルクマールとなる足金物については、銅製単鐶単脚（平鞘）は 7 世紀後葉から 8 世紀前葉、銅製張出双脚は 7 世紀後葉から 8 世紀前半、銅製台状双脚は 8 世紀後葉、鉄製台状双脚は 8 世紀前葉〜中葉、鉄製横鐶単脚は 9 世紀後葉で、その他正倉院の黒作大刀・横刀の台状双脚は銅製より鉄製が多く、8 世紀後半には鉄製が主流になる。以上から柄頭Ａ・Ｂは 7 世紀に遡り→柄頭Ｃ・柄頭 1 は 8 世紀前葉を中心とする時期→柄頭 2 は 8 世紀の中葉から後葉→柄頭 3 は 9 世紀まで→柄頭Ｇは 9 世紀以降と位置付けている。そして、この柄頭と足金物の変遷に加え、絞りや柄反り、刃長などの変遷から大きく以下のとおり 4 期に分かれることを確認した。1 期：柄頭Ａ・Ｂ、銅製単鐶単脚・張出双脚主体、刃長平均 1 尺 2 寸で最長 1 尺 3 寸以

下、7世紀後葉から8世紀前葉。2期：柄頭C・1、銅製台状双脚主体、刃長平均1尺3寸、8世紀前葉。3期：柄頭2・3、鉄製台状双脚主体、刃長平均1尺3寸、8世紀中葉〜後葉。4期：柄頭3・G、鉄製横鐶単脚主体、毛抜形柄を含み、刃長平均1尺4寸〜1尺7寸で最長2尺以下、9世紀。1期は初源か普及期、2期は全国的な展開期、3期は主に東日本で盛行、4期は終末期となる。また、祖型についても大刀子をあてて矛盾はないが、柄頭の出自については、課題が残ることを指摘した。

　分布について、北海道・東北地方に多いのは、古墳・墳墓への刀剣類副葬の習慣の名残りのみでなく、竪穴建物跡からの出土例も絶対量が多いことを指摘した。

　さらに地域性として、まず柄頭の形状から柄頭Aは福島・茨城・群馬・長野、柄頭Bは青森・福島・群馬・長野・愛媛・福岡・熊本、柄頭Cは各地、ただし山形と西国がやや多い、柄頭1は東日本各地、ただし北海道と東北に多い、柄頭2は日本各地、ただし北海道と東北に多い、柄頭3は東日本各地ただし東北に多い、柄頭Gは東日本各地、ただし北海道と福島にやや多い、とした。次に足金物では、銅製単鐶単脚は群馬・長野、銅製張出双脚は群馬・静岡・愛媛、銅製台状双脚は各地、鉄製台状双脚は各地、銅製山形双脚は北海道・長野、鉄製横鐶単脚は秋田・宮城・福島にみられ、古く位置付けられる柄頭Aや銅製単鐶単脚・銅製張出双脚は群馬・長野に分布しており、蕨手刀の初源はこれらの地域であることが理解された。鋒では茅の葉は福島・群馬・長野・山梨・静岡に多い、鋒両刃は群馬・長野・静岡・奈良・島根・徳島、フクラ鋒とカマス鋒は東日本各地、関東から中部地方に多い茅の葉は、古式の柄頭A・Bだけでなく柄頭C・1・2にもみられるため、時間差でなく地域性が顕著にあらわれている。フクラ鋒とカマス鋒は、東日本各地に広くみられる。こうしたことから、柄頭B・C、鋒両刃は西国型、群馬や長野を中心に柄頭A・B・1、茅の葉・鋒両刃は東国型、柄頭1〜3、フクラ鋒・カマス鋒は奥羽・オホーツク型の特徴と確認した結果、蕨手刀は東国の群馬・長野あたりで初めて製作され、西国へ伝播、その後東日本各地に普及した。ただし、製品そのもの

第1章 先達による先行研究 53

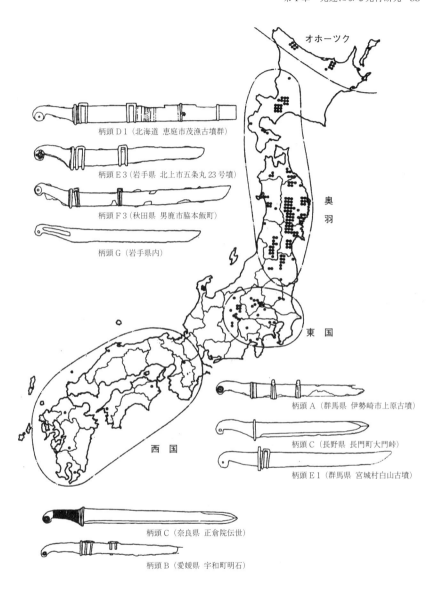

図22 八木光則による分類2（八木1996を改変）

でなく、型式や技術が伝播したもので、柄頭や鋒にみられる地域制がそれぞれの地域での作刀を示すとした。伝播ルートに関しては、その分布から幹線交通路を媒体としたため、面的というより線的な流れを辿り、蕨手刀は、東国の初源地域や西日本では終末期古墳から、東北では末期古墳からの出土が多いが、その被葬者は権力構造の細分化と小型化が進んだ社会での、とくに卓越した階層ではないことを示す。

八木の分析結果をまとめると、次のようになる。

 型式分類：柄頭形状を主体にその他の属性の組合せから7分類、4時期に
    分類。
 年代：7世紀から9世紀。
 分布：北海道から九州に分布、北海道・東北で全国の8割を占める。
 出自：石井説の大刀子を消極的だが踏襲する。

福島雅儀・菊地芳朗

福島雅儀は、平成17年（2005）に「古代金属装鉄刀の年代」（『考古学雑誌』第89巻第2号）において、鉄刀研究では構成する各部品を総合し、柄・鞘・刀身の組み合わせ方法の解明が不可欠なため、柄構造に注目して5型式に分類した。鍔茎接鉄刀、すなわち茎は小さく直に落とした両区で平の広い偏りのない形状で、鎺に代わり鍔の佩表側に柄縁金具が装着され、鍔は直接区と茎に接する鉄刀の範疇に蕨手刀を含めている。その出現については、8世紀中葉を大きく遡る可能性は少ないと推定した。また、佩用の点について、鎺が装着されないことから佩用時の鞘走りは防止不可能と危惧する。

菊地芳朗は、平成22年（2010）に「金属装大刀の出現と変遷」（『古墳時代史の展開と東北社会』）において、刀身に対して茎部がほとんど偏らない両区の大刀をR類に分類、蕨手刀はそのうちの柄木を用いないR3類に細分し、7世紀後半代に成立したと理解した。

いずれも古墳時代後期以降の大刀の柄の作り込み形態の変遷過程から蕨手刀を分類し、年代を与えている。

第1章　先達による先行研究　55

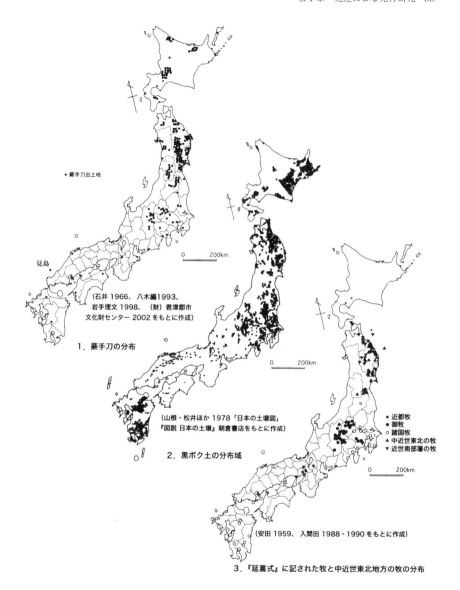

図23　松本建速による蕨手刀・黒ボク土・古代の牧の分布（松本2011）

松本建速

　松本建速は、平成13年（2001）の「蕨手刀と牧」（『海と考古学』第4号）と平成15年（2003）の「蝦夷と蕨手刀」（『物質文化』75号）において、自然環境を通して黒ボク土地帯⇔水稲耕作不敵地⇔牧（馬）⇔蕨手刀⇔蝦夷と隼人（辺境の民）の分布連鎖を提唱した。さらに蕨手刀を同時期の実用刀との比較から、刀身が50 cm以上のものは稀で短く、柄の作りが簡素で、握りやすさが認められず、用途として刀子であろうが刀であろうが、共通した柄の形状と座金の装飾に社会的意義を持たせた非実用刀と解釈した。生産地は、本州の鉄生産地域であり、また、分布からみた普及では、8世紀後半以前では牧の経営者への国家的下賜品、それ以後の東北地方以北では私的交易品としている。結果的に東北地方以南では、素材としての再利用体系に組み込まれたため、残らなかったとした。一方、東北地方以北では、「威信財」として与えられたことから、残されることとなったという解釈である。

柳澤清一

　柳澤清一は、平成23年（2011）「新北方編年案とB－Tm火山灰から見た蕨手刀の副葬年代」（『北方考古学の新展開―火山灰・蕨手刀をめぐる編年体系の見直しと精密化―』）において、B－Tm火山灰の降下年代（A.D.923〜947）を挿入した新北方土器編年案を広域的に地域編年を交差対比した結果、オホーツク海沿岸の目梨泊遺跡とモヨロ貝塚出土の蕨手刀の年代は11世紀を越え、12世紀まで下る可能性があると考察している。しかし蕨手刀自身については、アイヌ民族のイコロ（宝器）のごとく、世代を超えて伝世されていたのではないかという仮説を唱えた。

　その中で高橋分類のⅠ型（高橋 1984）については、細部の差異が微妙で、新旧の細かな序列の想定が容易でないため、実測図から細線で補助線を引き、計測値の違いを視覚的に判定する簡便な方法を試案した。

　刀身を延長したラインを引き、柄元から懸緒の通孔に向かうラインを描いて交点の位置を求める。次いで、刀身に並行するラインを柄元から伸ばし、柄頭との距離によって絞り具合の違いを図形的に読み取る。Ⅱ型ではそのラインが

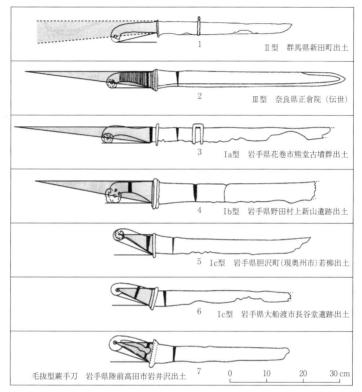

図 24 柳澤清一による類型判定法（柳澤 2011 を改変）

開放する。Ⅲ型はラインの交点が柄頭から遠い位置にある。他方Ⅰc型では、ラインの交点が柄頭の内部に収まる柄頭ゾーンの形状から容易に捉えられ、絞りの度合いを示すラインは、Ⅰa型やⅠb型に比べ、完全に開放していることがわかる。しかしこれに関しては、柄の絞り反りとの組み合わせと柄頭の形状と方向に左右される懸念もあり、改めて検証する必要があると筆者は考える。

4. 考古学以外の文献史学・刀剣学・金属学における研究

(1) 文献史学
喜田貞吉

喜田貞吉は、昭和8年（1933）「奈良時代前後における北海道の経営」（『歴史地理』第62巻第4・5・6号）において、蕨手刀の起源沿革についての詳細は、後日発表するといった前置きをしながらも「蕨手刀は奥羽地方特有の蝦夷（熟蝦夷・俘囚）好みの刀剣である」といった見解を述べている。すなわち、その出自については、東北地方に求められ、さらに蝦夷の作刀であることが解された。こうした論述の根拠は、北海道江別出土の柄頭の形状が蕨手に酷似する球塊状で、柄に毛抜き透かしを有する刀を平安時代の衛府の太刀とされる毛抜形太刀の原型として注目した所にある。さらに同一種である平泉中尊寺蔵の悪路王刀の存在から、毛抜透型蕨手刀は、東北地方を中心に蕨手刀の一種として盛行していたものと推測している。したがって、東北地方に起源を持つ蕨手刀が畿内中央において型式変化したものを毛抜形太刀であるとする。すなわち蕨手刀→毛抜透型蕨手刀→毛抜形太刀と型式の変遷が辿れる。また、型式変化として正倉院蔵の峰両刃タイプも同様な変化と考えた。

そして、喜田は、正倉院刀以下、群馬県、長野県、山梨県、徳島県出土の蕨手刀は、蝦夷の物品として移入されたか、あるいは内地諸国に移住した俘囚の所持品が古墳などに副葬されたものと解している。当時の対蝦夷政策のあらわれと考えた。年代については、奈良時代から平安時代初期にかけてのもので、毛抜透型蕨手刀に関しては、毛抜形太刀に継続するプロトタイプと観ることができると指摘した。

下向井龍彦

下向井龍彦は平成5年（1993）の「捕亡令『臨時発兵』規定の適用から見た国衙軍制の形式過程―戦術革命と『武勇輩』の形成―」（『内海文化研究紀要』第22号）、および平成12年（2000）の「武士形成における俘囚の役割―蕨手

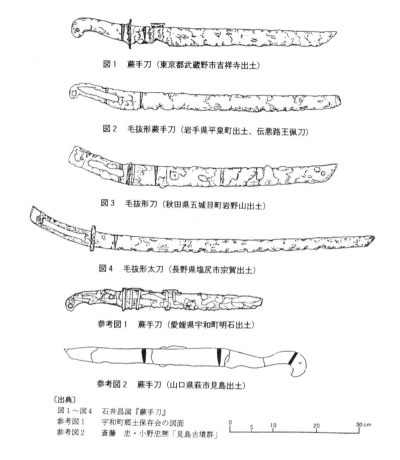

図25　下向井龍彦による蕨手刀から毛抜形太刀への変遷図（下向井1993）

刀から日本刀への発展／国家と軍制の転換に関連させて―」（『史学研究』228号）において、軍制史を通して、刀剣学の成果と俘囚論を結び付け、蕨手刀から毛抜形太刀（日本刀）への発展過程を再検討している。

　それによると蕨手刀は、7世紀頃に騎馬風習の盛んな東国において馬上からの斬撃目的に独自に考案され、急速に奥羽の蝦夷地域に普及した。しかし、東国では8世紀初頭、律令体制下軍団兵士制を創設し、歩兵集団戦に適合的な突

き斬り機能を重視する直刀を正式採用して統一規格によって製作・官給したところ、かえって蕨手刀は普及せず、専ら蝦夷勢力の間で改良・発展をとげていったという。

また下向井は、8世紀末から9世紀初頭の対蝦夷戦争において、蕨手刀で武装した蝦夷騎馬戦力は奇襲・攪乱戦術によって、直刀で武装した律令正規軍の歩兵集団を圧倒したと述べ、8世紀以来、律令国家に帰服した蝦夷で内国に強制移住させられた「俘囚」は蕨手刀を内国に持ちこみ、9世紀に入ると蕨手刀で武装して盗賊追捕に出動したり、新羅海賊警戒のため沿岸諸国の要害に配備されたとした。また、石井分類Ⅰ～Ⅲ型式については、ばらばらに移配された俘囚が広範囲の地域的共通性を持つ型式を製作することは不可能なため、3型式とも東北蝦夷社会にすでに存在していたものと考えた。もっとも出土例の多いⅠ型式は、激烈な実戦向きで、蝦夷本来の戦闘用の蕨手刀とした。それに対し、Ⅱ・Ⅲ型式は疾駆斬撃戦術からいえば、Ⅰ型式に比べ機能が劣るため、日常携帯用と考えた。そして関東中部地域に移配された集団にはⅡ型式、西日本地域にはⅢ型式がもたらされたものと指摘した。さらに移配当時、内国では激烈な武力行使は想定されず、またⅠ型式を所持させることを危険視したものと付け加えている。

このように文献史学では戦前、喜田貞吉（1933）が内国出土の蕨手刀に関しては、諸国に移配された俘囚によって持ち込まれたものと解釈したが、その後詳述されることはなかった。下向井龍彦（2000）は蕨手刀が蝦夷の刀であり、関東以西にあるものはすべて俘囚の刀と捉える見解を示した。石井分類Ⅰ～Ⅲ型はともに東北蝦夷社会に存在していたもので、Ⅰ型は実戦向きで本来の戦闘用、ⅡおよびⅢ型ははるかに機能的に劣る日常携帯用と解釈した。Ⅱ・Ⅲ型が関東中部以西に分布するのは、移配される俘囚に疾駆斬撃戦術上実戦刀であるⅠ型を所持させることを危険視した結果、機能的に劣るⅡ・Ⅲ類の日常携帯用の所持しか認められなかったと推察するものである。しかし、考古学的には型式と編年を無視する問題を含む見解であると指摘せざるを得ない。とにかく文献史学での蕨手刀の扱いは、蝦夷もしくは俘囚と関連させたものが主である。

（2）刀剣学

　刀剣学においては、蕨手刀は上古期の刀剣として取り扱われている。上古期の刀剣すなわち直刀の拵は、一般に平造り⇒切刃造り⇒鋒両刃造りと変遷し、彎刀への移行は平安期と考えられている。

　刀剣学界での蕨手刀研究の意義は、日本刀の始原に関わる問題として取り扱われてきたことにある。なぜなら太刀の始原たる毛抜形太刀の最も原始的なものとして、毛抜透かしの蕨手刀が存在するからである。

　こうした通説を最初に説いたのは、白雲去来楼主人で、大正6年（1917）「刀剣外形の沿革」『刀の研究』によって発表された。それには、毛抜形太刀の始源的なものは、茎が直ちに柄をなす正倉院の蕨手刀や奥州中尊寺の悪路王所用と伝える毛抜透型蕨手刀などで、平安時代に入り進化し、毛抜形太刀に変化した趣旨が記されている。また、昭和49年（1974）、辻本直男は『伊勢神宮宝刀図譜』において、蕨手刀⇒毛抜透型蕨手刀⇒柄が長箱状の毛抜形刀⇒毛抜形太刀といった発展過程の変遷をあげている。その後も平成15年（2003）の廣井雄一の「日本刀の成立と展開」『草創期の日本刀』でも、蕨手刀は日本で発生し毛抜形太刀の祖型であり、日本刀の源流とされており、そのような考え方が共通概念としてあったことがわかる。

　先の十五年戦争（満州事変から太平洋戦争）の戦前戦後を通じて、蕨手刀は毛抜形太刀の祖型であり、発生は我国とするのが刀剣学界での一般的通説である。したがって、刀剣学においては蕨手刀を日本刀の源流として扱っている。そのような中、「1. 蕨手刀が毛抜形太刀の祖型になったとするには、統計的に無理がある。2. 蕨手刀の原形は鋒両刃形態（石井分類Ⅲ類）。

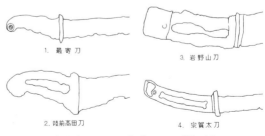

図26 辻本直男による蕨手刀から毛抜形太刀への変遷図（辻本1974）

3．8世紀頃までに大陸の北方民族の間で蕨手刀型式になり渤海ルートで日本に伝来した」という根拠を基に竹田昌暉は昭和57年（1982）「日本刀の源流に関する資料的文献的研究（Ⅶ・Ⅷ）蕨手刀について」（『刀剣美術』第303・304号）と昭和61年（1986）「蕨手刀再考」（『刀剣美術』第357号）で、蕨手刀は日本で発生し毛抜形太刀の祖型となるという、刀剣学の一般的通説を真っ向から否定する論考を発表した。それに対して米山雲外は、昭和61年（1986）「蕨手刀について」（『刀剣美術』第355号）と昭和62年（1987）「再び蕨手刀について」（『刀剣美術』第361号）において、刀剣学はもとより考古学での成果を加えて「1．毛抜形太刀の祖型は蕨手刀である。2．蕨手刀の柄の絞りは、柄を把握したときに刀身が上向き、刃筋が斜めに当たり鋭利さを増すための工夫と推定。その後柄反り、刃反りへと発展する。3．鋒両刃形態の蕨手刀よりも古い要素をもつ資料の提示。4．羊角柄頭横刀への改称の根拠はなし。5．蕨手刀は、従来どおり我国発生のもので、大陸発生の渤海招来説は成立しない」と反論し、雑誌『刀剣美術』紙上で論争が行われた。

　平成23年（2011）、宮崎政久は「「蕨手刀」異説」（『刀剣と歴史』第701号）において、何故、蕨手刀が北東北地方で盛行したのか問いかけ、それは鉄の需給状況、刀剣製作の体制と技術、採集狩猟生活用の道具（弓・山刀）とする認識が問題解決の要因となると論じた。また、共鉄柄の刀剣の作製は、総合的刀剣製作分業体制の欠如とみられ、短寸の蕨手刀は刺す・斬る両機能を有する利器と説いた。宮崎によれば、蕨手刀は、武器ではなく、そもそも蝦夷が採集・狩猟に使用する山刀であった。また、柄反りが加わり、騎乗斬撃力を増加させ彎刀へ発展する一般的認識を否定した。そして、蝦夷の騎乗と弓射との関係から、蕨手刀について、以下の4つの仮説を提示した。

　①7～8世紀初頭、ヤマト王権との交流によって伝わった蕨手刀は、蝦夷の採集・狩猟用の山刀として、そしてまたもちろん戦闘用として、複合的に用いられた。

　②8世紀以降、良馬を産出した東北においては、騎乗での狩猟や騎射が普及するが、蕨手刀は騎乗斬撃よりも下馬してからの格闘戦に使用された。

③ 8世紀後半以降、蝦夷対国家による三十八年戦争が続き、蕨手刀は騎乗斬撃をより効果的にするために長寸化するが、共鉄柄であるために重量・バランスが悪くなり、その対処として柄に透かしを施すようになった。

④ 9世紀以降、三十八年戦争の終結以降、蕨手刀は重量・バランスの点からさらなる長寸化には適さず消滅する。

（3）金属学

　金属学においては、9世紀代の製鉄炉跡の発見によって、砂鉄を原料とする製鉄は、東北北部において8世紀より開始された可能性が考えられている。さらに、北上川流域を中心とする東北北部に集中的に分布する蕨手刀は、その地域で生産された鋼地金を使用して造刀したものと考えることをもとに、金属考古学といった一分野が確立されている。

　こうした研究としては、佐々木稔の「古代日本における製鉄の起源と発展―自然化学的研究の立場からのアプローチ―」『季刊考古学』第8号（1984）や高橋信雄・赤沼英男「岩手の古代鉄器に関する検討（1）～（5）―自然科学的手法による蕨手刀の調査―」『岩手県立博物館研究報告』第1～5号（1983～87）、「蕨手刀からみた東北北部の古代製鉄技術」『季刊考古学』第8号（1984）があげられる。前者では、岩手県花巻市熊堂出土刀の刃部中央部と鋒2ケ所の断面試料の中心部に残存する金属鉄部分を研磨してエッチング組織を分析、さらに鋒については、錆を落として金属部分の化学分析を行っている。その断面組織の解析から、棟部に折り返したウスタイト主体の介在物を多量に含む清浄でない鋼を用い、刀身中心の刃部と鋒部に、炭素量の高い鋼を配して鍛着し、造刀したものであると結論づけた。すなわち合わせ鍛えの構造が観察され、しかも棟部にはきわめて「汚い」地金が使用されていることが解明された。8世紀代の辺境地で製作された実用刀の材質水準がきわめて悪いことが推察できる。この他の2口についても同様の分析が行われたが、上述の地金が使用されることが認められている。したがって、8世紀代の東北地域で造られる蕨手刀は、部と鋒部には介在物の少ないいわゆる刃金鋼を配し、強度をそれほど必要

とされない棟部には清浄といえない軟鋼が用いられるのではないかと推察した。後者では、岩手県九戸郡野田村上新山遺跡出土・小田島コレクション（出土地不明）・岩手県紫波郡紫波町古館駅前出土の鋼は砂鉄を原料とした妙鋼法に類似した製鉄法によって作られたと報告された。

平成7年（1995）には、佐々木稔の「古代の鉄と刀剣」（『古代刀と鉄の科学』）において、断面組織の解析から、8世紀代の東北地域で造られる蕨手刀は、刃部と鋒部には介在物の少ないいわゆる刃金鋼を配し、強度をそれほど必要とされない棟部には清浄といえない軟鋼が用いられることが指摘された。また、介在物にチタン化合物が検出される有無によって、鋼が砂鉄系と鉱石系に2分類されることが示された。試料の化学分析と組織観察すなわち銅（Cu）、ニッケル（Ni）およびコバルト（Co）三成分比と非金属介在物の鉄チタン化合物（XT）の有無により、出土刀剣の製作技法の推定が行われている。鉄チタン化合物の有無という点で、刃反りのない石井Ⅱ型には含まれず、反りのあるⅠ型には含まれることがわかった。この地金の組成の差異は、鋼の原料、設備および鋼製造の違いを示し、鉄チタン化合物有は砂鉄系、無は岩鉄鉱系として認識された。なお、岩手県立博物館の分析によると、オホーツク沿岸域では鉄鉱石＋砂鉄、東北地方では砂鉄、関東地方では鉄鉱石を原料とする結果が報告されている。

また、同一個体刀でも刃部と棟部に組成の異なる鋼が使用される場合もあることから赤沼英男は、平成17年（2005）の「出土遺物の組成からみた物質文化交流―古代北方地域出土鉄関連資料を中心に―」（『岩手県立博物館調査研究報告書』）において、①刀工集団による蕨手刀作製に必要な原料鉄の獲得方法の差異、②時代の経過とともに原料鉄の獲得方法が変化、③新たに獲得した原料鉄に加え、廃棄鉄器の再利用により蕨手刀を作製したことを報告している。さらに平成25年（2013）の「陸前高田市立博物館所蔵被災蕨手刀の金属考古学的解析」（『岩手県立博物館研究報告』第30号）では、東北地方太平洋沖地震による津波で被災した陸前高田市の蕨手刀3口について、形態的に古いタイプの2口より彎刀化の進んだ毛抜透型蕨手刀には炭素量の高い鋼（0.4〜

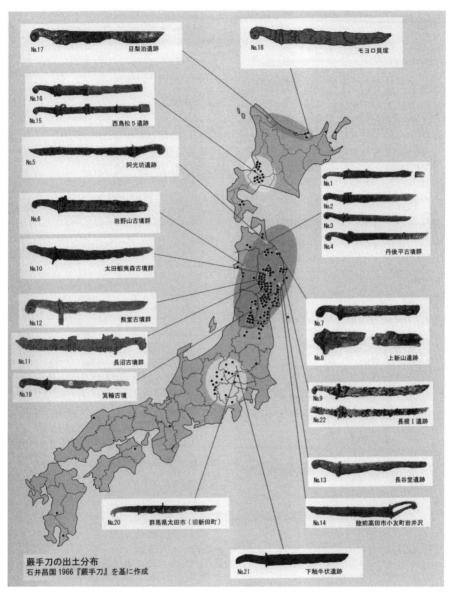

図27 赤沼英男による地金の組成からみた蕨手刀の分類と来歴（赤沼2009）

0.6 mass% の鋼）が配されており、時代の推移とともに作刀法が変わった可能性がある。そして3口に含有される Cu・Ni・Co の組成比はこれまで分析した東北地方北部および北海道出土Ⅰ型蕨手刀とは異なっており、作刀の地金が他地域からもたらされた可能性があると報告された。

　鋼の原料となる砂鉄は、そのままでは溶かすことができず、木炭の燃焼熱で還元する工程を必要とする。一方、岩手県で採取される「餅鉄」ならば、簡易な還元工程で得られることから、蕨手刀の原料は餅鉄であることが新沼鉄夫の「古代製鉄と鉄鏃の製法―実験による想像説の可能性追及―」『古代学研究』第91集（1979）によって報告された。それによると鉄鏃の一種としての刀子が直刀になりさらに蕨手刀、蝦夷刀に、最終的に日本刀へと発展するものと考え、蕨手刀の生産地も岩手県であるとした。実際、餅鉄から蕨手刀1口を鍛造する実験に成功している。なお、新沼は 1980 年 8 月 27 日付『毎日新聞』（にんげん雑記帳）で、「中央から蝦夷とさげすまされてきた古代東北人は土着の製鉄、作刀技術をもっていた。しかも日本の製鉄技術は弥生中期に朝鮮半島から輸入されたというのが定説だが、古代東北でも製錬法まではいかなくても山火事で還元された餅鉄加工法は知っていたのではないか。蕨手刀から舞草刀をあみ出した舞草一派は藤原氏の滅亡で関西などへ流れ、その後の日本刀各派の源流となった」と考えを語っている。

第2章　蕨手刀を出土する遺跡と遺構

1. 遺跡の分布状況

　蕨手刀は日本列島において、北は北方領土国後島から南は鹿児島県まで発見されているが、東北アジアの大陸や朝鮮半島での出土例はない。

　原資料が亡失して記録のみを含めた出土点数は316点、その他に出土地不明の2点（関西大学博物館・明治大学博物館）を加えると318点（2017年11月現在）となる。地域および都道府県別では、北海道48、東北206（青森18・秋田12・山形21・岩手81・宮城57・福島17）、関東29（群馬18・栃木2・茨城2・千葉2・埼玉2・東京3）、中部25（長野19・山梨2・静岡4）、近畿1（奈良1）、中国2（島根1・山口1）、四国2（徳島1・愛媛1）、九州3（福岡1・熊本1・鹿児島1）で、東日本308点、西日本8点となり東日本に圧倒的に多いことがわかる。これを古代の五畿七道でみると、畿内1、東海道15、東山道245、北陸道0、山陰道1、山陽道1、南海道2、西海道3となり、分布は東山道に極端に偏る。さらに7〜9世紀の文化圏別に置きかえると、オホーツク15、擦文33、東北北部（蝦夷）183、東国（畿内求心域＝関東甲信静および宮城南端と福島）77、畿内1、西国6、九州南部（隼人）1となり、東北北

図28　全国都道府県別蕨手刀出土数

図29 古代地域・文化圏別蕨手刀出土数

部（蝦夷）文化圏のみで全国出土点数の58%を占める。単に出土の状況をみる限り、列島東西において東では密集、西では点在する出土状況が確認できる。とくに東では古代国別でみる場合、東北北部（蝦夷）では出羽よりも陸奥に圧倒的に出土例が多く、東国（畿内求心域）では東山道沿いの信濃・上野・陸奥南部に多い。さらに列島辺境域での出土例としては、密集分布する対蝦夷の東辺境域に対して、西の対隼人辺境域の九州南部や対新羅辺境域の日本海に浮かぶ孤島である見島でも点的ではあるが、それぞれ1口ずつ存在する。北方の異文化圏である北海道の擦文文化圏とオホーツク文化圏では、擦文33点とオホーツク15点とそれぞれある程度の数量分布がみられる。

2. 各地域における出土状況

次に視点を変え出土する遺構についてみると、古墳・墳墓が主であるが、その他に宮城県多賀城市多賀城跡大畑地区や青森県上北郡おいらせ町根岸（2）遺跡などの竪穴建物跡、千葉県市原市南大広遺跡の寺院基壇地鎮祭祀跡、長野県小県郡長和町大門猿小屋や諏訪郡原村八ッ手の単独出土といった事例も稀にみられる。

古墳・墳墓からの出土は、主に各地域特有の古墳・墳墓の副葬品としてである。東西畿内求心域では終末期古墳の横穴式石室から出土するが、主に追葬もしくは石室再利用による副葬品である。その他に横穴墓や火葬墓（骨蔵器と共

第 2 章　蕨手刀を出土する遺跡と遺構　69

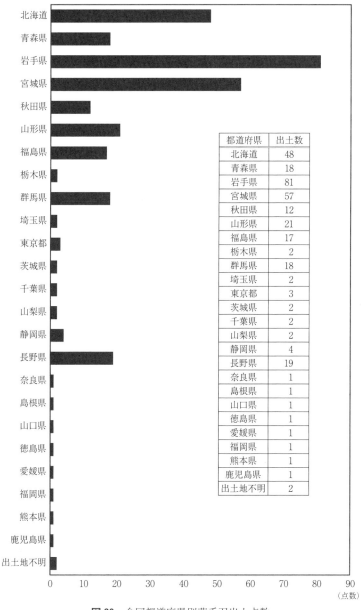

都道府県	出土数
北海道	48
青森県	18
岩手県	81
宮城県	57
秋田県	12
山形県	21
福島県	17
栃木県	2
群馬県	18
埼玉県	2
東京都	3
茨城県	2
千葉県	2
山梨県	2
静岡県	4
長野県	19
奈良県	1
島根県	1
山口県	1
徳島県	1
愛媛県	1
福岡県	1
熊本県	1
鹿児島県	1
出土地不明	2

図 30　全国都道府県別蕨手刀出土点数

図31　古代地域・文化圏別蕨手刀出土分布（黒済 2016 一部修正）

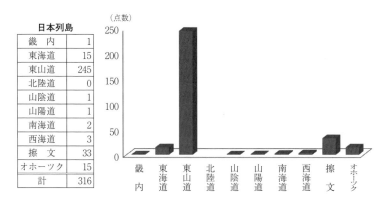

図32　日本列島蕨手刀出土点数（黒済 2016 一部修正）

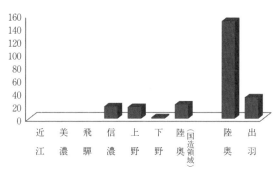

図33　東山道国別蕨手刀出土点数

伴）の場合もある。出土状況としては、刀装具をともなう鞘に収めた状態が主であるが、刀身のみの場合もある。中には福島県福島市平野明神脇石堂のように刀身を折り曲げた鎮めの儀式的事例などもみられる。刀身を折り曲げる事例は、福島県と山形県、宮城県南部に限り見られる現象である。そして西国での対隼人、対新羅の各辺境最前線にある鹿児島県肝属郡肝付町高山と山口県萩市見島では、新富横間3号地下式横穴墓、ジーコンボ56号墳といったその地域特有の墳墓から、それぞれ律令時代の腰帯具とともに出土している。東北北部（蝦夷）域では、従来より円形周溝墓もしくは末期古墳と呼称される墳墓から主に、その他土壙墓などからも出土する。また、墳墓の周溝からの出土例も岩手県二戸市諏訪前遺跡30号墳、秋田県鹿角市物見坂Ⅱ遺跡1号墳などでみられ、埋葬にともなう副葬品とは異なる供養のための使用方法がうかがえる。なお、同一古墳群での複数出土は通常にみられる。状況としては、刀装具をともなう鞘に収めた状態が主であるが、刀身のみの場合もある。

　擦文文化域では、土壙墓の副葬品として出土するが、石狩川流域では北海道式古墳（＝本州の木棺直葬主体部の円形周溝墓・末期古墳）からも出土する。同一古墳・墳墓群での複数出土は通常にみられ、千歳市ウサクマイA遺跡63-7号墓のように同一墓坑から2口出土する事例がある。状況としては、刀装具をともなう鞘に収めた状態が主であるが、刀身のみの場合もある。オホー

図34 東日本における蕨手刀分布図（出土地点が明確なもの）

ツク文化域では、土壙墓の副葬品として出土する。同一墳墓群での複数出土は通常にみられ、枝幸郡枝幸町目梨泊遺跡34号墓では同一墓壙から2口出土する事例がある。いずれも刀身のみの副葬である。

最後に伝世品としては、『天平勝宝八歳六月廿一日献物帳（国家珍宝帳）』外ではあるが奈良県奈良市東大寺正倉院中倉の8号黒作横刀と群馬県吾妻郡東吾妻町大宮巌鼓神社の2口がある。前者は手抜き緒・刀装具一式の拵が揃うが、後者は鍔も欠失し、刀身のみである。

（1）竪穴建物跡

これまでに発掘調査によって竪穴建物跡から出土したのは、わずかに5例である。それも日本列島において、最も蕨手刀が多く出土する東北地方での事例のみである。

宮城県多賀城市・多賀城跡大畑地区 SI361

昭和46年（1971）の14次発掘調査で、多賀城内東門西方の平坦面から検出された。一辺 4.5×4.6 m の床面積 20.70 m^2、東竈で瓦片と石を構築材とした長い煙道を持たない構造である。焼失廃棄の遺構で、出土土器から9世紀後半を中心とする時期である。蕨手刀は柄頭を欠損しており、床面から出土した。

岩手県紫波郡紫波町・中田Ⅱ遺跡 SI24

平成4年（1992）に発掘調査で検出された。五内川流域の微高地に立地し、一辺 5.0×5.5 m の面積 27.50 m^2 の規模である。竈は東壁南よりに設けられ、礫を芯材に両袖に甕を倒立し構築する。出土品は須恵器坏と土師器甕である。蕨手刀は床面より2～3 cm 浮いており、黒色土中からの出土である。

青森県おいらせ町・根岸（2）遺跡第7号竪穴建物跡

平成5年（1993）に発掘調査で検出された。奥入瀬川北岸の柴山段丘に立地し、一辺約 10×10 m の面積 98.96 m^2 の規模を誇る大型竪穴建物である。北壁中央に粘土による竈を設け、竪穴内には10個の主柱穴があり、東西に配置された4個の主柱穴には壁から直行して間仕切り用の溝が取り付けられる。この間仕切りにより面積約 3.6～3.8 m^2 の小室が東西3室ずつ設けられる。焼失家

屋で、炭化材とともに土師器坏と甕の他、挂甲小札、刀子、紡錘車、砥石、土玉、馬歯、手捏土器などが出土した。蕨手刀は折れた柄のみが、床面直上の焼土に突き刺さり出土した。

岩手県一関市・河崎の柵擬定地第2検出面E区SI4

平成16年（2004）に発掘調査で検出された。北上川東岸に立地し、一辺4.08×4.28 mの隅丸方形、床面積17.46 m^2、竈は北壁中央やや東寄り、袖に粘板岩を芯材としている。天井石が外され、火床面に縦に横たわっていたことから、廃絶の際に意図的に竈を破壊した可能性がある。竈から土師器坏と長胴甕が出土し、年代は8世紀中葉から後葉である。他に鉄鏃、イノシシやニホンジカの骨と歯なども出土する。蕨手刀は刃を欠損しており、床面から出土した。

岩手県北上市中村遺跡・第121号竪穴建物跡

平成27年（2015）に発掘調査で検出された。北上川西岸の自然堤防に立地する。一辺8.2×7.7 mの方形で床面積60.7 m^{2}と大きく、北壁中央に刳り抜き式の長煙道の竈を設け、それを除き壁溝が全周する。4主柱穴のうち、南東部柱穴のみが壁面から張り出す偏った位置にある。年代は非ロクロとロクロ土師器の共伴する土器組成から、8世紀末から9世紀初頭である。蕨手刀は北西部柱穴の埋土から、破損した柄のみが検出された。

これら5例は、いずれも欠損する断片で、使用不可能となり竪穴建物廃棄とともに投棄された状況がうかがえる。この他に不時発見資料の北方領土国後島出土の蕨手刀は、名取武光によると竪穴建物跡からの出土であるとされる（河野 1934）。また、北大構内出土に関しても、発掘地点付近には竪穴建物跡が多いことから、おそらく竪穴建物跡の可能性がある（河野 1934）。

（2）地鎮跡

千葉県市原市南大広遺跡B地区・方形基壇中央施設

南北8 m×東西7.4 m規模の方形基壇の中央に蕨手刀、南西と南東両隅に刀子を埋納する。埋納状態は鋒を上に向ける地鎮具として出土した。「寺」墨書土器の出土などから寺院跡とされる。

第2章 蕨手刀を出土する遺跡と遺構 75

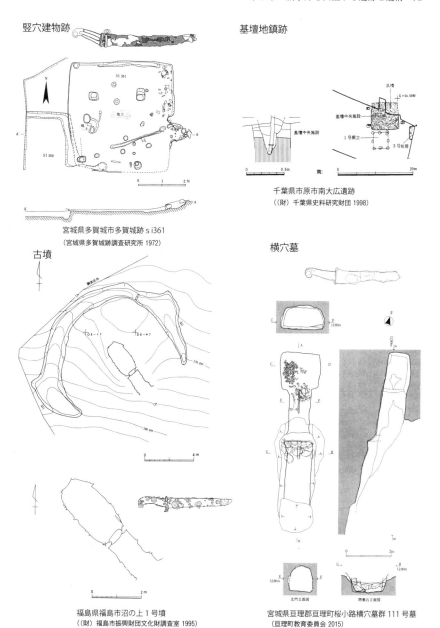

図35 遺構と蕨手刀出土状況1

末期古墳(主体部副葬品)

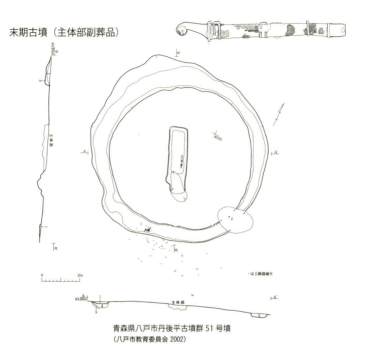

青森県八戸市丹後平古墳群 51 号墳
(八戸市教育委員会 2002)

末期古墳(主体部外供養品)

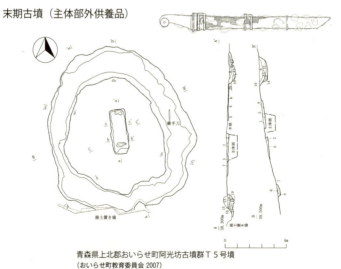

青森県上北郡おいらせ町阿光坊古墳群 T 5 号墳
(おいらせ町教育委員会 2007)

図 36　遺構と蕨手刀出土状況 2

長野県長野市朝陽北長池

長野県長野市朝陽北長池出土に関しては、不時発見資料であるが、約10坪（33㎡）の空間に炭化物の散乱と径1尺5・6寸（48.48cm）の石が6尺（1.82m）間隔に5、6個置かれていたといった記述から、「堂」と考えられる礎石建物と想定できる。

（3）単独出土

長野県長和町大門猿小屋、北佐久郡立科町女神湖東岸、同桐蔭寮上は蓼科山麓の古東山道推定路沿いからの出土である。その他、諏訪郡原村八ッ手と南佐久郡佐久穂町宮ノ入清水でも単独出土しており、古東山道とは別の峠越えのルート沿いにあたる。いずれも不時発見のため、詳細な発掘調査は実施されておらず不明な点が多い。

この蕨手刀の単独出土は、長野県における特有の現象で、古墳時代の祭祀遺跡分布と同様に峠越えの交通路沿いに点在する特徴がある。何か祭祀的意味合いを持つものなのか、議論の余地がある。

残念ながら現存資料としては、長和町大門猿小屋と原村八ッ手の2口のみである。

土壙墓

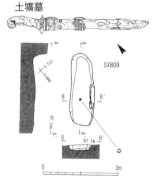

岩手県北上市藤沢遺跡SK809
（君島 2008）

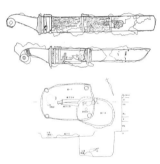

北海道千歳市ウサクマイ遺跡63-7土壙墓
（ウサクマイ遺跡研究会 1975）

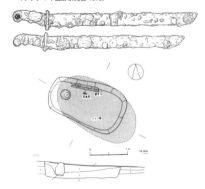

北海道枝幸郡枝幸町目梨泊遺跡34号土壙墓
（枝幸町教育委員会 1994）

図37　遺構と蕨手刀出土状況3

（4）古墳・墳墓・横穴墓など

　畿内求心域の東国（関東甲信静および宮城南端と福島）における蕨手刀出土は、77例が報告されるが、そのうち古墳などからの出土は、詳細に発掘調査された事例は、関東の10例（群馬県6・埼玉県1・茨城県1・千葉県2）、甲信静の5例（長野県3・静岡県2）、宮城県南端の2例と福島県の3例のわずか20例に過ぎない。古墳からの出土は、終末期古墳への副葬品として扱われ、とくに群集墳での小規模古墳の横穴式石室への追葬の副葬品である。その場合、追葬時の片付け行為により、①石室隅に歴代の副葬品とともにまとめられ出土する状況、②最終の被葬者の副葬品として出土する状況、③呪術儀礼として鬼門方向に置かれたり立て掛けたりする状況、が確認できる。そして蕨手刀そのものに関しては、被葬者が生前佩用していた時の状態、すなわち足金物を装着した鞘に収めた状態で、遺品として副葬される場合と魔除けの儀礼なのか抜き身で副葬される場合がみられる。なお、呪術儀礼なのか、石室壁面に立て掛けられる例として、鬼門方向として福島県福島市沼ノ上1号墳が、裏鬼門方向として群馬県伊勢崎市下触牛伏1号墳がそれぞれあげられる。いずれも抜き身で立て掛けられていた。その他横穴式石室以外では、埼玉県秩父市大野原古墳群、福島県国見町の2例は箱式石棺からの出土とされる。

　横穴墓での発掘調査事例は、宮城県亘理町桜小路横穴墓群111号墓、同山元町合戦原遺跡ST30号墓と34号墓墓道脇、福島県泉崎村観音山北横穴墓群3号墓と茨城県十五郎穴横穴墓群館出支群Ⅰ区35号墓の5例である。合戦原遺跡ST34号墓墓道脇出土以外は、すべて玄室内からの副葬品として出土し、拵が揃う十五郎穴横穴墓群館出支群Ⅰ区35号墓出土以外は、すべて抜き身の状態である。

　火葬墓と推定できるものは、福島県の福島市平野明神脇石堂、同明石場の2例があり、須恵器骨蔵器をともなう。また、会津美里町佐賀瀬川峯山例は、山の尾根から須恵器と木炭とともに出土し、墳墓と推定されている。いずれも不時発見のため、遺構の詳細は不明である。なお、平野明神脇石堂と佐賀瀬川峯山の2例は、刀身が折り曲げられて出土している。

土壙墓では千葉県袖ケ浦市根形台遺跡群ⅩⅣ地点2地区のSK2230の1例のみで、幅2.2mの隅丸長方形の掘り方中央に木棺を直葬する。木棺内から拵が揃った状態で出土する。

　西国出土の8例のうち、伝世品1例と不明の1例以外は古墳・墳墓・横穴墓からの出土である。島根県出雲市小坂古墳、山口県萩市ジーコンボ古墳群56号墳、福岡県朝倉市池の上9号墳は、いずれも横穴式石室から副葬品として出土している。しかし、島根県出雲市小坂古墳の場合は、石櫃とともに出土しており、横穴式石室の再利用である。鹿児島県肝付町の新富横間3号地下式横穴墓は、南九州特有の墳墓形態で、地下式板石積石室墓、立石土壙墓とともに「隼人」の墓制である。地下式横穴墓とは数基で群を構成し、地下約2mの深さに堅壙を掘り、さらに横方向に羨門、羨道、玄室を設ける構造をとる。3号墓から蕨手刀が出土したが、堅壙、羨道の状況は不明、玄室の形態は長方形、規模は長さ2.2m、幅70cm、高さ25〜30cmである（ただし、地表面から玄室底面までの深さは1.5〜2.0mを測る）。人骨の埋葬方位は不明だが、おそらく1体分、左腰部に副葬品を置いたものと考えられる。副葬品は、刀2・蕨手刀の他全長20.0cm、身幅1.5cmの直刀、鑿頭式鉄鏃2、須恵器皿1、銅製腰帯具4（巡方3・丸鞆1）を共伴する。

　『古事記』では「筑紫・豊・肥」以外の地域を「熊曽国」としている。また『日本書紀』では3〜4世紀、大和朝廷に抵抗した人々を「熊襲」と呼んでいる、しかし5世紀代、倭の五王の時代を境に熊襲に関する記述は消え、それ以後、ヤマト王権に帰属した人々を「隼人」と呼ぶようになる。考古学的にも熊本県球磨川流域と宮崎県一ツ瀬川流域より南側が熊襲・隼人の領域と考えられる。なぜなら地下式横穴墓と地下式板石積石室墓といった特異な墓制の分布からそれを証明することができる。さらにヤマト王権を象徴する墓制である前方後円墳に代表する畿内型高塚古墳の伝播ルートは、①豊前・豊後地域から東海岸域を通り日向地域、日南海岸を経て志布志湾沿岸域に達する経路と大淀川を上り都城、小林、えびの各盆地に展開するもの、②筑前・肥前・肥後を通り、宇土半島、島原諸島を抜けて薩摩に至るものの2経路が認められる。

地下式横穴墓の分布としては、宮崎県では西都市西都原古墳群と高鍋市持田古墳群を結ぶ線の南側地域、鹿児島県では川内川上流域と志布志湾沿岸地域である。また宮崎県発見のものは規模が大きく副葬品も豊富であるが、鹿児島県のものは規模も小さく、副葬品も武器類に限られる傾向を示す。川内川上流域では、地下式板石積石室墓と、志布志湾沿岸域では畿内型高塚古墳と共存する。

熊本市人吉市大村横穴墓群は、球磨川右岸の村山台地南側の阿蘇溶結凝灰岩崖面に8群26基が確認される。入口壁面に装飾が施される6世紀代の横穴墓群である。

A. 東北北部

A-1. 末期古墳

東北北部の墳墓様相としては、7世紀初頭以降、末期古墳とよばれる大体5〜10m程度の周溝を持つ小規模な円墳が登場する。青森県、岩手県、秋田県、宮城県北部、山形県北部と北海道、それは宮城県北部の迫川流域と北上川下流域以北の日本列島本州島と北海道島道央の石狩川中流域に分布する。主体部は木棺直葬の土壙墓と擬横穴式石室の石槨墓があり、後者は土壙墓より後出で、分布域も北上川中流域に限定される。遺体は伸展葬で木棺に収め、その木棺は側板の四辺もしくは短辺を埋め込む構造で、日本列島の終末期古墳の影響を受けつつも、他に類例をみない東北北部で独自に創出された棺埋葬構造と考えられている。四辺埋め込み式は側板の四辺を土壙底面に埋め込み据える。小口板埋め込み式は短辺側の小口板のみを土壙底面に埋め込み立て、長辺側の側板は小口板の外側に据えて、小口板で支える。横穴式石室の退化したものは、前庭部を残すものもあるが、規模が小さく天井部から埋葬した、単一葬と推測される。

東北北部全体において、一地域の集合体と一つの古墳群では、墳丘（周溝）規模や、主体部構造、副葬品構成について、明確な格差が顕在化しないところが、末期古墳の最大特徴である。階級差が顕在化しないことが、日本列島の古墳文化のあり方とは大きく異なり、古墳時代終焉後も築造が継続する。その下

限は地域によって多少の差は生じるが、概ね10世紀まで継続する。横穴式石室の退化した石槨墓は主に8世紀に北上川流域に限られ出現する。主なものとして岩手県北上市江釣子古墳群（八幡・猫谷地・五条丸・長沼各古墳群）、花巻市熊堂古墳群、盛岡市太田蝦夷森古墳群がある。その他の木棺直葬は広範囲に分布し、7世紀を遡る例は、北上川上・中流域と馬淵川流域でみられる。青森県八戸市丹後平古墳群、おいらせ町阿光坊古墳群、岩手県二戸市堀野古墳群、宮古市長根古墳群、山田町房の沢古墳群などである。出羽国では、秋田県鹿角市物見坂Ⅱ遺跡のみである。

東北北部に分布する末期古墳では、主体部ではなく、しばしば周溝から蕨手刀が出土する例が見られる。明らかに古墳の築造後に、その周溝に置かれたものである。すべて完形品で、拵も揃っている。明らかに献納されたものである。

岩手県二戸市諏訪前遺跡30号墳（SX30）

外径約14.0m、周溝の幅は約2.0〜3.5m、深さ約55〜85cmの規模で、主体部は削平のため消滅している。蕨手刀は、周溝開口部分の向かって右側周溝から二条線引手の立聞を有する轡とともに出土した。その他に土師器甕が出土している。出土は周溝の底部からではなく一段上層からであるため、構築直後ではなくいくらかの時間経過がある。延喜15年（915）降下の十和田a火山灰が上部を覆っている。

秋田県鹿角市物見坂Ⅱ遺跡1号墳（SX1）

外径10.1m、周溝の幅は約1.7〜2.6m、深さ約28cmの規模で、主体部は未確認である。十和田a火山灰で覆われ、蕨手刀と玦状耳飾りが出土した。

秋田県鹿角市物見坂Ⅱ遺跡3号墳（SX3）

外径約13.6m、周溝の幅は約3.6m、深さ40cmの規模で、主体部は未確認となっている。十和田a火山灰に覆われ、蕨手刀の他、一部攪乱を受ける部分で、腰帯具巡方と丸鞆（代替＝長方形金具）が出土した。巡方および丸鞆（長方形金具）の垂孔は、細長孔であるので、年代は8世紀末から9世紀前半に収まる。

このような追善供養的現象は、この他に青森県八戸市丹後平（1）遺跡25号

墳や46号墳で、また、おいらせ町阿光坊古墳群天神山遺跡T5号墳でもみられる。

A-2. 土壙墓

土壙墓の範疇にあるものは、陸奥国では岩手県北上市藤沢遺跡や野田村平清水Ⅲ遺跡で発掘調査されている。出羽国では、秋田県五城目町岩野山古墳、秋田市久保台古墳、秋田市湯ノ沢F遺跡25号墓などがある。

A-3. 横穴式石室

出羽国、現在の山形県置賜地域のみで横穴式石室があり、米沢・高畠・南陽の各地域でそれぞれ蕨手刀が副葬される。屋代川右岸の高畠町安久津古墳群は、切石を垂直に立てて構築する横穴式石室が特徴である。和田川左岸の狸沢古墳群や最上川右岸の梨郷古墳群などは、山石を乱石積する横穴式石室である。そして村山地域の山形盆地南部では箱式石棺、山形市谷柏古墳群での出土例がある。

B. 北海道

北海道における蕨手刀の出土状況は、擦文文化とオホーツク文化という異文化の遺跡から出土することが、最大の特徴といえる。

【擦文文化】

擦文文化では、続縄文文化以来の伝統的墓制である仰臥屈葬を基本とする土坑墓と道央低地帯に分布する末期古墳（北海道式古墳）からの出土が主である。土壙墓では千歳市ウサクマイA遺跡と恵庭市西島松5遺跡が、末期古墳（北海道式古墳）では江別市後藤遺跡、町村農村1遺跡、恵庭市柏木東（茂漁）遺跡などがあげられる。これまでの発掘調査による出土状況は、刀装具を備えた鞘に収められたものが主であることがわかっている。出土状況がわかるものは、佩表を正位置に副葬されている。

B-1. 土壙墓

擦文文化での一般的墓制は、続縄文文化からの土壙墓である。平面形は円形ないし楕円形だが、7世紀以降は隅丸長方形となる。配石と袋状ピット、礫の

表2 蕨手刀出土遺構一覧表

	古墳(横穴式石室)	末期古墳	墳墓	横穴墓	竪穴建物跡	火葬墓	地下式横穴	単独出土	伝世品	基壇	その他	不明
北海道		10	24		4						2	8
青森		14		1								3
秋田		2	9							1		
山形	14		4									3
岩手		45	2		5						3	26
宮城	5	10	1	17	1						1	22
福島	8		4	2								3
栃木	1											1
群馬	11								1			6
茨城	1			1								
千葉			1							1		
埼玉	2											
東京	1											2
長野	5		2					4			1	7
山梨	2											
静岡	2											2
奈良									1			
島根	1											
山口	1											
徳島						1						
愛媛												1
福岡	1											
熊本				1								
鹿児島							1					
出土地不明												2
計	55	81	47	21	11	1	1	4	2	2	7	86

配置、杭状小柱穴を施し、埋葬法は屈葬である。7世紀以降は土壙壁に袋状ピットが穿たれ、木槨(木棺)がみられるようになる。

ウサクマイA遺跡は、昭和38・39および41年(1963・64・66)に発掘調査された千歳市ナエベツ川右岸の狭い谷間に立地する8世紀前半の土壙墓群で、28基の円・長円形および隅丸方形の土壙墓が確認された。蕨手刀2口を出土した63-7号土壙墓は、隅丸方形を呈し四隅に柱穴様ピットを有する。埋葬は屈葬と考えられ、共伴遺物として刀子、深鉢、坏が出土しており、とくに坏は東北地方北部の土師器に近似するものである。

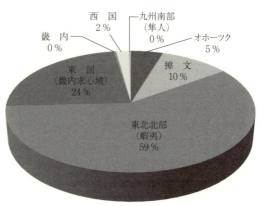

図38　古代地域・文化圏別蕨手刀出土グラフ

B-2. 末期古墳（北海道式古墳）

　墳丘の規模は、高さは50cmから1mで、形状は直径3〜10mの円形もしくは楕円形を呈する。周溝は円形、長円形、馬蹄形で深さは1m以上と主体部より深く掘り込まれる。主体部は、墳丘上部に長方形の凹みを確認していることから、長方形を呈し浅い掘り込みの土壙の木棺直葬である。規模的に径6m以上、4〜5m、3m級にグループ分けできる。分布は石狩平野の河岸段丘に立地し、江別市では旧豊平川沿岸に後藤遺跡、町村農場1遺跡が、恵庭市では茂漁川沿いの柏木東遺跡がある。

　なお、末期古墳（北海道式古墳）の被葬者については、特殊な階層・集団の首長層による造営が前提に「在地集団説」と「侵入集団説」の2論がある。とにかく擦文文化では、続縄文文化からの伝統的墓制の土壙墓と律令国家と密接する新墓制の末期古墳（北海道式古墳）から蕨手刀が出土するところに特徴があり、石狩川を中心とした経済・文化圏に流通していた証である。

【オホーツク文化】

　オホーツク文化では、土壙墓の副葬品として出土する。網走市モヨロ貝塚と枝幸町目梨泊遺跡でみられるが、前者は仰臥屈葬、後者は伸展葬といった埋葬方法の違いが認められる。

モヨロ貝塚は網走川河口左岸の標高5mの砂丘に立地し、その土壙墓は平面形が隅丸方形で、北西に頭を向け被甕した仰臥屈葬、墓壙上にはやや大きな石を置く埋葬方法である。米村喜男衛による昭和8年（1933）の調査第3発掘では、蕨手刀は仰臥屈葬被葬者の胸上右方から下腹部に向けて抜き身で載せられていた。共伴遺物として、石斧と石鏃、錫製の玉付耳飾りなどが検出されている。

　一方、目梨泊遺跡はオホーツク海沿岸の標高20mの海岸段丘に立地し、その土壙墓は平面形が隅丸長方形で、頭位を南西から北西にとり被甕した伸展葬、墓壙上には小石や砂利が撒かれる埋葬方法である。平成2～4年（1990～92）の発掘調査では、34号墓で被甕した被葬者の左墓壙壁に沿って2口が重ね置かれている状態で発見された。

（5）伝世品

A. 奈良県奈良市東大寺正倉院

　全国資料のうちでも数少ない伝世品である正倉院御物の蕨手刀は、中倉に納められており、大正13年（1924）作成の「正倉院御物目録」には、「中倉、黒作横刀第八号、刃長壱尺六寸弐分、鉄把樺纏、紫皮懸、樺纏剥落、今修之」と記されている。その法量は身長478mm、茎長125mm、鞘長496mm、把長112mmを計る。刀身は反りの浅い鋒両刃造で、鍛は板目、流れ刃交じり、刃文は細直刃である。把頭の緒孔には菊座金具をつけ、鹿皮をなめし紫に染め両端を合わせて革便結びにした懸緒が付属する。柄は樺を千段巻きにするが後補したものである。鞘は木地の全体を薄皮で包み、黒漆し、装具はすべて鉄鍛造黒漆塗りである。これまでの説明は、明治17～18年（1884～85）に行われた研磨と明治31年（1898）出蔵、翌32年（1899）8月外装修理、10月還納された以降のデータがもとになっている。

　これとは別に修理以前の刀姿をうかがうことができる資料として、黒川真頼が整理作成した明治10年代（1877～86）の目録がある。それには「銅黒漆作太刀　壱口　総長二尺五分　身鋒両刃　長壱尺五寸八分　把長三寸七分　鉄把

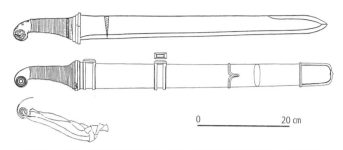

図 39 正倉院刀実測図（石井 1966、正倉院事務所 1999 に一部加筆）

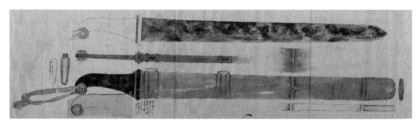

図 40 森川杜園による明治初期の正倉院刀模写（稲田 2009b、東京大学大学院工学系研究科建築学専攻所蔵）

糸損失　懸紫皮　鞘黒漆密陀絵　金具銅漆塗」と記載されている。現データと照合すると全長はやや異なるが、刃長は一致し、内容からも中倉黒作横刀第 8 号に該当する。ただし鞘には黒漆密陀絵とあるが、当時にはその痕跡が認められていたようである。17 冊からなるものが大正 11 年（1922）に筆写され、その 2、3 の奥書には「明治十八年三月下旬一校了 多田　稿」とある。さらに明治 5 年（1872）には文部省博覧会の出品物考証に備え、太政官正院に正倉院宝物の調査を申し出たことに始まる壬申検査がある。政府は古社寺および正倉院の調査を博物館に指示し、調査は華族所蔵物の調査に 41 日、巡回 61 日、滞在 20 日の計 122 日間の長期にわたり、町田久成、内田正雄、蜷川式胤に高橋由一、絵師の岸光景、柏木貨一郎、写真師の横山松三郎、博物学者の笠倉鉄之助等が同行し、調査簿の作成、実物の拓本、模写、写真を行った。蜷川の日記『奈良の筋道』には 8 月 12 日から 23 日まで、勅使による天保年間（1830～44）

以来の開封や調査の様子が詳細に記録されている。明治5年（1872）の『壬申図集』第13冊第5丁には、蜷川式胤による拓本があり、鋒近くに刃こぼれ、柄には「物ヲアミシアト有リ」とメモがあり、樺巻は剝離していたことがうかがえる。また、明治8年（1875）にも蜷川式胤により拓本と菅蒼園による模写が再度行われ、『正倉院御物図』第10巻に御太刀摺影図と御杖刀図が収録されている。さらに森川杜園の『正倉院御物写』第6巻刀剣（図40）にも模写が収録されている。

ところで本刀は、『天平勝宝八歳六月廿一日献物帳（国家珍宝帳）』には記載されていない献物帳外の宝物である。現在、正倉院北倉、中倉、南倉に納められる大刀の類は、55口を数える。しかし、『国家珍宝帳』に記載された大刀の類は、天平宝字3年（759）に5口、天平宝字8年（764）の恵美押勝の乱の際に88口と大量に出蔵された。

正倉院の宝物は、天平勝宝8年（756）の献物の主要なものは北倉に、それ以後のものは南倉に納められていたとされるが、天暦4年（950）東大寺羂索院の倉が大破したことにより南倉のものを中倉、羂索院収蔵品を南倉に納め換えたことが記されている。それ以後、明治時代に至るまで北倉、中倉は勅封、南倉は綱封された。

B. 群馬県吾妻郡東吾妻町大宮巖鼓神社

弘治年間（1555～58）に信州真田氏が本殿修復をした際に本刀が屋根より落下してきたと伝わる。屋根に刀剣類を奉納する例は、奈良県春日大社若宮奥殿などでもみられる。なお、大宮巖鼓神社は吾妻郡家推定の遺跡内に鎮座する。

全長530 mm、刃長408 mm、柄長122 mm、茅の葉鋒で刀身のみの資料である。

第3章　型式分類・編年・型式別分布

1. 型式分類

　蕨手刀で拵がすべて揃う例は、正倉院中倉第8号黒作横刀である。パーツとしては刀身と鞘、刀身には鍔が付き柄には樺が巻かれ、柄頭の鴉目と菊座に鹿革の懸け緒が揃う。鞘は黒漆仕上げで、鞘口・鞘尻・足金物・責金具が装着される。これらの部位・部品が分類基準の要素となる。

　刀自体の造りからその特徴を観察すると、第一に柄元から柄頭までの柄の形状、第二に柄元から鋒までの刀身の形状・造りに分けられる。柄の反りと絞りによる形状と刃の長短および反りの有無、鋒形状を分類基準の主要素とし、さらに付加要素として鍔と足金物の変遷などがあり、分類基準の主な構成要素となる。ところで、大宝令（701年）とそれを改定した養老令（757年）の衣服令に武官の横刀着用に関して、五位以上の衛府の督と佐は金銀装横刀、六位以下は烏装横刀の着用を規定している。烏装横刀とは、正倉院伝世の黒作大刀を示すもので、色による差別化がなされていた。さらに、『続日本紀』（霊亀元年（715）九月一日条）では、六位以下の官人の鞍や横刀の装飾に虎・豹・羆皮および金銀の使用を禁止している。

（1）柄の形状観察

絞り

　柄は片手で握るため、当初は柄の下辺は直線的だったが、握りやすいように弧を描く形状となる。柄元刃部延長線から柄頭付け根部分の傾斜変換点までの数値の大小は、①小さい場合は絞りが弱く、②大きい場合は絞りが強く、小→

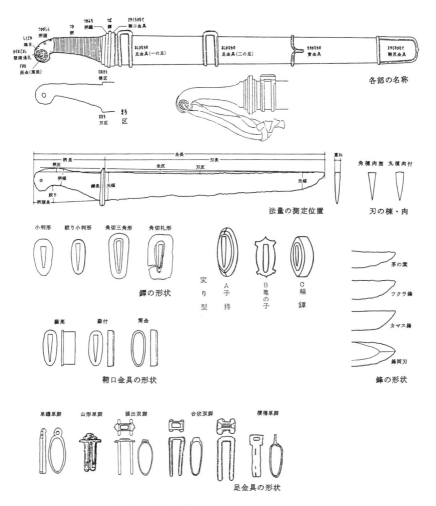

図41　蕨手刀の各部位名称と形状分類（八木 2003一部加筆）

大へと変遷する。柄元の幅は区の有無により変化し、元幅が広く無区の場合は、絞りが強くなる。有区（両区・片区＝刃もしくは棟区）から無区への変遷がみられ、それに連動して柄長は長から短へ移行する。機能的には、利器の柄としての握り具合の調整と認識できる。

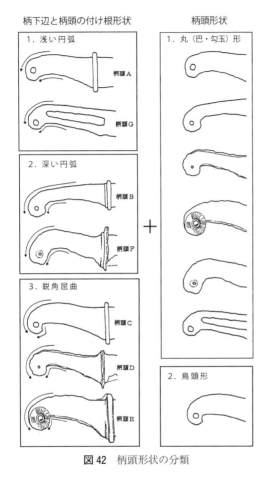

図42　柄頭形状の分類

反り

　横方向からみて、柄棟が刃棟の延長線上より突出するかしないかによる分類が可能である。突出しないものは、柄反りはなく、刀棟に対し直柄と内反り柄がある。その場合、柄頭先端が柄元下端より下にあるものと上にあるものが観察できる。一方、突出する場合は柄反りがあり、刃棟延長線から柄頭の傾斜変換点までの数値の大小により、①数値小は反りが弱く、②数値大は反りが強く、小→大へと変遷する。機能的には、利器として握り使用した時に、刃に角度を持たせる意図が認識できる。

毛抜透

　①毛抜透なし、②毛抜透ありの2種類がある。毛抜透は、共鉄造りの柄の重量の軽減、斬撃時の手・腕への衝撃の緩和などの機能をもつ。

（2）柄頭（蕨手）の形状観察

　柄頭そのものの形状については、刀鍛冶の癖と考えられ、これまで分類基準から除外していた。しかし、共鉄造りの柄と一体化するものなので、刀そのものの属性に関わるため側面からの観察による形状分類を行う。

まず、柄の下辺と柄頭との付け根である傾斜変換部分が、①浅い円弧、②深い円弧、③鋭角的に屈曲の3つに分類する。浅い場合は、柄頭が斜め下に、深く屈曲する場合は、下方向に柄頭が付く。付け根部分の円弧の深浅および屈曲する形状は、柄の絞りと連鎖するもので、絞りが強まることに円弧も深く、さらに屈曲する。それとは反対に、柄反りが強いと斜め上方に引き上げられ、付け根部分の円弧は浅くなる傾向にある。

柄頭については、基本的に蕨手状の

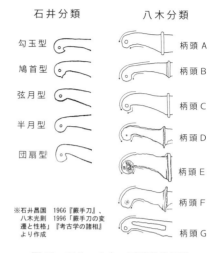

図43 石井・八木の柄頭形状分類
（黒済 2016）

先端が①丸い（巴形・勾玉形）、②半円状の突き出し、刃方の上縁を直線または半円に切り込む、いわゆるくちばし状（鳥頭形）、それぞれの形状で大小の範疇に分けられる。機能的には、片手で柄を握るので蕨手状の先端が小指に掛かり、手ずれ防止となる。なお、柄頭の形状については、刀工集団の特徴ととらえることが可能か否か考えられる。かつて石井昌国（石井 1966）は、蕨手の突起を①団扇型、②半月型、③弦月型、④鳩首型、⑤勾玉型に5分類したが、出土分布による地域差はなく各刀工の手法とみなした。なお、出土例の多い団扇ならびに半月型を盛行期の形状とみている。さらに八木光則（八木 1995）は、柄頭A〜Gと以下のとおり7分類した。①柄頭A＝柄頭が小さく、蕨の巻き方も未発達で、柄反りと絞りが小さく柄と柄頭の中軸線が鈍角になるもの。②柄頭B＝柄全体が内反りになり、柄と柄頭の中軸線が鈍角から直角になるもの。③柄頭C＝柄と柄頭の中軸線が直角になり、柄頭の付け根の下が突出するもの（石井分類の勾玉型）。④柄頭D＝柄と柄頭の中軸線が直角となり、柄頭の付け根が湾曲するもの。⑤柄頭E＝柄と柄頭の中軸線が直角となり、柄頭の付け根が深く湾曲するもの。⑥柄頭F＝柄と柄頭の中軸線が鈍角と

なり、柄から柄頭への移行がなめらかなもの。⑦柄頭G＝柄頭が小さく、柄反りと絞りが大きく、柄と柄頭の中軸線が鈍角で、毛抜透を有するもの。それぞれの特徴を示し、柄と柄頭の形状を一体視した観察である。また、分布においては、①柄頭A＝福島・茨城・群馬・長野の各県、②柄頭B＝青森・福島・群馬・長野・愛媛・福岡・熊本の各県、③柄頭C＝各地（山形県・西国がやや多い）、④柄頭D～F＝東日本各地（北海道・東北に多い）、⑤柄頭G＝東日本各地（北海道・福島県にやや多い）、と時間の差ではなく地域的特徴と指摘している。

（3）刀身・鋒の形状観察

刃反り

刃反りがないものを直刀とし、刃反りがあるものを彎刀とする。刃反りの有無により、直刃から彎刃へと変遷する。

刃　長

数値による便宜的差別化で、①刀子（刃長30cm未満）、②短寸刃（刃長30～40cm）、③中寸刃（刃長40～50cm）、④長寸刃（刃長50cm以上）に分類できる。刃長では、短寸、中寸、長寸への移行がうかがえ、おおよそ40cm台を中寸とする。いわゆる5束（1束＝4本の指で握った長さが男子平均84mm）が目安である。『東大寺献物帳』には、横刀の寸法が「刃長一尺四寸七分（約43.68cm）」とある。

鋒形状

①カマス鋒、②フクラ鋒、③茅の葉（長三角形）鋒、④鋒両刃に分類できる。鋒の形状は地域差もしくは刀工集団の技術差とみられる以外に、①→②の時間的変遷が辿れるが、これを基準に分類が可能である。茅の葉と鋒両刃は信濃・上野両国で主体的に分布する傾向にある。機能的に刃の長寸化・彎化は、武器として用いられたことを示している。

以上のことから柄の絞りと反りの有無により、Ⅰ（内反り）・Ⅱ（無反り）・

Ⅲ（反り）・Ⅳ（絞り）・ⅢⅣ複合（反り＋絞り）・Ⅴ（毛抜透柄）とⅢ・Ⅳ・ⅢⅣ複合には数値の大小から古新に分けられ、6型式9類のカテゴリー分類が可能となる。

（4）鍔と足金物

刀そのものの属性ではなく、付加要素である。

鍔

鉄製が主だが、銅製も稀にみられる。喰出鍔では小判・絞り小判・角切三角、板鍔では小判・角切札などの形状がある。その他に亀の子などの変わり形も稀にある。喰出鍔→板鍔への時間的変遷が追える。鍔の装着として、有区の場合は柄頭から装着、縁金で留める。無区の場合は柄元幅が広くなり、鋒から装着、柄元の踏ん張りで鋏め付ける。

柄頭の鵐目・座金

柄頭には緒通しの孔があり、表裏に鵐目を挿入した座金を装着する。座金に関しては、丸い平板や半球の形状で、無文と菊花文とがある。素材は鉄・銅製が主で、銀製の場合もある。

足金物

鞘は平鞘で、佩用のために足金物二足を装着するが、単脚と双脚に分けられ、単鐶単脚式→張出双脚式→台状双脚式→横鐶双脚式→横鐶単脚式の変遷が追える。刀装具の素材に関しては、銅製と鉄製がみられる。また唐様太刀に装着される装飾性の強い山形の場合もある。したがって、一般的に平行単鐶単脚式→段付張出双脚式→台状双脚式の変遷過程が追える。なお、八木光則（八木2003）は、銅製単鐶単脚（平鞘）＝7世紀後～8世紀前葉、銅製段付張出双脚＝7世紀後～8世紀前葉、銅製台状双脚＝8世紀前～中葉、鉄製台状双脚＝8世紀中～後葉、横鐶＝8世紀末～9世紀の年代を示している。

(5) その他

鞘金具

鞘口は筒金縁付、縁高がある。鞘尻には覆輪状角窓、筒状角袋がある。責には一文字と柏葉がある。

柄巻き

有機質のため、樺巻き、紐巻きなどの痕跡がある。

これまでの形状観察による 6 型式 9 類の各概要は、以下のとおりである。

Ⅰ類：柄の絞りおよび反りはなく（マイナス数値）、柄の上面は刃棟部延長線下にあり、柄自体が撫肩（内反り状）で柄頭先端が刃（柄元下端）より下方向にある。柄元幅は狭く、区（両区・片区）を有する。刃反りはなく、刀子もしくは短寸刃で、鋒はフクラもしくは茅の葉である。柄頭の付け根の円弧は浅いものと深いものがあり、柄頭は丸く小ぶりである。喰出鍔で足金物は単鎺単脚式もしくは段付双脚式である。主な該当資料は伝・群馬県太田市、長野県原村八ッ手、愛媛県西予市明石、青森県八戸市丹後平古墳群 33 号墳などがあげられる。

Ⅱ類：柄の絞りはないか、もしくは弱く（0〜20 mm 未満）、柄反りはなく（マイナス数値）、柄の上面は刃棟部延長線に平行し、柄自体が真っ直ぐで柄頭先端が刃（柄元下端）より上方向にある。柄元幅は狭く、区（両・片区）は有るものから無区へ移行する。柄頭の付け根の円弧は浅いものと深いものがあり、柄頭は丸く大小がある。刃反りはなく、刀子もしくは短寸刃である。鋒はフクラもしくは茅の葉である。喰出鍔で足金物は単鎺単脚式もしくは段付双脚式である。主な該当資料は伝・群馬県伊勢崎市赤堀石山、長野県諏訪市大安寺跡などがあげられる。

Ⅲ古類：柄の絞りは弱く（0〜20 mm 未満）、柄反りも弱く（0〜10 mm 未満）、柄の上面は刃棟部延長線上より若干突出し、柄自体弱く湾曲する。柄元幅は徐々に広がり、区（両・片区）があるものから無区へ移行する。柄頭の付け根の円弧は浅いものと深いものがあり、柄頭は丸い巴形・勾玉形とくちばし状の鳥頭形がある。大きさには大小みられる。刃反りはなく、刀子と短寸から

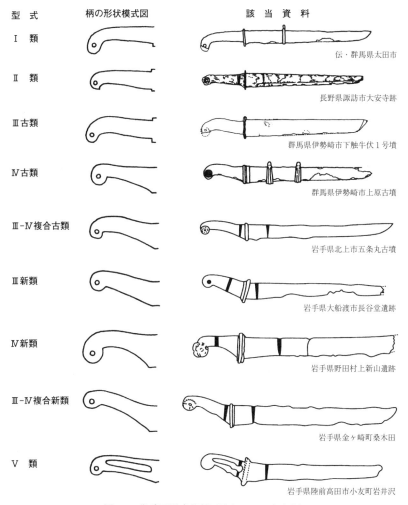

図 44　蕨手刀型式分類（黒済 2008 一部改変）

中寸刃である。鋒はフクラおよびカマスの他、鋒両刃がみられる。喰出鍔で足金物は単鐶単脚式もしくは段付双脚式である。該当資料は群馬県伊勢崎市下触牛伏遺跡 1 号墳、正倉院御物刀（中倉第 8 号黒作横刀）などがあげられる。

　Ⅳ古類：柄の絞りは強く（20～30 mm 未満）、柄反りは弱い（0～10 mm 未

満)。柄の上面は刃棟部延長線上か若干突出する。柄の下面は刃に対し、直線的にもしくは湾曲して立ち上がる。柄頭の付け根の円弧は深いものと屈曲するものがあり、柄頭は巴形・勾玉形と鳥頭形がみられる。柄元幅は徐々に広くなり、区は無区が主である。刃反りはなく、短寸から中寸刃へ移行する。鋒はフクラおよびカマスの他、鋒両刃がみられる。喰出鍔で足金物は単鐶単脚式もしくは段付双脚式である。該当資料は群馬県伊勢崎市上原古墳、同渋川市真壁塚原、長野県長和町大門猿小屋などがあげられる。

Ⅲ Ⅳ複合古類：柄の絞りは強く（20 mm 以上）、柄反りがある（10～20 mm 未満）。柄の上面は棟部延長線上より突出し、下面は刃に対し湾曲して立ち上がる。柄元幅は徐々に広くなり、区は無区がほとんどである。柄頭の付け根の円弧は深浅および屈曲が存在し、柄頭は巴形・勾玉形と鳥頭形がみられる。刃反りはなく、中寸から長寸刃である。鋒はフクラおよびカマスがみられる。喰出もしくは板鍔で足金物は台状双脚式である。該当資料は長野県岡谷市花上寺、岩手県北上市五条丸古墳群、同花巻市熊堂古墳群、群馬県前橋市白山古墳、北海道恵庭市茂漁古墳群などがあげられる。

Ⅲ新類：柄の絞りはきわめて強く（20 mm 以上）、柄反もきわめて強い（20 mm 以上）、柄の上面は棟部延長線上よりはるかに突出する。柄自体強く湾曲する。柄元幅は広くなく、区は無区。柄頭の付け根の円弧は浅く、柄頭は丸い巴形・勾玉形である。刃反りのある長寸刃である。鋒はフクラおよびカマスがみられる。喰出もしくは板鍔で刀身に対し斜めに装着するものもある。足金物は台状双脚式もしくは横鐶式である。該当資料は岩手県奥州市塩釜日高西小石森塚、同大船渡市長谷堂遺跡などがあげられる。

Ⅳ新類：柄の絞りはきわめて強く（30 mm 以上）、柄反りは弱い（0～10 mm 未満）。柄の上面は刃棟部延長線上か若干突出する。柄の下面は刃に対しきわめて強く湾曲して立ち上がる。柄元幅は 50 mm 以上と広くなり、区はすべて無区である。柄頭の付け根の円弧は深く屈曲し、柄頭は丸い巴形・勾玉形である。刃反りも現れ、中寸から長寸刃である。鋒はフクラおよびカマスがみられる。喰出もしくは板鍔で足金物は台状双脚式である。該当資料は岩手県

野田村上新山遺跡、伝・岩手県内などがあげられる。

ⅢⅣ複合新類：柄の絞りは強く（30 mm 以上）、柄反りも強い（20 mm 以上）。柄の上面は刃棟部延長線上より大きく突出する。柄の下面は刃に対し強く湾曲して立ち上がる。柄元幅は 50 mm 以上と広くなり、区はすべて無区である。柄頭の付け根の円弧は浅く、柄頭は丸い巴形・勾玉形である。刃反りのある長寸刃である。鋒は主にカマスである。喰出もしくは板鍔で足金物は台状双脚式もしくは横鐶式である。該当資料は岩手県金ヶ崎町桑木田などである。

Ⅴ類：柄の絞りは強く（20 mm 以上）、柄反りもあり（10 mm 以上）、さらに毛抜状透かしが入る。柄は刃棟部延長線上より突出し、中寸から長寸刃で、柄元幅は広くなく、区は無区。柄頭の付け根の円弧は浅く、柄頭は丸く小ぶりである。刃反りのあるものと直刀化するものがある。鋒はフクラおよびカマスがみられる。喰出鍔で足金物は横鐶である。該当資料は伝・群馬県吉岡町、岩手県陸前高田市小友町岩井沢、北海道網走市モヨロ貝塚などがあげられる。

以上Ⅰ・Ⅱ・Ⅲ古および新・Ⅳ古および新・ⅢⅣ複合古および新・Ⅴ各類の6型式9分類が可能であるが、先学との型式分類対照表は表3のとおりである。

（6）九州出土のⅠ類の再検証

西国出土のⅠ類の範疇にある熊本県人吉市城本町大村横穴墓群出土刀と福岡県朝倉市池の上墳墓群9号墳出土刀については、以下のとおりである。

人吉市城本町城本および鳥岡の大村横穴墓群は、熊本県南部の球磨川の上流域、人吉盆地にある。大村横穴墓群にある外壁の装飾文は熊本県北部の菊池川中流域山鹿付近のものと共通し、4号墓には、楯・鞍・刀が浮彫される。蕨手刀は椀形土器とともにその4号墓の周辺で、明治40年（1907）に肥薩線鉄道工事中に偶然発見されている。「蕨手の剣は刀身部多少の腐鋳あるも、完形なるは最も喜ぶ可く、全長一尺三寸、身部は刃渡一寸あり、断面楔形を呈す、身と柄の間には幅二分内外の鍔形を現し、蕨手の先端には円孔を存せり、而してその形式稍頭椎に似たるを見る、蕨手の剣は正倉院御物にも之を伝えたるが、

表3 各研究者の型式対照表（黒済 2008）

黒済 2017	I	II	III古	IV古	III IV複合古	III新	IV新	III IV複合新	V
石井 1967	II			III	I				
高橋 1985	―	―	―		I a	I c-2	I b	I c-1	毛抜透
八木 1998	柄頭B	柄頭A・C			柄頭1(D〜F)・2(E)	柄頭3(D〜F)	柄頭2(D〜F)	柄頭3(D〜F)・G	

其の形式は少々之と異なり、且つ此の蕨手の起源は古くして、ただ之を後世まで伝承したるものと吾人は信ず。／椀形土器は径約五寸、深二寸あり、最も普通のものに過ぎざるも、其の底に廿の如き記号を附せり」（濱田・梅原 1917）と報告される。刀については、刃部は欠損するが、柄頭までほぼ完存し、鍔は絞り小判形の喰出鍔、全長392 mm、刃長256 mm、柄長136 mm、柄頭長33 mm、棟厚8 mm、先幅21 mm、元幅28 mm、柄幅12 mmである。

朝倉市池の上墳墓群は、古墳時代前期から中期の古墳群と8世紀中頃から9世紀の火葬墓群で構成される。9号墳は、径8.4〜9.6 mの円墳で、主体部は玄室長1.90 m、幅1.86 mの横穴式石室で、羨道長84 cm、幅80〜94 cm、墓道長4.20 m、幅1.00〜1.40 mの規模を測る。共伴する高台坏と方頭広根斧箭式の鉄鏃から8世紀前半に比定される。周囲には同時期の古墳が群集せず、単独で存在する。刀については、鋒は欠損し、鍔は絞り小判形の喰出鍔で、残存長311 mm、刃長203 mm、柄長108 mm、柄頭長21 mm、棟厚5.5 mm、先幅21 mm、元幅25 mm、柄幅14 mmである。

また、『日本古墳文化資料綜覧』（1982）の「第3部．主要遺物件名表　5．武器・武装具　Ⅶ．蕨手刀」には、以下のとおり九州出土の4例があげられている（斎藤 1982）。

1) 熊本県人吉市大村（大村町）
　　文献：後藤守一　1928「原史時代の武器と武装」『考古学講座』2　雄山閣
2) 熊本県八代市日奈久町大字千小田、田川内古墳（葦北郡日奈久村）
　　文献：濱田耕作・梅原末治　1917『肥後に於ける装飾ある古墳及横穴』

京都帝国大学文科大学考古学研究報告第 1 冊　京都帝国大学
3) 熊本県荒尾市野原古墳群
文献：三島格　1952「荒尾市野原古墳群調査雑記」『熊本史学』第 3 号　熊本史学会、坂本経堯　1979「荒尾野原古墳」『肥後上代文化の研究』肥後上代文化研究所・肥後考古学会
4) 佐賀県小城郡三日月村（三日月町）大字織島、大塚山古墳
文献：松尾禎作　1976「大塚山竪壙古墳」『佐賀県史跡名勝天然物調査報告第 7 輯』復刻版下巻　青潮社

　田川内古墳については、その記述部分を抜粋すると「(前略)、蕨手刀は二口共に柄の身に接する部分にて折れ、且つ身の一部分に欠損あるが、畧其の形を見るべく、一は身の長さ五寸一分、刃渡七分、峯幅二分あり、柄の蕨手の先端に圓孔を有し、その部分に木片附著せり。他の一は之に比して稍大形に現存の身の長さ五寸四分、柄部は四寸に近し、型式後述の球磨郡大村横穴附近の遺品に類似して、刀剣中特種の形式に属する此の刀が装飾ある古墳に伴へるは興味を惹く、(後略)」とある。換算すると、刃長 155 mm と刀身 164 mm、柄長 121 mm という大きさで、蕨手刀子と判断される。人吉市大村横穴墓群出土刀に型式が類似することが指摘された。
　熊本県荒尾市野原古墳群 9 号墳は、円墳で横穴式石室である。玄門向かって右側に副葬品群があり、蕨手刀の記載がある。さらに、「9 号墳に副葬された直刀の柄部は蕨手状に曲って、正倉院御物の蕨手刀に近似する」とある。
　佐賀県小城市（旧三日月町）織島に所在する大塚山古墳では「昭和 14 年 1 月 22 日九州帝大鏡山猛氏等が再発掘した時は、この外に尚ほ残存していた玉、刀子、蕨手刀、鉄鏃等可なりの数量が出土した。(中略) 出土物の特質（蕨形刀）年代の決定等は九大鏡山氏の学的研究会発表にゆずる」といった記載がみられるが、その後結果が報告発表されることはなかった。
　九州の事例では、熊本県荒尾市野原 9 号墳と佐賀県小城市大塚山古墳の蕨手刀についての実態・詳細は全くわからない。前者に関してはかろうじて実測図

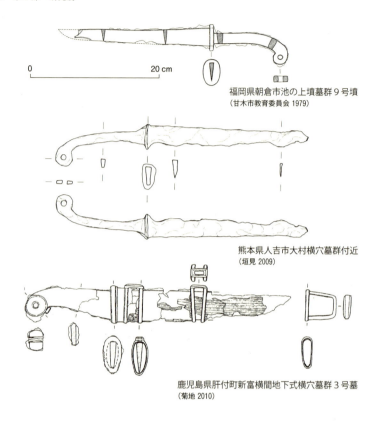

図45　九州地方出土の蕨手刀

があるが、蕨手刀には到底みえない。そして熊本県八代市田川内古墳出土資料に関しては、法量からみていわゆる蕨手刀ではなく、蕨手状の刀子の範疇にあるものと判断できる。戦前、後藤守一と末永雅雄は、消極的ながら蕨手刀の祖型をこうした刀子に見出す意見を示していた。平成21年（2009）に垣見奈緒子は、「人吉市の蕨手刀について」（『ひとよし歴史研究』第12号）において、九州出土の熊本県人吉市城本町大村横穴墓群出土刀、福岡県朝倉市池の上墳墓群9号墳出土刀と鹿児島県肝付町出土刀の柄の形状などの違いについて、前者2口は九州独自の型式、後者は他地域との接触資料と報告している。また、筆

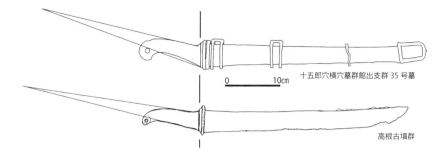

図46　蕨手刀の柄反りと絞り

者も横穴墓出土蕨手刀の集成において、熊本県人吉市城本町大村横穴墓群出土刀はⅠ類の範疇にあるが、柄の作りが東国のⅠ類と比べると著しく華奢であることを指摘し、参考資料の扱いとした。事実、西国出土のⅠ類の愛媛県西予市明石出土刀と比べても柄が華奢であることがわかる。したがって、九州の2例に関しては、東国の上信地方初現のものとは異なる出自のものの可能性もあり、現時点では参考Ⅰ類の資料として扱うこととする。なお、かつて後藤守一、末永雅雄が指摘したように、九州出土の2例のような柄が華奢な作りのものに関しては、九州の蕨手刀子が祖型であり大型化したものか、今後、石井昌国の大村横穴墓群出土刀実測図の見直し修正を含め、再度議論が必要と示唆しておく。なお、北野耕平の蕨手刀子研究（北野 1960）では、蕨手刀子と蕨手刀との間には、蕨手状柄頭と刃の向きが一致しない点から、蕨手刀との関連性については躊躇している。

（7）柄反り・絞り強弱の簡易観察法

　蕨手刀は柄の反りと絞りの数値の大小の、小→大の変化が年代推移の決め手となる。実測図に補助線を加え、計測値の違いを視覚的にとらえる類型判別法が、柳澤清一（2011）によって考案された。その内容は前掲56～57頁に示すとおりだが、その方法では柄の反り・絞りの組み合わせと柄頭の形状と方向に左右されるため、柄の反り・絞りの本来の数値を得ることができない。

蕨手刀の柄反りと絞りの強弱を簡易的に観察するには、柄の湾曲は、柄上部の反りと柄下部の絞りが主要素となるため、図46に示すように、柄元の棟部から柄上部の反りの傾斜変換点と柄元の刃部から柄下部の傾斜変換点の延長線の交点が最重要となる。その結果、交点の位置が時計回りに移動するほど柄の反りと絞りが強くなることを視覚的に示すことが可能である（黒済2013）。

2. 編　年

上記のとおりⅠ・Ⅱ・Ⅲ古および新・Ⅳ古および新・ⅢⅣ複合古および新・Ⅴの6型式9分類に分けられるが、Ⅰ→Ⅱ以降は、柄反りを造り出す系列Ⅲ類と絞りを強くする系列Ⅳ類とが併存し、そして複合型式も現れる変遷過程がみられる。さらに終焉期となるⅤ類に関しては、Ⅲ類系列に位置付けられる。

次に各型式の年代であるが、発掘調査による出土例が少ないことと古墳などの副葬品では下限を抑えるに過ぎない。また、横穴式石室などの場合、追葬や再利用により共伴遺物の時間が大幅に広がることも考慮しなければならない。ただし横穴式石室など追葬や再利用の場合でも、前の副葬品を脇に寄せる片付け行為が認められることから、ある程度の年代は絞り込めるものと考える。

まず群馬県での調査例から紹介する。伊勢崎市下触牛伏遺跡1号墳では、Ⅲ古類の蕨手刀が儀礼祭具的なセットと推定できる状況で、玄門を中心に7世紀末葉から8世紀初頭の須恵器長頸瓶と小型高台坏とともに抜刀して壁に立て掛けられて出土した。さらにⅣ古類を出土した上原古墳では、奥壁左右に蕨手刀と大垂孔の銅製腰帯具が置かれた状況から8世紀第2四半期頃の埋葬と推定できる。

Ⅲ古類に関して正倉院御物刀（中倉第8号黒作横刀）は、全長616mmで、長寸化への移行段階である。これは『天平勝宝八歳六月廿一日献物帳（国家珍宝帳）』外の御物である。献物帳内の御物刀は、天平宝字3年（759）に5口、天平宝字8年（764）の恵美押勝の乱の際に55口出蔵されたため、現存するものはわずか数口にすぎない。現在、北倉・中倉・南倉蔵の刀類は55口だが、

いずれにせよ、恵美押勝の乱以後、納められたものが大半と考えられる。したがって、8世紀中葉の年代が推定される。ところで現在は亡失する資料だが、山形県米沢市牛森古墳出土には「天平寶字天國」の銘文があったとされる。少なくとも757〜764年といった暦年代で、出羽国置賜郡に型式は不明だが、暦年代を持つ蕨手刀が存在していたこととなる。

　Ⅰ類に関しては、青森県八戸市丹後平古墳群33号墳出土があるが、7世紀末から8世紀前半の土師器坏と球胴甕が供献品として周溝から出土している。また、主体部からの鉄鏃の束には東日本専有型式の長頸腸抉三角形鏃が1本含まれるが、正倉院御物の漆葛胡禄第3号に納まる「下毛野奈須評」銘50本の矢にも1本のみ同型式の鉄鏃が存在する。これは7世紀後半に生産し貢進したものだが、同様に東国（畿内求心域）から蕨手刀ともども東北（蝦夷）北部へ搬入されたものと考えられる。

　北海道千歳市ウサクマイA遺跡63-7土壙墓からは、ⅢⅣ複合古類とⅣ新類が2口出土した。他に8世紀前半の擦文前期の土師器坏と長胴甕の破片が出土するが、四隅柱穴持ち隅丸長方形の63-7土坑墓が長円形の63-8土壙墓を切っている。遺跡内での土壙墓形態の変遷をみる限り、8世紀前半の土師器坏を埋土中に含む長円形墓から鉄器を副葬する四隅柱穴持ち隅丸長方形墓の順序で墓域が展開されるものと解釈されるため、ウサクマイA遺跡の土壙墓は8世紀後半に帰属するものと考えられる。そして北海道枝幸町目梨泊遺跡土壙墓群からは、30・34・範囲確認1号でⅢⅣ複合古類が擬縄貼付文と擬縄＋ソーメン状貼付文のオホーツク土器の被甕とともに出土した。これは右代啓視（1991）の編年および^{14}C年代によると前者はⅡ-b土器群＝8世紀、後者はⅡ-c土器群＝9世紀にあてている。

　Ⅴ類に関しては、宮城県多賀城市多賀城跡大畑地区の焼失したSI663竪穴建物跡から9世紀第3四半期のD群土器（白鳥 1980）と千葉県市原市南大広遺跡では9世紀代の土師器および須恵器が出土する。

　したがって、共伴遺物からⅠ類＝7世紀後葉、Ⅲ古類＝7世紀末から8世紀中葉、Ⅳ古類＝8世紀前〜中葉、ⅢⅣ複合古類＝8世紀中〜後葉、Ⅳ新類＝8

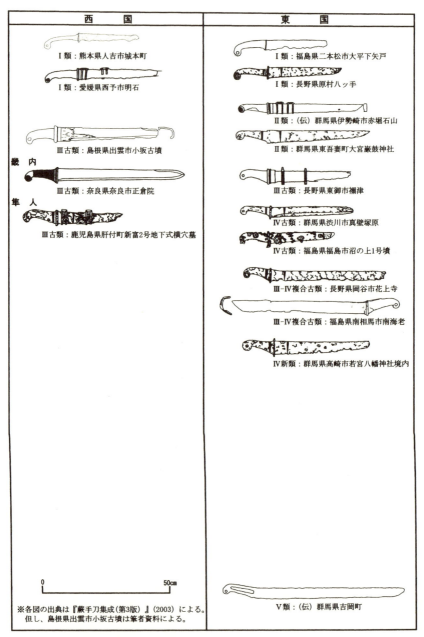

図47 蕨手刀編年表（黒済 2008 一部修正）

第3章 型式分類・編年・型式別分布 105

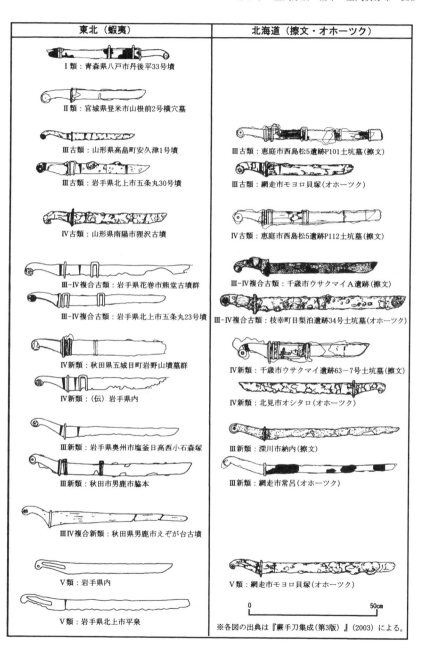

※各図の出典は『蕨手刀集成（第3版）』(2003) による。

世紀中～後葉、V類は9世紀中葉といった年代が探れたが、Ⅱ・Ⅲ新・ⅢⅣ複合新各類に関しては、現在良好な共伴資料がなく刀自体と鍔および足金物の変遷による年代を緩用してⅡ＝7世紀後～末葉、Ⅲ新＝9世紀前～中葉、そして横鐶足金物を装着する秋田県男鹿市脇本からⅢⅣ複合新類＝8世紀末～9世紀とすることが可能である。なお、ここにあげた年代は、あくまでも出現盛行する年代の中心を示すものであるため、各型式が時期的に一部重複する場合がある。

　日本列島で出土する蕨手刀を柄と刃の形状などから型式分類した結果、図44・47のとおり現段階ではⅠ・Ⅱ・Ⅲ古新・Ⅳ古新・ⅢⅣ複合古新・V類の6型式9分類に分けることが可能である。さらに直刀の範疇であるⅠ・Ⅱ類から彎刀への変遷過程に柄反り系列（Ⅲ類）と柄絞り系列（Ⅳ類）が存在することも確認できる。したがって、刀工の意識が各型式に具現化される。

　年代は、先学が提示した奈良時代＝8世紀を中心とするところに大枠が収められるが、Ⅱ・Ⅲ古・Ⅳ古が7世紀後葉から8世紀前葉、ⅢⅣ複合古類が8世紀中葉に収まり、Ⅰ類の初現は7世紀後葉を遡ることも留意すべきである。そしてⅢ新・Ⅳ新・ⅢⅣ複合新は8世紀後葉から9世紀前葉、V類は9世紀中葉を中心とする。

3. 型式別分布

　Ⅰ類は、7世紀後葉を中心に9口（西国3・東国5・蝦夷1）が現存する。東西の畿内求心地域を中心に西は九州肥後、東は東北（蝦夷）北部といった列島の境界接触地域近辺に点的であるが存在する。ただし、東国の分布は上野・信濃地域に濃密度である。北海道（擦文およびオホーツク文化）といった島嶼交流地域では確認されず、古墳・横穴墓の副葬品の他、単独出土の場合もある。

　Ⅱ類は、7世紀後～末葉を中心に8口（東国6・蝦夷2）が現存する。とくに東国（畿内求心域）の上野・信濃で5口と集中する。古墳・横穴墓の副葬品として主に出土する。

第3章 型式分類・編年・型式別分布　107

図48　全国蕨手刀型式別分布図（黒済 2016 一部改変）

　Ⅲ古類は、7世紀末〜8世紀前葉を中心に21口（隼人1・西国4・畿内1・東国7・蝦夷5・擦文2・オホーツク1）が該当する。東国（畿内求心域）に分布の密度が濃く、とくに上野・信濃で6口と多い。畿内の伝世品以外は、古墳・墳墓の副葬品としての出土が主である。

　Ⅳ古類は、8世紀中〜後葉を中心に41口（東国19・蝦夷18・擦文3・オホーツク1）が該当する。これより東国（畿内求心域）から東北（蝦夷）へ面的分布が移動する。東国でも上野・信濃7口の他、陸奥南部4口と集中し、東北では陸奥9口、出羽5口と分布の中心は陸奥にある。古墳・墳墓などの副葬品

	西国・東国	東北・北海道
Ⅰ類	8	1
Ⅱ類	6	2
Ⅲ古類	13	9
Ⅳ古類	19	22
ⅢⅣ複合古類	9	67
Ⅲ新類	0	15
Ⅳ新類	2	20
ⅢⅣ複合新類	0	3
Ⅴ類	3	6
計	60	145

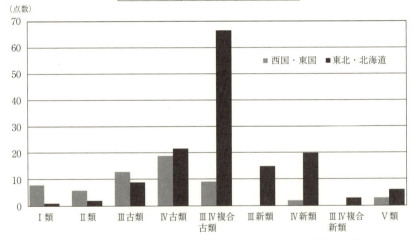

図49 西国・東国と東北・北海道における蕨手刀の型式別出土数

の他、青森県おいらせ町根岸（2）遺跡の場合、8世紀後半の族長クラスの住まいと推測される一辺約10ｍの竪穴建物跡からの出土である。

　ⅢⅣ複合古類は、8世紀中～後葉を中心に76口（東国9・蝦夷52・擦文8・オホーツク7）が該当する。これより東北（蝦夷）文化圏での分布が著しく濃くなる。東北では陸奥36口、出羽13口と分布の中心はやはり陸奥にあり、この地域特有の末期古墳、いわゆる蝦夷系墳墓からの出土が主である。そのう

	西国	東国	東北	擦文	オホーツク
Ⅰ類	3	5	1	0	0
Ⅱ類	0	6	2	0	0
Ⅲ古類	6	7	6	2	1
Ⅳ古類	0	19	18	3	1
ⅢⅣ古類	0	9	52	8	7
Ⅲ新類	0	0	7	5	3
Ⅳ新類	0	2	17	2	1
ⅢⅣ新類	0	0	3	0	0
Ⅴ類	0	3	5	0	1
点数	9	51	111	20	14

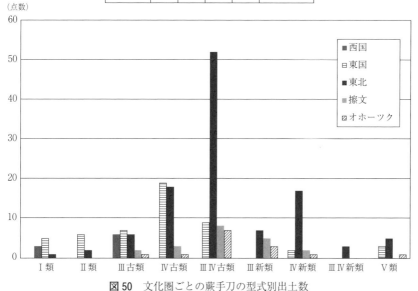

図50　文化圏ごとの蕨手刀の型式別出土数

ち、主体部からではなく周溝からの出土もある。その他の地域でも古墳・墳墓の副葬品として出土する。島嶼交流地域の北海道への普及も多い。

　Ⅲ新類は、9世紀前〜中葉を中心に15口（蝦夷7・擦文5・オホーツク3）が該当する。

　Ⅳ新類は、8世紀中〜後葉を中心に22口（東国2・蝦夷17・擦文2・オホー

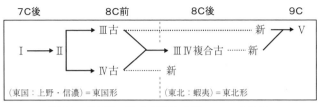

図51 蕨手刀の型式変遷図（黒済 2008 一部改変）

ツク1）が該当する。東北の陸奥で15口と多く、その地を中心に分布し、これ以降衰退する傾向にある。

ⅢⅣ複合新類は、8世紀末〜9世紀前葉を中心に2口（蝦夷2）が該当する。分布の中心は東北にあり、数量的に少なく衰退期の製品とみなせる。

Ⅴ類は、9世紀中葉の最も新式の毛抜形柄に関しては、9口（東国3、蝦夷5、オホーツク1）が該当する。東北（蝦夷）地域で作製されたこの刀は、東国の場合、俘囚によってもたらされたと考えられる。伝・群馬県吉岡町は『和名類聚抄』にある碓氷・多胡・緑埜各郡の俘囚郷と、さらに千葉県市原市南大広遺跡と袖ヶ浦市根形台遺跡群では9世紀中〜後葉に上総国において頻発する俘囚の反乱と関係付けられる。

分布形態としては、古型式では東国は面的で、それを中心に東西へ点的に飛散する。それがⅣ古類から面的分布が東国より東北へ移行、ⅢⅣ複合古類段階で東北が面的分布の中心となる。なお、点的飛散分布は、北海道のみとなる。その後も分布域の中心は東北で、衰退段階では東国にも点的分布がみられるが、俘囚の内国移配が考慮される。したがって、各型式（タイプ）の分布と変遷図（図51）から、Ⅰ・Ⅱ・Ⅲ古・Ⅳ古は古式で東国形（フォーム）、ⅢⅣ複合古・ⅢⅣ複合新・Ⅲ新・Ⅳ新・Ⅴは新式で東北形（フォーム）の範疇で扱うことが可能である。ところで、面的滲み分布の東北移行後の出土点数は陸奥77口、出羽26口と圧倒的に陸奥に多いが、両国の地形的環境の相違が蕨手刀の量的普及にも大きな影響があったと考えられる。それは陸奥が亘理以北の北上川沿いに平野が大きく広がり、一方、出羽では平野部がいくつにも分断され

ていることにある。

　かつて佐原真（1985）が「本来、蕨手刀は全国に分布していたが、八世紀以後も東日本では主として古墳および墳墓に副葬される風習が残り、一方、西日本ではその風習がなくなり、地金として回収された」という要因で分布の状況に稀薄が生じることを説いた。つまりその視点は、汎日本的に分布していたと解釈したものだが、この偏った分布には、他の解釈が必要と考えられる。

　分布では、まず古型式が東国に多く、続いて新型式が東北（蝦夷）地域に多くなる傾向にあるが、これは上野から東北への刀工集団の移動とみられ、8世紀前半の柵戸に手工業技術者集団が含まれていた。さらに上毛野氏の東北経営と上野・信濃が兵站地としての意味合いが強かったことと深く関連する。金属考古学の分析からも東国出土の古型式は岩鉄鉱石系、東北の新型式では砂鉄系の鋼により生産されたこともその裏付けとなる。

　そこで出自についてだが、かつて八木光則（1996）が7世紀後半代に福島県・群馬県・長野県の各地方に出現すると指摘した。確かにこの三地方では、Ⅰ・Ⅱ・Ⅲ古・Ⅳ古各類が集中する傾向にあり、その中でも群馬・長野両県に跨る地域、すなわち群馬県では西毛、長野県では東信・諏訪の東山道沿いの地域が出自の中心であると確証できる。普及経路には東山道が媒体となり、西へ東に送り出された様子がうかがえ、また、Ⅲ古およびⅣ古類の鋒両刃の蕨手刀が、上野に集中することもその傍証となり得る。そしてその後の普及に関しては、点的に分布する西国への伝播については、型式や技術の波及ではなく、製品そのものの移動とみる方が自然である。また、新型式の蕨手刀には柄および刃反りが加わり、広幅、長寸刀化が著しく、「突く」から「斬る」へと殺傷能力を高める機能的変化が認められるが、これは使用者の目的用途の変化、すなわち利器から武器への移行に関連する。この変換期と正史にある宝亀5年（774）「陸奥国の蝦夷が桃生柵を侵す」から弘仁2年（811）「文室綿麻呂、陸奥国の爾薩体・幣伊を平定する」までの蝦夷征討のいわゆる三十八年戦争の時期とは重なり合う。実戦経験により使用者の意見が、刀工の製作意識に反映され、武器としてバージョンアップしていくこととなる。具体的には、毛抜透柄

の採用、刀身の長寸および彎刀化、鍔の板鍔化である。

　北海道の擦文およびオホーツク文化における蕨手刀の普及は、本州との交易品の何ものでもなく、威信財として解釈される。擦文文化の交易は、斉明4年(658)の阿倍比羅夫による渡島遠征に始まる日本海沿岸〜石狩川道央部ルートがあり、朝貢・饗給により蕨手刀を入手した結果、威信財としての意味をなした。また、擦文文化における蕨手刀分布は、道央部以外で森町にみられ、噴火湾〜渡島半島東岸〜本州（陸奥）の太平洋沿岸ルートの存在も指摘されている。正式な朝貢・饗給と私的交易が、日本海沿岸と太平洋沿岸各ルートを利用して行われていたことは間違いない。なお、オホーツク文化の場合は、擦文文化の道央部との交易から間接的に入手するのが通説となっている。ただし、本州との交易から直接入手することも留意すべき問題である。

第Ⅱ部　資料検討篇
―畿内求心東西地域における蕨手刀―

第1章 上野国（群馬県）

1. 上野国における出土蕨手刀の概要

　古代上野国すなわち現在の群馬県からの蕨手刀出土は、これまでに18例が報告されている。その発見状況は、記録保存を目的とした発掘調査による6例を除き、その他は古墳出土とする伝承や不時発見されたもので、その詳細は不明である。なお、群馬県指定重要文化財の吾妻郡東吾妻町大宮巌鼓神社所蔵刀については、奈良県東大寺正倉院御物（中倉第8号黒作横刀）の他、唯一の伝世品とされる。また、高崎市重要文化財に指定される下豊岡町若宮八幡神社境内出土資料は、江戸時代後期の図譜『集古十種（第四・刀剣一）』にも「上野国高崎郡豊岡村堀地所獲刀図」として紹介されている。この地域での研究では、徳江秀夫が「上野地域における装飾付大刀の基礎的研究」（徳江 1992）において蕨手刀13例を紹介し、形状観察できる9例について、上原古墳と渋川市真壁塚原出土資料は石井分類Ⅲ型、その他はⅡ型であることを確認した。
　また、足金物の単脚式から双脚式への変遷は、他の装飾付大刀の変遷から7世紀中葉から後葉にかけての年代であることを言及した。ここでは群馬県出土例に限り、柄の形状分析と共伴遺物から編年を試み、古代上野国の歴史的背景に絡め、出土遺跡をとおして分布、出自、生産、流通、佩用者などについて、その性格の検討を行う。

2. 蕨手刀の出土遺跡

　18出土例中、偶然発見され詳細が不明なものを除き、記録および伝承など

から遺跡の概要がわかるものは、6例すべて古墳からの出土とされる。さらに発掘調査によって詳細に記録が残されたものは、わずか6例に過ぎない。いずれも規模的には20m以下の小規模古墳による群集墳に限られ、方墳の下触牛伏遺跡1号墳以外は、小円墳である。さらに主体部は、すべてにおいて河原石もしくは割石を用いた単室構造の乱石積両袖型横穴式石室であり、前庭部を有する。

（1）上毛野（上野）地域の群集墳の様相

　上毛野（上野）地域では、群集墳の形成について6世紀後半の最盛期に匹敵する第2のピークが7世紀中葉以降に認められる。群集墳の形成には、その形成開始時期から、次のように4種類に分類可能である。
　第1類：5世紀第3四半期から6世紀初頭、竪穴式小石槨を埋葬主体部とする。①その後、7世紀後半の最終末期まで連綿と築造が継続されるもの。②形成後、約1世紀の空白期間を経て7世紀に横穴式石室により構築が再開されるもの。③形成開始時期のみで、継続しないもの。
　第2類：6世紀前半から中葉、初現期の横穴式石室を主体部とする。
　第3類：6世紀後半、横穴式石室を主体部とする。①6世紀代に形成の中心があり、7世紀まで継続的に構築されるもの。②形成の端緒は6世紀代にあるが、築造の最盛期は7世紀になってからのもの。
　第4類：7世紀になり新たに形成が開始されるもの。
　そのうち第1・2類は、主に平野部やこれに面する赤城山南麓、榛名山の東麓から東南麓に散在的に分布し、一方、第3・4類は、それまでの未分布地域への拡散と第1・2類分布地域の空白部分を埋めるような形成傾向にある。
　7世紀に入り群集墳を構成する小型古墳は埴輪を持たず、また、横穴式石室の大半は、構造上「7世紀型」とも呼べるような均質なものに確立される。それは平面プランが両袖式石室で、羨門、玄門の入口施設があり、天井部は玄室入口で段を持つ二段構造となる。前庭を設けることが、7世紀中葉以降の截石切組積横穴式石室の盛行時期とも一致する。これら7世紀中葉以降の第4類群

集墳と截石切組積横穴式石室の盛行は、古墳築造の承認による家父長層の律令体制下への掌握と編成施策のあらわれとみなされている（右島 1992）。

（2）截石切組積横穴式石室の成立

　截石切組積横穴式石室は、構造・技術的に大和地域を中心に成立した岩屋山式横穴式石室の影響を受けている。構造的特徴から以下の3段階に時期区分される。

　第1段階：高崎市山ノ上古墳（山寄せの直径約15mの円墳で単独築造、凝灰岩使用の両袖式石室）を代表とする一群である。壁体構成は、基本的に羨道が1段、玄室の側壁が2列2段、奥壁が1石1段である。7世紀中葉から第3四半期にかけて認められる。

　第2段階：前橋市宝塔山古墳（総社古墳群の一辺約60mの方墳）を代表とする一群で、輝石安山岩などの硬質石材を巧みに加工し、壁面では切組積みを多用する。玄室の規模の小型化と使用石材の単一石化傾向が認められ、7世紀第3四半期以降に位置付けられる。

　第3段階：前橋市蛇穴山古墳（総社古墳群の一辺約40mの方墳）を代表とする一群で、墳丘および石室の小型化が認められる。7世紀第4四半期を中心とする時期に想定される。

　截石切組積横穴式石室を主体部とする古墳は、独立して構築されるか、群集墳中でも特別な位置を占めることから、性格的には特別な階層に限定される。ある特定の一小単位に1基ないし2基のまとまりをもって各地域に存在しており、宝塔山古墳と蛇穴山古墳例のように両者が近接する場合と同一小地域内に属するが、1km程度の距離を置いて位置する場合がある。近接の場合は系譜上直系の新旧2代の墳墓であり、距離を置く場合は相前後して構築されたものである。近接の場合は世襲、距離を置く場合は、次世代に別勢力が交替した可能性あると考えられている。そして、截石切組積横穴式石室でも宝塔山古墳と蛇穴山古墳以外では、墳丘は中小の円墳、石室の規模、石材加工技術のうえで歴然とした格差が存在する。

分布としては、榛名山東から東南麓、赤城山南麓、烏川・碓氷川流域、鏑川流域など西毛および中毛北部で、古代の勢多・片岡・群馬・碓氷・多胡・緑野の各郡にあたる。したがって、東毛および中毛南部の平野部の那波・佐位・新田・山田・邑楽各郡と北毛山間部の利根、吾妻両郡には、全く分布しない。前者は大型前方後円墳が築造された地域で、後者は前代において前方後円墳に象徴される顕著な首長層の存在が認められない地域にあたり、畿内中央政権の直轄領的存在とみられる地域である（右島 1992）。

　このように西毛・中毛北部に截石切組積横穴式石室を持つ円墳などが多く分布することは、総社古墳群を中心として再編成された後の郡司階層に成長するような新興在地勢力の存在がうかがえるのである。

　以上のことから、蕨手刀を出土する古墳は、第4類の群集墳を形成する小規模古墳に限定でき、立地としては、東毛・中毛・西毛各地域では、群集墳分布地域の隙間へ、未分布地域の北毛では、新たな進出を示すものである。また、時期的に併行関係にあり、被葬者がランク的に上位にある截石切組積横穴式石室を主体部とする古墳からの蕨手刀出土は、これまでのところ全く認められない。

3．上毛野（上野）地域の地形と蕨手刀の分布

　群馬県の地形は、約2/3が山地と丘陵地で占められ、赤城山・榛名山を筆頭に多数の火山が展開している。一方、残り1/3は南東部に広がる利根川・渡良瀬川の低地帯で関東平野へと連なる。中核をなす河川である利根川は、北部から山間部を分け入り赤城山と榛名山の間を南流し、平野部へ達する。西からは吾妻川、烏川、碓氷川、鏑川、神流川が流れ、また、赤城山を水源とする諸河川からなる広瀬川が、その平野部で利根川に取り込まれる。さらに東流する利根川は、足尾山地を水源とする渡良瀬川と県域東端で合流している。これらの河川沿いには、沼田盆地（沼田市付近）、前橋台地（前橋市・高崎市一帯）、大間々扇状地（渡良瀬川西岸から伊勢崎市付近）、館林台地（館林市付近）など

が存在し、河川およびその支流の開析によって、発達した段丘や谷の形成が顕著である。

次に群馬県の地域区分は、西毛：近世以前の利根川旧流路に近い広瀬川以西地域（高崎・藤岡・富岡・安中と群馬・多野・甘楽・碓氷の各郡市および前橋市西・南部）、中毛：赤城山南麓から広瀬川以東地域（前橋市東部と伊勢崎市北部および佐波・勢多両郡の赤城山南麓部分）、東毛：利根川中流域左岸と渡良瀬川に挟まれた地域（太田・館林・桐生と新田・山田・邑楽の各郡市）、北毛：山間部を分け入った利根川上流域とその支流の吾妻川流域（沼田市と利根・吾妻両郡）の通称を使用する。

分布については、出土地点不明の上野国古墳出土伝承の東京都靖国神社遊就館所蔵刀を除き、西毛で6例、中毛で6例、東毛で1例、北毛で4例である。各地域それぞれに分布しているが、東毛のみ出土の頻度が低い傾向にある。なお、西毛の6例中高崎市岩鼻町市ケ原と碓氷郡出土刀2例は、出土記録のみで、型式および法量などは不詳である。また、このような地域別の分布とは異なり、伝・太田市（旧新田町）、伊勢崎市三和町上原古墳、高崎市下豊岡町若宮八幡神社境内、伝・北群馬郡吉岡町各出土の4例は、東山道ルート沿いに分布するといった特徴がある。

型式別にみると、西毛ではⅢ古類＝1例、Ⅳ古類＝1例、Ⅳ新類＝1例、Ⅴ類（毛抜型柄）＝1例、中毛ではⅡ類＝1例、Ⅲ古類＝2例、Ⅳ古類＝3例、東毛ではⅠ類＝1例、北毛ではⅡ類＝1例、Ⅲ古類＝2例、Ⅳ古類＝1例である。その中で型式的に最も古いⅠ類は東毛から、また、最も新しいⅤ類は西毛からのみの出土で、これまでのところ他地域では確認されていない。定型化したⅡ・Ⅲ古・Ⅳ古類に関しては、西毛・中毛・北毛各地域に同様の分布を示している。

図52のとおり、東毛地域以外西毛地域6例、中毛地域で6例、北毛地域で4例と分布に偏在性は認められない。また、出土する遺構は、羨門・玄門、前庭を設ける両袖型プランの横穴式石室で構成される群集墳に限定され、截石切組積横穴式石室からの出土例はない。

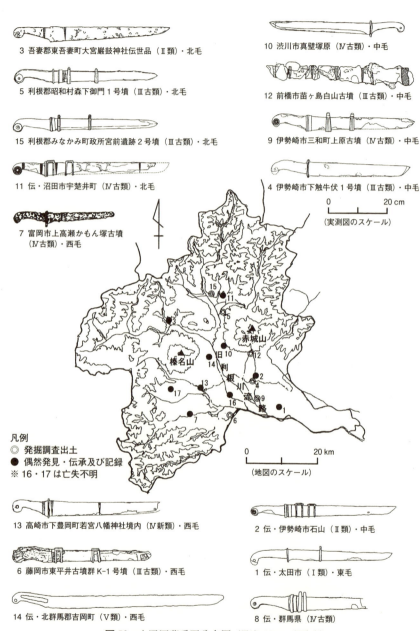

図52　上野国蕨手刀分布図（黒済 2004 一部改変）

4. 型式と編年

　型式別にみるとⅠ類＝伝・太田市、Ⅱ類＝伝・赤堀町下触石山、大宮巌鼓神社伝世品、Ⅲ古類＝下触牛伏遺跡1号古墳、御門1号古墳、東平井古墳群K-1号古墳、白山古墳、Ⅳ古類＝かもん塚古墳、伝・群馬県、上原古墳、北橘村真壁塚原、伝・沼田市宇楚井町、Ⅳ新類＝若宮八幡神社境内、Ⅴ類＝伝・吉岡町となる。

　柄と刃の形状の組み合わせからⅠ～Ⅴ類に分類でき、古墳時代的直刀の範疇であるⅠ・Ⅱ類から、Ⅲ類（柄反りを造り出す系列）とⅣ類（絞りを強くする系列）への変遷を示した。年代としては、Ⅱ→Ⅲ古・Ⅳ古類が7世紀後葉から8世紀中葉に収まり、Ⅰ類は7世紀後葉を遡る時期に位置付けられる。なお、柄の絞りが強く、柄反りが弱い型式（高橋分類Ⅰb類、八木分類柄頭D～F2）と柄の絞りと反りも強い型式（高橋分類Ⅰc類、八木分類柄頭D～F3）は、出土の主体が東北および北海道地方に移り、これまでのところ群馬県からの出土例はⅣ新類の高崎市下豊岡町若宮八幡神社境内刀に限られる。本県出土のⅤ類に関しては、9世紀第3四半期の多賀城市多賀城跡大畑地区出土毛抜型蕨手刀より長寸であることから、さらに新しい時期とみる。

（1）足金物の分類と編年

　佩用方法は二足佩用で、単脚と双脚に分けられるが、さらに単脚では平行と直交（横鐶）、双脚では段付張出と台状にそれぞれ細分される。また唐様太刀に装着される装飾性の強い山形の場合もある。一般的に平行単鐶単脚式→段付張出双脚式→台状双脚式の変遷過程が追える。なお、単鐶単脚式には、伝・太田町、伝・群馬県、下触牛伏遺跡1号古墳の一文字形状と御門1号古墳、上原古墳の下方が幅広になる形状がある。

　足金物については、表5のとおり各型式にわたり単脚式も双脚式も混在して装着されているが、佩用者の嗜好により付替えが可能であったと考えられる。

表5 上野国出土蕨手刀装着の足金物分類表（黒済 2004 一部修正）

単鋲単脚式足金物	双脚式足金物	
	段付張出	台　状
Ⅰ：伝・太田市　鉄 Ⅲ：伊勢崎市下触牛伏遺跡1号墳　銅 Ⅲ：昭和村森下御門1号墳　銅 Ⅳ：伝・群馬県　銅 Ⅳ：伊勢崎市三和町上原古墳　銅	Ⅱ：伝・伊勢崎市石山　銅 Ⅳ：渋川市真壁塚原　銅	Ⅲ：藤岡市東平井古墳群 　　　K-1号古墳　銅 Ⅳ：伝・沼田市宇楚井町　銅 Ⅲ：前橋市苗ヶ島白山古墳　鉄

したがって、古い型式の刀にも当然、台状双脚式足金物が装着されても不自然ではない。

単鋲単脚式足金物から双脚式足金物への変遷は、戦場での激しい動きにも絶えられ、しっかりと腰元にフィットさせるのが目的とみられ、8世紀前半から多発する対蝦夷との実戦経験で、佩用方法が改良され、単脚式から双脚式へと徐々に配備された。ちなみに8世紀中葉の年代があてられる正倉院の黒作横刀（蕨手刀の第8号黒作横刀を含む）の足金物は、すべて台状双脚式に限定できる。

なお、八木光則は、銅製単鋲単脚（平鞘）＝7世紀後葉から8世紀前葉、銅製段付張出双脚＝7世紀後葉から8世紀前葉、銅製台状双脚＝8世紀前葉から中葉、鉄製台状双脚＝8世紀中葉から後葉、横鋲＝8世紀末葉から9世紀の年代を示している（八木 2003）。

（2）共伴遺物の再検討

A. 古墳および出土遺物の概要

白山古墳（前橋市苗ヶ島町・『上毛古墳綜覧』未記載）＝苗ヶ島古墓

白山古墳は、昭和29年（1954）、畑の石を取り除いたところ偶然に遺物が出土したため、群馬大学によって発掘調査された。粕川右岸の赤城山南麓緩斜面、標高320m地点に1基のみ単独で、他の古墳よりも標高にして高い位置に築造される。削平のため、墳丘や規模および外部施設は不明である。主体部は奥壁から2.6mほど残るのみで、輝石安山岩を奥壁に、側壁は河原石を横手

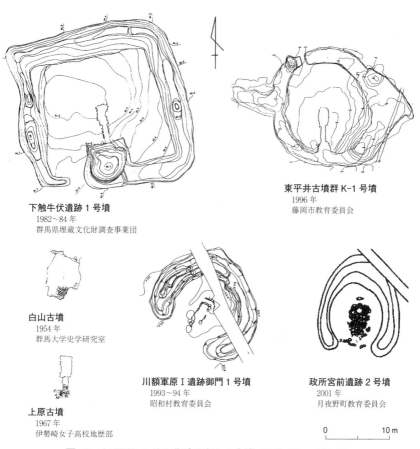

図 53 上野国における蕨手刀出土の古墳（黒済 2005 一部改変）

に乱石積みする胴張りのある横穴式石室である。石室は楕円形の掘り方に河原石を組み、小砂利を裏込めする構造である。床はローム層に扁平な河原石を直接敷き、中央にはやや大きめの境石が玄室を左右に分けるように 10 cm ほど高く一直線に並べてある。石室開口部周辺は攪乱されているが、前庭部付近に小口状に一列根石が検出されており、A 類前庭部（加部 1999）とみられる。蕨手刀の出土状況は、奥壁中央に近い境界石上に鋒を左奥壁、刃を右側壁に向け斜めに鞘に収めて置かれていた。

その他の出土品は、和同開珎8枚、佐波理鋺1点、鉄鏃は短頸の飛燕式、柳葉式、長頸の鑿箭式、直刀3口である。ただし、和同開珎と佐波理鋺については、調査以前に掘り出されていた。和同開珎は、「隷開」で新和同の範疇にあり使用痕跡がみられず比較的早い時期に副葬品として扱われたとの所見が報告されている。直刀3口（長寸2・短寸1）については、そのうちの2口は和同開珎、佐波理鋺の近くに並べてあったとのことである。また、変形方頭柄頭が装着されていた短寸刀には、台状形双脚式足金物が装着される。鉄鏃は鏑矢と征矢のセットである。

上原古墳（伊勢崎市三和町・『上毛古墳綜覧』殖蓮村68）

　上原古墳は昭和42年（1967）、住宅建築にともない伊勢崎市教育委員会と伊勢崎女子高校によって発掘調査された。粕川左岸の台地上に立地する本関古墳群の円墳で、墳丘は削平されるが直径12mと推定され、周溝などの外部施設は未確認である。主体部は、半地下式の掘り方に輝石安山岩割石乱石積みの全長5.6mを測る両袖型横穴式石室で、真南に開口する。床は砂利、黒褐色土上に河原石敷きとする。

　蕨手刀の出土状況は、玄室奥壁右寄り（玄室中央線から北東位置）に鋒を右側壁、刃を玄室に向け鞘に収められ出土している。

　その他の副葬品は、銅製腰帯具の巡方3個、丸鞆3個、刀子2口、鉄鏃88点、釘15点が出土した。天井部が崩落していたために盗掘は免れたと報告されている。巡方および丸鞆は、横幅の計測値が24.0〜25.0mmで、大垂孔を有する。官位としては大初位を示すものである。鉄鏃についてはほとんどが茎部分の破片で、鏃身の形状がわかるものがない。釘は鉄角釘で、木棺の部品とみられる。

下触牛伏遺跡1号墳（伊勢崎市下触町・『上毛古墳綜覧』未記載）

　下触牛伏遺跡1号墳は（財）群馬県埋蔵文化財調査事業団により昭和59〜61年（1984〜86）に県立障害者スポーツセンター建設にともない発掘調査された。神沢川左岸の石山丘陵に立地する円墳8基の群集墳中の一辺約18mの方墳で、主体部は胴張りの玄室の一部が若干張出す「L」字状を呈する両袖型

横穴式石室である。輝石安山岩割石使用の乱石積で、南に開口する。骨と歯の個体数から埋葬人数は6体もしくはそれ以上とみられる。前庭部は、袖垣のみ石積みし、円形の掘り込みを持つC類（加部 1999）である。蕨手刀は、玄室左袖壁面（玄室中央から南西位置）に鋒を下に抜身で立て掛けられていた。鞘口金具や足金物がその北側から出土することから、鞘はその場所に置かれたとみられる。

石室内からの副葬品は、玄室左側から金銅製耳環1組、直刀1口とそれに付く細長い形状の鉄製円頭柄頭と八窓鍔、刀子3口があり、玄室右袖にはフラスコ形提瓶1点、長頸瓶2点の須恵器と刀子2点がまとめられていた。その他に須恵器高台付坏1点がある。鉄鏃に関しては、片刃箭式、鑿箭式の長頸鏃、柳葉式、飛燕式、五角形式の短頸鏃の征矢と鏑矢のセットが認められ、奥壁と玄室左袖に分布する。さらに鉄釘については、玄室前面に散らばっている。外部施設前庭部からは、須恵器の大甕、甑などがあり追葬および追善儀礼に使用された遺物が出土する。

10基の古墳による古墳群構成から①埴輪の消滅、②石室開口部の前庭の存在、③両袖形石室平面プランの採用の3条件と重複を避けた微妙な周溝の構築状況により、構築年代は7世紀中葉以降で、最終段階とみられる。

御門1号墳（利根郡昭和村森下・『上毛古墳綜覧』久呂保村23号墳）

御門1号墳は平成6年（1994）に土地改良総合整備事業にともない昭和村教育委員会によって発掘調査された。片品川左岸の河岸段丘上に立地する円墳構成の群集墳で、墳丘は削平されていたが、開口部に周溝が巡らない直径約10.5mの円墳で、周溝を含む規模は直径約17.6mである。主体部は河原石乱石積みの全長4.4mの胴張りを持つ両袖型横穴式石室で、南に開口する。床は舗石上に玉石を敷き詰める。前庭部の形態は不明。蕨手刀は、玄室右側壁中央に鋒を手前に刃を側壁に向け、方頭大刀を含む直刀とともに最も内側に並列して出土した。Hr-FP（榛名山二ッ岳軽石）層の上に構築される。

蕨手刀は、玄室中央右側壁に鋒を手前に刃を外側に向け鞘に収められて他の副葬品とともに出土した。副葬品はすべて右側壁に寄せて片付けられる。

石室内から検出されたのは、直刀4口、刀子5口、馬具2組、長・短頸の鉄鏃66点などである。開口部付近の周溝からは、須恵器の大甕、高台付坏といった追葬および追善儀礼に使用された遺物が出土する。直刀4口内、1口は布で包まれていたと推測される。その他1口には段付張出形双脚式足金物が付く。また、これらに装着されていた変形方頭柄頭1点、直交形単鐶単脚式足金物1組、鞘尻金具2点がみられる。馬具2組については、轡2組（長方形透彫鏡板付轡・蕨藜轡）、鉄製壺鐙2組、鉸具付心葉形杏葉、金銅製毛彫杏葉と毛彫の飾金具、鉸具、帯金具である。鉄鏃は、長頸の鑿箭式、短頸の飛燕式と柳葉式で、柳葉式は腸抉がある一般的な形態である。

東平井古墳群 K-1 号墳（藤岡市東平井・『上毛古墳綜覧』未記載）

東平井古墳群 K-1 号墳は平成7年（1995）に工業団地造成にともない藤岡市教育委員会により発掘調査された。鮎川左岸の河岸段丘上に立地する。東平井古墳群飛石支群の北東外れに1基単独に築造される。直径約18ｍの円墳、前庭のある胴張りの横穴式石室で、結晶片岩と緑泥片岩による模様積である。

鮎川左岸の河岸段丘上に立地し、飛石支群の北東はずれに1基単独に築造される。墳丘は削平されていたが、直径約14ｍの円墳で、周溝を含む規模は直径約18ｍとなり、「ハ」の字状前庭部のある全長5.6ｍの胴張り両袖型横穴式石室である。結晶片岩と緑泥片岩による模様積である。前庭部は、羨道部から屈曲して短い袖垣で、縦長の台形を呈するB-1-a類（加部 1999）である。

蕨手刀は、玄室中央の右側壁に鋒を手前に刃を内側に向け鞘に収められた状態で出土した。

その他、石室内の出土品は、他に刀子5口のみである。前庭部分からは、故意に割られた6個体の須恵器大甕があり、4ないし5回の追善供養儀礼が行われていた。その他に須恵器の蓋、長頸瓶や土師器坏が前庭部および周辺周溝から出土した。

政所宮前遺跡2号墳（みなかみ町月夜野・『上毛古墳綜覧』未記載）

利根川左岸の河岸段丘に立地する11基以上で構成される群集墳内にある。開口部に周溝が巡らない直径10ｍの円墳で、周溝を含む規模は直径16ｍを

測り、主体部は河原石乱石積の全長 4.1 m の両袖型横穴式石室である。床は舗石上に玉石を敷き詰める。

蕨手刀は、玄室右側壁中央に鋒を手前に刃を玄室内に向けた状態で出土した。

B. 各遺物の年代

大刀類

円頭・圭頭・方頭大刀については、Ⅰ期は円頭大刀の出現、Ⅱ期は円頭・圭頭大刀の発展、Ⅲ期は円頭・圭頭大刀の衰退と方頭大刀の出現といった変遷が大きく辿れる。年代としては、朝鮮半島の古墳と須恵器の年代観からⅠ期は5世紀後半～6世紀後半、Ⅱ期は6世紀末～7世紀前半、Ⅲ期は7世紀中葉以降と考えられている。

方頭大刀や蕨手刀、鉄装大刀などの多くは、7世紀以降に古墳群を構成する一般的な小円墳に副葬される傾向にある。それは中央集権体制のもと共同体構成員にまで直接支配が及んでいたことのあらわれで、権力のシンボルであった装飾大刀にかわり装飾性の乏しい拵付大刀が佩用されたからである。

方頭大刀の柄頭の形状は、分銅形もしくは鋲頭形の変形柄頭と方形柄頭の2類に分けられる（龍瀬 1984）。それと足金物の変遷過程は以下のとおりに、①変形柄頭＋平行形単環単脚式足金物→②変形柄頭＋段付張出双脚式足金物→③変形柄頭＋台状形双脚式足金物→④方形柄頭＋台状形双脚式足金物となる。年代としては①7世紀前葉→②7世紀中葉→③7世紀後葉→④8世紀前葉となる。

したがって、下触牛伏遺跡1号古墳出土の円頭大刀は、鉄製で象嵌文様

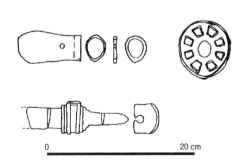

図54　蕨手刀に共伴の大刀
上：下触牛伏1号墳出土円頭大刀（岩崎・小島 1986）
下：白山古墳出土方頭大刀（群馬県史編さん委員会 1981）

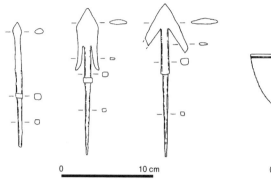
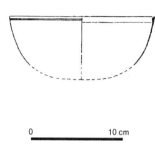

図55　下触牛伏1号墳出土蕨手刀に共伴の鉄鏃（岩崎・小島 1986）

図56　白山古墳出土蕨手刀に共伴の銅鋺（群馬県史編さん委員会 1981）

もなく衰退期の製品であり、7世紀中葉に近いものと考えられる。

御門1号墳出土の方頭大刀は、変形柄頭に段付張出双脚足金物を装着することから7世紀中葉と考えられる。一方で、白山古墳出土の方頭大刀は、変形柄頭に台状形双脚足金物を装着することから、7世紀後葉に位置付けられる。

鉄鏃

鉄鏃は、征矢と鏑矢の組み合わせで出土するが、征矢の長頸鏃では、鑿箭式と片刃箭式が主体で倭全域の共有型式の鉄鏃である。短頸鏃では、柳葉・三角形・長三角形・飛燕・五角形式がみられるが、飛燕および五角形式は鏑矢である。また、短頸鏃に関しては東日本の専有型式である（内山 2003）。年代としては7世紀後葉から8世紀前葉に収まる。

御門1号墳に関しては、長頸鏃の茎に関しては、篦被部が徐々に短くなり、棘篦被から関篦被に移行する段階である。

銅鋺

白山古墳出土の佐波理鋺は、口径15.8cm、器高6cm程度と推定され、器壁は0.5cm程度と薄く、丸底で腰の張った深めの形状をなし、口縁部にのみ沈線を飾る特徴がみられる。口縁部内面が肥厚し、口縁外面に沈線を廻らすものである。毛利光俊彦（1978）による無台鋺ＡＩｂ類（無蓋で丸底の腰が張り

口縁部でほぼ直になる深めの鋺）に該当する。年代的には第Ⅲ-1期（7世紀末から8世紀前半）にあたる。

和同開珎

白山古墳出土の和同開珎は、「開」の字が隷書風の銅銭で、いわゆる「新和同」の範疇にある。

古銭学の「珍宝論争」によると、鋳造開始時期は二説ある。ひとつは、年号と同じ和銅元年（708）であり、新・古和同の違いから708年に公鋳したものを古和同、720年に中国から熟練した銭鋳技術者を招聘して造らせたものを新和同とする「開ほう」説である。それに対し、もう一説は、鋳造開始は年号には無関係の吉祥句で、708年に公鋳したものを新和同、それ以前の私鋳銭ないし試作品を古和同とする「開ちん」説とがある。

『続日本紀』和銅元年（708）5月壬寅条に「始行=銀銭-。」、8月己巳条に「始行=銅銭-。」とあり、古和同には、銀銭と銅銭が存在し、翌年には銀銭は廃止されていることがわかる。また、『日本書紀』天武紀12年（683）4月壬申条に「自ﾚ今以後、必用=銅銭-。莫ﾚ用=銀銭-。」とある。奈良県明日香村飛鳥池遺跡での富本銭の大量出土と年代決定によって、その記述における銅銭＝富本銭、銀銭＝無文銀銭であることがほぼ確実となった。このことから和同開珎は和銅元年（708）以降、天平宝字4年（760）の「萬年通寶」の発行までの約50年間通貨として使用されたことがわかる。

和同開珎には古・新和同の2種類があり、「開」の門構えから大別して、閉じるものを不隷開（古和同）、開くものを隷開（新和同）とする。また、後者のうちも闊縁・背広郭の特徴を持つものは古和同に含めている。

新和同の年代については、『続日本紀』天平2

図57 白山古墳出土蕨手刀に共伴の銭貨（黒済 2004）

年3月丁酉条「周防国熊毛郡牛嶋西汀。吉敷郡達理山所ι出銅。試ニ加冶練一。並堪ι為ι用。便令下ニ当国ー採冶上以充ニ長門鋳銭一。」の記事、長門鋳銭司跡からの新和同銭塼范の発見事例と最近の化学分析による長登鉱山および蔵目喜鉱山産鉛使用などから、730年からの鋳銭と考えられなくもない。

腰帯具

上原古墳からは銅製の巡方と丸鞆が各2点出土しているが、形態としては表金具裏に4脚鋲が鋳出され、裏金具の同位置に穿孔がある。垂孔は大孔で裏金具にも同様の垂孔がある。田中広明（2003）が指摘する型式変遷I期の範疇にある。年代的には概ね奈良時代前半にあたるが、出土点数では8世紀第2四半期がピークである。

文献からは『扶桑略記』慶雲4年（707）3月甲子条に「天下始用ニ革帯ー。」とあるが、最近では『西宮記』に「和銅四年、皮革始用云々」とあり和銅4年（711）が初現とされる。また、翌和銅5年（712）『続日本紀』巻4の5月癸酉条「禁下六位巳下以ニ白銅及銀以ー飾中革帯上。」の記述とも符合する年代である。この後、銅製腰帯具は、『日本後紀』延暦15年（796）12月辛酉条に「（中略）禁ニ銙帯ー。以ι支ニ鋳銭ー也。」とある。また、大同2年（807）から弘仁元年（810）に平城天皇の復古政策において銅製腰帯具のみの使用が義務付けられた。銅製腰帯具の使用は711～796年と807～810年に限定できる。

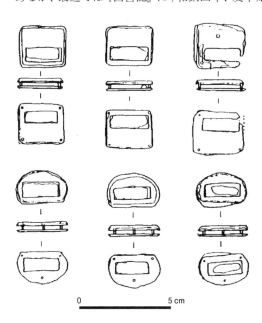

図58　上原古墳出土蕨手刀に共伴の腰帯具
　　　（群馬県史編さん委員会　1981）

馬具

御門1号墳からは、2組の馬具が出土した。轡は①変形の長方形透彫鏡板付、二連銜1条「く」字状引手と、②双環状鏡板付、三連銜で鏡板はメガネ形を呈するもので、引手は長連の兵庫鎖で引手壺は円環である。細部は異なるが、鏡板と引手の形状が正倉院第1号鞍（金銀泥絵鞍）の蒺藜轡に最も似ている。

鉄製壺鐙は、鐙靼受けが軸の中心にあるものと中心より前に張り出すものとがあり、平板をはめて間隔を造り孔とする。鉸具は皮革製の壺靼の先端に付く。

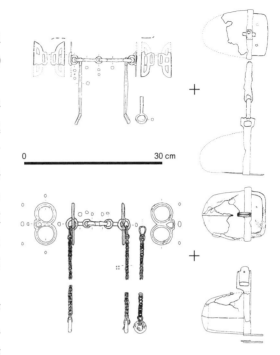

図59 御門1号墳出土蕨手刀に共伴の馬具
（黒済 2004）

杏葉は鉄製の中央に逆心葉形の透彫のある小型品がみられる。その他に毛彫花弁形杏葉などの飾金具がみられるが、毛彫り文様は簡略化している。ちなみに毛彫り馬具は長方形透彫鏡板付轡とセットとなる。

鉄製壺鐙では、群馬県の資料において斎藤弘（1985）の業績を基に小池雅典（1996）によってⅠ式→Ⅱ式→Ⅲ式の形式分類と編年が行われた。Ⅰ式は、鐙靼通しの方向が足を踏み入れる壺口と同方向の資料。Ⅱ式は、鐙靼通しの方向が足を踏み入れる壺口と直交し、柄部中央にある資料。Ⅲ式は、鐙靼通しの方向が足を踏み入れる壺口と直交し、柄部中央より前方に張り出す資料である。御門1号墳の資料は、Ⅱ式とⅢ式が存在する。馬具2組については、①変形長

方形透彫鏡板付轡＋毛彫花弁形杏葉・辻金具など＋Ⅱ式壺鐙と②双環状鏡板付轡（蕨藜轡）＋鉄製心葉形杏葉＋Ⅲ式壺鐙のセットが推定できるが、年代的には7世紀中葉から8世紀初頭となる。

なお、正倉院御物の金銀泥絵鞍（第1号鞍）には、蕨藜轡とⅢ式壺鐙が組み合わさっているが、年代としては8世紀中葉とされる。

土 器

下触牛伏遺跡1号墳玄室内出土土器としてフラスコ形提瓶、無台と有台の各長頸瓶、高台付小型坏がある。フラスコ形提瓶は、奥原3号墳前庭部からもTK209段階の土器とともに出土しており、7世紀中葉とされる。長頸瓶については、肩部に櫛目、頸部に沈線を廻らす素口縁の高台付長頸瓶で、7世紀末から8世紀初頭、無台のものはそれよりも遡る年代観が示される。また、口径9.5cmの高台付坏は金属器模倣と考えられるが、坏Bの範疇とも考えられる。これによく似た事例として多摩ニュータウンNo.513遺跡1号窯の製品がある。また、肩部に櫛目、頸部に沈線を廻らす素口縁の高台付長頸瓶も伴出している。この窯では坏Gはなく、坏Bとカエリのない蓋を生産して

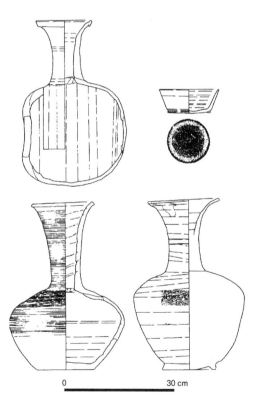

図60　下触牛伏1号墳出土蕨手刀に共伴の
　　　須恵器（岩崎・小島 1986）

いる。すると下触牛伏遺跡1号墳出土須恵器も8世紀に入るものと考えられる。

その他、周溝内および前庭部からの大甕などの土器類の出土は、御門1号墳では7ないし8個体の大甕、下触牛伏遺跡1号墳では大甕と、東平井古墳群K-1号墳では6個体の大甕と口径12〜13cmの内屈口縁で口縁部をナデ、体部をヘラ削りする上野から北武蔵地域の典型的土師器坏、藤岡窯跡群産の環状摘でカエリのない須恵器蓋などが追葬もしくは墓前供養に使用され廃棄されていた。いずれも7世紀後半から8世紀中葉頃にかけての年代幅がある。

須恵器の産地については、秋間窯跡群、吉井・藤岡窯跡群などの在地産と推定される。

いずれも横穴式石室からの出土のため、確実な共伴関係はつかめないものの、追葬ごとに前の副葬品は脇に寄せられ、片付けが行われる傾向にある。したがって、石室内の出土品の位置関係などから、ある程度の年代観は、絞り込めるものと考えられる。

下触牛伏遺跡1号墳資料については、6体ないしそれ以上の遺骸が存在し、最初の埋葬者は7世紀中葉で、耳環・円頭大刀・フラスコ形提瓶などを副葬していた。Ⅲ古類の蕨手刀も副葬されているが、抜刀して壁に立て掛けられている状況は、呪術的儀礼の痕跡で、片付けとはみられず、最終埋葬者の副葬品と考えられる。また、石室内には7世紀末葉から8世紀初頭の須恵器長頸瓶と金属器模倣の坏Bが玄門を挟んで出土するが、蕨手刀との儀礼祭具のセット関係の可能性もある。

上原古墳資料は、奥壁左右にそれぞれ蕨手刀と銅製腰帯具が置かれていたが、最終埋葬者の副葬品と考えられる。したがって、埋葬年代は革帯使用法制化の711年以降8世紀第2四半期内とみられ、Ⅳ古類の蕨手刀の年代観は、8世紀前葉に収まる。

御門1号墳資料の場合は、副葬品は東側壁に寄せられ片付けが行われ、その中にⅢ古類の蕨手刀も含まれる。方頭大刀など直刀類、馬具2セット、鉄鏃から7世紀中葉から8世紀中葉の年代に収まる。

白山古墳資料については、石室が攪乱され、出土状況も明確ではないが、銅

鋺や和同開珎が出土しており、隷開（新和銅）の年代から8世紀前葉以降と考えられる。また、これら4古墳からは、いずれも鉄鏃が出土しているが、7世紀後葉から8世紀前葉に収まるものである。

したがって、Ⅲ古類（下触牛伏遺跡1号墳・御門1号墳・東平井古墳群K-1号墳・白山古墳）は、7世紀末葉から8世紀中葉まで、Ⅳ古類（上原古墳）は、8世紀前葉の年代となる。さらにⅠおよびⅡ類は、7世紀後葉もしくはそれを遡る年代、Ⅴ類については、毛抜透柄で長寸であることから、9世紀第3四半期の多賀城跡大畑地区出土蕨手刀より、さらに新しい年代があてられる。

5. 7～8世紀の上毛野（上野）の動向による蕨手刀の検討

群馬県での蕨手刀出土資料は18例と長野県と並び関東甲信静地域で、群を抜く点数である。また、東北地域で出土するものより古い形態である。ここでは7～8世紀の上毛野（上野）国の動向から、蕨手刀について検討を試みる。

（1）蕨手刀出土地域の氏族

上毛野（上野）では、上毛野君（朝臣）の本拠地でありながら、墨書土器や刻書石製紡錘車、国分寺瓦銘などの出土文字資料、正倉院調庸布墨書銘、『続日本紀』など六国史、さらに『新撰姓氏録』などの史料からは、本来その上毛野君氏に、同族関係にない氏族名が多くみられる。8世紀代の主な氏族の分布をみると、まず有力豪族として上毛野朝臣が勢多と多胡両郡に存在する。その他、石上部君が碓氷郡、檜前部君が那波から佐位郡に、他田部が新田郡、壬生公が甘楽・勢多両郡、物部が甘楽・多胡・緑野各郡、朝倉君が那波郡にそれぞれ在地の有力氏族として分布しているが、郡司階層さらに氏の一部に上毛野を賜る地位にまで成長している。その中でも檜前部君、他田部、壬生公などは、子代・名代の部の伴造である。

ところで7世紀初頭頃までに上毛野君氏の上毛野の一円的支配は解体してい

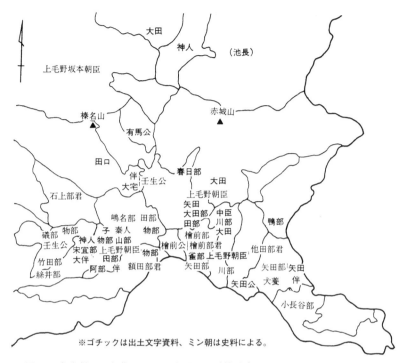

図61　資史料により復元された上野国の氏族分布（群馬県史編さん委員会 1991）

たとされるが、それは、上毛野君の武蔵国造の争いに介入し敗れた結果、贖罪として領土の一部を献上した直轄領緑野屯倉の設置と欽明天皇の名代・檜前部、敏達天皇の名代・他田部の設定と関連するものと考えられている。

次に蕨手刀が出土する地域での氏族についてみると、西毛では石上部君・壬生公・物部、北毛では石上部君、中毛の北部は上毛野君、同南部は檜前部君、東毛は他田部といった有力豪族名があげられる。さらに、東山道ルート沿線地域では、上毛野君と同族関係にない氏族が多数みられ、その上子代・名代系の皇室私有民の伴造氏族が多い傾向にある。表6のとおり、蕨手刀出土地と推定郡郷名と在地氏族名を照合しても、蕨手刀と特定の氏族との関連は認められない。裏を返せば、蕨手刀が均一に流通していたことのあらわれと解釈できよう。

表6 群馬県蕨手刀出土地の古代地名と所在氏族名（黒済 2005 一部修正）

地域	出土地	推定郡郷名	主な氏族名
西毛	6 藤岡市東平井古墳群 K-1 号墳	緑野郡山高郷	物部、額田部
	7 富岡市上高瀬かもん塚古墳	甘楽郡湍上郷	宋宜部、壬生部、物部、磯部など
	13 高崎市下豊岡町若宮八幡宮境内	片岡郡長野郷	
	14 伝・北群馬郡吉岡町	群馬郡桃井郷	物部、壬生部、他田、田部、嶋名部など
	16 高崎市岩鼻町市ヶ原（亡失不明）	群馬郡小野郷	物部、壬生部、他田、田部、嶋名部など
	17 碓氷郡（亡失不明）	碓氷郡	石上部
	18 伝・前橋市総社古墳群	群馬郡群馬郷	物部、壬生部、他田、田部、嶋名部など
北毛	3 吾妻郡東吾妻町大宮厳鼓神社伝世品	吾妻郡伊参郷	石上部
	5 利根郡昭和村森下御門 1 号墳	利根郡笠科郷	神人
	11 伝・沼田市宇楚井町	利根郡渭田郷	大田
	15 利根郡みなかみ町政所宮前遺跡 2 号墳	利根郡渭田郷	大田
中毛	2 伝・伊勢崎市石山	佐位郡岸新郷	上毛野、川部、中臣、大田、檜前部など
	4 伊勢崎市下触牛伏遺跡 1 号墳	佐位郡岸新郷	上毛野、川部、中臣、大田、檜前部など
	9 伊勢崎市三和町上原古墳	佐位郡佐位郷	檜前部、雀部など
	10 渋川市真壁塚原	勢多郡真壁郷	上毛野、春日部など
	12 前橋市白山苗ヶ島古墳	勢多郡　？	上毛野、大田、壬生、田部など
東毛	1 伝・太田市	新田郡駅家郷	他田部、矢田

　蕨手刀を出土する古墳の被葬者は、截石切組積横穴式石室を主体部とする古墳よりもランクが下位とみるのが一般的である。銅製腰帯具が副葬された上原古墳の場合、横幅2.3 cmの巡方と2.7 cmの丸鞆が各3点ずつあるが、その規格値から巡方は大初位、丸鞆は従八位に該当する。蕨手刀と銙帯が同時に副葬されたかは、定かではないが、家族墓機能を残した横穴式石室の追葬であれば、家族および血族内に蕨手刀佩用者と下位の有位者が存在していたこととなる。佐位郡では、天平感宝元年（749）8月の「正倉院庸布」に大領檜前部君賀味麻呂の名があり、『続日本紀』天平7年（735）五月丙子条に郡司選擬には難波朝廷からの譜第の人を副えよとあるので、檜前部君氏も孝徳朝立評以来の譜第郡領の可能性がある。また、他の地域でも国分寺に知識物を献じたことから、『続日本紀』天平感宝元年（749）五月戊寅条に碓氷郡の外従七位上・石上部君諸弟が外従五位下を賜る。閏五月癸丑条に勢多郡少領の外従七位下上毛野朝臣足人が外従五位下を賜るとある。したがって、蕨手刀佩用者は、こうした郡司階層よりも位階は下位で、さらにその氏族と主従関係にあった者と位置付けられる。

（2）石室内の出土状況と墓前祭祀

ここでは、蕨手刀の出土状況とその他の副葬品、墓前祭祀に関連する出土品について、再検討する。

白山古墳

奥壁中央に近い境界石上に鋒を左奥壁に、刃を右側壁に向け斜めに鞘に収められた状況で出土した。その他の特異な副葬品は、佐波理鋺、和同開珎、方頭大刀などで、石室開口部は攪乱のため、出土土器などは不明である。

上原古墳

玄室奥壁右寄り（玄室中央軸線から北東位置）に鋒を右側壁、刃を玄室に向け鞘に収められた状況で出土した。その他に銅製の巡方と丸鞆が出土する。

石室開口部は攪乱のため、出土土器などは不明である。

下触牛伏遺跡1号墳

玄門左側壁面（玄室中央軸線から南西位置）に鋒を下に抜身で立て掛けられ、鞘はその北側に置かれていた。その他、円頭大刀と石室内祭祀に使用した須恵器のフラスコ型提瓶、長頸壺、坏などが、前庭部からは須恵器甕などの破片が出土した。

川額軍原遺跡・御門1号墳

玄室中央右側壁に鋒を内側、刃を外側に鞘に収められた状況で出土した。他の副葬品とともに寄せられていたが、最も内側（遺骸に近い）に置かれていた。他の副葬品では、方頭大刀、毛彫杏葉をともなう長方形透彫鏡板付轡と双環状鏡板付（蕀藜）轡、鉄製壺鐙など馬具2組がある。前庭部からは多数の須恵器甕、壺、高台付坏などが出土した。

東平井古墳群K-1号墳

玄室中央右側壁に鋒を手前に刃を内側に向け鞘に収められた状況で出土した。前庭部からは多数の須恵器甕、壺、蓋、土師器坏などが出土した。

政所宮前遺跡2号墳

玄室右壁から鋒を手前に刃を内側に向け、鞘に収められて出土した。その他、馬具の鉸具なども出土している。前庭部からは須恵器甕、壺などが出土し

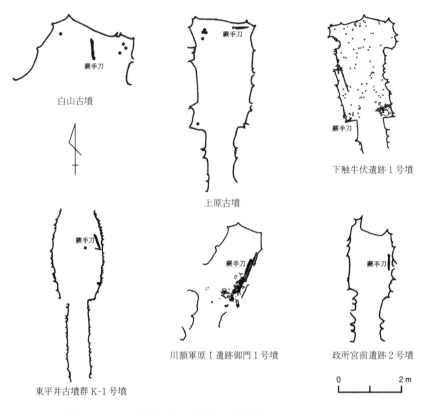

図 62 上野国の古墳石室と蕨手刀の出土状況（黒済 2005 一部修正）

た。

　埋葬主体部の出土状況としては、追葬ごとに前の遺骸とともに副葬品も脇に寄せられる片付けが行われている。下触牛伏遺跡1号墳では、出土した歯の鑑定から6ないしそれ以上の遺骸が収められており、副葬品にも半世紀以上の年代幅が認められている。また、上原古墳の場合は、律令制下の腰帯具が副葬されており、8世紀前半まで追葬が行われていた好事例である。

　次に蕨手刀の出土状況をみると、単なる追葬による、片付けでなく、追葬における最後の被葬者の副葬品とうかがえるような配置にある。上原古墳の場合

は、鞘に収められた状態で、玄室奥壁北東隅の鬼門の方向に置かれている。白山古墳では、奥壁中央からの出土であるが、玄室を左右に分ける境石上にあることから左側の被葬者の副葬品であれば、これも北東の鬼門にあたる。また、下触牛伏遺跡1号墳の場合は、抜刀して玄門左側壁に立て掛けられ、玄室内の遺骸を中心にすると、南西の裏鬼門からの出土となり、それぞれ道教的風水思想による副葬品の出土位置として考えられる。ちなみに同様の事例が、福島市沼ノ上1号墳でもみられる。その他の場合も鞘に収められたものは、開口部より向かって右側から出土する傾向にある。

蕨手刀以外の出土品では、白山古墳の銅鋺、銭貨が仏教的思想として考えられ、とくに銭貨については、仏教経典『薩婆多毘尼毘婆沙』にある銭が金銀など「五寶」に次ぐ「五似寶」であり、銭貨の呪力を示す考えのひとつである。

装飾付大刀の円頭大刀や拵付大刀の方頭大刀は、畿内中央政権との関係が問

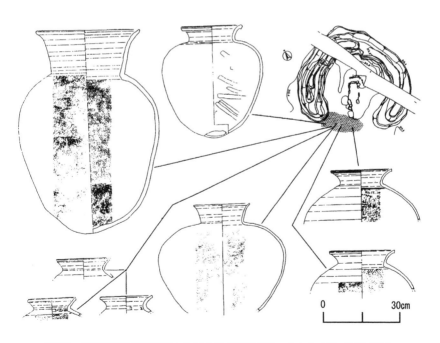

図63　川額軍原Ⅰ遺跡御門1号墳の墓前祭祀で用いられた土器（入沢 2001）

われる遺物である。とくに方頭大刀は、古墳時代的支配体制から律令体制へ移行する時期に製作、使用され、その後、正倉院に納められる金銀装横刀（五位以上）と烏装横刀（六位以下）のように律令体制下では官位制と結びつき、身分や職能を表示するものへと変化した。『日本書紀』天智3年（664）2月の甲子の宜に「大氏の氏上に大刀を賜わり、小氏の氏上には小刀を賜わる。伴造らの氏上には楯・弓矢を賜わる」とあるが、各地の氏族に、おそらく大＝長・小＝短の方頭大刀が下賜されたものと考える。白山古墳と川額軍原Ⅰ遺跡御門1号墳からは、変形柄頭（方頭A）の方頭大刀Ⅰ類が出土している。副葬品に方頭大刀が含まれる場合と蕨手刀のみの場合では、被葬者の身分の上下関係が問題となる。

　蕨手刀を出土する古墳でも前庭部および周溝における須恵器大甕使用の墓前供養儀礼が、次のとおりに認められる。北毛の御門1号墳では、石室開口部から西側周溝の端にかけて大小甕が8個体あり、大甕は無文で、焼成後底部穿孔もみられる。西毛の東平井古墳群K-1号墳の大甕は、波状文が沈線区画され段構成するものから徐々に区画沈線が消滅、波状文のみの構成となる。さらに波状文も消滅し、無文化する変遷が辿れる。頸部は徐々に開く。頸部文様と形態変化から7世紀第3四半期から8世紀第3四半期後半まで3世代の追葬と認識されており、すると蕨手刀は2代目の副葬品として、3代目が追葬された時、片付けられ右側壁へ寄せられたと推測された。

　このような前庭部での墓前祭祀は、追葬とは別に供養として行われ、出土する土器の器種・器形や年代から8世紀代まで続けられていることが明らかである。古墳築造終焉後も家族墓的機能は失われず、追葬、供養が家族・血族によって継承されていたことがわかる。また、こうした開口部周辺での須恵器甕などの墓前祭祀用土器の出土例は、西毛および北毛地域での特徴である。儀礼の有無から被葬者、それを祀り供養する家族、血族的系統が西毛・北毛・中毛北部と東毛・中毛南部とで異なることがうかがえる。

(3) 上毛野地域の地勢と歴史的概要

　群馬県の約 2/3 は山地と丘陵地で占められる。また、赤城・榛名を筆頭に多数の火山が展開している。一方、残り 1/3 は南東部に広がる利根川・渡良瀬川の低地帯で関東平野へと連なる。土壌としては、山地・丘陵地および台地では、岩盤由来の風化土砂の他、有機質土の黒ボク土や火山噴出物などである。

　古代では上毛野国、後に和銅 6 年（713）以降は上野国となるが、地理的には近江・美濃・飛騨・信濃・下野・武蔵・陸奥・出羽等の国々と東山道に属していた。西には碓氷峠を控え、東は東海道への分岐点を持つ、蝦夷と対峙する辺境地に接する兵站基地の役割を担う交通の要衝であった。また、『日本書紀』安閑天皇 2 年（535）5 月甲寅条によると緑野屯倉が置かれ、さらに上毛野氏が、伝統的に蝦夷・東北経営に携わっていたことが、『日本書紀』舒明天皇 9 年（637）是歳条にみえる上毛野君形名の蝦夷征討記事などからも読み取れる。

(4)『日本書紀』東国国司の記述からの推察

　蕨手刀の出自については、石井昌国が埼玉県児玉町出土の長三角形の大刀子に祖型を求め、石井分類Ⅰ類から始まる型式変遷や上信地方での出土例の多さから、蕨手刀の出自は本地域にあると考えた（石井 1966）。祖型については、触れることができないが、出自について、ひとつの仮説をあげておきたい。

　孝徳紀の記事は編者の虚構やその後の律令体制による潤色の可能性が指摘されるが、その中で 645～646 年にかけての東国国司の詔に関しては、写実的で史料としての信憑性が高く評価されている。それは①造籍と校田の実施、②豪族および農民の武器を徴収し武器庫に収蔵、③国造・伴造の支配関係の実態調査という 3 項目の任務である。

　『日本書紀』大化 2 年（646）3 月辛巳条に「(前略) 其の紀麻利耆拕臣が犯せる所は、人を朝倉君・井上君、二人の所に使りて、為に其の馬を牽き来しめて視たり。復、朝倉君をして、刀作らしめたり。復、朝倉君の弓・布を得たり。復、国造の送る兵代の物を以て、明に還さずして、妄に国造に伝へたり。復、所在へる国にして、他に刀偸まれぬ。復、倭国にして、他に刀偸まれぬ。

是は、其の紀臣・其の介三輪君大口・河邊臣百依等が過なり。其の以下の官人河邊臣磯泊・丹比深目・百舌鳥長兄・葛城福草・難波癬亀・犬養五十君・伊岐史麻呂・丹比大眼、凡て、是の八の人等、咸に過有り。（後略）」と記載されている。

　これは国司が任務のため、朝倉君（後の上野国那波郡朝倉郷の在地豪族）と井上君（後の甲斐国山梨郡井上郷・常陸国行方郡井上郷の在地豪族？）の馬を引いて来させ、武器と生産布を実見し、調査評定をしたところ、馬は優駿であり、武器は実用に長け、布は品質的優れていることに驚嘆したことを伝えている。その結果、畿内の官人にとって目にも珍しく、実用に適した横刀は魅力的であったのであろうか、わざわざ罪を犯してさえも刀を鍛造させている。推察の域を脱することはできないが、新体制下の畿内中央政権の官人層が佩びる刀は、方頭大刀Ⅰ類が一般的であり、東北以西の東国で科野とともに最も蕨手刀出土例が多い上毛野の場合、それが蕨手刀であった可能性も考えられる。

（5）壬申の乱に参戦した上毛野の豪族と騎馬兵

　大海人皇子側の佐味君少麻呂は上毛野君と同祖同族、豊城入彦命の後裔で、後の上野国緑野郡佐味郷（藤岡市平井付近）が氏名の由来である。一方、大友皇子側の大野君果安も同様に上毛野君と同祖同族、豊城入彦命の後裔で、後の上野国山田郡大野郷（山田郡大間々町付近）が氏名の由来である。その後天武朝において、糺職大夫直広に就く大野東人の父である。

　田辺史氏は、河内国に本拠地をもつ渡来系氏族である。『新撰姓氏録』によると皇極朝（642～645）に田辺史となり、天平勝宝2年（750）に上毛野君と改賜姓、弘仁元年（810）に上毛野朝臣姓となると伝えられる。後に上毛野氏姓を賜ることは、両氏の関係が古くから密接であったあらわれとされる。その上毛野氏、田辺史氏両氏の結び付きについては、壬申の乱参戦が契機とも考えられる。田辺史小隅は、大友軍に従軍し7月5日・6日の近江倉歴・伊賀莿荻野の奇襲を指揮した人物である。その他に大伴吹負軍下には「甲斐の勇者」といった騎馬兵の存在も知られる。672年の壬申の乱には、東国騎兵が戦術的に

本格的に投入され、その破壊力をまざまざと見せつけた。

　これら両軍に従軍した軍隊は、各豪族下にあった氏族軍であった。それより以前、斉明朝7年（661）、百済救援における前軍の将軍上毛野君稚子の軍隊も氏族軍である。それら東国の豪族には、馬上で振りかざしやすい横刀を所有し、それぞれ独自の騎馬戦術があったものと考えられる。

（6）馬の生産

　上毛野国において7世紀に馬生産の確実な史料はないが、東国国司が田部や国造の馬を奪った記事が東国産馬の優秀性を物語っている。8世紀前半になると、『尾張国正税帳』に天平6年（734）に上野国に種馬が送付されたことがみられる。また、「長屋王家木簡」からは、馬司に甲斐・信濃・上野3国の人が勤務していたことがわかった。その3国はいずれも後に御牧が置かれる国である。

　上野国の良馬生産には、換馬伝承を持つ田辺史氏と上毛野氏との密接な関係があったようである。さらに上野国は、馬生産に適した地形・植生であったことが最大要因であったことを忘れてはいけない。広い裾野を持つ火山山麓地帯や黒ボク土地帯は、放牧地に最適の場所である。これは照葉樹林帯から外れたブナ林帯にあたり、当然、水稲耕作不適切地域ではあるが、それに代わりヒエなどの雑穀生産と馬生産が積極的に行われた。そうした馬生産地と蕨手刀分布域が重なる傾向にある。なお、松本建速は民俗学の視点から、黒ボク土地帯＝水稲耕作不敵地＝牧（馬）＝蕨手刀＝蝦夷と隼人（辺境の民）の分布連鎖（松本 2001）を説いている。

（7）上毛野（上野）と東北経営

　前述したとおり、『日本書紀』舒明天皇9年（639）是歳条に「蝦夷叛きて朝でず、即ち大仁上毛野君形名を拝して、将軍として討たしむ。（後略）」といった蝦夷征討記事がある。そして8世紀前半の律令体制下では、『続日本紀』の記事によると以下のとおりである。

和銅2年（709）3月：陸奥・越後の2国の蝦夷、良民を害す。遠江・駿河・甲斐・信濃・上野・越前・越中などの民を徴発し、陸奥鎮東将軍巨勢麻呂・征越後蝦夷将軍佐伯石湯らに鎮定させる。

　養老4年（720）9月：陸奥国、蝦夷反乱、按察使上毛野広人殺害を奏上。多治比県守を持節征夷将軍、阿倍駿河を持節鎮狄将軍に任命。

　神亀元年（724）3月：陸奥国の蝦夷が叛き、国の大掾を殺す。4月：藤原宇合を持節大将軍に任じ、蝦夷を討たせる。坂東9国の軍3万人を教練、陸奥鎮所に布・綿などを運ぶ。5月：小野牛養を鎮狄将軍に任じ、出羽の蝦狄を鎮めさせる。11月：藤原宇合・小野牛養帰京、この年、陸奥国多賀城を築く。

　天平9年（737）1月：陸奥按察使大野東人の奏上により、陸奥国・出羽柵間にある雄勝村を征し、直路を開くため、持節大使藤原麻呂らを遣わす。2月：麻呂ら、多賀柵に到着。東人らとはかり坂東6国の騎兵千人を多賀・玉造・新田・牡鹿・色麻などの柵に配置。東人ら多賀を発す。3月：遠征軍、色麻を発す。出羽国大室駅に着き出羽守田辺難波と合流。賊地は雪深く、東人、いったん多賀柵に帰る。4月：賊地比羅保許山に進軍。新道通じたため麻呂ら作戦中止を奏請。

　天平宝字2年（758）12月：坂東の騎兵・鎮兵・役夫・夷俘を徴発、桃生柵・小勝柵を造らせる。

　一方、柵戸関連記事は以下のとおりである。

　和銅7年（714）10月：尾張・上野・信濃・越後などの民を二百戸割いて出羽の柵戸に配する。

　霊亀元年（715）5月：相模・上総・常陸・上野・武蔵・下野六国の富民千戸を陸奥国に配す。

　霊亀2年（716）9月：陸奥・信濃・上野・越前・越後五国の百姓各百戸を出羽国に移す。

　養老元年（717）2月：信濃・上野・越前・越後四国の百姓各百戸を出羽の柵戸に配す。

　養老3年（719）7月：東海・東山・北陸三道の民二百戸を出羽柵に配す。

養老6年（722）8月：諸国の柵戸千人を陸奥鎮所に配す。

天平宝字元年（757）4月：不孝・不恭・不友・不順の者を陸奥国桃生・出羽国小勝に配し、風俗を清め辺防にあたらせる。

天平宝字2年（758）10月：陸奥国の浮浪人に桃生城を造らせ柵戸とする。

天平宝字3年（759）9月：坂東8国と越前・能登・越後など4国の浮浪人二千人を雄勝の柵戸とする。

天平宝字4年（760）3月：没官の奴婢五百人を雄勝柵に配し良人とする。12月：薬師寺の僧華達、博戯で争い殺人、還俗させ桃生柵戸に配す。

　その他、初期の国守に上毛野朝臣小足陸奥守（和銅元年（708）3月）と上毛野朝臣安麻呂陸奥守（和銅2年（709）7月）の名があり、郡郷名に関しても上野国に関連するものが神亀元年（724）後に一斉に成立したとされる黒川以北十郡のうちに新田郡と黒川郡新田郷などがみられる。

　考古学の成果としては、仙台平野や大平平野で、関東系土師器（坏・甕）、上野型有蓋短頸壺などの出土品の他、関東型カマドを持つ竪穴建物跡や色麻古墳群などでみられる前庭部の造りなど遺構に関しても、人の動きがみられ、坂東諸国とりわけ上野との関連が認められる。

　蕨手刀に関しては、青森県八戸市丹後平33号墳、宮城県栗原市大沢横穴墓群、同登米市山根前横穴墓群2号墓、山形県東置賜郡高畠町安久津1号墳、福島県福島市平石原高屋、同福島市沼ノ上1号墳、同二本松市大平下矢戸、同西白河郡泉崎村観音山横穴墓群3号墓などⅠ～Ⅳ類の東北地方各地での出土例の存在は、上記の史実と何かしら関連するものと考えられる。

（8）毛抜型蕨手刀と俘囚

　Ⅴ類の毛抜型蕨手刀に関しては、俘囚の内国移配が一段落ついた弘仁年間（810～824）以降、胆沢地方の蝦夷によって造刀されたと考えられている。Ⅴ類を出土した吉岡町は、10世紀の郷名を記載する『和名類聚抄』の群馬郡桃井郷と推定される地域で、同じ西毛地域の碓氷郡・多胡郡・緑野郡の3郡には、依然俘囚郷がみられる。俘囚の内国移配は全国的に行われ、『延喜式』主

税寮には、全俘囚料の東国分は28.7％と九州の30.8％に次いで多く、東国での俘囚の数が多かったことを示す史料である。

6. 上野国における蕨手刀出土の意義

　群馬県出土の蕨手刀は、柄と刃の形状の組み合わせからⅠ～Ⅴ類に分類でき、直刀の範疇であるⅠ・Ⅱ類から、Ⅲ類（柄反りを造り出す系列A）とⅣ類（絞りを強くする系列B）へと変遷することがつかめた。年代としては、Ⅱ～Ⅳ類が7世紀後葉から8世紀中葉に収まり、Ⅰ類は7世紀後葉を遡る時期とみられる。なお、柄の絞りが強く、柄反りが弱い型式（高橋分類Ⅰb類、八木分類柄頭D～F2）と柄の絞りと反りも強い型式（高橋分類Ⅰc類、八木分類柄頭D～F3）は、出土の主体が東北に移り、群馬県からの出土資料は、現在のところⅣ新類の高崎市下豊岡若宮八幡神社境内刀のみである。また、蕨手刀の盛行は、上毛野（上野）の東北経営が深く関係する。

　かつて石井昌国は、北関東出土の大刀子に祖型を求めたが、Ⅰ類から始まる型式変遷や上信地方での出土例の多さから、蕨手刀の出自は本地域にあると考えられる。また、蕨手刀を鍛造する刀工（柄の造り系列A・B）、それにともなう金工・木工・漆工など手工業技術者集団が移住し、東北の地でも新たに蕨手刀を鍛造した結果、8世紀後半以後、東北を中心に分布することになったのではないかと考えられる。さらに、上毛野氏とその同祖同族、そして上野国在住の他氏族の馬産と馬術などが移住とともに東北の地で培われた。「弓馬の戦闘は、夷獠の生習にして、平民の十、その一に敵する能はず」（『続日本後紀』承和4年（837）2月辛丑条）とあるのは、時を経て蕨手刀を携えた騎馬戦術の伝統が、蝦夷社会に結実したものと考えられる。また、分布と性格については、以下のような結論が得られるものと考えられる。

　分布については、上毛野（上野）国において、東・西・中・北毛各地域に分布するが、東毛のみ出土頻度が低く、西・中・北毛に偏在する。さらに地域の枠を越えた分布として、東山道ルート沿いにみられる傾向がある。型式別に分

布をみると、編年的に古式のⅠ類は東毛のみに、最も新しいⅤ類（毛抜透柄）が西毛のみにそれぞれ1口出土しているが、定型化するⅡ・Ⅲ古・Ⅳ古類の分布が西・中・北毛に集中するのは、第4類の群集墳の丘陵進出、とくに7世紀後半の新たな開発と密接な関連があるようである。また、Ⅴ類の存在は、西毛の碓氷・多胡・緑野各郡にある俘囚郷と関係するものとして、新たな問題提起となった。

　蕨手刀を出土する遺跡は、規模的に20ｍ以下の群集墳中の小規模古墳で、主体部は河原および山石の乱石積両袖型横穴式石室に限定できる。決して有力古墳の截石切組積横穴式石室を有する方・円墳からの出土はない。前方後円墳の消滅後も東毛には巌穴山古墳（一辺36.5ｍ）が、西毛には愛宕山古墳（一辺56ｍ）の方墳が築造され、7世紀前半には東西とも拮抗した存在であった。しかし、7世紀後半になると西・中毛では、総社古墳群の宝塔山・蛇穴山両古墳の截石切組積横穴式石室による新たな支配構造の階層秩序の具現化が行われた。それに対し東毛は、截石切組積横穴式石室も存在せず、宝塔山・蛇穴山両古墳に匹敵する古墳もないことから、西・中毛を中心とした律令体制下に組み込まれたものと考えられる。こうした支配構造の変革期の中で蕨手刀を出土する小規模古墳の構成による群集墳は、第2の形成期にあり、既成の古墳分布域から離れる傾向にある。さらに出土においても、同じ群集墳中や支群中からの複数出土が全くみられないことが、最大の特徴で、群集墳中での被葬者の特異な立場をうかがうことができる。

　在地氏族と蕨手刀出土地を照合すると、子代・名代の部の伴造であった有力氏族の分布と重なることから、新たに古墳築造の社会・経済的地位を得て、後に律令下級官人へ組み込まれていく伴造的氏族と主従関係にある氏族が佩用した実用刀と考えられる。これは桐原健が指摘するところを群馬県の事例をもって、再度証明するものである。ただし儀杖的刀とするところまでの検討には、今回は至らなかった。また、桐原（1998）は、下触牛伏遺跡1号墳の蕨手刀追葬出土例は、頭椎大刀佩用者後裔説の傍証としている。しかし、その古墳は、円墳構成の群集墳に方墳を構築し、円頭大刀佩用者が初期被葬者である。さら

に方頭大刀所持者の古墳から蕨手刀が出土する事例もあるが、これら装飾付大刀の円頭大刀や拵付大刀の方頭大刀などは、畿内中央政権との関わりが強く、また下賜されたものであるため、蕨手刀のみを副葬する被葬者とは、主従関係の主の氏族にあたる。したがって、身分や職能を具現化するものでなく、単なる実用刀として流通していたことも否めない。

　前述のように、蕨手刀は特定の氏族だけが所持することなく均一に流通していたと解釈されるが、川額軍原Ⅰ遺跡御門1号墳と政所宮前遺跡2号墳出土刀については、同じ刀工の作とも思える刀姿をしており、刀工集団と流通経路を知るうえで、好資料である。

第1章付編　上野国（群馬県）出土蕨手刀集成

※凡例：実測図はS＝1/6、法量×＝未計測、―＝計測不可

1　伝・太田市（旧新田郡新田町）

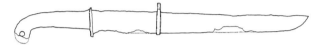

出典：図録『日本刀の起源展―直刀から彎刀へ―』（1988）より写真トレース
所蔵：個人蔵
法量：全長477mm　刃長354mm　元幅38mm　先幅23mm　棟厚9mm
　　　重量450g　柄長123mm　柄頭長28mm　柄幅21mm　鍔長45mm　鍔幅×
　　　鍔厚3mm　全反り-2mm　刃反り1mm　柄反り-5mm　絞り0mm
出土年および状況：不明
概要：柄頭端部は欠損。刃区、平棟、平造り、フクラ鋒。鉄製喰出鍔を柄頭から装
　　　着。鵐目、座金は欠失する。鉄製平行単鐶単脚式足金物1点を装着。金属学の
　　　分析により鋼は岩鉄鉱系と判明。
文献：米山雲外　1986「蕨手刀について」『刀剣美術』第355号　（財）日本美術刀剣
　　　保存協会

2　伊勢崎市（旧佐波郡赤堀町）伝・石山

出典：『刀剣美術』第254号（1978）より写真トレース
所蔵：個人蔵
法量：全長485mm　刃長368mm　元幅37mm　先幅25mm　棟厚8mm
　　　柄長117mm　柄頭長23mm　柄幅22mm　鍔長44mm　鍔幅×　鍔厚5mm
　　　全反り-2mm　刃反り1mm　柄反り0mm　絞り14mm
出土年および状況：昭和初期に石山の古墳から出土したと伝えられる。
概要：両区、平棟、平造り、フクラ鋒。鉄製小判形喰出鍔、銀製の鵐目と銅製座金。
　　　銅製縁高鞘口金具、銅製角袋鞘尻金具、銅製段付張出形双脚式足金物1組を装

着する。鋒から10cm程度下がって、小孔が穿たれているが、刀を打ち振るうと不気味な威嚇音を発する。

その他：刀剣学において研磨した結果、「鍛・腰元と棟寄りは小板目つむが、総じて小板目流れごころにやや肌立つ。微塵の地沸ついて沸映りが強い。刃文・中直刃に小のたれ交じり、小沸つく。区上5cmほどから焼出す。元の方5cmほどは刃が染みる。物打ちは焼幅広くなる。帽子・表裏匂状となり、表は焼づめ、裏は尖って少し返る」と観察された。現在は、正倉院御物（中倉8号黒造横刀）を見本に復元されている。

文献：米山雲外・園部景保・小林等　1978「蕨手横刀の研磨報告」『刀剣美術』第254号　（財）日本美術刀剣保存協会

3　吾妻郡東吾妻町（旧吾妻町）大宮巌鼓神社伝世品

出典：『蕨手刀』（1966）
所蔵：大宮巌鼓神社（群馬県重要文化財）
法量：全長530mm　刃長408mm　棟厚8mm　元幅49mm　先幅24mm
　　　柄長122mm　柄頭長34mm　柄幅19mm　全反り－2mm　刃反り1mm
　　　柄反り0mm　絞り32mm
出土年および状況：弘治年間（1555～58）に信州真田氏が本殿修復をした際に屋根より落下してきた。屋根に刀剣類を奉納する例は、奈良県春日大社若宮奥殿などでみられる。なお、大宮巌鼓神社は吾妻郡家推定遺跡内に所在する。
概要：両区、平棟、平造り、茅の葉鋒。鵐目、座金と鍔は欠失、刀身のみ。
その他：刀剣学において研磨した結果、「鍛・腰元の刃寄りに清澄な良鉄が見え、棟寄りには澱肌もあり、それに対し地景状の縞文と銀線文がある。中央は粗雑に類する不整形の板目肌になり、また澱肌も遺し、地色は紫黒色となる。その折り返しがおおむね3・4回の合わせ鍛えとみえる。刃文・刃区の上から高く焼き出し、まず矢筈および蟹爪を見るがごとき異様な焼刃にはじまり、やや腰の開いた互の目乱れに変わり、中程からみごとな皆焼になって猛烈な働きを見せている。物打ちのあたりは静まってこせついた乱刃に変事、2・3重刃がある。帽子・強く返って総体に崩れ、10cmに余る太い返りが焼き下げられている」と観察された。
文献：石井昌国　1966『蕨手刀』雄山閣

4 伊勢崎市（旧佐波郡赤堀町）下触牛伏遺跡1号墳（『上毛古墳総覧』未記載）

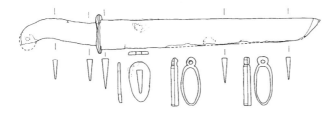

出典：『下触牛伏遺跡』（1986）
所蔵：群馬県埋蔵文化財調査センター
法量：全長470 mm　刃長349 mm　元幅45 mm　先幅35 mm　棟厚10 mm
　　　柄長121 mm　柄頭長28 mm　柄幅30 mm　鍔長60 mm　鍔幅32 mm
　　　鍔厚3 mm　全反り0 mm　刃反り0 mm　柄反り3 mm　絞り21 mm
出土年および状況：昭和60年（1985）、神沢川右岸の石山丘陵に所在する群集墳の方墳から発掘調査出土。玄室羨門部左壁に刃を下に抜き身で立て掛ける。
概要：両区、平棟、平造り、カマス鋒。鉄製の小判形喰出鍔を柄頭から装着。鵐目、座金は欠失する。銅製平行単鐶単脚式足金物を1組伴う。
文献：(財) 群馬県埋蔵文化財調査事業団（岩崎泰一・小島敦子）1986『下触牛伏遺跡』身体障害者スポーツセンター建設予定地内埋蔵文化財発掘調査報告書 (財) 群馬県埋蔵文化財調査事業団

5 利根郡昭和村森下御門1号墳（『上毛古墳総覧』久呂保村23号墳）

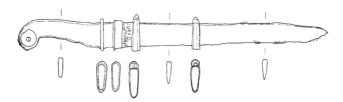

出典：『川額軍原Ⅰ遺跡』（1996）
所蔵：昭和村教育員会
法量：全長485 mm　刃長352 mm　元幅40 mm　先幅30 mm　棟厚8 mm
　　　柄長133 mm　柄頭長32 mm　柄幅30 mm　鍔長48 mm　鍔幅16 mm
　　　鍔厚4 mm　全反り1 mm　刃反り1 mm　柄反り1 mm　絞り15 mm
出土年および状況：平成6年（1994）、片品川左岸の河岸段丘に所在する川額軍原Ⅰ遺跡内の群集墳の円墳から発掘調査出土。玄室中央右側壁から他の副葬品とと

もにまとめられ、鋒を手前に刃を側壁に向けた状態。
概要：無区、平棟、鋒両刃造り。鉄製の角切三角形喰出鍔、銅製平行単鋲単脚式足金物1組と縁高鞘口金具を装着する。
文献：昭和村教育委員会（小村正之）　1996『川額軍原Ⅰ遺跡』昭和村教育委員会

6　藤岡市東平井古墳群 K-1 号墳（『上毛古墳総覧』未記載）

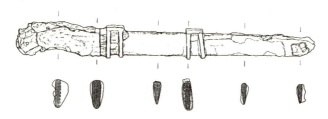

出典：『東平井古墳群・平地前遺跡』（2000）
所蔵：藤岡市教育委員会
法量：全長 480 mm　刃長 360 mm　棟厚 10 mm　元幅 30 cm　先幅 29 mm
　　　柄長 120 mm　柄頭長 33 mm　柄幅 36 mm　全反り 4 mm　刃反り 0 mm
　　　柄反り 4 mm　絞り 19 mm
出土年および状況：平成7年（1995）、鮎川左岸の河岸段丘に所在する円墳から発掘調査出土。
玄室中央の右側壁に鋒を手前に刃を内側に向けた状態。
概要：無区、平棟、鋒両刃造りで、鍔および鎺目、座金は欠失する。鍔はレントゲン写真にも写っていない。銅製縁高鞘口金具、銅製台状形双脚式足金物1組を装着する。
文献：藤岡市教育委員会（軽部達也）　2000『東平井古墳群・平地前遺跡』藤岡市教育委員会

7　富岡市上高瀬かもん塚古墳（『上毛古墳総覧』高瀬村 14 号墳）

出典：『新編考古学講座 7・有史文化（下）遺物』（1979）
所蔵：群馬県立歴史博物館
法量：全長 346 mm（鋒欠損）　刃長残 233 mm　元幅 35 mm　先幅— 　棟厚 7 mm

柄長 113 mm　柄頭長 29 mm　柄幅 24 mm　鍔長 52 mm　鍔幅×
　　　鍔厚 4 mm　全反り 8 mm　刃反り 3 mm　柄反り 5 mm　絞り 10 mm
出土年および状況：昭和 43 年（1968）に発見、鏑川右岸にある高瀬古墳群の径 20 m
　　の円墳から出土するが、詳細不明。
概要：鋒は欠損する。無区、平棟、平造り。鉄製板鍔を装着する。鵐目、座金は欠失
　　する。
文献：群馬県立歴史博物館　1990『群馬県立歴史博物館所蔵目録―考古―』群馬県立
　　歴史博物館

8　伝・群馬県（上野国古墳出土）

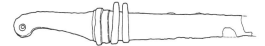

出典：図録『兵の時代―古代末期の東国社会―』（1998）より写真トレース
所蔵：靖国神社遊就館
法量：全長 387 mm（鋒欠損）　刃長 246 mm　元幅 42 mm　先幅―　棟厚×
　　　柄長 141 mm　柄頭長 33 mm　柄幅 25 mm　鍔長 57 mm　鍔幅×
　　　鍔厚 4 mm　全反り―　刃反り―　柄反り 1 mm　絞り 20 mm
出土年および状況：不明、大正 5 年（1916）5 月 30 日に関保之助より購入。
概要：刀身欠損。無区、柄の絞りは強い。鉄製喰出鍔を縁金留め。鵐目、座金は欠失
　　する。平行形単鐶単脚式足金物 1 組、縁高鞘口金具を装着する。
文献：横浜市歴史博物館　1998『兵の時代―古代末期の東国社会』横浜市歴史博物
　　館・（財）横浜市ふるさと歴史財団埋蔵文化財センター

9　伊勢崎市三和町上原古墳（『上毛古墳総覧』未記載）

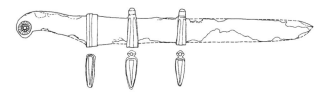

出典：『群馬県史 3・資料編 3（原始・古代 3）』（1981）
所蔵：群馬県立歴史博物館
法量：全長 480 mm（鋒欠損）　刃長残 364 mm　元幅 47 mm　先幅 31 mm

棟厚 7 mm　柄長 116 mm　柄頭長 26 mm　柄幅 30 mm　鍔長 52 mm
鍔幅 16 mm　鍔厚 5 mm　全反り 3 mm　刃反り 0 mm　柄反り 6 mm
絞り 24 mm

出土年および状況：昭和 42 年（1967）、粕川左岸に所在する本関古墳群の円墳から発掘調査出土。玄室奥壁右寄りに鋒を右側壁、刃を石室内に向けた状態。

概要：無区、平棟、鋒両刃造り。銅製絞り小判形喰出鍔。鵐目と座金は銅製。銅製縁高鞘口金具、銅製平行単環単脚式足金物 1 組を装着。

文献：群馬県（桜場一寿）　1981『群馬県史 3・資料編 3（原始・古代 3）』群馬県

10　渋川市（旧勢多郡北橘村）真壁塚原（『上毛古墳総覧』北橘村 110 号墳）

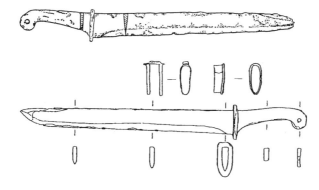

出典：上『蕨手刀』（1966）
　　　下『遺物からみた律令国家と蝦夷資料集第 1 分冊』（1997）

所蔵：真壁赤城神社（渋川市指定文化財）

法量：全長 457 mm　刃長 335 mm　元幅 37 mm　先幅 25 mm　棟厚 8 mm
柄長 122 mm　柄頭長 27 mm　柄幅 18 mm　鍔長 55 mm　鍔幅 25 mm
鍔厚 5 mm　全反り 2 mm　刃反り −1 mm　柄反り 5 mm　絞り 30 mm

出土年および状況：昭和 15 年（1940）以前に地元民により発掘され、出土状況は不明。『上毛古墳総覧』では北橘村 110 号墳は径 13 m、高さ 1.5 m の横穴式石室を開口する円墳と記載される。赤城山西南麓、木曽川右岸段丘に所在する。

概要：鋒は欠損。鋒両刃、平棟、切刃造。鉄製角切三角形喰出鍔を装着。鵐目、座金は欠失する。無区と観察でき、絞りが強い。その他に銅製縁高鞘口金具と銅製段付張出双脚式足金物 1 点を伴う。

文献：右島和夫　1986「北橘村出土の古墳遺物」『森山遺跡』北橘村教育委員会

11　伝・沼田市宇楚井町

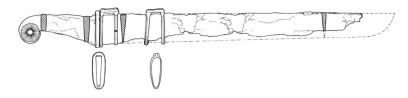

出典：『沼田市史』資料編 1（1995）
所蔵：沼田市教育委員会（寄託資料）
法量：全長 566 mm（鋒欠損）　刃長残 430 mm　元幅 46 mm　先幅―　棟厚 9 mm
　　　柄長 136 mm　柄頭長 36 mm　柄幅 25 mm　鍔長 6 mm　鍔幅 22 mm
　　　鍔厚 6 mm　全反り 0 mm　刃反り 0 mm　柄反り 0 mm　絞り 24 mm
出土年および状況：昭和 63 年（1988）に偶然発見、遺構は不明。三峰山麓から四釜川以北の利根川左岸の河岸段丘で、宇楚井古墳群に近接する。
概要：無区、平棟、平造り。銅製絞り小判形喰出鍔を鋒から踏ん張りの強い柄元に過締め付ける。柄頭の鵐目と座金は金銅製。銅製台状双脚式足金物 1 組を装着するが、一ノ足金物は鞘口金具と兼用する。双脚式足金物は、中央に方形の懸緒孔のある頭座の両側に扁長倒卵形の環を鋲留めする。
文献：沼田市（梅澤重昭）1995『沼田市史』資料編 1　沼田市

12　前橋市（旧勢多郡宮城村）苗ヶ島白山古墳（『上毛古墳総覧』未記載）

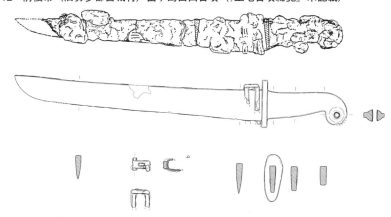

出典：上『群馬県史 3・資料編 3（原始・古代 3）』（1981）
　　　下『鹿園雑集』第 19 号（2017）

所蔵：奈良国立博物館
法量：全長 525 mm（鋒欠損）　刃長残 389 mm　元幅 48 mm　先幅：36 mm
　　　棟厚 9 mm　柄長 136 mm　柄頭長 34 mm　柄幅 30 mm　鍔長 76 mm
　　　鍔幅 31 mm　鍔厚 5 mm　全反り 1 mm　刃反り 1 mm　柄反り 4 mm
　　　絞り 23 mm
出土年および状況：昭和 29 年（1954）、粕川右岸の赤城山南麓緩斜面にある円墳から
　　　発掘調査出土。奥壁中央に近い境界石上に鋒を奥壁方向に、刃を右側壁に向け
　　　斜めに置かれた状態。
概要：鋒は欠損。無区、平棟、平造り、フクラ鋒。鉄製板鍔、鶚目と座金は鉄製。鉄
　　　製台状形双脚式足金物 1 点を装着するが、鞘口金具と兼用する。
文献：群馬県（松本浩一）1981『群馬県史 3・資料編 3（原始・古代 3）』群馬県
　　　吉澤悟ほか　2017「群馬県白山古墳出土品の研究Ⅰ」『鹿園雑集』第 19 号　奈
　　　良国立博物館

13　高崎市下豊岡町若宮八幡神社境内

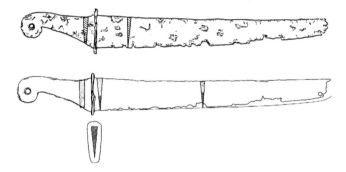

出典：上『蕨手刀』（1966）
　　　下『新編　高崎市史資料編 1（原始古代Ⅰ）』（1999）
所蔵：若宮八幡神社（高崎市重要文化財）
法量：全長 505 mm（鋒欠損）　刃長残 378 mm　元幅 50 mm　先幅 25 mm
　　　棟厚 6 mm　柄長 127 mm　柄頭長 36 mm　柄幅 23 mm　鍔長 66 mm
　　　鍔幅 24 mm　鍔厚 2.5 mm　全反り 3 mm　刃反り 2 mm　柄反り 2 mm
　　　絞り 36 mm
出土年および状況：宝暦年間（1751～61）に境内の古墳から出土したものと伝えられ
　　　る。『集古十種』にも「上野国高崎郡豊岡村堀地所獲刀図」として掲載されて
　　　いる。

概要：無区、平棟平造り、フクラ鋒。鉄製絞り小判形喰出鍔を鋒から装着する。鵐目と座金は銅製。刀身のみ現存。石井昌国氏による窓研ぎ部分あり。
文献：横山由清　1875『尚古図録』、後藤守一　1928「原史時代の武器と武装」『考古学講座』2　雄山閣、高崎市史編さん委員会（梅澤重昭）1999『新編　高崎市史資料編1（原始古代Ⅰ）』高崎市など

14　伝・北群馬郡吉岡町

出典：図録『日本刀の起源展―直刀から彎刀へ』(1988)
所蔵：個人蔵
法量：全長 706 mm（鋒欠損）　刃長残 580 mm　元幅 39 mm　先幅 33 mm
　　　棟厚 8 mm　重量 725 g　柄長 126 mm　柄頭長 28 mm　柄幅 27 mm
　　　全反り 13 mm　刃反り 0 mm　柄反り 12 mm　絞り 24 mm
出土年および状況：不明
概要：無区、平棟、平造り、カマス鋒。鍔および鵐目、座金は欠失。刀身のみの出土。柄は毛抜透で柄反りが強い。
文献：福島県立博物館　1988『日本刀の起源展―直刀から彎刀へ』福島県立博物館

15　利根郡みなかみ町政所宮前遺跡2号墳

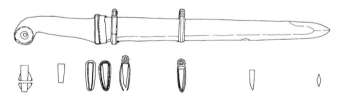

出典：『東国史論』第19号（2004）
所蔵：みなかみ町教育委員会
法量：全長 514 mm　刃長残 377 mm　元幅 39 mm　先幅 22 mm　棟厚 8 mm
　　　重量 783.8 g　柄長 137 mm　柄頭長 36 mm　柄幅 30 mm　鍔長 48 mm
　　　鍔幅 15 mm　鍔厚 6 mm　全反り 1 mm　刃反り 0 mm　柄反り 1 mm
　　　絞り 15 mm
出土年および状況：平成14年（2002）に旧月夜野町教育委員会によって、利根川左

岸の河岸段丘にある群集墳8基を発掘調査。玄室右側壁中央から鋒を開口部へ、刃を内側に向けた状態で出土。
概要：棟区、平棟、切刃造り、鋒両刃、銅製絞り小判形喰出鍔・銅製縁高鞘口金具・銅製平行単鐶単脚式足金物1組を装着。その他に周辺から銅製覆輪鞘尻金具と銅製吊金具、山形金具が1点ずつ出土。
文献：日沖剛史　2004「政所宮前遺跡2号墳出土蕨手刀」『東国史論』第19号　群馬考古学研究会

16　高崎市岩鼻町市ヶ原
概要：大正初期に発見。所在・法量など不明。
文献：後藤守一　1928「原史時代の武器と武装」『考古学講座』2　雄山閣

17　碓氷郡
概要：大正年間（1912～25）に発見。所在・法量など不明。
文献：後藤守一　1928「原史時代の武器と武装」『考古学講座』2　雄山閣

18　伝・前橋市総社古墳群
所蔵：個人蔵
法量：全長360 mm（鋒欠損）　刃長残242 mm　元幅42 mm　先幅×　棟厚×
　　　柄長118 mm　柄頭長35 mm　柄幅24 mm　鍔長45 mm　鍔幅×
　　　鍔厚8 mm　全反り0 mm　刃反り0 mm　柄反り0 mm　絞り15 mm
概要：昭和20年代（1945～54）に出土。銅製の菊座および鵄目鍔、銅製喰出鍔、銅製の鞘口金具。平成25年（2013）10月に骨董オークションに出品される。

第2章　信濃国（長野県）

　長野県では蕨手刀の出土が、これまでに19例報告されている。ただし、現存する資料は10例のみで、そのうち4例までが明治期に発見されたものである。そして発掘調査による出土例は、わずか3例に過ぎない。出土分布では、北信（長野地域）の1例、中信（松本地域）の2例以外は、すべて県内南東部の南信（諏訪・上伊那地域）と東信（上小・小県・佐久地域）に著しく偏る傾向がみられ、それも古東山道沿いに集中する。出土の状況としては、古墳、墳墓の他、とくに大石下からなど単独で出土する特徴がある。

1. 発見・発掘履歴

　これまでに19例（表6・図64）が報告されている（以下、丸数字は表6のNo.に対応する）。最初の発見例は、明治6年（1873）頃に水溜工事中に偶然発見された①諏訪郡原村八ッ手の資料である。その後、明治21年（1888）に②諏訪郡湖南村（現・諏訪市）北真志野、明

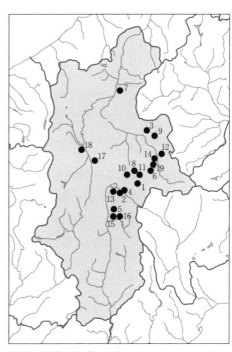

図64　信濃国蕨手刀分布図（数字は表6に対応する）

表6 信濃国蕨手刀出土一覧表

No.	発見所在地	発見遺構	現存所在地
1	諏訪郡原村八ッ手	単独出土	個人蔵
2	諏訪市真志野大安寺跡中塚古墳	無石室	個人蔵
3	東御市（旧東部町）祢津古見立古墳	横穴式石室	東京国立博物館
4	岡谷市大林花上寺	火葬墓	岡谷市美術考古館
5	高遠町付近	不明	不明
6	南佐久郡小海町松原湖畔	不明	不明
7	長野市朝陽北長池	礎石建物跡？	池生神社（長野市）
8	北佐久郡立科町赤沼平	不明	不明
9	小諸市北大井源太谷地	大石・単独出土	東京国立博物館
10	小県郡長和町（旧長門町）大門猿小屋	単独出土	東京国立博物館
11	北佐久郡立科町桐藤寮上	単独出土	不明
12	佐久市（旧臼田町）野口英田地畑古墳	横穴式石室	東京国立博物館
13	諏訪市南大熊荒神山古墳	横穴式石室	長野県埋蔵文化財センター
14	佐久市（旧臼田町）法印塚蛇塚古墳	横穴式石室	佐久市教育委員会
15	上伊那郡内	―	不明
16	上伊那郡内	―	不明
17	松本市中山埴原古墳群	―	不明
18	南安曇郡	―	不明
19	佐久穂町（旧八千穂村）宮の入清水	単独出土	不明

※灰色網かけは現存資料。No.は図64に対応する。

治25年（1892）に③小県郡祢津村（現・東御市）古見立古墳、明治43年（1910）に④諏訪郡湊村（現・岡谷市）大林で発見された。とくに古見立古墳出土資料は、高橋健自により初めて学界に紹介され、さらにそれら4資料は、鳥居龍蔵による分類・編年に使用された。その他、明治年間（1868～1912）に⑤高遠町付近から1口出土とある。

　続いて昭和初年頃に⑥南佐久郡小海町松原湖畔、昭和10年（1935）には⑦長野市朝陽北長池で礎石建物跡と推定される遺構から発掘している。⑧北佐久郡立科町赤沼平（女神湖東岸）では、昭和18年（1943）の女神湖堰堤工事中に偶然発見されている。十五年戦争後の昭和28年（1953）には⑨小諸市北大

井源太谷地から、昭和30年（1955）には⑩小県郡長門町（現・長和町）大門から、昭和39年（1964）には⑪北佐久郡立科町桐蔭寮上からそれぞれ単独で不時発見されている。昭和40年（1965）には⑫南佐久郡臼田町（現・佐久市）野口英田地畑古墳で、昭和50年（1975）には⑬諏訪市湖南南大熊荒神山古墳で、それぞれ発掘調査され1口ずつ出土している。そして昭和60年（1985）の⑭南佐久郡臼田町（現・佐久市）法印塚蛇塚古墳の石室清掃調査において、石室から共鉄造りの方頭大刀（立鼓柄刀）とともに発見されている。この資料を最後に長野県では、現在に至るまで蕨手刀の出土報告はない。

以上19例中現存するものは、わずか10例に過ぎない。また、現存しない9例については、信憑性に欠けるものも少なくなく、さらに現存資料10例中4例はその発見記録が明治期、3例は工事中の不時発見などのため詳細な内容については乏しい。

2. 佐久市蛇塚古墳出土の蕨手刀

ここで報告する資料は、昭和59・60年（1984・85）に現・佐久市（旧南佐久郡臼田町）指定史跡の蛇塚古墳で実施された石室清掃調査で出土したものである。これまでにいかなる考古学関係雑誌などに紹介されることなく、佐久市下越所在の臼田文化センターに展示されていた。本資料は、平成5年（1993）7月1日付けで旧臼田町の有形文化財（考古資料）に指定され、アクリルケー

図65　蛇塚古墳出土の蕨手刀写真（S=1/6）（佐久市教育委員会所蔵）

スにジェル状樹脂にて密閉された。そして、最近、取り出され新たに保存処理が行われた（白沢 2017）。

　蛇塚古墳は臼田に所在し、千曲川左岸の平坦な沖積地に立地する。墳丘は径10m、高さ2.5mで、主体部は半地下式で凝灰岩および川原石積みの両袖式横穴式石室である。その規模は玄室長4.8m、幅3.0m、高さ2.9mと長さ1.9m、幅1.2mの羨道から構成される。

　その古墳は太平洋戦争中防空壕として使用されていたが、昭和59・60年（1984・85）の清掃調査では、玄室から蕨手刀、方頭大刀、刀子、鉄鏃、土器破片などが出土し、とくに蕨手刀は西壁玄門付近から方頭大刀とともに、いわゆる「裏方位」から出土した。人骨は火葬骨で、木櫃の一部と推定される木片も確認された。

　蕨手刀は、全長680mmで、錆化腐蝕は著しいが、木質と鞘口金具の存在から鞘に収められていたことがわかる。さらに鉄製の双脚式足金物（二の足）が残存する。柄頭には鉄製の鵐目座金、柄には繊維質の付着がみられる。無区で、鉄製喰出鍔は鋒から挿入し、踏ん張りで抑える。カマス鋒。柄頭の形状は浅い円弧で丸形、柄の形状は腹側に膨らみを持ち、絞りが弱い。分類としては、柄反りと絞りを持つⅢⅣ複合古類の範疇にあり、長寸刃で鍔など拵が鉄製であることから8世紀中葉の年代が適当と考えられる。なお、出土状況から、追葬や石室の再利用なども考慮すべきである。

3. 遺跡・遺構と出土状況

　発掘調査されたものは、前述の佐久市蛇塚古墳の他、以下の2例がある。

英田地畑古墳（佐久市野口）

　昭和40年（1965）開墾中に偶然発見され、長野県考古学会佐久部会により発掘調査された。千曲川右岸の新海三社神社が鎮座する緩斜面に安山岩切石積みの長さ2m、幅1mの砂礫床の横穴式石室基部を残すのみで、南に開口する。羨道部は攪乱が著しく不明、砂礫床には木炭が敷かれる。人骨は西壁寄り

に確認され、蕨手刀以外に直刀、鉄鏃、三輪玉、須恵器高台坏、土師器坏が出土した。蕨手刀は、追葬もしくは再利用における副葬品である。

蕨手刀は、全長 485 mm、刃長 363 mm、柄長 122 mm、元幅 40 mm、先幅 30 mm、棟厚 6 mm で、無区、平棟、平造り、柄反りと刃反り、強い柄の絞りがみられる。鉄製板鍔、銅製の鵐目菊座、フクラ鋒である。また、銅製台状双脚の足金物2点も共伴する。

荒神山古墳（諏訪市南大熊）

昭和50年（1975）高速道工事中に偶然発見され、調査団による緊急発掘調査で出土した。斜面に構築された横穴式石室の幅4.5 m 規模の掘り方と控え積みの一部を残すのみで、墳丘および周溝の規模などは全く不明である。蕨手刀と銅製和鏡は掘り方から離れて、それ以外の骨片や土師器、須恵器、鉄鏃、銭貨は、掘り方内2m範囲に散乱する状況であった。須恵器坏蓋はMT21（飛鳥Ⅴ）併行の時期とみられ、8世紀初頭、鉄鏃は飛燕型短頸鏃と鑿型長頸鏃である。和鏡の鏡式、銭貨の施文などは不明である。

蕨手刀は、全長残 510 mm、刃長 377 mm、柄長残 133、元幅 35 mm、先幅 28 mm、棟厚 8 mm で、柄頭を欠損し、鵐目と座金は残存しない。両区、平棟、平造りで、柄に反りおよび絞りはなく、形状は撫で肩状に柄頭へ至り、柄頭先端が刃の延長線上よりも下がる。刃反りもなく、フクラ鋒である。鉄製喰出鍔を柄頭から装着し、刃には木質と朱が付着する。足金物、責金具は残存しない。

　この他に長野県の古墳からの出土事例は、東御市祢津の古見立古墳と諏訪市真志野大安寺跡の中塚古墳がある。前者は横穴式石室で、刀子と飛燕型鉄鏃をともない、後者は石積みの無石室墳である。

　また、長野県出土例では、大石下と単独出土といった特異な例がある。大石下から出土するものは、小諸市北大井の源太谷地と立科桐蔭寮上の2例があり、前者は大石除去の際に発見されるが、周辺域には源太谷地古墳群および加増古墳群といった横穴式石室を主体部とする終末期の群集墳が存在するので、

消滅墳の石室残骸を考慮する事例である。また、後者は近くにある雨境峠の祭祀との関連性を考えなければならない事例である。共伴遺物のない単独出土の6例に関しては、発掘調査例がなく墓や祭祀遺構とする見解もあるが、その実態は不明のままである。その他岡谷市大林の場合は、「明治末年、耕作中地下50cmに墨色瓦器壺発見、底部に骨粉と思われる白灰あり、蓋も残る。蕨手刀は後日、その位置で同様な瓦片と共に発見」との聞き取りから火葬墓と、長野市朝陽北長池の場合は、「昭和10年、桑畑を田に直すために、土壌を1尺2・3寸平均に広さを3～40坪近くも取り除けた際に、10坪程の間には、柔かい炭が多量に散布しており、また炉と思われる焼土の上に灰の多くあった箇所もあり、柱を立てた石とも思われる径1尺5・6寸の石が、6尺間隔に置かれたものも5・6箇存在し、炭の下には朝鮮土器の水差形のものや、土師器の小皿や同一様の破片が沢山存在し、その中から蕨手刀が出土」とあることから竪穴建物跡と、その出土状況から遺構の特徴を推測された。ただし、長野市朝陽北長池に関しては、竪穴建物跡ではなく礎石建物跡と想定できなくもない。

4. 出土資料の型式

　信濃国出土の蕨手刀について型式分類を行うと、以下のようになる。
　I類：両区もしくは片区で、柄は13.0cm以上と長く、撫肩の形状で柄頭へ至り、柄頭先端の位置が刃より下となる。刃身の元幅は狭く、直刃。鍔は柄頭から装着する。鋒は茅の葉もしくはフクラである。該当資料は、原村八ッ手、諏訪市荒神山古墳。
　II類：両区もしくは片区で、柄の長さは13.0cm未満に収まり、柄は真っ直ぐに柄頭へ至る。刃は直刃で、鍔は鋒から装着する。鋒は茅の葉もしくはフクラである。該当資料は、諏訪市大安寺跡、長野市朝陽北長池。
　III古類：無区で、柄の上面は棟よりも若干突出し、柄自体が弱く湾曲する。柄頭先端の位置は刃より上となる。鍔は鋒から挿入し、柄元の踏ん張りで絞め付ける。刃は直刃で、短寸。鋒は茅の葉である。該当資料は、東御市古見立古

墳。

　Ⅳ古類：無区で、柄元幅は広くなる。柄の長さは総じて短く、絞りを持ち、柄の下面は湾曲する。柄頭先端の位置は刃より上となる。鍔は鋒から挿入し、柄元の踏ん張りで絞め付ける。刃は直刃で、短寸。鋒はカマス、両刃、フクラである。該当資料は、小諸市北大井源太谷地、長門町大門猿小屋、佐久市英田地畑古墳。

　ⅢⅣ複合古類：無区で、柄の上面は棟より突出し、柄の下面は刃に対し湾曲して立ち上がる。柄頭先端の位置は刃より上となる。鍔は鋒から挿入し、柄元の踏ん張りで絞め付ける。刃は直刃で、長寸化する。鋒はカマスもしくはフクラである。該当資料は、岡谷市大林花上寺、佐久市蛇塚古墳。

　足金物は、銅製単鐶単脚式を装着するものとして、東御市古見立古墳刀と小諸市北大井源太谷地刀がある。この両者を比較すると足金物自体前者は平鞘、後者はやや丸鞘に近いもので古墳時代的要素が残る。柄に関しては、前者には絞りと若干の柄反りが、後者には柄反りはないが、強い絞りがそれぞれ観察できる。刃長については両者とも長寸化はみられず短寸に留まる。銅製台状双脚式を装着するとされる佐久市英田地畑古墳刀、鉄製台状双脚式を装着する佐久市蛇塚古墳刀、銅製山形櫓形双脚の長野市朝陽北長池刀がある。銅製平行単鐶単脚式（7世紀後〜8世紀前）→銅製段付張出形双脚（7世紀後〜8世紀前）→銅製台状形双脚（8世紀前〜中）→鉄製台状形双脚（8世紀中〜後）の変遷と年代観が示されている。そして山形に関しては、正倉院御物にある唐様大刀の拵から8世紀前半の年代とする傾向にある。

　諏訪地域では、型式としてⅠ類＝荒神山古墳、Ⅱ類＝大安寺跡、ⅢⅣ複合古類＝大林花上寺と3種類がみられるが、時期差として認知でき、横穴式石室墳、無石室墳、火葬墓と出土する遺構についても時期差が明確である。

5. 分布の特徴

　蕨手刀は、長野県では南東部に分布する傾向があり、古東山道沿いの地域にあたる。三野（美濃）→科野（信濃）→毛野（上野・下野）を最短で結ぶ古東山道のルートは、一志茂樹（一志 1993）により古墳時代以来の石製模造品を出土する祭祀遺跡などから、神坂峠（1,595 m）〜伊那谷を天竜川沿いに遡り〜高遠を三峯川・藤澤川沿いに遡り〜杖突峠（1,247 m）〜茅野市安国寺で諏訪盆地に、東部の山浦地方に入り、上川の支流音無川沿いに茅野市北山地籍を北上〜池の平（白樺湖）〜大門峠付近から蓼科山北麓の高原地帯〜雨境峠（1,575 m）〜千曲川支流の鹿曲川の上流を過ぎ瓜生坂を下り、北佐久郡望月町春日に下り、千曲川を渡河〜その支流湯川沿いに浅間山麓を横伝いに入山峠（1,035 m）と想定された。また、『令集解（考課令・殊功異行条）』には「古記云、殊功、謂笠大夫作伎蘇道、増封戸、須芳郡主帳須芳山嶺道、授正八位之類也」とみえ、笠氏の伎蘇道開通への恩賞授与が和銅 7 年（714）であることから、8 世紀前葉には諏訪郡〜佐久郡間の交通路は、古墳時代からの道路を改修もし

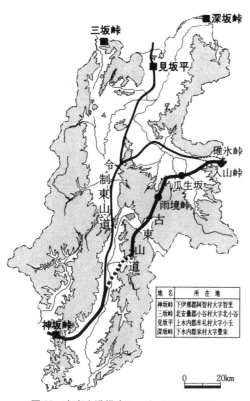

図 66　古東山道推定ルート（長野県 1989）

くは新設したものであることがわかる。

　諏訪と佐久を繋ぐ経路については、前記以外にも大河原峠（2,093 m）から佐久郡（現・佐久市）、麦草峠（2,150 m）から佐久郡（現・佐久穂町）なども考えられる。この両峠越えによる佐久郡入り経路には、佐久市臼田の田口を経由して田口峠（1,175 m）越えによる西毛地域への最短ルートといった利点がある。また、田口峠の南に隣る余地峠（1,268 m）は甲斐地方への経路でもある。

　蕨手刀は、古東山道の推定ルート沿いに単独に出土することが、長野県での大きな特徴である。こうした事例について、各自治体史では地域史の視点から次のような解釈を示している。山麓斜面からの伴出物のない出土の理由としては、東北経営のための政治・軍事的に重要な古東山道と絡めて宮坂光昭は『原村誌』上巻（1985）において、「原村八ツ手出土のものは、東北征討事業において、戦場を往還した軍団の将が、この地での不慮の事故を悼む記念として残したもの」と記し、また、戸沢充則は『岡谷市史』上巻（1984）において、「蕨手刀の分布は、諏訪地方から守屋山系峠路を超え、諏訪湖西岸から八ヶ岳山麓～蓼科山麓経由佐久へ通じる古代東山道にだぶる。また、蕨手刀みずからを畿内ヤマト政権確立後のもので、政治的匂いのする武器」としている。蕨手刀の単独出土については、いずれも不時発見により詳細な出土状況が把握できないが、副葬・供養品以外に地鎮的祭祀具との見解も考えられ、その答えには新資料の詳細な提示を待つしかない。一方、蕨手刀を出土する古墳・墳墓については、規模的には小さく、古墳の築造で先行古墳の築かれない丘陵斜面など地形的に不利な地域といった共通点があげられる。こうした現象は、古墳時代からの地域支配層とは異なる7世紀後半以降の新興勢力氏族の地域支配と関連すると考えられる。なお、諏訪地域の蕨手刀出土例について、宮坂光昭は、『諏訪市史（原始・古代・中世）』上巻（1995）で「中塚と荒神山例は、古墳に埋葬された人の子孫が後世に、追善供養したもので、おそらく8世紀代の将兵の武器である」とする意見を提示した。その地域の支配氏族との関連も考慮する問題である。

　ところで蕨手刀出土地点を『和名類聚抄』の古代郡郷名に投影すると、以下

のようになる。また、諏方・小県・佐久の各郡には牧が置かれる。

   1) 諏方郡：山鹿郷、美和郷（諏訪市真志野大安寺跡中塚古墳、同南大熊荒神山古墳）、返良郷（高遠、上伊那）

   2) 筑摩郡：山家郷（松本市中山埴原古墳群）

   3) 安曇郡：高家郷／八原郷（南安曇郡）

   4) 水内郡：長野市朝陽北長池

   5) 小県郡：童女郷（東御市祢津古見立古墳）

   6) 佐久郡：美理郷／大村郷（小諸市北大井源太谷地）、刑部郷（佐久穂町宮の入清水、小海町松原湖畔）、青治郷（佐久市野口英田地畑古墳、同法印塚蛇塚古墳）

6. 東北経営の記事

栅戸の移配については、『続日本紀』で以下のように記されている。

和銅7年（714）10月　尾張・上野・信濃・越後等の民200戸を出羽柵に配する。

霊亀2年（716）9月　陸奥置賜郡・最上郡および信濃・上野・越前・越後の百姓各100戸を出羽の配下とする。

養老元年（717）2月　信濃・上野・越前・越後の百姓各100戸を出羽柵戸に配する（上記記事との重複か）。

養老3年（719）7月　東海・東山・北陸3道の民200戸を出羽柵に配する。

仮に信濃国からの移住を200～300戸とした場合、50戸を1里（郷）として換算すると4～6里となり、『和名類聚抄』記載の信濃国の郷数62ないし67の10％が出羽に移住したと推定される。

文献記事と発掘成果の照合として、西村眞次は「赤湯古墳石室に現れている迫持式手法は、和銅七年十月若しくは霊亀二年九月に信濃から送られた出羽移民の影響ではないかと思うのである」と報告している（西村 1938）。

7. 信濃国における蕨手刀出土の意義

　長野県では19例の報告のうち、現存する資料は10例で、いわゆる古式の範疇にあるⅠ・Ⅱ・Ⅲ古・Ⅳ古類の東国形とⅢⅣ複合古類の東北形が存在する。出土遺構では、終末期古墳・火葬墓（推定）・礎石建物跡（推定）と山間部での単独出土がみられる。終末期古墳とは、古墳群の形成において伝統的に古墳が築造される地域を避けてつくられ、山麓や丘陵斜面に立地し、主体部は横穴式石室、小石室、箱式石棺などである。また、横穴式石室の場合、再利用されることもある。

　分布では県南東部の諏訪から佐久の地域に偏在する傾向がつかめる。それは古東山道沿いにあたり、そのうち単独出土については、古代信濃国での最も特徴的な遺構で、墳墓への副葬・供養品か、または峠越え交通路に関わる地鎮的祭祀具ではないかと考えられる。しかし、現在のところ、答えが得られず、隔靴掻痒の感は否めない。

　『日本書紀』斉明紀6年（660）条に「蝿群れて西に向いて、巨坂を飛びゆ。（後略）」と記され、その巨坂は佐久郡に接する東山道の碓氷坂（入山峠）と考えられる。「和歌山県小川旧庄五区共同保管・大般若経巻445」によると、後の佐久郡司は代々大坂氏が務めていたようである。ただし、大坂氏は『新撰姓氏録』の大和国神別に大坂直氏とあり、科野国造下の在地氏族ではない。律令国家成立による東山道の整備および管理を含め大坂氏が畿内よりこの地に派遣されたものと考えられる。また、この大坂氏の佐久郡への派遣と出羽への柵戸移住は連動するもので、佐久地域での旧在地勢力から新興勢力への入れ替えが行われたものと推測する。

　英田地畑古墳は、新海三社神社（佐久郡式内社・英多神社論社）社域に存在し、上野西部へ至る田口峠の麓にあたる。ところで新海三社神社の祭神は、興波岐命で建御名方命の御子で新開神・大県神・八県宿禰神等とも称され、田口に本拠を構えて千曲川などの河川の氾濫原や平地を開拓した集団であり、佐久

地方開拓の神として祀られる。建御名方命を祭神とする諏訪大社（諏訪郡式内社・南方刀美神社）との関係は強く、諏訪と佐久の両地域は、古東山道やその他の峠越えルートにより直結していた。その他、東御市祢津の古見立古墳は地蔵峠により上野の吾妻川流域へ、小諸市北大井源太谷地は碓氷峠により上野へ往来がそれぞれ可能な地域につくられており、交通の要衝を抑えた新興氏族の終末期の古墳として捉えられる。このような古墳から出土していることは、信濃国における蕨手刀出土現象の特徴である。

第2章付編　信濃国（長野県）出土蕨手刀集成

※凡例：実測図はS=1/6、法量×＝未計測、―＝計測不可

1　東御市（旧東部町）祢津古見立古墳

出典：『蕨手刀』（1966）
所蔵：東京国立博物館
法量：全長426 mm（鋒欠損）　刃長残321 mm　柄長105 mm　柄頭長30 mm
　　　柄幅27 mm　棟厚8 mm　元幅42 mm　先幅22 mm　鍔長56 mm、鍔幅×
　　　鍔厚6 mm　全反り3 mm　刃反り1 mm　柄反り3 mm　絞り20 mm
出土年および状況：明治25年（1892）、烏帽子山麓の古墳群中、横穴式石室を持つ径
　　　25 mの円墳から、刀子と飛燕式短頸鉄鏃とともに出土。
概要：鋒端部は欠損。無区、平棟、平造り、茅の葉鋒。鉄製小判形喰出鍔を柄頭から
　　　装着。鵐目、座金は欠失する。銅製縁高鞘口金具と銅製平行形単鐶単脚式足金
　　　物1組を装着。
文献：小縣郡役所　1922『小縣郡史』本篇　小縣時報局

2　小県郡長和町（旧長門町）大門猿小屋

出典：『蕨手刀』（1966）
所蔵：東京国立博物館
法量：全長491 mm　刃長362 mm　柄長129 cm　柄頭長23 mm　柄幅32 mm
　　　棟厚8 mm　元幅50 mm　先幅32 mm　鍔長65 mm　鍔幅×　鍔厚6 mm
　　　全反り6 mm　刃反り1 mm　柄反り8 mm　絞り29 mm
出土年および状況：昭和30年（1955）、単独出土。
概要：無区で柄の絞りは強い。平棟、鋒両刃平造り。鉄製絞り小判形喰出鍔。鵐目、
　　　座金は欠失する。

その他：地金は大肌が混じり地沸が付き、総体に白けごころがある。
文献：佐藤貫一　1963「新資料蕨手の横刀について」『刀剣美術』第79号　（財）日本美術刀剣保存協会

3　諏訪市湖南真志野大安寺跡（中塚古墳）

出典：『蕨手刀』（1966）
所蔵：個人蔵
法量：全長462mm（鋒欠損）　刃長残337mm　柄長125mm　柄頭長26mm
　　　柄幅20mm　棟厚6mm　元幅39mm　先幅20mm　鍔長55mm　鍔幅×
　　　鍔厚5mm　全反り－6mm　刃反り－1mm　柄反り－6mm　絞り16mm
出土年および状況：昭和11年（1936）、石積状の無石室古墳から出土。
概要：絞りおよび柄反りはなく、刃区、平棟、片切刃造り。鉄製の絞り小判形喰出鍔を柄頭から装着。銅製鵐目、座金。
文献：鳥居龍蔵　1924『諏訪史』第1巻　信濃教育会諏訪部会

4　諏訪郡原村八ツ手（鹿垣遺跡）

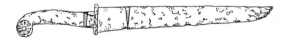

出典：『蕨手刀』（1966）
所蔵：個人蔵
法量：全長421mm　刃長286mm　柄長135mm　柄頭長23mm　柄幅19mm
　　　棟厚7mm　元幅34mm　先幅20mm　鍔長43mm　鍔幅×　鍔厚6mm
　　　全反り－3mm　刃反り－1mm　柄反り－3mm　絞り18mm
出土年および状況：明治6年（1873）頃、水溜掘削時に偶然発見、小土墳。単独出土。
概要：柄に絞りおよび反りは全くなく、細長い。両区、平棟、茅の葉鋒。鉄製絞り小判形喰出鍔を柄頭から装着。銅製鵐目、平菊座金。
文献：石井昌国　1966『蕨手刀』雄山閣

5　岡谷市大林花上寺

出典：『蕨手刀』（1966）
所蔵：岡谷市美術考古館
法量：全長 567 mm（鋒欠損）　刃長残 458 mm　柄長 109 mm　柄頭長 27 mm
　　　柄幅 25 mm　棟厚 8 mm　元幅 42 mm　先幅 31 mm　鍔長 57 mm　鍔幅 ×
　　　鍔厚 6 mm　全反り 8 mm　刃反り 4 mm　柄反り 12 mm　絞り 30 mm
出土年および状況：明治 43 年（1910）耕作中地下 50 cm に黒色瓦器壺を発見、底部
　　　に骨粉と思われる白灰あり、蓋も残る。蕨手刀は後日、その位置より出土。須
　　　恵器骨蔵器と共伴する火葬墓と推定される。
概要：無区、平棟、平造り。鉄製角切三角形喰出鍔。
文献：桐原健　1976「蕨手刀の祖型と性格—信濃における蕨手刀のあり方について」
　　　『信濃』第 28 巻第 4 号　信濃史学会

6　長野市朝陽北長池（小島柳原遺跡群）

出典：『蕨手刀』（1966）
所蔵：池生神社
法量：全長 511 mm（鋒欠損）　刃長残 384 mm　柄長 127 mm　柄頭長 40 mm
　　　柄幅 26 mm　棟厚 9 mm　元幅 53 mm　先幅 29 mm　全反り − 4 mm
　　　刃反り 1 mm　柄反り − 6 mm　絞り 23 mm
出土年および状況：昭和 10 年（1935）善光寺平の微高地に立地する礎石建物跡と推
　　　定される遺構から須恵器甕と共伴して出土。
概要：三つに折れる。柄には絞りおよび反りはなく、刃区、平棟、平造り、フクラ
　　　鋒。鍔は欠失、銅製鶏目と座金は、銅板を単菊に切ったもの。銅製山形双脚式
　　　の二の足金物 1 個が装着され残る。もともと、一の足金物は柄元部分に装着さ
　　　れ、七ッ金も付いていたが脱落してしまった。少し離れて出土した楕円形の銅
　　　製鐶は、責金物と推定される。
文献：栗岩英治　1935「宅址から蕨手の刀」『信濃』第 4 巻第 11 号　信濃史学会
　　　石井昌国　1966『蕨手刀』雄山閣

7　小諸市北大井源太谷地

出典：『昭和46年度農業振興地域等開発地域埋蔵文化財緊急分布調査報告書』(1972)
所蔵：東京国立博物館
法量：全長 428 mm（鋒欠損）　刃長 304 mm　柄長 124 mm　柄頭長 35 mm
　　　柄幅 24 mm　棟厚 8 mm　元幅 50 mm　先幅 35 mm　全反り 4 mm
　　　刃反り 0 mm　柄反り 4 mm　絞り 20 mm
出土年および状況：昭和28年（1953）、畑の大石を除去中、地表下60 cmから単独出土。
概要：柄の絞りはきわめて強いが、反りはない。無区、平棟、平造り、カマス鋒。鍔、鎺目、座金は欠失する。銅製平行形単鐶単脚式足金物1組を装着。木鞘の痕跡あり。
文献：長野県教育委員会　1972『昭和46年度農業振興地域等開発地域埋蔵文化財緊急分布調査報告書』長野県教育委員会
　　　小諸市誌編纂委員会　1974『小諸市誌・考古篇』小諸市教育委員会

8　諏訪市湖南大熊荒神山古墳

出典：『昭和50年度長野県中央道埋蔵文化財包蔵地発掘調査報告書・諏訪市その4』(1976)
所蔵：長野県教育委員会
法量：全長 510 mm（柄頭欠損）　刃長 377 mm　柄長 133 mm　柄頭長 —
　　　柄幅 25 mm　棟厚 8 mm　元幅 35 mm　先幅 30 mm　全反り −12 mm
　　　刃反り 0 mm　柄反り −12 mm　絞り 6 mm
出土年および状況：昭和50年（1975）、工事掘削中に偶然発見され、長野県教育委員会によって緊急発掘された。斜面を利用した横穴式石室で、掘り方と控え積みの一部が残るのみ。東に開口すると推定される。
概要：柄頭は欠損する。柄に絞りおよび反りは全くなく、細長い。柄頭には撫肩に至る。両区、平棟、平造り、フクラ鋒。鉄製小判形喰出鍔。片刃鑿式長頸、飛燕式単頸。

9 佐久市（旧臼田町）野口英田地畑古墳

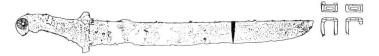

出典：『信濃』第 18 巻第 4 号（1966）
所蔵：東京国立博物館
法量：全長 485 mm　刃長 363 mm　柄長 122 mm　柄頭長 24 mm　柄幅 26 mm
　　　棟厚 6 mm　元幅 40 mm　先幅 30 mm　鍔幅×　鍔厚×　鍔長 64 mm
　　　全反り 9 mm　刃反り 4 mm　柄反り 10 mm　絞り 28 mm
出土年および状況：(1965) 千曲川支流の雨川右岸、長野県考古学会佐久部会により発掘調査。横穴式石室から直刀、鉄鏃、三輪玉、須恵器および土師器破片と共伴して出土。
概要：無区、平棟、平造り、フクラ鋒。鉄製板鍔、銅製鶏目、玉菊座金。銅製台状形双脚式足金物 1 組を残す。
文献：竹内恒　1966「蕨手刀を出土した南佐久郡臼田町英田地畑古墳」『信濃』第 18 巻第 4 号　信濃史学会

10 佐久市（旧臼田町）法印塚蛇塚古墳

本書（161～162 頁）参照

11 南佐久郡小海町松原湖畔

概要：昭和初年の発見、共伴遺物は不明。刃長 205 mm、柄長 129 mm、柄反り 4 mm が計測されている。
文献：石井昌国　1966『蕨手刀』雄山閣

12 北佐久郡立科町桐蔭寮上

概要：昭和 39 年（1964）、大門石掘削の際に発見、伴出遺物はなかったとのことであるが、墳墓的遺構の存在が推察されないでもない。

文献：桐原健　1967「長野県北佐久郡立科町雨境峠祭祀遺跡群の踏査」『信濃』第19巻第6号　信濃史学会

13　北佐久郡立科町赤沼平
概要：昭和18年（1943）、女神湖堰堤工事中に発見、刃は狭く、長さ1尺4～5寸であった。
文献：桐原健　1967「長野県北佐久郡立科町雨境峠祭祀遺跡群の踏査」『信濃』第19巻第6号　信濃史学会

14　上伊那郡
概要：栗岩英治報文「宅址から蕨手の刀」(『信濃』第4巻第11号　信濃史学会1935）に記載、なお、「前号（宅址から蕨手刀）に対する補遺感想等」(『信濃』第4巻第12号　信濃史学会　1935）で訂正するが詳細は不明。
文献：石井昌国　1966『蕨手刀』雄山閣、桐原健　1976「蕨手刀の祖型と性格」『信濃』第28巻第4号　信濃史学会

15　上伊那郡
同上

16　高遠町付近
概要：明治年間（1868～1912）の出土。
文献：石井昌国　1966『蕨手刀』雄山閣、桐原健　1976「蕨手刀の祖型と性格」『信濃』第28巻第4号　信濃史学会

17　松本市中山埴原古墳
概要：「東筑中山村の埴原古墳から出土したものが小学校にあった」と下記文献に記載される。
文献：栗岩英治　1935「前号（宅址から蕨手刀）に対する補遺感想等」『信濃』第4巻第12号　信濃史学会

18　南安曇郡

概要：「南安曇郡でも出ていたように記憶する」と下記文献に記載される。

文献：　栗岩英治　1935「前号（宅址から蕨手刀）に対する補遺感想等」『信濃』第4巻第12号　信濃史学会

19　南佐久郡佐久穂町（旧八千穂村）宮の入清水

概要：「直刀と蕨手刀が出土したという。（中略）柄が蕨手に曲がっていたという（後略）」と下記文献に記載される。

文献：八千穂村誌歴史編編纂委員会　2005『八千穂村誌第4巻（歴史編）』八千穂村誌刊行会

第3章 下野国（栃木県）

　下野国、すなわち現在の栃木県では、これまでに益子町と足利市から1口ずつ蕨手刀の出土が報告されている。

1. 芳賀郡益子町田野山居台

　本刀は、大場磐雄により昭和22年（1947）に「蕨手刀について」（『考古学雑誌』第34巻第10号）で報告された。それによると「発見地：下野・芳賀・田野・山居台、遺跡、伴出遺物は不明、柄と刃の比率による型式は1：4、実見」とあるのみで、柄と刃の比率から大場分類c型の範疇にあり、北東北・北海道に多くみられる刀身の長い新式と推定できるのみである。これに関しては、『楽石雑筆』巻9の昭和5年（1930）の宇都宮行（考古学会遠足）に「◎四月二十日。（略）次に商品陳列所に入り、ここにも少しく遺物あり、中に河内郡姿川村亀塚発見及前記愛宕塚発見の彩色文様ある埴輪楯片あり、又芳賀郡田野村山居台発見の蕨手あり。これ本国於ける唯一のものと、

図67 下野国蕨手刀分布図（1：芳賀郡益子町田野山居台、2：足利市文選遺跡）

(略)」と実見したことが記されている。

石井昌国著『蕨手刀』(1966) には、「附録・蕨手刀調査要覧では、型式・不明、発見地・栃木県芳賀郡益子町田野山居台、全長、遺跡、遺物、所在は不明、出典の初出は大場磐雄「蕨手刀について」(『考古学雑誌』第34巻第10号・1947)、大正年間発見」とある。

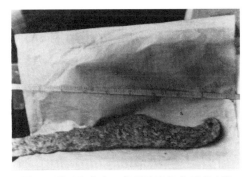

図68　益子町出土の蕨手刀写真(國學院大學博物館(考古)所蔵)

『柴田常恵写真資料目録Ⅰ』の岩手・栃木に「0487　栃木県芳賀郡田野村字山本字山居古発見　栃木県蔵　99×68」と蕨手刀の写真が収録されている。柄から刀身部が写されるが、刀身は画格から外れている。スケールが写し込まれていることから、45cm以上、柄反りと絞りが強く、無区、鍔と菊座金は欠失する状況が確認できる。

受入れ時の仮台帳では、紙焼き写真5817枚、フィールドノート83冊、拓本5837枚、自筆原稿など108冊、ガラス乾板177枚。紙焼き写真は43冊のアルバムに収められる。柴田常恵自ら撮影したものと、他から譲り受けたものが混在する。書式は不統一だが、写真裏面に撮影の場所、日時、対象物の種類、名称、由来などが記載される。資料中には現在亡失したものもあり、貴重な二次資料である。この写真は没後、柴田を師と仰ぎ、「外弟子」と自負する大場磐雄によって國學院大學考古学研究室の所蔵となった。

2. 足利市文選遺跡 (東光寺境内)

本刀は、昭和22～23年 (1947～48) 頃に上渋垂町の東光寺境内の径6～7mの古墳状の盛土から出土したものである。近藤義郎に「(略) 僕の先祖の眠る

図69　東光寺境内の蕨手刀の出土地点

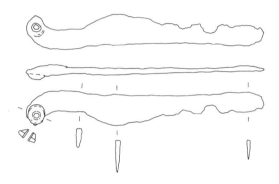

図70　足利市出土の蕨手刀実測図（S=1/5）
（筆者実測、岡山大学考古学研究室所蔵）

図71　足利市出土の蕨手刀写真（S=1/6）
（岡山大学考古学研究室所蔵）

寺の境内にあった円墳を寺の後継ぎの小坊主を誘って掘ったりもした。そこからぼろぼろに錆びた蕨手の刀が出土した。いま岡山大学考古学研究室に保管されている」と記述されている（近藤 1992）。現在も岡山大学の通称「赤レンガ」考古学資料館に所蔵されている。

出土地については、平成17年（2005）4月29日に近藤氏から「出土地は足利市渋垂、東光寺境内遺跡。1947～48年頃、径6～7mの古墳状の盛土から出土、伴出遺物なし」と、改めて教示を受けた。場所は特定できないが、境内西側の墓地内と推定される。

残存長327 mm、柄長119 mm、残刃長208 mm、柄頭長38 mm、柄幅24 mm、元幅42 mm、先幅27 mm、棟厚5 mm、重量225 g、鍔はなく、柄の絞り20 mm、反りは5 mmと浅く、区は無区、座金と鵐目は鉄製、刃

反り4mm、全反り8mmを測る。

Ⅳ古類形式、無区の柄元から柄下辺は湾曲する。刀身の鋒は欠損するが、長三角形を呈する。

3. 下野国における蕨手刀出土の意義

　益子町は県の東南部、八溝山地の西麓、西部には小貝川が南流する。蕨手刀が発見された田野山居台は、八溝山地から北西に延びる小貝川の支流ぐみ川が西流する台地である。山居台遺跡は、縄文から奈良・平安時代の複合遺跡で、丘陵には古墳が分布する。古代の芳賀郡は古家・廣妹・遠妹・物部・芳賀・若續・承舎・石田・氏家・丈部・財部・川口・眞壁・新田の14郷からなる上郡である。益子町山本については、若續郷に比定される。

　一方、文選遺跡は、渡良瀬川によって形成された自然堤防、矢場川左岸に所在する古墳から平安時代の遺跡で、そこに文選古墳群もある。墳丘が現存するものは、熊野神社古墳（1号墳）、諏訪神社古墳（方墳・2号墳）、赤城神社古墳（円墳・3号墳）、東光寺裏古墳（4号墳）の4基である。その他にすでに削平されたものとして東京国立博物館に出土品が所蔵される字文撰206番地所在の古墳（5号墳）、赤城神社西側の古墳（6号墳）、白山神社を祀っていた古墳（7号墳）、諏訪神社を祀っていた古墳（8号墳）、古川用水改修時に破壊された9号墳、開墾破壊された10号墳、横穴式石室の前方後円墳である11号墳があった。文撰古墳群は、6世紀中から後半に築造が始まり7世紀に至る。上渋垂町は足利市の南部にあり、渡良瀬川南岸は、河道の移動のため扇状地や自然堤防が発達する。古代では冷水川を境に足利郡と梁田郡に分かれ、梁田郡は大宅・深川・餘戸の3郷からなる小郡だが、大宅郷は現在の福居と渋垂両町に比定されている。

　下野国での東山道駅家は足利駅・三鴨駅・田部駅・衣川駅・新田駅・磐上駅・黒川駅の7駅だが、足利市文選遺跡（東光寺境内）は梁田郡大宅郷にあ

り、足利郡駅家郷とは隣り合わせである。また、足利駅は宝亀2年（771）までは東山道武蔵路の分岐駅でもあり、武蔵路が梁田郡内を通っていた。一方、益子町山居台遺跡は、芳賀郡若續郷にあり、東山道の幹線からは遠く離れる。下野国での蕨手刀の出土現象の特徴としては、足利市文選遺跡（東光寺境内）の場合、水陸交通の要衝地の古墳築造において、伝統的に古墳群が形成される地域での終末期古墳からの出土である点があげられる。

　ところで蕨手刀の出土点数について、長野19例、群馬18例、福島および宮城南端23例に対し、栃木は2例と極端に少ない。古代において下野国は、東山道国として地理的に信濃・上野と陸奥南部の間にあり、東辺の陸奥国府への蝦夷征討の兵站地としての東山道国であるにもかかわらず、蕨手刀の出土点数に差があり、その点数の少なさが特異である。なぜ、ここまで少ない出土点数なのか。疑問点が多く、今後の精査がまたれる。

第4章　陸奥国南部（福島県および宮城県南部）

　日本列島における新潟平野〜米沢盆地〜仙台平野を結んだ線は、中央集権国家社会と蝦夷社会との境界で、南は内国の国造分布の北限となり、『先代旧事本紀』の「国造本紀」による分布とも対応する。そして大化5年（649）から白雉4年（653）にかけて、陸奥国南部では10の国造のもとで建評が行われた。その国造名と後の郡名は、道奥菊多（菊多郡）・石城（磐城郡）・染羽（標葉郡）・浮田（宇多郡）・思（亘理郡）・白河（白河郡）・石背（磐瀬郡）・阿尺（安積郡）・信夫（信夫郡）・伊久（伊具郡）である。それは現在の福島県全域と宮城県南部の阿武隈川下流域の角田市、丸森町、亘理町、山元町にあたる。現在の市町村名との対比は、以下のとおり道奥菊多（菊多郡）＝福島県いわき市南部、石城（磐城郡）＝いわき市、染羽（標葉郡）＝双葉郡域、浮田（宇多郡）＝相馬市・新地町、思（亘理郡）＝宮城県山元町・同亘理町、白河（白河郡）＝白河市、石背（磐瀬郡）＝須賀川市、阿尺（安積郡）＝郡山市、信夫（信夫郡）＝福島市、伊久（伊具郡）＝宮城県丸森町・同角田市、行方郡＝南相馬市・飯舘村、会津郡＝会津若松市である。なお、平安時代には信夫郡から伊達郡、安積郡から安達郡、会津郡から耶麻郡がそれぞれ分郡する（図72上）。

　この地域での蕨手刀の出土は、これまでに23例の報告がある。発掘調査によるものは、わずか6例と少なく、偶然発見されたものが多い。遺跡の種類では古墳、横穴墓、骨蔵器を含む火葬墳墓などである。そして分布では福島県の場合、会津地域で2口、浜通り地域で1口、その他はすべて中通り地域からの出土で、大きな偏りがみられる。また宮城県南部では、浜通りに続く沿岸部と内陸へ続く阿武隈川沿いで、それぞれ3口ずつが出土している。

　蕨手刀は7世紀後半にはすでに上信（群馬・長野）地域を中心に鍛造されて

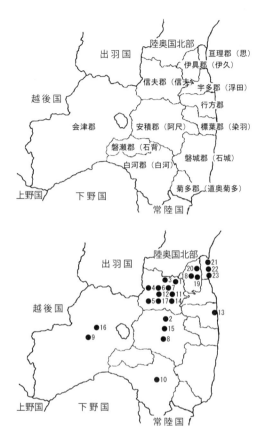

図72 陸奥国南部の各郡（国造）および蕨手刀の分布（番号は本文参照）

いたと考えられる。刀自体の形態としては、柄反りや絞りがないかもしくは弱く、刀身が短いものを古相、柄反りや絞りが強く、刀身が長いものを新相と分類が可能である。本章では対蝦夷最前線にあたる東北南部における蕨手刀の様相について検証する（図72下）。

1. 発見履歴と資料の再検証

伊達市（旧伊達町）伏黒字南屋敷（不明）信夫郡（図72下1）

伊達市伏黒出土刀は、文政7年（1824）3月3日に井戸を掘削中に出土したが、現存しない。明治13年（1880）の『伊達郡誌』で報告され、明治33年（1900）に訂正増補『信達二郡村誌』22巻として刊行されている。佐藤太四郎蔵、発見時は全長595mmで鍔を装着、柄頭の懸通孔も残っていたが後に欠損。残された図からは、柄反りはなく、鋒両刃の形状とみられる。ところで江坂輝弥「福島県下発見の蕨手刀」（『古代』第31号、1959年）には、昭和23年（1948）頃の福島県での遺物調査で出土した、伊達郡伏黒村南屋敷発見の蕨手刀（図73-5）が報告されている。大正元年（1912）、同地の佐藤孫左衛門氏が宅地内の大欅の根本を土蔵新築のため地

均工事中に発見したが、墳丘および共伴遺物はなかった。全長550mm、刀身440mm、柄長110mm、鍔厚7mm、棟厚5mmと柄に対し刀身が長く、埋めた際に包装した布の痕跡がある。なお、『信達二郡村誌』と同一資料なのか異なる資料なのか確認不可能だが、梅宮茂の調査によると同一資料の記述としては『信達二郡村誌』に信憑性があるとする（大平1992）。

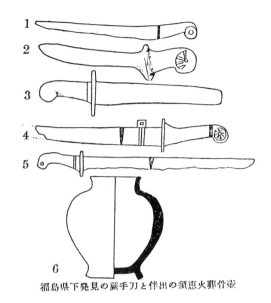

図73　江坂輝弥による福島県内の蕨手刀スケッチ
（江坂1959）

二本松市大平字下矢戸（Ⅰ類）安積郡（図72下2）

二本松市大平出土の観世寺所蔵刀は、江戸時代に黒塚から出土したという伝えのみで、出土状況については不明である。安達ガ原の鬼婆伝説にまつわる出刃包丁として伝わる。なお、明治9年（1876）の明治天皇東北行幸に帯同した岸田吟香著『東北御巡幸記』にスケッチが掲載されている。法量は残存長367mm、残存刃長239mm、柄長128mm、元幅36mm、棟厚6mm、柄反り−12mm、絞り8mmを測る。平棟平造で無区とみられ、鋒は欠損する。鍔は残存しないが、鋒から挿入の可能性あり。柄反りと絞りはなく、柄は内反り、柄頭の位置は刃より下方にある。型式はⅠ類（石井Ⅰ（刀子）型、八木柄頭B類）に該当する。

国見町大木戸古墳群6号墳（ⅢⅣ複合古類）信夫郡（図72下3）

本刀（図73-4）は伊達郡国見町大木戸字遠光寺原出土で、国見町教育委員会所蔵である。昭和4年（1929）もしくは5年（1930）に円墳の箱式石棺から出土し、鉄製の横鐶単脚式足金物1組をともなう。平棟平造りで無区、鋒先端

は欠損し、角切三角形状の鉄製板鍔と縁金具を装着する。鉄製の無文座金と鶚目が残る。法量は残存長398 mm、残存刃長276 mm、柄長122 mm、元幅38 mm、棟厚6 mm、柄反り13 mm、絞り31 mmを測る。

福島市飯坂町平野明神脇・石堂（旧称・鯖野古墳）（ⅢⅣ複合古類）信夫郡（図72下4）

本刀（図73-3）は医王寺所蔵で、昭和9年（1934）に出土した。江坂報告では、福島市飯坂町平野明神脇字石堂と、『福島県埋蔵文化財一覧表』（1985）には、鯖野古墳から蕨手刀出土の記載がある。刀身は平棟平造りで、カマス鋒、刀身を3等分に折り曲げる。鍔は角切板鍔で、縁金具で留める。法量は残存605 mm、残存刃長485 mm、柄長120 mm、元幅40 mm、棟厚6 mm、柄反り13 mm、絞り30 mmを測る。

福島市平石字原高屋（Ⅱ類）信夫郡（図72下5）

福島市平石字原高屋刀は明治18年（1885）の出土で、個人蔵である。平棟平造り、無反りで、法量は残存長450 mm、残存刃長319 mm、柄長131 mm、元幅42 mm、棟厚10 mm、柄反り0 mm、絞り16 mmを測る。

福島市明石場（ⅢⅣ複合古類）信夫郡（図72下6）

福島市明石場刀（図73-2）は福島県文化センター所蔵で、昭和20年（1945）頃火葬骨蔵器をともない発見されるが詳細は不明である。平棟平造り、カマス鋒、倒卵形鉄製板鍔、鉄製座金に鶚目を残す。

法量は全長405 mm、刃長298 mm、柄長107 mm、元幅35 mm、棟厚6 mm、柄反り15 mm、絞り31 mmを測る。

福島市平野・井野目古墳（不明）信夫郡（図72下7）

現存せず不明。

郡山市大槻（Ⅳ古類）安積郡（図72下8）

郡山市大槻出土刀（図73-1）は円寿寺所蔵で、昭和19年（1944）に古墳から出土とされるが詳細不明である。法量は全長400 mm、刃長299 mm、柄長101 mm、元幅32 mm、棟厚5 mm、柄反り7 mm、絞り20 mmを測る。

大沼郡会津美里町（旧新鶴村）佐賀瀬川峯山（ⅢⅣ複合古類）会津郡（図72下9）

会津美里町佐賀瀬川峯山刀は、個人蔵で、昭和31年（1956）に山の尾根窪地から木炭敷土坑から須恵器蓋と土師器坏とともに出土した。平棟平造り、カマス鋒、鉄製喰出鍔、鉄製座金に鶏目を残す。法量は全長673 mm、刃長552 mm、柄長121 mm、元幅46 mm、棟厚8 mm、柄反り15 mm、絞り31 mmを測る。

西白河郡泉崎村観音山北横穴墓群3号墓（Ⅲ古類）白河郡（図72下10）

本刀は、昭和46年（1971）に東北自動車道建設にともなう発掘調査で出土した。玄室中央から鋒を入口に向け、抜き身で副葬品として出土、被葬者は壮年男子1体のみで、その他に刀子1点を共伴する。全長382 mm、刃長256 mm、柄長126 mm、元幅41 mm、棟厚7 mm、柄反り3 mm、絞り20 mmを測る。平棟平造り、フクラ鋒、倒卵形の鉄製板鍔を、両区に柄から挿入する。福島県教育委員会所蔵である。

伊達市（旧伊達郡梁川町）新山古墳群2号墳（ⅢⅣ複合古類）信夫郡（図72下11）

本刀は、胴張り横穴式石室の新山古墳群2号墳から昭和36年（1961）に乱掘され、奥壁に近い東側側壁と平行して出土した。個人蔵。平棟平造り、鉄製喰出鍔座金に鶏目が残る。柄長126 mm、元幅40 mm、棟厚7 mm、柄反り2 mm、絞り22 mmを測る。

伊達市（旧伊達郡梁川町）寺山（ⅢⅣ複合古類）信夫郡（図72下12）

本刀については、昭和5年（1930）から16年（1941）頃に記された個人蒐集の『尚古堂贈品目録』巻5に「伊達郡堰本村大字新田の橘種次郎氏が同村字寺山と称する所の松林の中にあった積石塚より発掘せるものにて……云々」との記述がある。

錆化と破損が著しいが、平棟平造り、カマス鋒、柄の反りと絞りは強い。

南相馬市（旧鹿島町南海老）（ⅢⅣ複合古類）行方郡（図72下13）

本刀については、昭和5年（1930）から16年（1941）頃に記された個人蒐集の『尚古堂贈品目録』巻4・5に相馬郡八澤村南海老横穴古墳出土として須恵器の平瓶と小玉8個とともに図が掲載されている。平棟、平造り、カマス

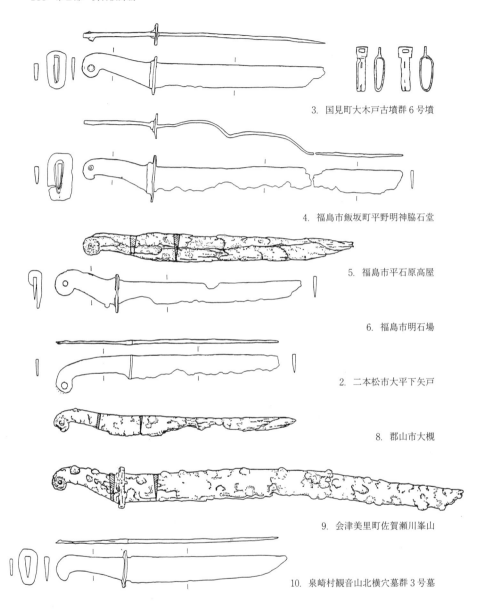

図74　陸奥国南部出土の蕨手刀1（S=1/6）（番号は図72に対応する）

第 4 章　陸奥国南部　189

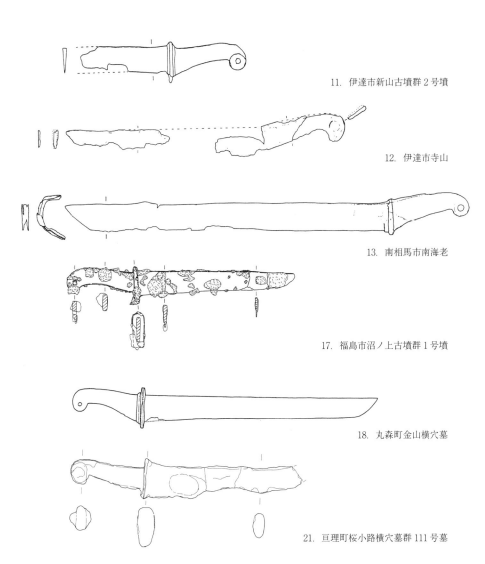

11. 伊達市新山古墳群 2 号墳

12. 伊達市寺山

13. 南相馬市南海老

17. 福島市沼ノ上古墳群 1 号墳

18. 丸森町金山横穴墓

21. 亘理町桜小路横穴墓群 111 号墓

図 75　陸奥国南部出土の蕨手刀 2（S=1/6）（番号は図 72 に対応する）

鋒、無区、喰出鍔、筒金の鞘口金具と覆輪式の鞘尻金具が残る。法量は全長665mm、刃長529mm、柄長136mm、元幅44mm、棟厚8mm、柄反り16mm、絞り34mmを測る。

伊達市（旧伊達郡保原町）内山古墳　ⅢⅣ複合古類　信夫郡（図72下14）

内山古墳は旧保原町域の西南部丘陵北裾にあり、過去に蕨手刀や玉類を出土しているが、現在は住宅化により壊滅している。蕨手刀は全長560mm、刃長415mm、柄長145mm、元幅58mm、柄反り12mm、絞り36mmを測る。平棟平造り、カマス鋒、絞り小判形の鉄製喰出鍔で、鋒から鍔を挿入する。鉄製菊座と鵐目が残る。伊達市教育委員会所蔵で、詳細は未報告である。

本宮市（旧安達郡白沢村）白旗山2号墳（不明）安積郡（図72下15）

白旗山古墳群2号墳（円墳・径12m）の墳丘表土下、黄褐色砂土層を掘り込む木炭灰包含層の底部から腐蝕した長さ26cm、幅4cmの蕨手刀状の痕跡が確認された。その他に木炭とともに刀子もしくは鉄鏃と土師器の坏および壺の破片が散乱していた。主体部は木棺直葬と推定される。

会津若松市内・現存せず（不明）会津郡（図72下16）

大正初年発見、錆失とある。

福島市沼ノ上1号墳（Ⅳ古）信夫郡（図72下17）

沼ノ上1号墳出土刀は福島市教育委員会所蔵で、平成5年（1993）に発掘調査が行われ、玄室左玄門側に抜き身で、鋒を下に立て掛けた状態で出土した。周辺に鞘や足金物はない。鋒および刃の一部が欠損、平棟平造、区の有無は不明、鉄製小判形喰出鍔、柄頭の座金はない。法量は全長382mm、刃長262mm、柄長120mm、元幅36mm、棟厚6mm、柄反り6mm、絞り20mmを測る。

宮城県伊具郡丸森町金山横穴墓（ⅢⅣ複合古）伊具郡（図72下18）

丸森町金山横穴墓出土刀は個人蔵で、詳細は不明である。平棟平造り、カマス鋒、絞り小判形の鉄製喰出鍔、鉄製柄縁、柄の絞りはきわめて強い。法量は全長496mm、刃長379mm、柄長117mm、元幅42mm、棟厚6mm、柄反り9mm、絞り33mmを測る。

宮城県伊具郡丸森町金山町内（不明）伊具郡（図 72 下 19）

昭和 3 年（1929）に喜田貞吉は『学窓日誌』に「伊具郡金山村にはいわゆる蝦夷穴が多い。先年金山と小齋との間の谷地開墾の際、蕨手刀、曲玉などを掘り出した。現物今同村小学校にある、云云」と掲載するが、蕨手刀など出土品は現存せず、詳細は不明である。

宮城県角田市大久保古墳群（不明）伊具郡（図 72 下 20）

詳細は不明である。

宮城県亘理郡亘理町桜小路横穴墓群 111 号墓（Ⅲ古）亘理郡（図 72 下 21）

桜小路横穴墓群 111 号墓出土刀は、亘理町教育委員会所蔵で、平成 22 年（2010）に発掘調査、玄室から刀身を欠損した状態で出土した。他に鉄鏃柄が 1 点出土している。平棟平造り、両区、喰出鍔が装着される。法量は残存長 369 mm、残存刃長 247 mm　柄長 122 mm、元幅 54 mm、柄反り 9 mm、絞り 18 mm を測る。

宮城県亘理郡山元町合戦原遺跡 ST30 横穴墓（不明）亘理郡（図 72 下 22）

合戦原遺跡 ST30 横穴墓出土刀は、山元町教育委員会所蔵で、平成 26 年（2014）の発掘調査により、玄室から出土と報告される。

宮城県亘理郡山元町合戦原遺跡 ST34 横穴墓遺構外（不明）亘理郡（図 72 下 23）

合戦原遺跡 ST34 横穴墓出土刀は、山元町教育委員会所蔵で、平成 26 年（2014）発掘調査により、墓道脇の上場付近から出土と報告される。

2. 陸奥国南部の動向

　陸奥国南部地域は、7 世紀後半には中央政権により、冒頭で示したように旧国造勢力の支配領域を温存し、傘下に組み込む地方支配が積極的に行われた。古墳の築造においては、群集墳の単葬化、横穴墓の各地域への展開などがみられる。そして最大の特徴として浜通り地域に鉄生産の導入があげられる。7 世紀後半に西国（備中・近江）から長方形箱型炉による製鉄を行い、8 世紀には東国（上野）から半地下式竪型炉による鉄生産も併用された。相馬地方の新地

町武井地区、相馬市大坪地区、南相馬市金沢地区などの各製鉄遺跡群では、製鉄炉・廃滓場・木炭窯が発掘され、その状況はコンビナートさながらの地域であった。鉄生産に関しては、対蝦夷政策のみならず国内への内需拡大政策と繋がるものと考えられる。

養老2年（718）には、石背国（会津郡と中通りの白河・磐瀬・安積・信夫の5郡）と石城国（常陸国北部の多珂郡210戸を割いた菊多郡と浜通りの石城・標葉・行方・宇多・亘理の5郡）の各国に分離、伊具郡は陸奥国（刈田郡・岩沼以北）に残留した。しかし、養老4年（720）から多賀城が置かれた神亀元年（724）までに陸奥国へ再併合されている。当地域でのこうした行政の再編は、中央政権の東北経営の根幹であった。また、陸奥国に置かれた七軍団のうち、中通りの白河・安積と浜通りの磐城・行方にはそれぞれ軍団が置かれていた。なお、神亀5年（728）段階では、白河・安積・行方・名取・玉造の五軍団である。

陸奥国南部の豪族については、『続日本紀』神護景雲3年（769）3月12日条に陸奥国大国造道嶋宿禰嶋足の請による陸奥国一斉賜姓記事から知ることができる。陸奥国のほぼ全域の19郡におよび賜姓者63名であった。そのうち南部地域からは、白河郡人外正七位上丈部子老・標葉郡人正六位上丈部賀例努に阿部陸奥臣、安積郡人外従七位外丈部直継足に阿部安積臣、信夫郡人外正六位上丈部大場に阿部信夫臣、会津郡人外正八位下丈部庭虫に阿部会津臣、磐城郡人外正六位上丈部山際に於保磐城臣、日理郡人外従七位上宗何部池守に湯坐日理連、白河郡人外正七位下靫大伴部継人に靫大伴連、行方郡人外正六位下大伴部三田に大伴行方連、磐瀬郡人正六位上吉弥候部人上に磐瀬朝臣、宇多郡人外正六位下吉弥候部文知に上毛野陸奥公、信夫郡人外従八位下吉弥候部足山守に上毛野鍬山公、信夫郡人外少初位上吉弥候部広国に下毛野静戸公とある。宝亀3年（772）7月17日条にも陸奥国安積郡人丈部継守に阿部安積臣とある。

陸奥国南部では、位階勲等を持つ郡領級の豪族を主体として、阿部陸奥臣や阿部安積臣などの複姓を賜った。阿部陸奥臣以外の複姓下半の氏名は、原則的に賜姓者の居住地名をあてる。また、旧氏姓では丈部が最も多いが、これは中

央の阿部氏と陸奥南部の土豪層間に大化前代より部民制を基礎とした穏やかな従属関係があり、阿部氏の複姓に列することで、辺境豪族の内民化が図られたものである。

この他にも阿弖流為に大敗を帰した『続日本紀』延暦8年（789）6月3日条には、戦死者名に進士高田道成・会津臣壮麻呂といった会津郡に関連する氏姓もみられる。

3. 陸奥国南部における蕨手刀出土の意義

出土記録の点数は23口で、Ⅰ類＝1口、Ⅱ類＝1口、Ⅲ古類＝2口、Ⅳ古類＝2口、ⅢⅣ複合古類＝9口、不明8口と分類可能である。形式としては古式東国形と新式東北形が混在する状況がうかがえる。前述したとおり、福島県では会津・中通り・浜通りと3地域に分けられ、宮城県南端の沿岸部および阿武隈川下流域は浜通りの延長域にあたる。この地域区分を古代陸奥国南部に合わせると、各地域別蕨手刀の出土は、会津2口（ⅢⅣ複合古類＝1、不明＝1）、中通り14口（Ⅰ類＝1、Ⅱ類＝1、Ⅲ類古＝1、Ⅳ類古＝2、ⅢⅣ複合古類＝7、不明＝2）、浜通り沿岸部7口（Ⅲ古類＝1、ⅢⅣ複合古類＝2、不明＝4）である。次に蕨手刀出土地を古代陸奥国各郡に照合すると、①会津2口：会津2、②中通り14口：白河1・磐瀬0・安積3・信夫10、③浜通りと阿武隈川河口以南7口：菊多0・磐城0・標葉0・行方1・宇多0・伊具3・亘理3である。分布に関しては、白河郡のものはⅢ古類、安積郡はⅠ類とⅣ古類といった古式に属し、とくにⅢⅣ複合古類は陸奥北部と接する北側地域に顕著に偏る分布を示す。分布が集中する中通りには東山道が通り、一方、浜通りには東海道が延伸されている。

発掘調査により出土状況が明確なものは、福島県で観音山北横穴墓群3号墓（泉崎村）と学壇遺跡群沼ノ上1号墳（福島市）の2例、宮城県では桜小路横穴墓群111号墓（亘理町）と合戦原遺跡ST30・ST34横穴墓（山元町）の3例に過ぎない。ただし、山元町合戦原遺跡横穴墓に関しては、未報告のため不

194　第Ⅱ部　資料検討篇

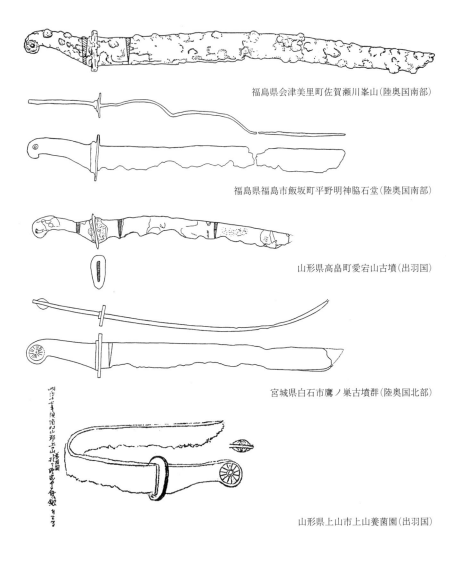

福島県会津美里町佐賀瀬川峯山（陸奥国南部）

福島県福島市飯坂町平野明神脇石堂（陸奥国南部）

山形県高畠町愛宕山古墳（出羽国）

宮城県白石市鷹ノ巣古墳群（陸奥国北部）

山形県上山市上山養菌園（出羽国）

図76　出羽国・陸奥国南部にみられる鎮め儀礼祭器として出土した蕨手刀（S=1/6）

明である。観音山北横穴墓群3号墓出土と桜小路横穴墓群111号墓出土はⅢ古類、沼ノ上3号墳出土はⅣ古類といった古式で、いずれも被葬者の副葬品である。これらの被葬者すなわち蕨手刀の所有者は、前述した8世紀後半に賜姓した土着豪族の1～2代前の祖先と考えることもできよう。一方、不時発見などによるⅢⅣ複合古類についても、詳細は不明だが古墳や墳墓から出土したとの報告から、8世紀になり中央政権の東北経営政策下に組み込まれた土着豪族の所有物であり、古墳への副葬の場合、氏族墓への追葬や古墳の再利用が考えられる。

次に、新式の東北形の範疇にあるⅢⅣ複合古類の出土点数が9例みられることと北部域に面的に分布することの原因は、畿内求心地域と化外との接触地域であることが考えられる。また、その流通路としては、陸奥国からの東山道の幹線、出羽国からは、近世の主要交通路であった米沢～桑折間の羽州街道、米沢～福島間の板谷街道、檜原峠越えの米沢～会津若松間の米沢街道などの南下する各ルートの存在があげられる。また、太平洋沿岸や阿武隈川沿いには、河川交通路が使用されるが、北上川との海路経由直結ルートも考えられる。

そして古墳・墳墓への副葬品埋納過程において、刀身を折り曲げる行為が儀礼上執り行われているが、福島県会津地域の会津美里町佐賀瀬川峯山と福島市飯坂町平野の各蕨手刀にもみられる「鎮め」儀礼とされる事例である。出羽国でも上山市養菌園と高畠町愛宕山古墳などでみられる。また、古代陸奥国南部に北接する地域の宮城県白石市鷹ノ巣古墳群でも1口出土している。出羽国と陸奥国南部地域に限り共通する儀礼行為として認識でき、両地域の密接な関連も感じられる。

第5章　甲斐国・駿河国（山梨県・静岡県）

　甲斐国と駿河国は、現在の山梨県と静岡県東部に相当する。当地域での蕨手刀の出土状況は、以下のとおり山梨県で2口、静岡県で4口である。

1. 山梨県

(1) 西八代郡市川三郷町（旧三珠町）大字大塚・狐塚古墳付近

　本資料は、明治40年（1907）頃に鳥居原狐塚古墳付近の横穴式小石室の羨道部から発見されたと伝えられるが、詳細は不明である。出土地点に関する記述として、『山梨県史（通史編1原始・古代）』（山梨県 2005）において坂本美夫は「（略）特異なものとして、三珠町上野地区・豊富村田見堂狐塚地区・境川村小山地区の古墳から蕨手刀が出土している。現在のところ、分布がこの地域に偏りをみせるなど、本県における終末期古墳やヤマト政権の蝦夷政策に関連する遺物としての関係が注目される」と記している。豊富村田見堂狐塚地区については、古墳を地域の中で歴史的に位置付け、古墳の成立と発展から地域の社会的発展過程を捉える試みで永峯光一が記述した「古墳と環境―甲府盆地の場合―」（永峯 1951）の附表には「所在地：大塚村田見堂、墳名：狐塚、種類：円墳、内部構造：横穴式石室、出土遺物：蕨手大刀、立地：丘陵」とあり、備考欄に出典として仁科義男『甲斐之考古』第2編（1935）があげられている。蕨手刀発見地点については、「大塚村田見堂狐塚」は甲州市豊富町大字浅利字田見堂とあり、その東隣接地は大字大塚であることから、蕨手刀発見地点に関しては情報が重複し、その情報に齟齬が生じていることがわかる。この市川三郷町大字大塚出土資料に関しては、戦前の鳥居龍蔵や後藤守一の研究で

も使用される資料である。なお、その出土地点は『和名類聚抄』によると、八代郡沼尾郷に比定され、その範囲は市町村合併以前の旧市川大門町から旧上九一色村、旧豊富村、旧三珠町、旧玉穂村の曽根丘陵から笛吹川沿い微高地の一帯にあたる。

現在、東京国立博物館所蔵の本資料の概要は以下のとおりである。柄頭の付け根は深く、鳥頭形を呈し、柄の絞り28mm、反り12mmで湾曲する。無区で、平棟、平造り、茅の葉鋒で、鉄製角切三角形の喰出鍔（長50mm、幅24mm、厚5mm）を装着するIV古類型式の範疇にある。法量は、全長396mm、刃長280mm、柄長116mm、柄頭長23mm、柄幅21mm、棟厚6mm、元幅35mm、先幅19mm、全反り8mm、刃反り1mmを測る。

（2）笛吹市（旧境川村）三椚小山・地蔵堂塚古墳

本資料は、大正7年(1918)

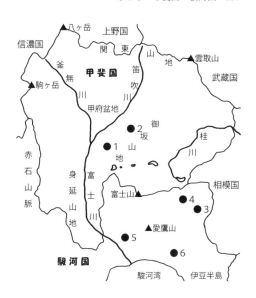

図77　甲斐・駿河国蕨手刀分布図
1：市川三郷町狐塚古墳付近　2：笛吹市地蔵堂塚古墳　3：裾野市柳畑遺跡　4：裾野市須山
5：富士市西平1号墳　6：沼津市段崎古墳

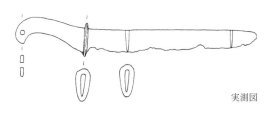

実測図

拓影図

図78　市川三郷町狐塚古墳付近出土蕨手刀（S=1/6）

図 79 笛吹市地蔵堂塚古墳出土蕨手刀（S=1/6）
（笛吹市教育委員会所蔵、山梨県立考古博物館画像提供）

頃、径20～30 m の円墳の地蔵堂塚古墳の破壊された横穴式石室から20点あまりの鉄刀に混じり発見された。現在、笛吹市教育委員会所蔵で、山梨県立考古博物館に展示されている。平成16年（2005）に山梨県有形文化財（考古資料）に指定される。

　蕨手刀の概要は、柄頭の付け根は深く、鳥頭形を呈し、柄の絞り28 mm、反り12 mm で湾曲する。無区で、平棟、平造り、茅の葉鋒で、鉄製角切三角形の喰出鍔（長51 mm、幅25 mm、厚7 mm）を柄頭から装着するⅣ古類型式の範疇にある。法量は、全長413 mm、刃長291 mm、柄長122 mm、柄頭長24 mm、柄幅26 mm、棟厚6 mm、元幅40 mm、先幅22 mm、全反り10 mm、刃反り0 mm を測る。本資料を扱う文献として、野崎進の「境川村出土の蕨手刀について」（『山梨考古』第77号、山梨県考古学協会、2000）があげられる。

　なお、出土地点に関しては『和名類聚抄』によると、八代郡長江郷に比定され、その郷域は、旧八代町南西部（永井・米倉・岡）から旧境川村北東部（前間田・小山）にかけての浅川扇状地一帯にあたる。

2. 甲斐国における蕨手刀出土の意義

　甲府盆地の南東部地域、旧境川村（笛吹市）から旧中道町（甲府市）、旧豊富村（中央市）、旧三珠町（市川三郷町）にかけての曽根丘陵沿いは、古墳時代前期から古墳が築かれ、その中心地域であった。そうした伝統的に古墳が築造される地域から、いずれも不時発見による出土である。2例とも柄の湾曲、鳥頭形の柄頭形状、無区で鋒が茅の葉、刀身長など刀姿が酷似する。同じ刀工

もしくは集団が、同時期に作刀したものと考えられる。型式ではⅣ古類に属し、年代は8世紀前から中葉である。茅の葉鋒は、信濃でみられる鋒形状の特徴である。

ところで甲斐国は、東海道と東山道の両道の結節点であり、二つの地域の境界という意味で「交ひの国」と解釈される。ヤマトタケルの酒折宮伝承から酒折のサカは、境界としての「坂・界・境」の意味であり酒折が交通路の結節点である。古代官道の東海道本路から分岐し甲斐国府へ至る支路は、甲斐路である。『延喜式』兵部省、諸国駅伝馬条に「甲斐国駅馬　水市・河口・加吉各馬五疋」とあり、駿河国横走駅（静岡県御殿場市付近）で東海道本路から分岐した甲斐路は、籠坂峠（1,104m）を越え甲斐へ入り、水市駅（山中湖村山中付近）、河口駅（富士河口湖町河口付近）、御坂峠（1,520m）を越え加吉駅（笛吹市御坂町黒駒付近）から甲斐国府へ至る。ヤマトタケル伝承においても、足柄峠を越え御坂路を通り甲斐国に入ることや、『古事記』では酒折から西の信濃へ向かい、『日本書紀』では北の北武蔵・上野へと向かうが、それは以下に示す⑧逸見路（諏訪口）と④秩父往還（雁坂口）の存在を古来より認知していたことを示唆するものである。

文化11年（1814）成立の『甲斐国志』巻38には、「本州九筋ヨリ他国ニ通ズル路九条アリ（中略）、皆ナ酒折ニ路首ヲ中世以前の古道と酒折が東西南北の交通結節点であることが記載されている。井九筋とは、①若彦路、②中道、③河内路、④秩父往還（雁坂口）、⑤青梅街道（萩原口）、⑥鎌倉街道（甲斐路＝古代東海道支路・御坂路）、⑦穂坂路（川上口）、⑧逸見路（諏訪口）、⑨棒道（大門嶺口）」のことであり、各地との交通経路が示されている。また、山に囲まれた盆地にとっては、こうした交通経路は外の世界との結節点となることから、いずれの経路も時を超え、各時代を通して使用されていたものと考えられる。蕨手刀もそうした交通路を通じ流通したものである。

甲斐国での蕨手刀の出土に関する特徴は、不時発見および2例のみという不利な条件ではあるが、伝統的に古墳が築造される地域での終末期古墳から出土することである。さらに信濃国と上野国から峠越えの各ルートによりもたらさ

れ、甲斐国出土の2例は茅の葉鋒の特徴から信濃国から流入したものと判断でき、また、駿河国の蕨手刀に関しても、甲斐経由で流通されたものと考えられる。

3. 静岡県

（1）裾野市大字佐野字柳畑・柳畑遺跡

　本刀は、昭和24年（1949）、黄瀬川の支流小柄沢川の右岸平坦地を造成中に土師器（詳細は不明）とともに出土した。現在、裾野市立富士山資料館所蔵で、腐食が著しく、鋒および柄の部分が欠失する。柄および刃に反りはなく、棟区である。鍔などは未装着で、銅製鵐目金具が残る。Ⅰ類型式の範疇にある。法量は、残存長292mm、刃長残存175mm、柄長117mm、柄頭長24mm、柄幅13mm、棟厚5mm、元幅31mm、全反り-10mm、刃反り0mm、柄反り-10mm、絞り10mmを測る。なお、本資料がみられる文献として、芹沢光寛「蕨手刀の出土状況」（『裾野郷土研究』第8号、裾野郷土研究会、1977）、裾野市史編さん専門委員会『裾野市史（資料編・考古）』第1巻（裾野市、1992）があげられる。

図80　裾野市佐野柳畑遺跡出土蕨手刀（S=1/4）

図81　裾野市須山出土蕨手刀（S=1/6）

（2）裾野市大字須山字滝ノ沢

　昭和31年（1956）、愛鷹山位牌岳の標高680mの尾根部頂上付近で、耕作中に単独出土。翌昭和32年（1957）、軽部慈恩日本大学教授により調査されたが、遺構・遺物は

未検出であった。現在、裾野市立富士山資料館所蔵で、鋒を若干欠損するが、柄と刃それぞれに反りを有する。無区、平棟平造り、鋒は茅の葉。鉄製絞小判形喰出鍔（長 50 mm、幅 21 mm、厚 7 mm）を装着し、柄頭には銀製の鵐目金具が残り、Ⅳ古類型式である。法量は、残存長 402 mm、刃長 276 mm、柄長 126 mm、柄頭長 33 mm、柄幅 22 mm、棟厚 9 mm、元幅 41 mm、先幅 28 mm、全反り 12 mm、刃反り 6 mm、柄反り 1 mm、絞り 20 mm を測る。文献は、裾野市史編さん専門委員会『裾野市史（資料編・考古）』第 1 巻（1992）があげられる。

（3）富士市大字伝法字西平 1 号古墳

　昭和 54 年（1979）に墓地改修中に発見、富士市教育委員会によって緊急に発掘調査された。石室の両側壁根石の一部と床面の一部が残存するのみで、石室は推定で長さ 3〜4 m、幅 1.25 m を測る。石室は無袖式段構造で、竪穴状の掘り込みを有し開口部に段を設ける。前庭部、墳丘規模、周溝の有無などは未確認である。古墳の立地は富士山南麓大淵扇状地の標高 37 m の緩斜面で、伝法古墳群 A 支群の最北部である。蕨手刀は、東側壁に添って刃を外側に向け、腰帯具とともに出土した。その他に、方頭大刀 1 振（直刀、鍔、柄頭、足金物、責金物、鞘尻金具）分銅形の変形方頭柄頭で、足金物は段付張出形双脚式である。須恵器甄と小型壺、いずれも高台付きで、鈴木敏則による遠江考古学研究会須恵器編年修正案Ⅴ期（初）・前段階の製品とみられ、年代的には 8 世紀前半にあてられる。腰帯具は巡方 4 点、丸鞆 4 点、鉈尾 1 点で、すべて銅製である。

　現在、当資料は富士市教育委員会所蔵で、柄頭部分を欠損し、刃は直刃だが、柄には反りと絞りを有する。平棟平造り、鋒両刃のⅢ古類型式である。鉄製絞小判形喰出鍔（長 52 mm、鍔幅 23 mm、鍔厚 6 mm）を装着、銅製段付張出形双脚式足金物 1 点をともなう。法量は、柄頭欠損の残存長 412 mm、刃長 346 mm、柄長残 66 mm、柄幅 28 mm、棟厚 8 mm、元幅 38 mm、先幅 27 mm、全反り 9 mm、刃反り 0 mm、柄反りと絞りは計測不可能である。報告

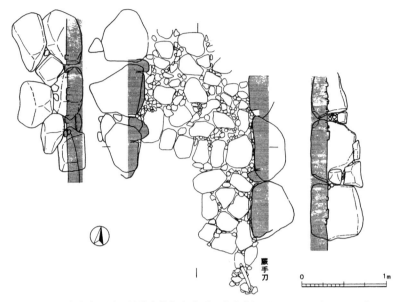

図 82　富士市西平 1 号墳主体部と蕨手刀出土状況（富士市教育委員会 1983）

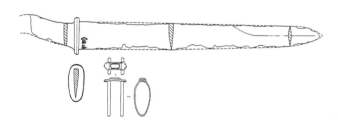

図 83　富士市西平 1 号墳出土蕨手刀（S=1/5）

文献は、志村博『富士市埋蔵文化財発掘調査報告書（西平第 1 号墳）』（富士市教育委員会、1983）である。

（4）沼津市大字井手字段崎・段崎古墳

昭和 54 年（1979）に沼津市教育委員会によって緊急発掘調査されたが、す

第5章 甲斐国・駿河国 203

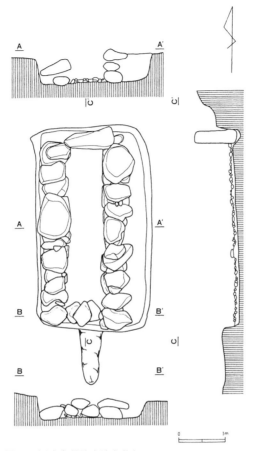

図84 沼津市段崎古墳主体部(沼津市教育委員会 1985)

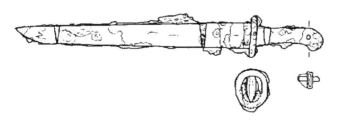

図85 沼津市段崎古墳出土蕨手刀(S=1/4)

でに耕作によって削平、破壊されており、墳丘規模は不明。周溝に関しては、未検出であった。石室は、N-7°-Wの主軸で、長さ3.66〜3.88m、幅0.7mを測り、安山岩を小口および横手からなる乱石積する無袖式長方形の横穴式石室である。蕨手刀は、奥壁付近から出土したとされる。愛鷹山南麓の標高80mの丘陵に位置し、井手古墳群に属する。共伴遺物として、無窓の倒卵形鍔（長42mm、幅35mm、厚6mm）を装着する直刀4ないし5本、長頸鉄鏃の茎部分、ガラス丸玉と小玉、耳環1組がある。沼津市教育委員会所蔵で、Ⅱ類型式の範疇にある。鉄製の円形板鍔を装着し、柄頭には鶚目管金具が残る。法量は、全長337mm、刃長258mm、柄長79mm、柄頭長20mm、柄幅18mm、棟厚7mm、元幅27mm、先幅20mm、全反り-4mm、刃反り-3mm、柄反り0mm、絞り5mmを測る。報告文献は、高尾好之『段崎古墳発掘調査報告』沼津市埋蔵文化財調査報告書第35集（沼津市教育委員会、1985）である。

4. 駿河国における蕨手刀出土の意義

　静岡県での蕨手刀出土分布は、東駿河地域に限定される。それを細分すると富士山南麓の富士市、愛鷹山南麓の沼津市、黄瀬川上流域の裾野市となる。東駿河地域の終末期古墳の石室構造は、無袖式の横穴式石室が大きな特徴である。開口部の構造から以下の3つに分類できる。①無袖式：玄室と羨道の区別がなく、当地域の主流構造。平面形は長方形、長台形、胴張り形を呈する。②無袖式開口部立柱：開口部に立柱石を両側壁に持ち、この前方には側壁がなく、立柱石の張出もない。平面形は長方形、長台形、胴張り形を呈する。③無袖式段構造：竪穴状の掘り方を持ち、玄室の床面が横口部分より段を持って低くなる。平面形は長方形を呈する。

　富士市西平1号墳は、小規模な無袖式段構造の石室、沼津市の井出段崎古墳は無袖式長方形の石室である。裾野市の2口については、周辺に石材もなく単独出土の範疇にある。

この地域は古墳時代には珠流河国造の版図地域であり、後に駿河国となる。西平1号墳が所在する富士市伝法は富士郡久弐郷、沼津市井出は駿河郡に比定される。

　旧珠流河国造域の駿河国には、古代官道の東海道が通過する。そのルートは『三代実録』貞観6年（864）12月10日条によると「駿河郡帯三駅二伝。横走、永倉、柏原駅是也。(中略)望請、廃柏原駅、富士郡蒲原駅遷立於富士河東野、然則蒲原駅与永倉駅、行程自均、民得息肩。従之」である。すなわち貞観6年を境に柏原駅の廃止と蒲原駅への移転があった。柏原駅～永倉駅～横走駅のルートと蒲原駅～長倉駅～横走駅ルートが考えられる。そして甲斐・駿河両国を結ぶ古代からの交通路としては、前述した『甲斐国志』巻38の井九筋にみられる①若彦路、②中道、③河内路、⑥鎌倉街道（甲斐路＝古代東海道支路・御坂路）があげられる。①若彦路は甲府盆地南端の奈良原（山梨県笛吹市八代町）から鳥坂峠（1,070ｍ）を越え大石（山梨県富士河口湖町）から富士北西麓を経由して静岡県富士宮市へ至る。②中道は中道往還もしくは右左口路とも呼ばれ、甲府盆地南端から右左口峠（860ｍ）を越え、古関（山梨県身延町）から精進湖、本栖湖東岸を経由して静岡県富士宮市井出へ至る。③河内路は駿州または甲州往還、身延路とも呼ばれ、甲府盆地から釜無川と笛吹川合流後の富士川沿いに南下、静岡市や富士市などへ至る経路である。⑥鎌倉街道に関しては、古代東海道の支路で甲斐路もしくは御坂路とも呼称され、その経路は前述したとおりである。こうした甲斐・駿河両国間の古代からの複数ルートの存在は、古墳時代前期のS字状口縁台付甕の甲府盆地周縁域への流入や8世紀後半からの甲斐型土器の駿河国はもとより周辺各国への流通が、それを裏付けている。

　駿河国出土の蕨手刀は、古式のⅠ類・Ⅱ類、Ⅲ古類、Ⅳ古類の各型式が存在するが、そのなかで鋒形状が確認できるものとしては、鋒両刃の富士市西平1号古墳出土刀、茅の葉の裾野市須山出土刀があげられる。鋒両刃は上野国、茅の葉は信濃国でみられる鋒形状の特徴であり、いずれも上信地域から甲斐国経由で峠を越え、もたらされたものと考えられる。

第6章　武蔵国（埼玉県・東京都）

　古代武蔵国の範囲は、現在の行政単位の埼玉県、東京都と神奈川県の川崎市と横浜市の一部である。武蔵国ではこれまでに5口の蕨手刀が出土し、埼玉県で2口、東京都で3口が報告されている。その詳細は埼玉県で秩父市大野原古墳群と熊谷市広瀬古墳群、東京都では台東区鳥越付近の古墳と武蔵野市武蔵野八幡宮内墳墓、あきる野市瀬戸岡古墳群といずれも古墳および墳墓からの出土である。ただし、あきる野市瀬戸岡古墳群出土資料については、その所在など詳細は不明となっている。

1．埼玉県

　埼玉県においては、2口の蕨手刀が発見されている。1口は秩父地方、もう1口は県北大里地域である。各々の説明は、以下のとおりである。

（1）秩父市大野原古墳群

　秩父市聖神社和銅鉱物館所蔵の蕨手刀は、明治40年（1907）10月、現在の原谷小学校々庭内に存在していた小円墳より出土したものである。これについては、『埼玉縣史』第1巻先史原史時代（1951）に「皆野村大塚より南方に進み、原谷村黒谷を過ぎて同村大字大野原に至れば、字蓼沼やや南して小学校ありて、明治四十年十月敷地拡張の為め構内の高さ一米、直径四米ほどの円墳を発掘せしに平石石函の中より蕨手大刀一、直刀三、鉄鏃一、鍔一を出した。（略）」と記載されている。すなわち大野原古墳群蓼沼支群中の箱式石棺を主体部とする直径約4～5m、高さ約1mの小円墳より蕨手刀が出土したわけであ

る。なお、昭和35年（1960）に原谷小学校内において再度発掘されたが、場所の特定や遺構についての詳細は不明である。

大野原古墳群は、荒川の支流横瀬川左岸河岸段丘上に現存する円墳61基から構成される終末期の群集墳である。かつては「百八塚」と呼ばれ、黒草・下小川・大野原・蓼沼の各支群よりなる。昭和30年（1955）には、明治大学考古学研究室によって下小川支群の原谷1号墳と4号墳の2基が発掘された。1号墳は直径12m、高さ1mの円墳で、砂岩と緑泥片岩による半地下式の横穴式石室、大刀1口を副葬する。4号墳は直径13mの円墳で、緑泥片岩積みの横穴式石室で、2体分以上の人骨と鉄鏃が出土した。石室構築方法などから7世紀後半から8世紀前半代に及ぶ造営年代が与えられている。

当古墳群出土の蕨手刀の概要は、Ⅳ古類型式で、無区、平棟、平造り、茅の葉鋒である。鉄製の角切札形喰出鍔（長51mm、幅23mm、厚7mm）を柄頭から装着、柄頭には銅製鵐目、菊座金が残る。銅製平行形単鐶単脚式足金物1組をともなうが、刀身部2箇所に錆化している木質が観察でき、その部分が足金物装着箇所にあたる。

法量は全長450mm、

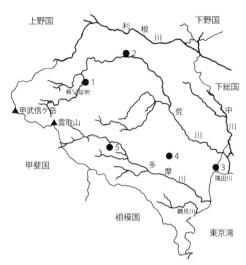

図86　武蔵国蕨手刀分布図
1：秩父市大野原古墳群　2：熊谷市広瀬古墳群
3：台東区鳥越　4：武蔵野市武蔵野八幡宮
5：あきる野市瀬戸岡古墳群

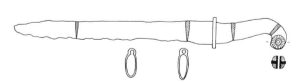

図87　秩父市大野原古墳出土蕨手刀（S=1/6）
　　　（柳田 1964）

刃長 327 mm、柄長 123 mm、柄頭長 24 mm、柄幅 26 mm、棟厚 6 mm、元幅 39 mm、先幅 20 mm、全反り 2 mm、刃反り 1 mm、柄反り 3 mm、絞り 20 mm である。現在、秩父市聖神社和銅鉱物館の所蔵で、昭和 62 年（1987）には埼玉県指定文化財となっている。当資料を扱う文献としては、谷川磐雄「考古学上より観たる秩父（中）」（『中央史壇』第 12 巻第 12 号、国史講習会、1926）、後藤守一「原史時代の武器と武装」（『考古学講座』第 2 巻、雄山閣、1928）、柳田敏司「秩父市大野原出土の蕨手刀」（『埼玉考古』第 2 号、埼玉考古学会、1964）、小林茂「蕨手刀」（『埼玉県指定文化財調査報告書』第 16 集、埼玉県教育委員会、1988）があげられる。

（2）埼玉県熊谷市広瀬古墳群・熊谷商工業高等学校内古墳

昭和 28 年（1953）11 月、熊谷市の県立熊谷商工業高等学校運動場の造成中に、石室の一部と考えられる数個の河原石による石組みとともに蕨手刀が発見された。それは南に開口する河原石小口積みの胴張り横穴式石室で、根石のみが残り玄室長約 2.42 m と小規模である。出土品は蕨手刀 1 口のみで、出土位置は形骸化した羨道部分（図 88 ★印）である。この周辺には荒川左岸の自然堤防に立地する広瀬古墳群が存在する。現在は国指定史跡の上円下方墳の宮塚古墳を中心に 9 基以上で構成される。

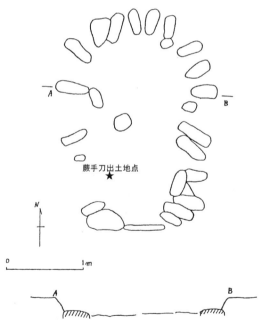

図 88 熊谷市熊谷商工業高等学校内古墳石室
（塩野 2004）

図89 熊谷商工業高等学校内古墳出土蕨手刀（S＝1/6）
（小林 1957）

　蕨手刀については、Ⅳ古類型式で、無区で柄の絞りは強く、平棟、鋒両刃平造りである。銅製喰出鍔（鍔長47mm）を装着、柄頭には銅製の鵐目と座金が残る。刀装具として銅製縁高鞘口金具と銅製段付張出双脚式足金物（二の足）が残り、木鞘には布が貼られていた。その他に残片中に責金物がある。法量は残存長450mm、刃長316mm、柄長134mm、柄頭長36mm、柄幅25mm、棟厚6mm、元幅39mm、先幅30mm、全反り4mm、刃反り1mm、柄反り6mm、絞り22mmである。現在、熊谷市教育委員会所蔵で、刀身部分のほとんどを欠損するが、昭和33年（1958）に熊谷市指定文化財に指定されている。当資料を扱う文献には、小林茂「武蔵熊谷市広瀬出土の蕨手刀」（『古代』第24号、早稲田大学考古学会、1957）、熊谷市史編纂委員会『熊谷市史・前篇』（熊谷市、1963）などがある。

2．東京都

（1）台東区鳥越

　台東区鳥越神社の社宝の蕨手刀は、「天保七年申八月従土中掘出之　源通文蔵」と箱書にある。鳥居龍蔵は鳥越神社に所蔵されていた土師器高坏・銀製耳環・勾玉・管玉とともに神社付近から出土した遺物と推定しているが、確実に古墳から出土したとするには客観性に乏しい資料である。明治24年（1891）8月17日に氏子の源通文氏から奉納された。

　鳥越一帯には隅田川西岸の自然堤防に堆積丘が存在していたが、江戸城築城にともなう城下町整備が行われた際に、その堆積丘が壊され姫ケ池などが埋立

図90　台東区鳥越神社出土蕨手刀（S＝1/6）（鳥居 1930）

てられた。もともと自然堤防が発達する地域であった。天正18年（1590）以降の姫ケ池の埋立て、元和6年（1620）、正保3年（1646）の鳥越の土砂利用による隅田河岸の埋立てなどで、地形が改変されている。

　蕨手刀の概要は、Ⅳ古類型式で、鋒を欠損し、柄反りは強く、無区、平棟平造りである。鉄製角切札形喰出鍔（長70mm、幅23mm、厚6mm）を柄頭から装着する。法量は残存長552mm、刃長422mm、柄長130mm、柄頭長38mm、柄幅26mm、棟厚6mm、元幅47mm、全反り7mm、刃反り1mm、柄反り9mm、絞り33mmを測る。当資料を扱う文献は、鳥居龍蔵「鳥越から発掘せられた蕨手刀に就いて」（『武蔵野』第15巻第4号、武蔵野文化協会、1930）である。

（2）武蔵野市武蔵野八幡宮

　武蔵野市武蔵野八幡宮社宝の蕨手刀は、昭和3年（1928）3月に本殿裏の高まりを掘削した際に、本殿裏西側の大ケヤキの根元の玉石により囲い、砂を敷いた箇所から出土した。馬具の破片らしき遺物が共伴したが、現存せず詳細は不明である。昭和11年（1936）に大場磐雄は、その蕨手刀の調査と遺構の聞き取りを行ったが、残念なことに再発掘には至らなかった。大場磐雄の日記『楽石雑筆』には昭和11年6月6日「小俣佐吉氏方にて藤原氏の久我山遺跡につき発表ありとき、田沢君と共に同行す。会するもの土地の有志並びに八幡神社々掌、その他青年団員等数十名、談話の前に種々雑談を交す中、八幡神社々掌小美野氏の持参せる蕨手刀一振あり。右は昭和三年今の社殿裏より発

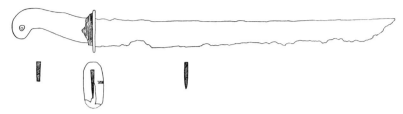
図 91　武蔵野市武蔵野八幡宮出土蕨手刀（S＝1/6）（大場 1947）

見、石にて囲める中に砂を詰めてその中に発見せりという。立派なものにてほぼ完好せり。型式は身に比して茎の短きもの、恐らく奈良朝末期のものか。然れども武蔵国発見品としては実に珍というべく、従来知られ居るもの秩父発見のもの、浅草鳥越神社所蔵のもの等はその一例なるべし。かかる地に同式刀の発見あるは大いに研究すべき問題なりとす」と記述される。昭和 23 年（1948）の藤原音松の著書『武蔵野史』によると、本殿所在の敷地内は丘状に高まり、その北側と西側は窪地になっており、円墳が存在した可能性を指摘している。

　蕨手刀の概要は、ⅢⅣ複合古類型形式で、両区、平棟平造り、カマス鋒を呈する。鉄製板鍔（長 68 mm、幅 32 mm、厚 9 mm）を柄頭から装着する。法量は、全長 628 mm、刃長 486 mm、柄長 142 mm、柄頭長 30 mm、柄幅 28 mm、棟厚 7 mm、元幅 41 mm、先幅 33 mm、全反り 12 mm、刃反り 1 mm、柄反り 14 mm、絞り 31 mm である。当資料を扱う文献は、大場磐雄「蕨手刀について」『考古学雑誌』第 34 巻第 10 号（日本考古学会、1947）である。

（3）あきる野市瀬戸岡古墳群

　瀬戸岡古墳群では、かつて後藤守一の報告に「昭和二年の発掘の際に、私が第四号墳としたものから、かます切先の大刀身一口が発見されている。このかます切先の大刀身は、普通の古墳副葬品には例がきわめて少なく、一方正倉院御物など、奈良時代のものとしてよいものに例が多いことから、これを本古墳群の年代比定の一拠準とすべきである。確実さは少ないが、やはり本古墳出土

のものとされる蕨手刀一口がある。蕨手刀が奈良時代から平安時代にかけて盛行したものであることは、すでに十分に人に知られているところである。しからば、これも本古墳群の年代比定に一役をつとめることができるであろう」とあり、昭和2年（1927）に村の有志によって発掘された29号墳（後の報告では4号墳）から蕨手刀出土の記述がみられる（後藤 1929）。

　同様の記述として大塚初重により、「石室がほぼ同一方向をとることにおいて、本例は西暦六・七世紀とする後期古墳の形成を求め得るが、本墳墓群の最大の特徴である火葬骨壺を初めかます切先を有する直刀、或いは瀬戸岡出土といわれる蕨手刀の存在は更に年代の下降を思わしめ限定の可能性を抱かせるのである」とある。また、武蔵野博物館（旧武蔵野郷土館）収蔵との脚注もある（大塚 1963）。

　この瀬戸岡古墳群29号墳出土の蕨手刀について、追跡調査を行ったところ旧武蔵野郷土館である現・江戸東京博物館分館には収蔵されておらず詳細不明である。なお、直刀に関しては、現在あきる野市に返却されている。

3. 武蔵国における蕨手刀出土の意義

　埼玉県熊谷市出土資料以外、いずれも発見年が古く各資料とも研究史において取り扱われてきた。埼玉県秩父市出土資料について大場磐雄は、柄に対し刃の長さの比率が短いものを古式、長いものを新式とする恩師鳥居龍蔵の分類を使用して、当時新式の範疇と指摘した。さらに両型式が混在する信濃、古式が出土する甲斐、新式のみを出土する東北の中間点にあたる武蔵国秩父地域に新式があることの分布の特徴を説いている。また、石井昌国は、鳥越神社所蔵と武蔵野八幡宮所蔵の両資料は、柄反りが強く刃身の長い東北地方で出土する型式の蕨手刀であるとした。その特徴は先学によっても指摘されてきたが、鉄製の絞りや、小判形板鍔や鉄製の腰高空洞できわめて細弁の菊花状座金の技法などの特徴から、宮城県以北の出土刀に類似するため、奥州産と推測している。

　改めて4資料を筆者の分類方法、柄の絞りと反りの数値でみる限り、秩父

市・熊谷市・台東区鳥越の各出土資料はⅣ古類、武蔵野市出土資料はⅢⅣ複合古類の範疇に該当する。ただし、秩父市出土資料の場合は、柄の絞りの数値が20 mm とⅢ古類（絞り数値0～20 mm 未満）とⅣ古類（絞り数値20 mm 以上）の境界数値を僅かに超えるもののためⅣ古類に属する結果となるが、柄下辺の湾曲は弱く、柄全体を曲げる形状は、柄反りを意識したものとも感じられる。それから台東区鳥越出土資料に関しては、元幅が広く柄の絞りが強く、下辺が強く湾曲し、刀身も長くなるものから東北地方でみられるⅣ古類と同じである。

　武蔵国の北武蔵の2口は、熊谷市出土は鋒両刃や柄の形状などの刀姿により上野国から、秩父市出土に関しては刀身の形状が長三角形を呈することにより信濃国からの流通品と考えられる。南武蔵の2口は、石井昌国も指摘したように長寸で柄の形状からいわゆる東北形の蕨手刀であるが、なぜ東国の武蔵国から出土するのだろうか。俘囚によって持ち込まれたものか、はたまた蝦夷征討に従軍した時の戦利品なのか、留意するべき資料である。また、瀬戸岡古墳群の蕨手刀については資料自体不明だが、出土した遺構に関しては石室の造りをみる限り、駿河国の墓制である無袖竪穴系横穴式石室の範疇に属するものである。瀬戸岡古墳群の石室構造自体、南武蔵地域では特異であり、駿河地域からの移住が考えられる。東海道ルートによって移住者とともに持ち込まれたものと考えられる。

　武蔵国の出土資料の年代に関しては、いずれも8世紀に位置付けられるが、流通・交通の視点からは、北武蔵の熊谷市広瀬古墳群は大里郡に存在し、東山道の支線武蔵路が上野国から南下するルート沿いにあたる。秩父市大野原古墳群は秩父郡、秩父盆地にあり、荒川以外の各地域との交通は峠越えとなり、長三角形の刀身と茅の葉鋒の形状の特徴を有する蕨手刀の場合、信濃国と直結する経路は佐久地域からの十石峠（1,351 m）越えである。なお、両古墳群とも荒川沿いに立地する。一方、南武蔵の台東区鳥越と武蔵野市の各出土刀については、台東区鳥越は豊島郡に所在しており、同地は隅田川と神田川の合流点の地域で、海上河川交通路の要衝にあたる。武蔵野市武蔵野八幡宮は、神田川の

支流、善福寺川の上流域に所在し、宝亀2年（771）の武蔵国の東海道所属替えによる武蔵・下総国府間の駅路が通されるが、武蔵国府と乗潴駅間の経路域でもある。いずれも水路と陸路が交差する交通の要衝地域での古墳・墳墓の副葬品である。ところで文献史学では、『日本三代実録』貞観8年（866）4月11日条にある、播磨国の夷俘長ら5人が国境を超え近江国まで自由に往来していた記事などから、移配俘囚の生業に商業・運送業があったと考えられ、このような武蔵国の推定交通路近辺で出土した東北形蕨手刀は、俘囚とともに持ち込まれたものと推測できる。なお、神亀2年（725）から宝亀7年（776）に移配された俘囚は主に海道蝦夷、宝亀11年（780）以後は山道蝦夷が中心であることが、それぞれの征討の対象地域から求められる。とくに海道蝦夷に関しては、陸路のみならず海上ならびに河川交通にも長けていた人々と考えられる。

第7章 上総国(千葉県)

　東海道国の上総国(現千葉県)では、毛抜透柄のV類型式の蕨手刀が2口出土する。同型式の蕨手刀は、東国以西の地域では上野国(現群馬県)から1口出土するのみで、それ以外では北海道の1口と東北北部(岩手県4口・宮城県1口)の5口と少なく、全国でわずか9例に過ぎない。

1. 市原市南大広遺跡B地区方形基壇中央施設

　蕨手刀は、寺院跡の8×7.4m規模の方形基壇の中央小穴で、鋒を上に魔除けを目的とした鎮壇具として使用されていた。現在、市原市埋蔵文化財センター所蔵で、鋒は欠損する。柄には長方形状の透かし孔を有し、無区で、平棟平造り、鉄製角切札形の鍔(長60mm、幅30mm、厚8mm)を装着する。

　法量は、残存長480mm、残存刃長350mm、柄長130mm、柄頭長30mm、柄幅35mm、元幅40mm、棟厚9mm、柄反り14mm、絞り24mmを測る。本資料に関する文献は(財)千葉県史料研究財団『千葉県の歴史・資料編・考古3』(千葉県、1998)があげられる。

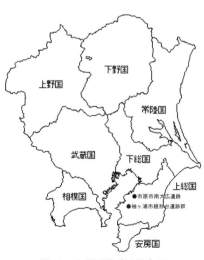

図92　上総国蕨手刀分布図

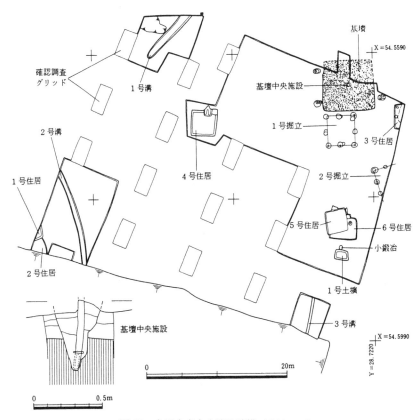

図93 市川市南大広遺跡遺構(浅利 1992)

図94 市川市南大広遺跡B地区基壇中央施設出土蕨手刀(S=1/5)
(市原市埋蔵文化財センター提供)

2. 袖ヶ浦市根形台遺跡群XIV地点2地区2230土壙墓

　蕨手刀は、木棺直葬の土壙墓の木棺内南側から鋒を南西に刃を外側に向け出土し、刀子と鉄鏃破片をともなう。土壙墓は幅2.2mの隅丸長方形、木棺幅は75.0 cmの規模で、主軸はN-30°-Wを示す。蕨手刀は、刀身部分が朽ちており、柄元から柄頭とカマス鋒のみが残存、柄頭には鉄製鵐目に銅製菊座金が付く。柄には長方形状の透かし孔があり、鉄製角切札形の鍔（長69 mm、幅30 mm、厚6 mm）は鉄製縁金とともに装着され、鉄製の鞘口金具、銅製単鐶単脚横櫑式の足金物（一の足）が残る。また、刀身元とカマス鋒には木鞘の木質が残る。法量は、柄長127 mm、柄幅33 mm、元幅45 mm、棟厚7 mm、絞り65 mm、柄反り35 mmを測り、木棺内での柄と鋒の出土状況から全長約590 mmと推定できる。現在、君津郡市埋蔵文化財センター所蔵で、報告文献は、(財) 君津郡市文化財センター『根方台遺跡

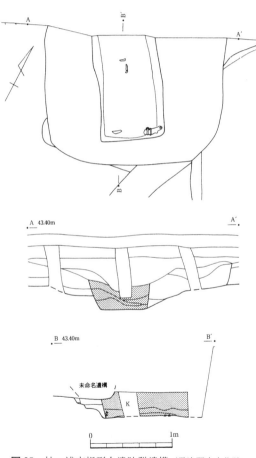

図95　袖ヶ浦市根形台遺跡群遺構（君津郡市文化財センター2002より作成）

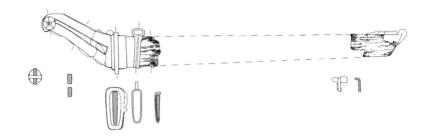

図96 袖ヶ浦市根形台遺跡群XIV地点2地区2230土壙墓出土蕨手刀（S=1/6）
（君津郡市文化財センター 2002）

群Ⅱ発掘調査報告書』（袖ヶ浦市、2002）である。

3. 上総国における蕨手刀出土の意義

　千葉県市原市南大広遺跡は、市原市大字能満に所在することから、市原郡市原郷に比定され、上総国府・国分寺・国分尼寺が近隣する。竪穴建物跡、掘立柱建物跡が検出され、「寺」の墨書土器が出土する9世紀の集落遺跡である。蕨手刀は村落寺院の方形基壇の鎮壇具として刃を上に向け埋納されていた。一方、袖ヶ浦市根形台遺跡群は、袖ヶ浦市大字飯富に所在する。望陀郡飯富（飲布）郷にあたり、飯富神社は延喜式内社で、元慶8年（884）に正五位下勲五等で、正五位上に昇進している。現在、飯富所在の飽富神社がそれにあてられる。根形台遺跡群は古代飯富郷の中心的集落とみられ、蕨手刀は集落内の木棺直葬の土壙墓から刀子とともに出土している。これら2口とも型式はⅤ類で、年代は9世紀中頃である。

　Ⅴ類の毛抜型蕨手刀に関しては、俘囚の内国移配が一段落ついた弘仁年間（810～824）以降、胆沢地方の蝦夷によって造刀されたと考えられている。それは考古学黎明期以来、伝アテルイ刀として紹介される胆沢郡平泉町中尊寺大長寿院所蔵を基とする見解と思われるが、最近では北上市中村遺跡において、竪穴建物跡から欠損した柄の部分のみの出土例が実用後投棄されたものとみら

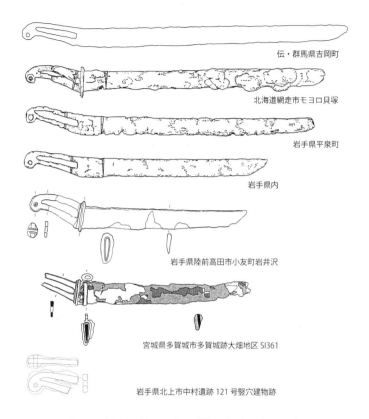

伝・群馬県吉岡町
北海道網走市モヨロ貝塚
岩手県平泉町
岩手県内
岩手県陸前高田市小友町岩井沢
宮城県多賀城市多賀城跡大畑地区 SI361
岩手県北上市中村遺跡 121 号竪穴建物跡

図 97　千葉県以外での出土毛抜型蕨手刀（S＝1/8）

れるため、胆沢地方の蝦夷造刀説もあながち間違いとは言えないようである。一方、太平洋沿岸域の陸前高田市小友町岩井沢出土に関しては、金属考古学の成果から Cu・Ni および Co 三成分比の解析により東北北部から北海道にかけての地域で出土するものとは異なる地金で、さらに炭素量の多い鋼（0.4～0.6 mass %C の鋼）との分析結果が得られている。Ⅴ類を出土した群馬県吉岡町は、10 世紀の郷名を記載する『和名類聚抄』の群馬郡桃井郷と推定される地域で、同じ西毛地域の碓氷郡・多胡郡・緑野郡の 3 郡には、依然俘囚郷がみられる。俘囚の内国移配は全国的に行われ、『延喜式』主税寮には、全俘囚料

の東国分は 28.7％ と九州の 30.8％ に次いで多く、東国での俘囚の数が多かったことを示す史料である。

東北の蝦夷勢力の分断を目的として、帰降した蝦夷すなわち俘囚・夷俘を内国諸国に分散、移配した。それは公民＝調庸民への同化政策であった。そこで完全な公民化までの間は、調庸の免除や禄の支給などの優遇措置を講じ、猶予期間を設けた。それが『延喜式』主税上の諸国出挙正税・公廨・雑稲の記載であり、それぞれの国で負担した。出挙して得た利稲を俘囚対策費用に充てた。料稲額の多寡は、俘囚の人数に比例すると考えられ、諸国に相当数の俘囚が集団居住していた。俘囚料を計上する国は 35 ヶ国であるが、六国史の記事から他に和泉・摂津・尾張・丹波・備後・安芸・周防・阿波・豊前の各国を合わせた 44 ヶ国で俘囚移配が確認できる。『倭名類聚抄』には、上野国碓氷郡・多胡郡・緑野郡に俘囚郷、周防国吉敷郡に俘囚郷、播磨国加古郡・加茂郡・美嚢郡に夷俘郷の記載がみられるのみだが、9 世紀には諸国に俘囚郷が存在していたことが推察できる。その後、寛平 9 年（897）の俘囚の陸奥国還住政策により、俘囚郷は消滅する。

古代上総国にあたる千葉県市原市南大広遺跡と袖ヶ浦市根形台遺跡群からは毛抜型蕨手刀が出土しているが、9 世紀の上総国では、嘉祥元年（848）2 月、貞観 12 年（870）12 月、元慶 7 年（883）2 月に、下総国では貞観 17 年（875）5 月に俘囚の反乱が頻繁に勃発することから、俘囚と毛抜型蕨手刀が何かしら関連する一資料として認知できそうである。房総における俘囚の反乱は、一国一郡に留まらない諸地域とのネットワークを持つ商業・運送業を生業とする俘囚が主体であったようである。国司からの飛駅による報告など、それを示唆する史料は以下のとおりである。

嘉祥元年（848）2 月 10 日条（『続日本後紀』）

「上総国、伝を馳せて、俘囚丸子廻毛等叛逆之状を奏す。登時、勅符を二通発遣す。一通は上総国に賜い、一通は相模・上総・下総等五国に賜い、相共に討伐せしむ。十二日。上総国、駅を馳せて叛逆俘囚五十七人を斬獲することを奏す」

貞観 12 年 12 月 2 日条（『日本三代実録』）

「太政官、符を上総国司に下し、夷種を教喩せしめて曰わく、夷種を折取し、中国に散居するは、たとえ盗賊あるといえども、それをして防禦せしむ。而るに今聞くこと有り。彼国の夷俘等、猶野心を挟み、いまだに華風に染まず、或は火を行ひて民室を焼き、或は兵を持して人の財産を掠む。凡そ群盗の徒、此より起る。今禁せざれば後害をいかんせん。宜しく勤めて捉搦を加えその賊心を改むべし。若し面を革め皇化に向う者あらば、殊に優恤を加えよ。若しその性に習い吏の教えに背く者は、奥地に追い入れ、麁擴の輩をして柔良の民を侵さしむることなかれと」

貞観 17 年（875）5 月 10 日条（『日本三代実録』）

「従五位下守下総守文室朝臣甘楽麻呂、飛駅奏言す。俘囚叛乱して故に官寺を焼き、良民を殺略す。勅符に曰く、奏状を省みて、俘虜の怨乱を知る。須らく官兵を発して以って鋒鋭を遏すべし。又、武蔵・上総・常陸・下野等の国をして、各兵三百人を発して以って援助を為さしむ。宜しく各勢を合せ、迭相追討し、早かに和解し農民を擾することなからしむべし」

同年 6 月 19 日条（『日本三代実録』）

「下野国言す。反虜八十九人を殺獲す」

同年 7 月 5 日条（『日本三代実録』）

「下野国言す。賊徒廿七人、帰降俘囚四人を討殺す（略）」

元慶 7 年（883）2 月 9 日条（『日本三代実録』）

「上総国介従五位下藤原朝臣正範、飛駅奏言す。市原郡の俘囚卅余人叛乱し、官物を盗取し、しばしば人民を殺略す。是により諸郡の人兵千人を発して追討せしむ。而るに俘囚は民の廬舎を焼き、山中に逃入す。商量するに数千の兵に非ざれば征伐するを得ざるべし。勅すらく、奏状の如きは、是れ俘夷群盗の罪を懼れて逃鼠する者なり。況んや卅余人の倫児、何ぞ羽檄を馳するに足らんや。宜しく勅契を給するを停め、直ちに官符を下し、人夫を差発して早速追捕すべし。十八日。従五位下行上総介藤原朝臣正範、飛駅奏言す。夷虜を討平し訖んぬ」

第8章　常陸国（茨城県）

　茨城県における蕨手刀の出土は、明治20年代（1887〜96）に現在の東茨城郡城里町の高根古墳群と平成23年（2011）10月から平成24年（2012）3月にひたちなか市大字中根に所在する十五郎穴横穴墓群館出支群Ⅰ区35号墓で行われた史跡整備発掘調査でのわずか2例である。

　十五郎穴横穴墓群は、那珂川の支流の中丸川と本郷川から樹枝状に形成された三つの台地崖面の凝灰岩層に造営され、笠谷支群・館出南支群・館出支群・指渋支群の各支群からなる。蕨手刀の出土状況は、玄室奥壁右隅（北東）手前に鋒を玄門に向け、鞘に収めた状態で置かれていた。床面精査の結果、その周辺の床面には凹凸がなく非常に平滑できれいであることから、埋葬にともない動かされずにいたと推測されている。

　なお、ひたちなか市と城里町は、いずれも『常陸国風土記』にみえる粟河すなわち那珂川沿岸にあり、律令期には那賀郡に属する。そして『和名類聚抄』にみられる那賀郡22郷のうち、ひたちなか市の十五郎穴横穴墓群が所在する大字中根は岡田郷に、城里町の高根古墳群が所在する大字高根は阿波郷にそれぞれ比定される。

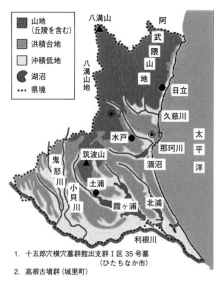

1. 十五郎穴横穴墓群館出支群Ⅰ区35号墓（ひたちなか市）
2. 高根古墳群（城里町）

図98　常陸国蕨手刀分布図（黒済 2016）

1. ひたちなか市十五郎穴横穴墓群館出支群Ⅰ区35号墓の概要と出土蕨手刀

館出支群Ⅰ区35号墓の主軸長は6.01 m、玄室床面の標高は8.8 mを測り、N–27°–Eの主軸方向を示す。玄室は奥行き2.42 m、奥壁側幅3.28 m、前壁側幅2.50 m、中央高1.38 mを測る。平面形は逆台形を呈し、床面には玄室手前を玄門部幅で約9 cm掘り窪め、周囲三方にコの字状に屍床を設ける。天井はドーム形を呈する。玄門部は奥行き0.65 m、玄室側幅1.10 m、羨道部側幅1.01 m、玄室側高0.74 m、羨道部側高0.72 mを測る。平面形は横長長方形を呈し、排水溝はなし。立面形は下膨らみのアーチ形で、玄門と羨道の境には約4 cmの段差がある。羨道部は奥行き1.04 m、玄門部側幅1.68 m、羨道部側幅1.28 m、玄門部側高1.21 m、羨道部側高1.75 mを測る。平面形は逆台形、立面形はアーチ形を呈する。玄門部手前には長さ94 cm、幅20 cmの閉塞用の浅い溝が切られている。閉塞石は凝灰岩の切石で、長さ55 cm、幅20 cm、高さ30 cmの規模で、玄門を覆う木板などを抑えていたと考えられる。また、羨道部の羨門部側中央に焼土および炭化物の集中がみられ、「火」を用いた儀礼の痕跡もしくは玄室内火葬骨の搬入時にこぼれ落ちたものと推測できる。墓前域は凝灰岩を1.3 mほど掘り込んで構築しており、奥行きは確認できる範囲で1.86 m、羨門部側幅2.33 m、手前側幅1.90 m、南東壁高1.33 mを測り、平面形は逆台形を呈する。

出土遺物に関しては、玄室外で墓前域と羨道部から須恵器と砥石が出土した。墓前域北西隅、羨道部西側と東側の3箇所の壁に寄せて土器がまとまり出土しており、完形品もしくは接合できる。接合については、3箇所間相互で可能である。①羨道部西側：高台坏と蓋、高台盤、高盤、小型短頸壺が24個体。②同東側：高台坏と蓋、高台盤、小型短頸壺、短頸壺の蓋が26個体。北東隅上の壁には4 cmほどの鉄製品が打ち込まれている。③墓前域北西隅：坏、高台坏と蓋、高台盤、高盤が7個体。須恵器は木葉下窯産で、年代は8世紀第4四半期前半、墓前での儀礼に使用した土器を終了後、3箇所にまとめ置

224 第Ⅱ部 資料検討篇

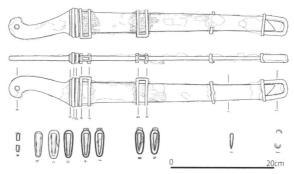

図 99 ひたちなか市十五郎穴横穴墓群出土蕨手刀実測図
（黒済 2016）

図 100 ひたちなか市十五郎穴横穴墓群出土蕨手刀写真
（ひたちなか市教育委員会所蔵）

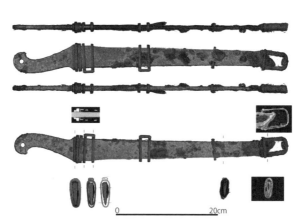

図 101 ひたちなか市十五郎穴横穴墓群出土蕨手刀 CT 図
（ひたちなか市教育委員会所蔵）

いたものである。

　一方、玄室内ではコの字状の屍床、北東隅から蕨手刀1口、刀子5口が出土した。そのうちの刀子1口は、足鐶付きの山形金で腹帯金一条の帯執金具を装着し、正倉院御物に類例がみられる。鉄鏃は東側と中央部の窪みからは、8世紀から10世紀前半に各地でみられる長三角形Ⅲ式が19個体出土した。鉄釘は東西の屍床よりまとまった範囲で、炭化材と漆片とともに出土し、釘の種類から唐櫃2個体分が推定された。西側屍床からは、9世紀前半の灯明に使用された須恵器坏1点、人骨は東側屍床以外から、成人7体、未成人3体の少なくとも10体分を確認している。人骨から埋葬後、軟部組織が腐朽するまでの一定期間を経て玄室を再開口して遺体の関節状態を乱す行為、すなわち死後の再生阻止儀礼が行われたことと、火葬骨をそのまま玄室内に埋置する状況が報告された。

　この他過去には、館出支群Ⅰ区32号墓から、全長約80cm黒作の方頭大刀が出土している。

　館出支群Ⅰ区35号墓の構築年代は、コの字状屍床を有する平面逆台形、アーチ形天井の形態から7世紀前葉と想定されるが、出土遺物の年代から、明らかに横穴墓を再利用したことがわかる。こうした事例は、那珂川河口一帯の水上交通を抑え東北経営を推進した当地域の氏族が出自の再確認、系譜を主張するために7世紀前葉に構築された横穴墓を氏族の奥津城として利用した証拠となりうる。

　十五郎穴横穴墓群館出支群Ⅰ区35号墓出土蕨手刀は、ひたちなか市埋蔵文化財調査センター所蔵で、鞘に収まった状態では全長542mmである。銅製の喰出鍔を鋒から挿入し柄元の踏ん張りによって銅製柄縁で留める。鍔は角切三角形を呈する。鞘は平鞘で、筒金の銅製鞘口、銅製台状双脚式足金物（一の足・二の足）、柏葉の鉄製責金具、覆輪角窓の鉄製鞘尻である。足金物の形状は、楕円状リングを櫑に鋲留めしてある。刀身は平棟、平造り、区は棟区のみ、鋒はカマス鋒である。柄頭の懸緒通孔部分に装着されるべき座金と鵐目は、拵が揃う状況にあるにもかかわらず欠失している。

柄頭の形状は、鋭角屈曲・鳥頭形の範疇にある。刃長は直刃の中寸で、柄には反りと絞りが確認でき、数値からⅢⅣ複合古類に該当する。なお、各数値に関しては、全長518 mm、柄長127 mm、刃長391 mm、柄頭長42 mm、柄幅26 mm、棟厚9 mm、元幅45 mm、先幅28 mm、全反り5 mm、刃反り2 mm、柄反り10 mm、絞り25 mm、鍔長52 mm、鍔幅21 mm、鍔厚5 mmである。

2. 蕨手刀の横穴墓出土例

蕨手刀の横穴墓出土例は、表8のとおり19例、参考資料を含めても全国で21例に過ぎない。また、分布地域については本出土例と福島県以外は、陸奥国に偏り、現在の宮城県に集中する。宮城県南部はかつての国造版図地域にあたる阿武隈川の河口以南の太平洋沿岸から内陸盆地地域、北部は北上川支流の迫川流域の地域で横穴墓築造の北限である。この両地域は6世紀後半から横穴墓が造られ、南部は山陰出雲地域の、北部は九州肥後地域との影響が考慮されるといった特徴がある。発掘調査によって出土したのは、わずかに6例に過ぎず、その他は偶然に発見されたものである。出土した蕨手刀は、図103のとおり

図102　蕨手刀を出土した横穴墓分布図（黒済 2016）

第8章　常陸国　227

表8　全国の横穴墓出土の蕨手刀一覧（No.は図102に対応する。★は図103参照）（黒済2016一部修正）

No.	県	市町村	令制国	横穴墓名	墓名	調査・発見	所蔵
1	宮城県	栗原市	陸奥（栗原郡）	姉歯		1953	不明
2	宮城県	栗原市	陸奥（栗原郡）	大沢		1903	照明寺
3	宮城県	栗原市	陸奥（栗原郡）	大沢		1903	照明寺
4	宮城県	栗原市	陸奥（栗原郡）	小館山		1948	不明
5	宮城県	栗原市	陸奥（栗原郡）	西沢（鹿島館西館）		1931	東北大学
6	宮城県	大崎市	陸奥（志太郡）	龍谷寺	乙地1号墓	不明	不明
7	宮城県	大崎市	陸奥（玉造郡）	（西大崎踊渡）		大正初	毛利コレクション
8	宮城県	大崎市	陸奥（玉造郡）	（西大崎踊渡）		大正初	毛利コレクション
9	宮城県	登米市	陸奥（登米郡）	山根前	2号墓	1968	登米市歴史博物館
10	宮城県	登米市	陸奥（登米郡）	山根前	4号墓	1968	登米市歴史博物館
11	宮城県	登米市	陸奥（登米郡）	（北方人の森）		明治末	毛利コレクション
12	宮城県	塩釜市	陸奥（宮城郡）	一本松		昭和初	不明
13	宮城県	丸森町	陸奥（伊久国造・伊具郡）			大正末〜昭和初	個人蔵
14	宮城県	丸森町	陸奥（伊久国造・伊具郡）			不明	不明
15	宮城県	亘理町	陸奥（思国造・亘理郡）	桜小路	111号墓	2010	亘理町教育委員会
16	宮城県	山元町	陸奥（思国造・亘理郡）	合戦原	30号墓	2015	山元町教育委員会
17	宮城県	山元町	陸奥（思国造・亘理郡）	合戦原	34号墓遺構外	2015	山元町教育委員会
18	福島県	泉崎村	陸奥（白河国造・白河郡）	観音山北	3号墓	1971	福島県文化財センター白河館
19	茨城県	ひたちなか市	常陸（那賀郡）	十五郎穴	館出支群35号墓	2011	ひたちなか市教育委員会
(参考)							
20	福島県	南相馬市	陸奥（浮田国造・宇多郡）	（南海老）		不明	不明
★	熊本県	人吉市	肥後（球磨郡）	大村	採集品	1914	熊本県立装飾古墳館

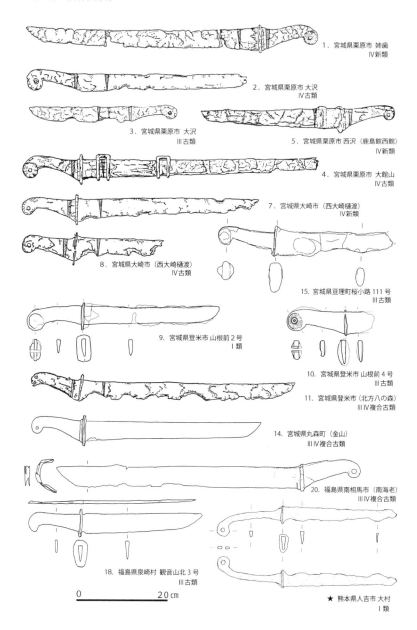

図103 全国（茨城県を除く）の横穴墓出土の蕨手刀（黒済 2016）

古式から新式まであり、各地域内でも混在している。

なお、熊本県人吉市大村横穴墓出土例に関しては、現在、Ⅰ類の範疇で扱っているが、柄の作りが東国のⅠ類と比較すると華奢である。今後、再検討が必要であるため、参考資料として扱った。

3. 高根古墳群出土蕨手刀（城里町）

この蕨手刀は高根古墳群もしくは毘沙門塚古墳群から出土した。『桂村郷土誌（三訂版）』（1998）には、昭和30年代（1955～64）に出土とあるが、『史窓月報』創刊号（1948）には、明治20年（1887）前後に出土したことが記述されている。それは名越時正の「沢山村の古代遺跡」に所収され「（前略）高根台上には千墓塚と称する大古墳群があり、明治二十年前後にこの地を開墾した際之を発掘してかなりの出土品を見たといふ。しかしその出土品は今は同氏の宝蔵される剣二振及玉類以外は今日見ることが出来ない。剣は二つとも鉄製直刀で、一は長さ七五糎の完全なるもの、柄部が蕨型を呈してゐる。（後略）」とある。これについては、挿図（図104）が示されているが計測値の誤記と考えられる。そして古墳の年代については、高根古墳群の円墳の形態と石室構造などから7世紀中葉を下らないと解釈された。

本刀は茨城県立歴史館所蔵で、柄頭の形状は浅い円弧・丸形で、柄頭が小さく、蕨の巻き方も未発達で、柄反りと絞りが小さく柄と柄頭の中軸線が鈍角になる。鉄製玉座金に銅製鵐目を打ち込む。鉄製喰出鍔を鉄製柄縁で留める。鍔は絞り小

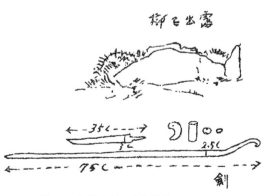

図104 旧沢山村の古代遺跡（名越 1948）

図105 城里町高根古墳出土蕨手刀写真（茨城県立歴史館所蔵、ひたちなか市教育委員会提供）

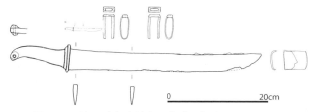

図106 城里町高根古墳出土蕨手刀実測図（黒済 2016）

判形を呈する。刀身は平棟、平造り、区は棟区のみ、鋒はフクラ、刃身は刃反りを意識している。鞘は平鞘で、鉄製の筒金鞘口と鉄製の角袋鞘尻である。責金具は欠失する。鞘口は鉄板を楕円状に接合加工する。足金物は銅製台状双脚式で、一と二の足が揃い、楕円状リングを櫓に鋲留めするものである。

　柄の握り下部には絞りを意識した弱い湾曲がみられ、上部に弱い反りがある。刃は中寸、刃反りが認められる。したがって、Ⅳ古類の範疇と把握できる。なお、各数値に関しては、全長516mm、柄長122mm、刃長394mm、柄頭長42mm、柄幅24mm、棟厚9mm、元幅42mm、先幅33mm、全反り8mm、刃反り5mm、柄反り6mm、絞り26mm、鍔長56mm、鍔幅20mm、鍔厚5mmである。

　なお、鋼については刀身中央部の錆片分析から、標識成分の銅が0.104％あり、始発原料は明らかに含銅の磁鉄鉱であることが報告されている。また、非金属介在物は非晶質珪酸塩でチタン化合物は存在しない。

4. 常陸国における蕨手刀出土の意義

上記により十五郎穴横穴墓群館出支群 35 号墓出土刀はⅢⅣ複合古類、高根古墳群出土刀はⅣ古類の範疇にあり、年代観として前者は 8 世紀中葉に、後者は 7 世紀後葉から 8 世紀前葉に収まると考える。

6 型式 9 類の分布については、ⅢⅣ複合古類が東北北部を中心に分布密度を濃くし、周辺に点在する傾向にある。また、地域および文化圏別にみると、柄反り系列Ⅲ類と絞り系列Ⅳ類を含む古式は東国に、両系列の複合型式は東北にそれぞれ主体的に分布するが、需要と供給の流れが 8 世紀半ばを境に一気に東国から東北（畿内求心域から化外域）へ移行することが顕著になると結論付けられる。

それから柄頭の形状について十五郎穴横穴墓群館出支群Ⅰ区 35 号墓出土刀は、鋭角屈曲・鳥頭形にあり、八木分類の柄頭 C ならびに石井分類の勾玉型の範疇に属する。石井昌国は、出土分布による地域差はなく各刀工の手法とみなし（石井 1966）、また八木光則は、柄頭や鋒にみられる地域性はそれぞれでの作刀で、型式や技術の伝播としている（八木 1996）。柄頭 C（＝勾玉型）に関しては鋒両刃との組み合わせが多いことから、原型は上野・信濃に求めることは可能かと考えられる。ただしこの刀に関しては、柄頭 C とカマス鋒の組み合わせで、柄・刀身・鋒の形状において典型的な蕨手刀の姿は形式（フォーム）としての東北形を映すもので、陸奥・出羽からの出土例とも非常によく似ることから、例えば上野・信濃からの東北移民としての柵戸に蕨手刀の刀工集団が含まれることなど、東北北部からの出土例との関係を留意する必要がある。また、本刀は刀工集団の動きにともなう鉄鉱石もしくは砂鉄といった鋼の組成分析を利用することで、生産地の推定も可能かと考えられ、東北経営や対蝦夷政策に関する東海道常陸国の地理的、物理的役割を解く上での一資料ともなり得る。

そして十五郎穴横穴墓群館出支群 35 号墓出土刀は、拵が揃っているにもか

表9 全国（茨城県以外）の台状双脚式足金物と鞘尻の拵一覧（黒済 2016）

No.	発見府・県	出土地市町村	遺構	柄頭形状	座金	柄縁	鍔	鞘口	足金物 一	足金物 二	責金物	鞘尻
1	北海道	江別市	元江別7号墳	E	鉄・玉	鉄	鉄・喰出・絞り小判	―	銅	―	―	銅
2	北海道	恵庭市	柏木東11号墳	F	銅・菊	―	鉄・板・角切札	銅・縁金	銅	銅	―	銅
3	北海道	恵庭市	柏木東（茂漁）	E	銅・菊	鉄	鉄・板・角切札	鉄・筒金	銅	銅	柏葉	鉄
4	北海道	千歳市	ウサクマイ A 63-7墓	E	鉄・玉	鉄	鉄・板・絞り小判	鉄・縁金	鉄	鉄	柏葉	鉄
5	北海道	千歳市	ウサクマイ A	E	鉄・玉	鉄	鉄・不明	鉄・筒金	鉄	鉄	柏葉	―
6	青森県	八戸市	丹後平2号墳	E	鉄・板	―	鉄・喰出・絞り小判	鉄・筒金	鉄	鉄	柏葉	鉄
7	青森県	八戸市	丹後平3号墳	E	鉄・菊	鉄	鉄・喰出・絞り小判	鉄・筒金	鉄	鉄	柏葉	鉄
8	岩手県	二戸市	堀野古墳	E	鉄・玉	鉄	鉄・喰出・絞り小判	鉄・筒金	鉄	鉄	不明	鉄
9	岩手県	北上市	猫谷地3号墳	E	銅・菊	鉄	鉄・板・角切札	―	鉄	鉄	―	銅
10	岩手県	北上市	長沼12号墳	D	鉄・玉	―	鉄・喰出・角切三角	―	鉄	鉄	―	鉄
11	岩手県	山田町	房の沢	G	―	―	鉄・喰出・絞り小判	鉄・縁金	―	―	―	―
12	福島県	南相馬市	房の沢（南海老）	C	鉄・菊	鉄	鉄・喰出・絞り小判	鉄・筒金	鉄	鉄	柏葉	鉄
13	奈良県	奈良市	正倉院中倉	C	鉄・玉	―	鉄・喰出・絞り小判	鉄・縁金	―	―	―	銅
14	島根県	出雲市	小坂古墳	E	鉄・玉	鉄	鉄・喰出・絞り小判	鉄・縁金	鉄	鉄	―	鉄
15	鹿児島県	肝属町	新富横間地下式横穴墓群3号墓	F	鉄・玉	―	鉄・喰出・絞り小判	鉄・筒金	銅	銅	―	銅

※台状双脚式足金物＋覆輪状鞘尻の組み合わせ

No.	発見府・県	出土地市町村	遺構	柄頭形状	座金	柄縁	鍔	鞘口	足金物 一	足金物 二	責金物	鞘尻
1	北海道	恵庭市	柏木東（茂漁）	D	鉄・玉	―	鉄・喰出	鉄・筒金	銅	銅	鉄	鉄
2	北海道	恵庭市	西島松P101土壙墓	D	鉄・玉	鉄	鉄・板・角切札	鉄・筒金	鉄	鉄	柏葉	鉄
3	北海道	恵庭市	西島松P112土壙墓	D	鉄・玉	鉄	鉄・板・角切三角	鉄・筒金	鉄	鉄	柏葉	鉄
4	青森県	八戸市	丹後平51号墳	E	鉄・菊	鉄	鉄・喰出・絞り小判	鉄・縁金	鉄	鉄	一文字	鉄
5	岩手県	山田町	房の沢RT07墳	E	鉄・菊	鉄	鉄・喰出・絞り小判	鉄・縁金	鉄	鉄	柏葉	鉄
6	岩手県	二戸市	諏訪前SX30墳	E	鉄・玉	鉄	鉄・喰出・絞り小判	鉄・筒金	鉄	鉄	柏葉	鉄

※台状双脚式足金物＋筒状角袋鞘尻の組み合わせ

かわらず、柄頭の座金・鵐目の不存在においては、柄頭本来の様相について疑問を投げかける一資料である。表9に示す同等の拵を残す例には、銅製や鉄製の座金・鵐目が残存している。中倉第8号黒作横刀では、柄は樺巻き、すべて黒漆塗りされ、紫染鹿皮製の手抜き緒が装着されている。柄頭の座金は黒漆塗りされるが、こうした例から、本刀の柄頭にも元々有機質の座金を黒漆で固めていたと考えられなくもない。これに関しては現況で、有機質座金の事例がなく、ただ、問題を提起することに留める。

第9章　西国・出雲国（島根県）
——出雲市小坂古墳出土蕨手刀の再検討——

1. 西日本にも存在する蕨手刀

　蕨手刀は、日本列島の東日本地域に分布が偏在しているが、出雲地方からもわずか1口であるが出土している。それは出雲市馬木町の小坂古墳から石櫃とともに出土したもので、昭和41年（1966）の石井昌国著『蕨手刀—日本刀の始源に関する一考察—』によって初めて報告された。それでは、鋒両刃平造りの広幅、短寸刀の石井分類Ⅲ型に属し、反りは浅く古式の範疇だが、鋒両刃ならびに鞘口金具の発達から奈良時代を遡らない年代が示された。Ⅲ型は当時全国出土例の約4.5％に過ぎず、長野県以西に分布が偏り、研磨による地鉄、焼き刃にみられる地域色から、主に西国に分布する畿内鍛冶の作風として捉えられた。その後、昭和55年（1980）には、島根県教育委員会編『出雲・上塩冶地域を中心とする埋蔵文化財調査報告』において近藤正と秀坂真樹により再報告されている。

　なぜ、西日本地域、山陰地方の古代出雲国にそれが存在するのか。森浩一によると蕨手刀は蝦夷社会で発達したもので、移配俘囚の長が残したものか、越を介して搬入したものとして解釈している（森 1991）。わずか1例の出土分布は、一般的に物流により定量がもたらされるものではなく、不規則に搬入したとしか考えざるを得ない。例えば15例の報告がある遥か日本列島北部のオホーツク文化圏では、蕨手刀を威信財（高畠 2005）として扱う見解が採られているが、一遺跡複数分布域から外れた西日本で、ましてや律令国家体制下ではそうした扱いがあてはまるとは到底考えられない。なぜ、出雲の地に蕨手刀が

もたらされたのだろうか。その疑問について、蕨手刀と出土した古墳および共伴遺物の年代を通して、その佩用者についても地域社会の動向と併せ検討する。

2. 西日本地域出土蕨手刀の概要

畿内以西の西日本地域での蕨手刀出土例は、日本列島での318点の報告例中、島根県出雲市小坂古墳出土例以外では、以下のとおりのわずか7例（表10）に過ぎない。畿内の奈良県奈良市の正倉院御物（中倉第8号黒作横刀）は、『天平勝宝八歳六月廿一日献物帳（国家珍宝帳）』外の伝世品である。四国の徳島県吉野川市では墓誌とみられる鉄板とともに火葬墓から、愛媛県西予市では古墳と推定される大石下から各1例、中国の山口県では、萩市から遥か日本海の沖、北北西約45kmに浮かぶ見島の積石塚から1例、九州の福岡県朝倉市では終末期古墳、熊本県人吉市では横穴墓、鹿児島県肝付町では地下式横穴墓から各1例が出土している。いずれも7世紀後半から8世紀にかけての古墳・墳墓といった遺構からの出土で、分布や出土状況について何ら一貫した共通性はみられない。ただし、その中でも山口県萩市見島は対新羅、鹿児島県肝付町は対隼人といった東アジアの東夷の小帝国での小中華政策における西国の

表10　畿内以西の蕨手刀出土地と遺跡種別（黒済 2006 一部修正）

No.	発 見 所 在 地	発 見 遺 構
1	奈良県奈良市東大寺正倉院中倉	伝世品
2	島根県出雲市馬木町刈山古墳群小坂古墳	横穴式石室再利用・石櫃
3	山口県萩市見島ジーコンボ古墳群56号墳	横穴式石室
4	徳島県吉野川市（旧鴨島町）敷地	火葬墓
5	愛媛県西予市（旧宇和町）明石	古墳？
6	福岡県朝倉市（旧甘木市）池の上9号墳	横穴式石室
7	熊本県人吉市城本町大村横穴墓群	横穴墓
8	鹿児島県肝付町（旧高山町）新富横間3号地下式横穴墓	地下式横穴墓

辺境域最前線にあることが興味を引く大きな特徴である。

　日本列島での蕨手刀の分布をみると、数値的開きはあるものの北は北方領土国後島（くなしり）から南は鹿児島県まで報告されている。これを当時の文化圏別に置きかえると、律令国家日本（倭）の東西と北からオホーツク、擦文、蝦夷、南は隼人の各文化圏となる。伝承も含めた出土点数の頻度と分布密度からは、日本列島を東西二分した場合、東＝面的滲みパターンと西＝点的飛散パターンに分類が可能である。その現象の要因として、前者は蝦夷征討、後者は俘囚の内国移配に関連づけられる傾向にある。

3. 出雲市小坂古墳出土の蕨手刀

　この蕨手刀（図108）は、昭和37年（1962）の発掘調査において石櫃にともない出土したものと報告されるが、出土状況の詳細については不明である。現在は保存処理され、島根県立古代出雲歴史博物館に所蔵・展示されている。

　先に掲げた石井報告図（図107-1）には、鞘尻は欠落しているが、近藤・秀坂報告図（図107-2）には鞘尻が残存している。明らかに鋒は欠損しているので、鞘尻は原位置を保つものでなく、保存処理段階までに欠損する鋒に便宜的に復元装着されたものである。また、柄頭欠損部分は樹脂によって形状復元されているが、鵐目孔は塞がっている。

　数値的データは、全長（残）525 mm、刃長（残）390 mm、柄長（復元）

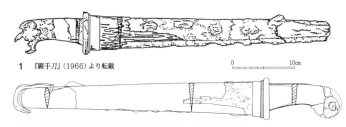

1　『蕨手刀』（1966）より転載

2　『出雲・上塩冶地域を中心とする埋蔵文化財調査報告』（1980）より転載

図107　出雲市小坂古墳出土蕨手刀1（黒済 2006）

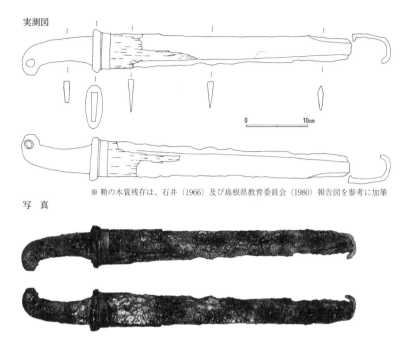

図 108　出雲市小坂古墳出土蕨手刀 2（黒済 2006、島根県立古代出雲歴史博物館所蔵）

125 mm、柄頭長（復元）30 mm、棟厚 7 mm、先幅 32 mm、元幅 48 mm、柄幅 32 mm、全反 -6 mm、刃反 1 mm、柄反 -3 mm、絞り 16 mm、鍔長 66 mm、鍔幅 28 mm、鍔厚 11 mm である。

　概要としては、鋒両刃平造りで、鉄製喰出鍔、銅製の縁高鞘口金具と覆輪鞘尻金具が残る。棟は浅い丸棟、区は直角に整然と切り込む両区で、鍔は柄頭から挿入する厚みのある絞り小判形の喰出鍔である。鞘口は薄く深い口金を袋状に包み、鞘尻は覆輪状を呈するが、その責金については欠損のため形状は不明である。鞘口金具から刃元に木質が付着することから、鞘に収められていたことがわかる。鋒と柄頭の先端は欠損し、鵐目と菊座さらに足金物と責金具は残存せず不明である。棟では心金と皮金が剝離する状況から三枚合わせ鍛えであることが観察できる。鋒両刃造りは、正倉院御物の刀に 5 口あり、一般的に 8

世紀以後に出現すると考えられている。全長は残存長 52.5 cm から、それ以上になる刀身の長寸化傾向にあり、刃反りおよび柄反りに関しては全くなく、元幅が 4.8 cm と幅広傾向にあり、若干の絞りが認められる。正倉院中倉第 8 号黒作横刀より若干遡る年代の奈良時代の作刀と位置付けられている。

改めて年代観についてみると、前述のとおり石井分類ではⅢ型に属すことから 8 世紀、また、八木分類によると柄と柄頭の中軸線が直角になり、柄頭の付け根の下が突出する柄頭 C、刃長平均 1 尺 3 寸の全国的な展開を示す 2 期の範疇にあり、8 世紀前葉となる。

鋒両刃造りの蕨手刀は、小坂古墳のほか全国で 11 例（図 109）が報告されている。正倉院中倉第 8 号黒作横刀のほか西日本地域では山口県萩市ジーコンボ 56 号墳、徳島県吉野川市敷地火葬墓出土の 2 例で、それ以外は、東日本地域の静岡県富士市西平 1 号墳、埼玉県熊谷市広瀬古墳群内古墳、長野県長和町大門猿小屋、群馬県伊勢崎市上原古墳、藤岡市平井古墳群 K-1 号墳、みなかみ町宮前政所遺跡 2 号墳、昭和村川額軍原Ⅱ遺跡御門 1 号墳、渋川市真壁塚原（「上毛古墳総覧」110 号墳）の 8 例である。東日本地域でも蕨手刀が発展し、出土例が最も多い東北の蝦夷文化圏には全くみられず、東国でも征夷の兵站地である群馬県（上野国）から 5 例と圧倒的に出土例が多い状況にある。

また、装着される足金物には、銅製平行単鐶単脚式（7 世紀後〜8 世紀前）→銅製段付張出形双脚式（7 世紀後〜8 世紀前）→台状形双脚式（銅製：8 世紀前〜中、鉄製：8 世紀中〜後）といった変遷と大まかな年代観が辿れる。直交単鐶単脚式足金物を装着する資料としては、伊勢崎市上原古墳・みなかみ町宮前政所遺跡 2 号墳・昭和村川額軍原Ⅱ遺跡御門 1 号墳の 3 例、段付張出形双脚式は富士市西平 1 号墳・熊谷市広瀬古墳群内古墳・渋川市真壁塚原の 3 例、台状形双脚式は藤岡市平井古墳群 K-1 号墳・正倉院中倉第 8 号黒作横刀の 2 例である。西日本出土例では正倉院中倉第 8 号黒作横刀以外は、足金物の所在は不明である。小坂古墳出土例は筆者による群馬県出土蕨手刀の分類・編年では、みなかみ町宮前政所遺跡 2 号墳・昭和村川額軍原Ⅱ遺跡御門 1 号墳、藤岡市平井古墳群 K-1 号墳例と同様の柄反りはなく、絞りが弱いⅢ類の鋒両刃タ

第 9 章　西国・出雲国　239

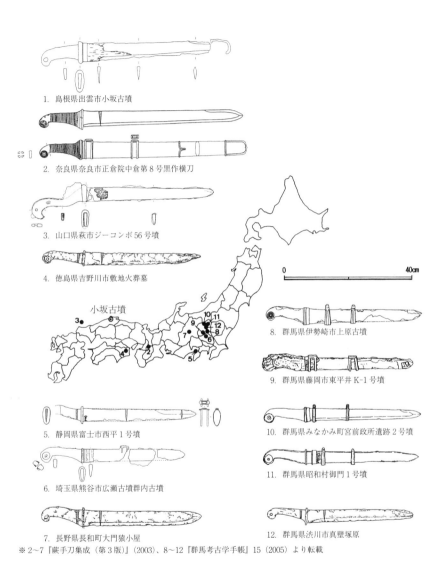

1. 島根県出雲市小坂古墳
2. 奈良県奈良市正倉院中倉第 8 号黒作横刀
3. 山口県萩市ジーコンボ 56 号墳
4. 徳島県吉野川市敷地火葬墓
5. 静岡県富士市西平 1 号墳
6. 埼玉県熊谷市広瀬古墳群内古墳
7. 長野県長和町大門猿小屋
8. 群馬県伊勢崎市上原古墳
9. 群馬県藤岡市東平井 K-1 号墳
10. 群馬県みなかみ町宮前政所遺跡 2 号墳
11. 群馬県昭和村御門 1 号墳
12. 群馬県渋川市真壁塚原

※ 2～7『蕨手刀集成（第 3 版）』(2003)、8～12『群馬考古学手帳』15 (2005) より転載

図 109　全国鋒両刃タイプの蕨手刀実測図および分布図（黒済 2006 一部修正）

イプで、7世紀末葉から8世紀初頭を中心に盛行する。ただし、刃身の長寸化と元幅の幅広傾向は新しい要素なので、8世紀前葉までは年代を下げられるものである。

4. 小坂古墳（刈山28号墳）の概要と出土遺物

　馬木町小坂に所在する小坂古墳（図110）は、県指定史跡で神戸川左岸の丘陵に立地する。それを含む刈山古墳群は、6～7世紀の丘陵中腹に分布する前方後円墳3基の他、円墳など約42基から構成される。古墳群はA～F支群に分けられ、A支群は、群中最も標高の高い山頂にあり、前方後円墳、方墳、円墳で構成される。B支群は、A支群の北東下方の緩斜面から低台地上に分布、前方後円墳と円墳から構成される。C支群は、B支群の南側の小さな谷を隔てた丘陵に分布、円墳のみの構成である。D支群は、B支群から北東に延びる支丘先端の斜面に分布、小円墳から構成される。E支群は、BおよびD支群の丘陵から谷を隔てた北西側の丘陵から斜面にかけて分布する。F支群は、E支群の東側支丘を一つ隔てた丘陵緩斜面に2基の方墳からなる双墓墳の形態を採る。年代観としては、立地および分布からAあるいはF支群において築造が始まり、6世紀後半以降にB・C・D・E支群においてほぼ同時期に造営が進み、終焉は7世紀中葉頃と推定されている。

　小坂古墳は、そのE支群にあり墳丘が一辺約15m、高さ3.5mの方墳と推測される山寄せの古墳で、周溝などは未確認である。主体部は切石積横穴式石室で、玄室と羨道からなり、ほぼ北東に開口し、主軸方位はN-57°-Eを示す。羨道天井部は崩落しているが、その規模は残存長5.4m、玄室長2.2m、幅2.5m、高さ1.5m、羨道幅1.5mを測る。玄室は切石により、天井と左壁は1枚石で、それを除く各壁などは複数の石材で構成される。奥壁は側壁に挟むが、玄門部は側壁に挟まず、玄室と羨道両側壁間に組み込み、出雲型石棺式石室とは若干異なる工法である。しかし、割り抜き玄門、各壁を一枚石で造るところは出雲東部特有の石棺式石室の影響を強く受けるものでもある。床は5枚

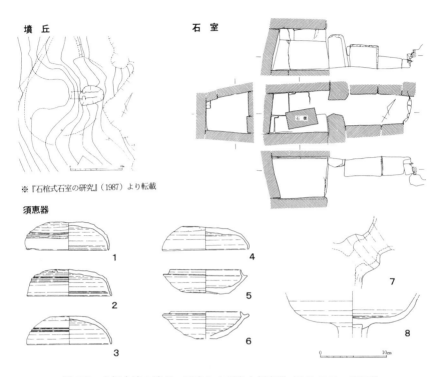

図110 小坂古墳の墳丘・石室および出土須恵器（黒済 2006 一部修正）

の切石を敷き、主軸を境に東南側（玄室左側）は7〜8cmの段差のある棺床となる。羨道も切石組みであるが、攪乱され詳細は不明である。羨道入口部分には、割石が堆積していた。昭和37年（1962）に発掘調査されたが、前庭部は未調査である。

築造年代については、石室内出土の須恵器（坏4、蓋4、高坏1、子持壺1）の坏Hの型式から求められる。蓋は口縁部と頂部の境に2条の明瞭な沈線が廻り、頂部外面には回転ヘラ削りが施されるもの（図110-1〜3）と口唇部内面には段の痕跡化した1条の浅い沈線が残るもの（図110-4）である。そして身は口縁に内傾したやや短いかえりがあり、底部外面を回転ヘラ削りするもの（図110-5）と回転ナデ調整するもの（図110-6）である。これらは山本清編年

によると、蓋1～3がⅢ期新段階（TK43併行）に、蓋4と身5・6がⅣ期（TK209併行）に該当することから6世紀後葉から7世紀前葉と考えられる（山本 1960）。したがって、6世紀第4四半期に築造され、その後7世紀第1四半期に追葬があった状況にある。

　ところで出雲型石棺式石室とは、①刳り抜き玄門で、閉塞石を受ける刳り抜きがある、②切石を使用する、③前・奥・左右壁および天井、床は1枚石を指向する、④前壁と奥壁で側壁を挟み込む工法を採る、ことを特徴とする。さらに後の出雲国造出雲臣の拠点となる意宇郡中央部である出雲東部において、六世紀後半から首長墓として発展する古墳の石室形態である。そもそも出雲西部（律令期の神門郡）は古墳時代後期には、東部（律令期の意宇郡）と匹敵するほどの勢威を誇っていた。しかし、7世紀になると西部にも出雲型石棺式石室の要素が導入されることとなる。それはまさしく出雲東部勢力が優位となり、東西が政治的に統一されたことを示す。他にも出雲型子持壺の出土は、石室同様出雲東部からの直接的影響が強いこと示す。

　小坂古墳の場合、石室の構築上全壁一枚石の使用でなく、刳り抜き玄門でもないが、東部の石棺式石室の影響を受けている。そして大井窯跡群で生産された池淵俊一分類のⅡ期新からⅢ期段階の子壺が甑状で底抜けのC型子持壺（池淵 2004）（図110-7）の出土は、出雲東部の典型的墳墓祭祀体系の延長線上にあるものと考えられる。さらに同古墳群の4号墳の場合、6世紀末から7世紀初頭段階で出雲産須恵器に混じり石見産須恵器（内田 1984）の搬入が認められるが、これも出雲産須恵器の主体的流通における東西対立の一現象の一角とも捉えられる。被葬者については、古墳時代後期から造営される古墳群であることから出雲西部の豪族神門臣氏およびそれに深く関わる氏族が最も有力だが、逆に東西対立の終焉にともなう東部勢力との関わりの深い氏族も想定できる。

（1）石櫃

　小坂古墳の石櫃（図111）は、凝灰岩製で長さ1.12m、幅61cm、厚さ40cm

で、中央部に径28cm、深さ21cmの半球状の縁取り孔を穿っている。この外容器としての石櫃は長方形の印籠造りの身で、さらに孔の内部には緑青の付着が観察されることから、銅製骨蔵器が収められていたと推定できるが、石櫃の蓋と銅製骨蔵器は現存せず不明である。

　初期の骨蔵器は必ず外容器に収め埋葬されるが、その外容器に凝灰岩製の石櫃を使用する例が多々ある。形状としては身では方形、円形を呈するが、蓋の場合、方形、円形に加え家形、八角形なども認められる。家形は古墳時代の家形石棺の縮小版とも意識できるもので、一方、八角形は明らかに仏舎利の埋納と関連する仏塔を意識したものである。

　古墳石室の再利用と土中埋葬といった葬送方法に違いはあるが、同様の例（図103）として、鳥取県鳥取市（旧岩美郡

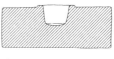

※『石棺式石室の研究』（1987）より転載

図 111　小坂古墳の石櫃（黒済 2006、
　　　　出雲考古学研究会所蔵）

国府町）宮下所在の国指定史跡伊福吉部徳足比売墓跡出土の石櫃と銅製骨蔵器（斎藤 1975）があげられる。石櫃は印籠造りではないが、長さ1.40m、幅80cm、厚さ47cmの凝灰岩を蓋と身にし、蓋石には中央に孔が刳り抜かれ、径26cm、高さ17.1cmの銅製骨蔵器が収められていた。この石櫃に関しては、江戸時代の『因幡誌』（寛政7・1795年）の記録から平坦な台石に骨蔵器を乗せ、中央を刳り抜いた蓋石を被せる復元をしているが、石の大きさと重さおよび骨蔵器を収める孔の大きさなどを考慮すると、蓋と身を上下逆にするほうが、骨蔵器を損傷することなく収められるものと考えられる。

　伊福吉部徳足比売は文武天皇の采女で、慶雲4年（707）に従七位下にな

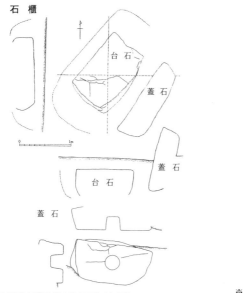
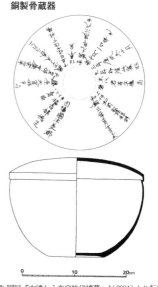

図 112　伊福部徳足比売墓跡の石櫃と銅製骨蔵器（黒済 2006）

り、和銅3年（710）10月に火葬され、出身地へ帰葬されたことが墓誌に残さ
れている。銅製骨蔵器蓋の表面には銘文が「因幡国法美郡／伊福吉部徳足／比売
臣／藤原大宮御宇大行／天皇御世慶雲四年／歳次丁未春二月二／十五日従七位
下被賜／仕奉矣／和銅元年歳次戊申／秋七月一日卒也／三年康成冬十月／火葬
即殯此処故／末代君等不応崩壊／上件如前故謹録錍／和銅三年十一月十三日巳
未」と 15 行 108 字にわたり放射状に刻まれている。

　その他石櫃に銅製骨蔵器を収めた類例としては、奈良県拾生古墓、京都府京
都市宇治宿禰墓、兵庫県宝塚市北谷米古墓などがあり、いずれも石櫃は平面お
よび立面とも方形である。そして三彩薬壺形骨蔵器を納める例として、和歌山
県名古曽古墓と大阪府茨木市将軍山古墓などがあり、とくに前者の蓋は家形を
呈している。さらに銅製骨蔵器では、椀形で蓋と一体となる合子状の球形を呈
するものが多いが、そうした有蓋椀形類型の墓誌銘文を持つものとしては、他

に威奈真人大村（慶雲4＝707年）、下道朝臣囗勝囗依母夫人（和銅元＝708年）などがあり、とくに8世紀初頭に集中する傾向が認められる。

　したがって、接合面の加工において、型式学的には印籠造り→平面造りといった変遷が辿れるが、いずれにせよ小坂古墳の石櫃は八世紀初頭を中心に考えることができる。

（2）須恵器坏

　いわゆる「内彎する口縁部」を持つ坏（図113-1・2）2点は、石室内出土のため石櫃、蕨手刀とともに収められたとするのが自然である。その須恵器坏は無台で、やや内彎して立ち上がる括れを持つ口縁部形態を呈し、底部は回転糸切り離し未調整である。「内彎する口縁部」を持つ無台の坏は、大井窯跡群産須恵器の固有形態で、出雲国全域から伯耆・因幡国と広く流通する。

　出雲地域での歴史時代須恵器の分類・編年研究は、坪井清足と町田章（1970）による国庁跡出土土器編年（国庁編年）に始まり、柳浦俊一（1980）、内田律雄（1990）、大谷晃二（1994）、足立克己（1984）らによって進められてきた。底部が回転糸切り未調整の「内彎する口縁部」を持つ無台の坏は、国庁編年では4期の坏A、柳浦編年第4式坏Ⅱa類、高広編年では坏Ⅲ類に相当し、時期はⅣA期にあたる。このⅣA期の年代については、従来の出雲国庁編年との刷り合わせから、8世紀中葉から後半としていた。しかし最近では、静止と回転糸切りの多くは同時並存するとみる傾向と出雲国府跡出土の環状つまみを有する須恵器蓋で高広Ⅳ期の型式と判断されるもので、「三太三」と墨書されるものがあり、したがって、「三太三」は神亀2年（725）の民部省口宣による「美談」の古い表記

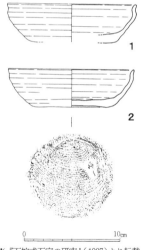

※『石棺式石室の研究』（1987）より転載

図113　小坂古墳出土の須恵器
　　　　（黒済 2006）

であることから、8世紀前半から中葉と年代を古くする傾向（平石 2003）にある。

5. 『出雲国風土記』神門郡朝山郷条の記述から

『出雲国風土記』は編集者国造兼意宇郡大領出雲臣広嶋と執筆者神宅臣金太理によって天平5年（733）に完成した。また、神門郡条の奥付には大領外従七位上勲十二等神門臣以下、擬少領外大初位下勲十二等刑部臣、主政外従八位下勲十二等吉備部臣、主帳无位刑部臣と署名されている。

　これまでの研究から朝山郷は、現在の出雲市馬木・野尻・宇那手・稗原・朝山各町地域に比定される。そこには神門臣等が建立した新造院があり、その場所は現在の馬木不動の台地と推定されている。『出雲国風土記』にある「新造院」記事の解釈は、関和彦によると「新たに院を造った一所。そこには厳堂

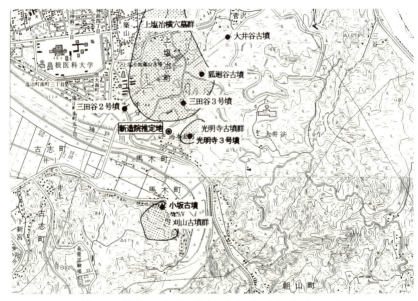

図114　朝山郷の新造院推定値と周辺の古墳（黒済 2006）

（塔）が建っている。院を造ったのは誰々である」との構成である（関 1994）。すると「郡家の正東二里六十歩」の記事と朝山郷内という条件から「新造院一所。朝山郷の中にあり。郡家の正東二里六十歩なり。厳堂を建立つ。神門臣等が造るところなり」となる。当時、朝山郷を本拠地とする神門臣氏を中心に複数の豪族によって、馬木不動の台地に建つ堂を中心に改めて寺院の造成が行われたこととなる。

　ところでこの馬木不動の台地には光明寺古墳群が所在する。それは丘陵斜面に立地し、現在のところわずか4基のみの発見であるが、神戸川対岸にある刈山古墳群と比較しても相当規模の古墳群と推定できる。火葬墳墓の3号墳以外では、1号墳は流出により墳丘などの詳細は不明だが、自然石を使用した小型の横穴式石室である。2号墳は斜面に立地する山寄せの古墳だが、墳丘規模および形態については不明で、出雲型石棺式石室の影響を受けた凝灰岩切石の石室は玄室のみが残存する。4号墳は古墳群中において、一辺10mの方墳で、外護列石を設ける主体部は攪乱が激しく凝灰岩質切石による横穴式石室である。古墳群の年代は6世紀後半から8世紀初頭とみられ、1号墳（6世紀後半）→2号墳（6世紀末から7世紀初頭）→4号墳（7世紀後半）→3号墳（8世紀初頭）といった変遷が報告されている。

　3号墳は、一辺7.5m、高さ約1mの石積みの方墳で、主体部は石櫃である。それは一辺75cmの正方形で、身と蓋の合わせ高は79cmの印籠造りである。身の中央には直径32.5cm、深さ16.5cmの孔があり、骨蔵器は用いず直接一体分の焼骨が収められていた。

　周辺には上塩冶横穴墓群の他、三田谷2・3号墳、大井谷古墳、狐廻谷古墳などの後期から終末期にかけての古墳が存在するが、横穴墓とは一線を画する様相を示す。

　3号墳は築造時期が古墳の終焉と火葬墓の始まりといった、墓制の過渡期にあたる資料である。また、神門臣氏等建立の新造院推定地とみられる不動山光明寺に隣接する立地である。まさしく厳堂が建つ時期と墓域として機能する時期とが並行する。朝山郷所在の新造院と光明寺古墳群は基より神戸川を挟み対

岸にある小坂古墳（石櫃）を含む刈山古墳群（図114）が存在するが、火葬墳墓を含む群集墳の築造終末と寺（新造院）の創建年代が近く、位置的に至近距離にあることは、その寺（新造院）は古墳の祭祀を行う廟・墓前寺的な役割もなしていたものと考えられる。

6. 石櫃が主体部の墳墓とその年代

主体部を石櫃とする墳墓は、全国でこれまでのところ以下の5例（図115）に留まる。

静岡県沼津市清水柳北1号墳（上円下方墳）

墳丘：幅約2.5mの周溝による一辺約20mの区画内に一辺約16mの下方部と径約9mの上円部。

石櫃：凝灰岩製。ほぼ正方形の印籠造り、壊れていたため規模はすべて推定である。身は長さ116cm×幅106cm×厚さ50cm、中央孔は径62cm×深さ35cm。蓋は長さ122cm×幅105cm×厚さ42cm、中央孔は径68cm×深さ9cm。

骨蔵器：不明。

時期：墳丘および積石などから出土する須恵器（長頸瓶・高台付坏・蓋・瓦泉）と土師器坏から8世紀前葉。

その他：4号墳は横穴式石室の外径10～11mの円墳であるが、4号墳→1号墳の年代が追える。

群馬県桐生市（旧新里村）武井廃寺塔心礎跡される墳墓（八角形墳）

墳丘：径約20m、一辺6.4mの八角形で、高さ2mの4段築成。

石櫃：輝石安山岩製。上径105cm、下径123cm、造り出しの高さは17.5cm、中央孔は径43cm×深さ44cm、円錐台形の突出部分以外は加工が粗い。蓋は所在不明。

骨蔵器：不明。

時期：8世紀初頭。

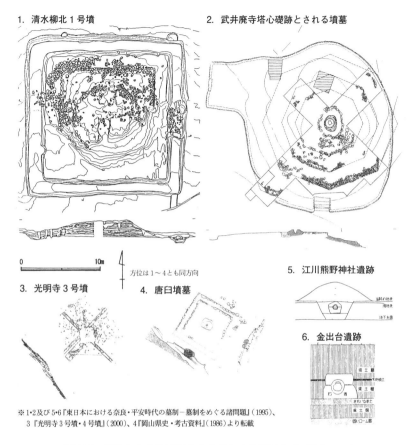

図115 墳丘を有する石櫃を主体部とする墳墓集成（黒済 2006）

　その他：同じ丘陵にある切石切截積石室の中塚古墳を最後する古墳築造の終焉と絡めて8世紀初頭とする。さらに蓋が八角形の石櫃である熊野火葬墓への変遷過程と考えられる。

千葉県木更津市江川熊野神社境内遺跡（円墳）

墳丘：若干の墳丘あり。

石櫃：墳丘下の土坑に凝灰質砂岩製の高さ63cm、幅68cmの外容器。

骨蔵器：蛇紋岩製の家形石櫃（成人男姓1/3個体分）。

時期：8世紀前半。

千葉県市原市金出台遺跡（方墳）

墳丘：墳丘痕跡のある方形区画墓。

石櫃：凝灰岩製の平面円形で合子状を呈し、平面ならびに断面円形に骨蔵器が納まるように穿孔する。骨蔵器が動かないように砂を充填する。

骨蔵器：金属器模倣土師器有蓋壺（成人女性1個体分）。

時期：8世紀前半。

岡山県美咲町（旧中央町）唐臼墳墓（方墳）

墳丘：下段6m、上段5mの二段築成の墳墓で、外護列石がある。中央に石櫃の身がある。

石櫃：150×120cmの楕円形の身は上面平らで、中央孔は直径20cm、深さ20cmである。蓋状の抉り孔が掘られた蓋は南の山腹で発見された。

骨蔵器：不明。

時期：8世紀初頭。

その他：この墳墓とともに周辺には小型陶棺や木棺を収めた横穴式石室の後期古墳群が存在する。

これらは千葉県の2例を除き、後期および終末期古墳群と連続して存在し、年代も8世紀初頭から前葉に限定されるが、光明寺古墳群3号墳も同様の特徴を有する。また、石櫃に直接焼骨を収める点では、上記3例については不明だが、焼骨の直接収納も考えられる。さらに石櫃の形態では、法量差はあるものの平面正方形および印籠造りの身といった点が静岡県沼津市清水北柳1号墳と共通する。

なお、銅製骨蔵器を収める石櫃と直接焼骨を収める石櫃の差は何を示しているのか、身分、財力のあらわれとみなせるのかは定かではない。

7. 横穴式石室を再利用した石櫃の安置

　横穴式石室を再利用し石櫃を安置する例として愛知県犬山市の蓮池2号墳があげられる。それは丘陵山頂付近に立地する円墳で、石室からは猿投窯編年岩崎17号窯式期（7世紀第3四半期）の長頸瓶が出土する。石櫃は凝灰岩製で寄棟状の家形を呈し、身は底辺が38×32 cm、高さ24 cmのやや上広がりで上端に26×23 cm、深さ9 cmの納骨孔が刳り貫かれている。蓋は11×30 cmの頂部から寄棟状に広がり高さ16 cmとなり、身と蓋の接地面は平坦である。直接焼骨が収められていた。

　小坂古墳の場合、外容器としての石櫃の身のみが残っている状況なので、石櫃本体の形状は不明である。ただし、直接焼骨を収めるのでなく、金属製骨蔵器が収納されていた。

　次に横穴墓に安置する例としては、静岡県伊豆の国市（旧伊豆長岡町）の大北・大北東・大師山・割山・万宝院山・宋光寺各横穴墓群などがみられる。とくに大北横穴墓群C群24号墓（斎藤 1981）からは身に「若舎人」と線刻された平面方形の石櫃が安置されていた。これらの横穴墓群に安置された凝灰岩製の石櫃には、①形状（方形箱形、変形した方形箱形、家形、厨子形、多角形）、②納骨孔の位置（竪口、横口）、③納骨孔の大きさ（大きい、小さい）、④納骨孔の形（方形、円形）、⑤縁の有無（有り＝印籠造り、なし＝平坦）などの特徴があり、印籠造りの方形箱形が最も多く、横口タイプの家形や厨子形へと変遷する。年代的には8世紀初頭から後半に位置付けられる。いずれの横穴墓群の造営は、伴出土器から7世紀中葉とされ、追葬もしくは再利用によって石櫃が安置されたこととなる。

　横穴墓の分布の多い出雲西部において、神門郡朝山郷では少ないが、日置郷にあたる神戸川下流域に大規模に分布する上塩冶横穴墓群でも、21支群1号墓で家形石櫃の蓋とも考えられる加工石材が出土しているが、明確な事例はこれまで見つかっていない。

8. 神門郡における石櫃の展開

　石櫃をもつ火葬墓は東西日本の各地に存在するが、それは畿内から典型的な形態を受容した。とりわけ東日本の上野と上総両地域に多く分布しており、上野では8世紀初めに畿内から導入され、地域に浸透し在地化し、上総では方形区画墓というように古墳以来の伝統的墓制と融合した。

　石櫃（石製骨蔵器）については、大里仁一の群馬県の出土事例による研究があり、以下のような5形態の分類が提示された（大里 1958）。

　第1類A＝蓋身ともに外観は自然石で接合部を印籠造りするもの。

　第1類B＝外観はAと同じで、接合部は平坦に加工するもの。

　第1類C＝外観は自然石で蓋が突出し、身の孔に組み合わさるもの。

　第2類A＝蓋石の上部を寄棟状に身部も五面を成形し、納骨孔の周囲を印籠造りにするもの。

　第2類B＝蓋身ともにAと外形は同じだが、接合部を平坦に加工するもの。

　さらに津金澤吉茂（1991）は、新たに第3類として「蓋を八角形に成形し、接合部を印籠造りにする」を設定し、第3類→第2類A→第2類B・第1類A→第1類B・第1類Cの形態上の変遷過程を示した。それは蓋を八角形に成形するものと寄棟式に成形するものをほぼ同時期に想定し、寄棟式が形骸化し、さらにその省略化が進み自然石に最小の加工を施すものへと変遷するものである。当初年代については第3類を8世紀末から9世紀初頭と考えられていたが、最近では8世紀中葉まで遡ることが指摘される。

　次に出雲地域の石櫃（図116）について、これまでにあげた小坂古墳、光明寺古墳群3号墳以外の事例を紹介する。

菅沢古墓（出雲市上塩冶町）

　昭和33年（1958）開墾中に発見され、土坑に直接埋納され、盛土などの施設は不明である。凝灰岩を粗く加工し、身は径70cm、厚さ30cmの半球形の中央に径25cm、深さ13cmの円形の納骨孔。蓋は縦85cm、横70cm、厚さ

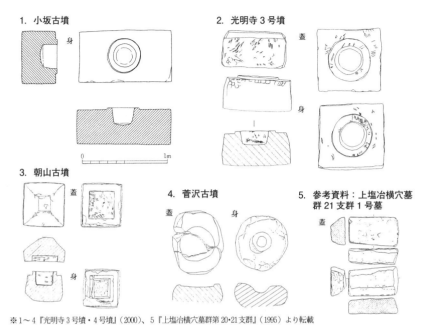

図116 古代神門郡出土の石櫃（黒済 2006）

27 cm、中央に径 45 cm、深さ 5 cm の刳り抜きを設ける。直接焼骨を収める。

朝山古墓（出雲市朝山町）

2個発見され、1個は現地に埋戻された。一辺 40 cm の正方形で、身は方形の納骨孔で印籠造り、蓋は家形である。直接焼骨を収める。

神門郡朝山郷ならびに日置郷では、石櫃に関して8世紀中葉以降、朝山古墓→菅沢古墓の変遷が辿れる。

その他山陰地方での石櫃の分布では、これまでにあげた5例以外に島根県安来市中山遺跡、鳥取県米子市青木遺跡の2例があるのみで、7例中5例までが、この出雲市すなわち古代神門郡朝山・日置両郷のみに限定されることは、地域社会の墓制のあり方として大きな特徴である。

9. 出雲における俘囚関連記事

　俘囚の諸国移配記事の初見は、『続日本紀』神亀2年（725）閏年4日「陸奥国俘囚一四四人を伊予国に配し、五七八人を筑紫に配し、十五人を和泉監に配す」である。しかし本格的な移配の実施は、延暦13年（794）の胆沢の征夷以降とするのが通常の解釈である。

　出雲国での俘囚関連の記事については、『類聚国史』や『日本後紀』などにみることができる。それによると延暦17年（798）に政府は、帰降の夷俘に対する夏・冬衣服の毎年支給や季節毎の饗給を出雲などの国々に命じた。2年後の延暦19年（800）には出雲国から1）冬衣服は絹布混給であったが、すべて絹で支給する、2）人ごとに乗田一町を支給し、富裕な農民をして耕作させる、3）新たに到着した俘囚60余名に対しては、①各人に絹一・綿一屯を支給する、②5〜6日毎に宴会を開き、土産を持たせる、③毎月一日にその安否を見舞う、④百姓を動員して、俘囚等に支給した田地を耕作させる、という厚遇内容が政府に報告され、その出雲国の対俘囚への手厚い優恤政策の中止が命じられている。その結果、弘仁4年（813）に俘囚が郡郷の正倉および富豪層の倉を襲撃し略奪する「荒橿の乱」が勃発、弘仁5年（814）には夷第一等遠胆沢公母志が出雲叛俘討伐の功により外従五位下を賜わっており、その反乱を鎮圧したのも俘囚であった。この反乱の直後、意宇・出雲・神門3郡の未納稲160,000束および国内全体の田租の免除などがあったことが記されている。

　いずれにせよ正史による出雲地域での俘囚関連の記事は、8世紀末から9世紀初頭のことであった。

10. 神門郡朝山郷の氏族

　天平11年（739）の『出雲国大税賑給歴名帳』では、「（朝山郷）伊福部、凡治部、刑部、勝部臣、勝部、神門臣、神門臣族、神門部、吉備部、倭文部臣、

鳥取部、林臣族、日置臣、日置部、神人部、若倭部臣、若倭部、丸部」といった氏族の錯綜状況がみられる。これは身寄りのない者や貧窮老疾のため独立生計不可能な者への賑給給付名簿で、すべての住民を列記したものではないが、当時の朝山郷にみる氏族分布の実態を想定できる史料である。また、朝山郷では、新造院建立でも「神門臣等」の氏族名がみられる。

　出雲市（旧平田市）鰐淵寺にある白鳳期の銅造観世音菩薩立像には、「壬辰年五月　出雲国若倭部臣徳太理為父母作奉菩薩」と台座框に刻書がある。壬辰年は692年に比定され、若倭部臣氏は、出雲郡の郡司・主帳を輩出する家系である。若倭部氏は『出雲国大税賑給歴名帳』によると出雲郡杵築郷に若倭部4戸、神門郡朝山郷には若倭部臣4戸、若倭部5戸、日置郷に若倭部2戸、古志郷に若倭部連2戸、若倭部3戸、滑狭郷に若倭部1戸とあり、神門郡に広く分布し、とくに朝山郷に集中していたことから何らかの関連がうかがわれる。したがって、朝山郷では仏教を厚く信仰する氏族として、とくに神門臣、若倭部臣の氏族名があげられる。ところで同じ朝山郷に比定される出雲市野尻町法王寺にも白鳳期の銅造観音菩薩立像があるが、それもこの地での仏教普及の動向を知るうえでの一傍証となり得る。

　ちなみに地名を名乗る臣姓豪族は、比較的自立的な地位を保持し、部臣を負う者は大和政権の支配下に組み込まれた豪族とみなされる。神門臣は出雲臣とともに出雲の東西を代表する二大有力豪族でもある。

11．出雲（神門郡）と越と上野

　出雲と越の交流については、『出雲国風土記』神門郡古志郷の条に「即ち郡家に属けり。イザナミ命の時、日淵川を以ちて池を築造りき。その時、古志の国人等、到来りて堤を為りき。即ち、宿り居し所なり。故、古志といふ」とある。また狭結駅の条に「郡家と同じ所なり。古志国の佐與布といふ人来居みき。故、最邑といふ」とあり、越との人的往来にまつわる地名起源伝承として伝えられた。

次に越と上野との交流について、一般に『新撰姓氏録』によると佐味朝臣氏は、上毛野君氏と同祖同族関係にあることをもって、その主な出身地は上野国緑野郡佐味郷および那波郡佐味郷と考えられている。この緑野・那波両郡は利根川に分断されるものの隣接しており、一氏族の地域的範疇にあると考えられるが、郷名以外の史・資料の裏付けはない。一方、越でも越中国新川郡と越後国頸城郡にそれぞれ佐味郷がみられる。また、越前国には著しく偏った佐味氏の分布が広くみられる（関口 1991）。その他、氏族分布のあり方をみる限り、物部氏をはじめ礒部氏、山部氏などとくに上野国西部（西毛）と越、とりわけ越後地域とは古くからの関わりが推察されている。

ところで出雲西部地域でも、記紀の伝承から神門臣が物部関連氏族として関与すること、さらに8世紀の史料にみえる部民の分布から、6世紀後半から7世紀初頭に首長たちが群臣・「大伴造」物部氏と深く関係していたことが認められている（平石 2004）。

12. 出雲国における蕨手刀出土の意義

古代出雲国神門郡朝山郷所在の小坂古墳（刈山28号墳）は、石室出土の須恵器編年から築造年代は6世紀後半とされる。築造に際し若干の相違はあるが出雲型石棺式石室を採用し、出雲型子持壺の出土は、東部の意宇勢力の影響力があったことを示す。石室を再利用して安置された銅製骨蔵器を収める石櫃の年代は、8世紀第1四半期以降である。そして蕨手刀は8世紀前半、内彎する口縁部を持つ須恵器坏は8世紀前半から中葉の年代に収まることから、石櫃の副葬品として間違いないものである。

その被葬者は火葬され銅製骨蔵器に収められ、さらに石櫃によって厚く葬られている。もともと拾骨・納骨には仏教の舎利信仰があり、散骨には薄葬思想や怨霊思想の影響があるとされることから、当時仏教を深く信仰した一豪族であったことは確かである。また、8世紀第1四半期とは、『続日本紀』文武天皇4年（700）3月10日条の僧道昭火葬の「天下の火葬、これより始まれり」

の記述から、大宝 2 年（702）の持統天皇の火葬を正史のうえで正当化し、その後の文武天皇（慶雲 4・707 年）、元明天皇（養老 5・721 年）の火葬によって律令体制下において旧体制の古墳墓制を打破する新たな墓制確立といった施策が推進された時期である。さらに大宝令では火葬の普及・浸透を目的とした造墓規制の緩和が図られ、中央では律令体制を担う官人やその家族、地方では郡司を輩出する豪族層への普及が促進された時期でもある。神門郡朝山郷には、小坂古墳を含む刈山古墳群と光明寺古墳群の所在が認められ、それら古墳群と至近距離にある寺（新造院）との関係から、両群集墳および火葬墓の被葬者は新造院造営に係る神門臣等の豪族のうち、『出雲国風土記』神門郡条奥付に署名を残す刑部臣、吉備部臣の他、仏教を厚く信仰する若倭部臣もその一豪族の候補としてあげられる。

　また、小坂古墳の火葬被葬者は、蕨手刀を副葬することから、生前はそれを佩用していたものと考えられる。正倉院御物の金銀細荘唐大刀や黒作大刀は、佩用金具および材質などに大きな変化がみられるものの、その系譜は古墳時代の方頭大刀とされる。これは大宝令（大宝元・701 年）とそれを改定した養老令（養老 2・718 年）衣服令の武官佩用横刀の規定から、金銀細荘唐大刀は五位以上の衛府の督と佐が佩用する金銀装横刀、黒作大刀は六位以下が佩用する烏装横刀に比定される。正倉院中倉第 8 号黒作横刀の拵は蕨手刀で、鞘口は筒金状、鞘尻は覆輪状を呈し、その責金は一文字状である。足金物は台状形双脚式、責金具は柏葉で、すべて鉄製の黒漆塗りである。衣服令にみられる烏装横刀の拵である。ちなみに小坂古墳出土と同じ鋒両刃造り蕨手刀と共伴する腰帯具をみた場合、上原古墳では従八位・大初位、西平 1 号墳では正従八位・大初位、ジーコンボ 56 号墳では従七位に該当する。いずれにせよ蕨手刀を副葬する被葬者の位階は六位以下だが、小坂古墳石櫃の被葬者も『出雲国風土記』神門郡条の奥付に署名した役人も同様の位階であったことがわかる。

　小坂古墳出土の蕨手刀は、型式的には柄反りはなく、絞りが弱い鋒両刃タイプで、分布も群馬県に多い。編年的には東北蝦夷文化圏で発展する柄反りや絞りが強く、刃反りをともなう長寸化段階以前に位置し、年代的には 8 世紀前半

に比定できる。したがって、移配俘囚の長の残したものとは、到底考えることはできない。8世紀末葉からの出雲国への俘囚移配とは、時期的に全く噛み合わず、史料をみる限りでも8世紀代にそうした記述が全くみられないからである。さらに神門地域に代々続く氏族の奥津城に俘囚の長を埋葬することにも違和感がある。

　それから越を介して搬入したものとする場合は、型式的に東北蝦夷文化圏からこれまでのところ鋒両刃タイプの出土は全くみられないことからして蝦夷→越ではなく、上野→越といった入手ルートが想定できるようである。なぜなら鋒両刃造りの蕨手刀の出土例が群馬県に最も多いことと、越在住の氏族については佐味氏をはじめ西毛地域に分布する氏族、とりわけ物部氏との関わりがみられることが要因として考えられる。

第10章　蕨手刀と俘囚
――菊池山哉の「別所＝俘囚移配地」説の考古学的検証――

　蕨手刀は柄頭が早蕨状に曲がっていることから使用されている学術用語である。本来は横刀の範疇にあるもので、東北地方を中心に多く出土する。その盛行年代は、8世紀を中心とした時期である。そうしたことから蝦夷の刀として考えられてきた。また、関東以西から出土する蕨手刀は、坂上田村麻呂の征夷以後、移配された俘囚が持ち込んだものとも考えられた。

　岡本孝之はかつて「時代は下がるが、蝦夷の土器は近畿中央部や四国の愛媛県まで運ばれており、蝦夷の虜囚、俘囚との関連が指摘されている。すでに指摘したことであるが、蕨手刀の分布論については、近畿から東北に広がったとする佐原真の見解があるが、東北独自に成立したものが近畿に持ち運ばれたとするほうが正解と思われる。また、蝦夷が俘囚として連れてこられたところは、各国の国府や郡家に近接して存在することが多い別所や散所であるという菊池山哉や八切止夫の指摘があるが、それを考古学的に解明する必要がある」と指摘した（岡本 1998）。しかし、菊池や八切の説は、同和問題と関わることから触れられることもなく、歴史学からは無視され、現在に至る状況にある。ここでは菊池説について、考古学的成果から検証を試みるものである。

1. 俘囚料とは何か

　8世紀末から9世紀初頭に俘囚は、国内各地に強制的に内国移配された。『日本後紀』によると、以下の勅が下された。

1）其れ蝦夷は、請に依りすべからく中国に移配すべし。

2）ただ俘囚は、便宜を思量し、当土に安置し、勉めて教瑜を加え、騒擾を致すことなかれ。

3）また新獲の夷は、将軍等の奏により、早く進上すべし。但し人数巨多、路次報き難し。其れ強壮の者は歩行せしめ、羸弱の者には馬を給えよ。

そして、①男女を問わず全員に俘囚料として米・塩・燃料を支給、②直接生活状況を訪ね慰め、要望を聞き、野心を改め忠・孝・礼など善行を励行するよう教喩する存門の実施、③季節ごとに国衙での饗宴に招待し、禄と衣服を支給、④調・庸の免除、⑤口分田の支給、さらに違法行為や犯罪に対する寛大な対処が施された。

『延喜式』主税式にある「諸国出挙正税公廨雑稲」のうち俘囚料を計上する国は35ヶ国である。図117のように俘囚料とは、各国が春に一定数量の本稲を農民に強制的に貸し付け、秋の収穫期に3割の利稲を徴収する公出挙で、その利稲をもって俘囚の食料や禄料にあてるものである。この35ヶ国には、確実に俘囚が分布していたわけである。

『倭名類聚抄』には、上野国碓氷郡・多胡郡・緑野郡の各郡と周防国吉敷郡に俘囚郷が、播磨国加茂郡・美嚢郡に夷俘郷が記載されている。俘囚は、編纂時の10世紀には陸奥国に帰還していたので、9世紀には各国の俘囚郷に編成されていたはずである。

2.「別所」とは何か

菊池山哉は、別所こそ俘囚移配の地であり、部落がそれを監視したと結論付けた。著書『別所と特別部落の研究』(1966)において、別所の性格を「1. 先ず全国で二百余ヵ所も同名の部落のある事は、何か同じ性格があったものに違いありません。そして奥羽六ヵ国の蝦夷と、大隈薩摩の隼人国と、他国と異なりと言われた飛騨の国に見えません。2. 別所部落の所在地が山間僻地で、ま

俘囚料

東海道	伊勢	1,000
	遠江	26,800
	駿河	200
	甲斐	50,000
	相模	28,600
	武蔵	30,000
	上総	25,000
	下総	20,000
	常陸	100,000
東山道	近江	105,000
	美濃	41,000
	信濃	3,000
	上野	10,000
	下野	100,000
北陸道	越中	13,433
	越前	10,000
	加賀	5,000
	越後	9,000
	佐渡	2,000
山陰道	因幡	6,000
	伯耆	13,000
	出雲	13,000
山陽道	播磨	75,000
	美作	10,000
	備前	4,340
	備中	3,000
南海道	讃岐	10,000
	伊予	20,000
	土佐	32,688
西海道	筑前	57,370
	筑後	44,082
	肥前	13,090
	肥後	173,435
	豊後	39,370
	日向	1,001
		1,095,409

蕨手刀出土

東海道	伊勢	0
	遠江	0
	駿河	4
	甲斐	2
	相模	0
	武蔵	3
	上総	2
	下総	0
	常陸	2
東山道	近江	0
	美濃	0
	信濃	19
	上野	18
	下野	2
北陸道	越中	0
	越前	0
	加賀	0
	越後	0
	佐渡	0
山陰道	因幡	0
	伯耆	0
	出雲	1
山陽道	播磨	0
	美作	0
	備前	0
	備中	0
南海道	讃岐	1
	伊予	1
	土佐	0
西海道	筑前	0
	筑後	1
	肥前	0
	肥後	1
	豊後	0
	日向	0
		57

別所の地名

東海道	伊勢	21
	遠江	21
	駿河	3
	甲斐	7
	相模	12
	武蔵	43
	上総	6
	下総	13
	常陸	27
東山道	近江	15
	美濃	8
	信濃	5
	上野	10
	下野	6
北陸道	越中	11
	越前	16
	加賀	7
	越後	8
	佐渡	3
山陰道	因幡	3
	伯耆	19
	出雲	17
山陽道	播磨	17
	美作	11
	備前	6
	備中	15
南海道	讃岐	8
	伊予	3
	土佐	9
西海道	筑前	15
	筑後	1
	肥前	3
	肥後	4
	豊後	0
	日向	0
		373

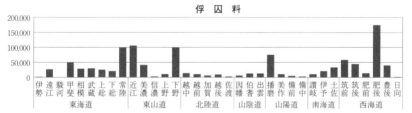

俘囚料

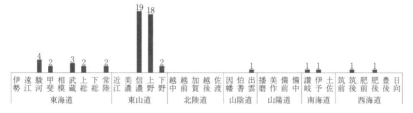

俘囚料の記載がある国における蕨手刀発見数

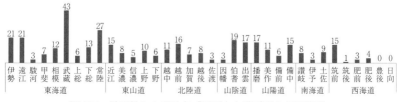

俘囚料の記載がある国における別所の確認数

図117 俘囚料および地名「別所」と蕨手刀の相関関係

た想像もつかないように山又山の奥か、又丘陵に囲まれて山河自然に院内を形成して居る所にある事です」など18項目の特異性を拾い上げ、「全国に散在する別所は、平安の古像を擁するかと思えば、明治維新に全村の苗字を附けたというところも尠くなく或は近畿に於て結婚に支障ある等、以上あげました特異性から、簡単な郷や村の分村でない事は明らかであります。一方夷を入れて中国に散居せしむるは、蛮を和らげて、化に導くにありとしました俘囚は、平安末までは俘囚料を給せられて居ったようであり、一体その村はどうなったものでしょう。散居せしめし俘囚村即別所なりの文献が見当たらないだけで、両者は一つものではありますまいか」とまとめた。すなわち菊池は、別所は山間僻地に多く、東光寺、薬師堂、白山神社（本地仏十一面観音）を祀り、慈覚大師円仁の伝承があるなどの多くの共通性をみいだした。なお、「別所」の地名には、山中襄太著の『地名語源辞典』（1968）に「この地名の分布を見ると、主として江戸と広島の間にある。この地名は、俘囚の村の名と考えられる。江戸と広島とは奈良・京都の都から等距離で、この間に主として蝦夷の俘囚を移住させたらしい。逆心ある者や重い罪人は、土佐や種子島に流された。文献によると、蝦夷の移住地は42ヶ国1島に及んでいる。別所の地名は中国東半から中部、南関東にかけての地域に多い。この地域は文献による蝦夷の移住地と一致する（日本地名学）」とある。また、楠原佑介・溝手理太郎編『地名用語語源辞典』（1983）では「古代、蝦夷の虜囚を各地に移住させた所〔菊池山哉〕。※この説は一部では根強く流布されているが、あまり根拠はないと思われる」とある。

　菊池は全国の「別所」という地名を踏査した結果、215箇所を探しあてた。その菊池説の検証を行ったのが柴田弘武であった。柴田は律令制国家の俘囚移配は、製鉄の他金属工業生産の従事が目的とする説を掲げ、「別所」の地名の現地踏査および文献史料の悉皆調査により、存疑とする64箇所を含めた621箇所をつきとめ、さらに移配地そのものか、周辺に製鉄、鍛冶の他、銅などの古代の金属生産跡の存在を確認した（柴田 1987・2007）。

3. 蕨手刀出土地は俘囚移配地なのか

喜田貞吉は蕨手刀を蝦夷の所産の刀とした。とくに毛抜型の場合は、奥州の熟蝦夷の所産であり、東北南部以西にある蕨手刀は、物品として送られたか俘囚の所持品であったとした（喜田 1933）。一方で、石井昌国は征夷の士から伝えられ、享受した俘囚の刀工が鍛冶した刀とみなした（石井 1966）。下向井龍彦は蝦夷騎馬戦士の刀で、関東以西で出土する蕨手刀はすべて俘囚が持ち込んだ刀とした。また、各地域での古墳・墳墓出土蕨手刀に関しては、夷俘長のものとした（下向井 2000）。いずれも俘囚と蕨手刀の関係性を説いた論である。蕨手刀は古代陸奥国、現在の岩手県を中心とした蝦夷社会において、特異な発展を遂げた。それは幅広でカマス鋒、長寸化とともに柄反りと刃反りが加わり、突くから斬るへの機能的変化である。その完成形は蝦夷の刀と呼ぶに値するものである。現在、形式（フォーム）として柄反りと絞りが顕著で、幅広、カマス鋒の長寸刀の東北形が東北北部から、柄反りと絞りがないかもしくは弱く、幅狭、カマス鋒以外の短寸刀の東国形が東北南部以西から、それぞれ主体となって出土することが把握できる。

陸奥国南部以西の東国地域から出土する蕨手刀の点数は 83 口（型式内訳：Ⅰ類＝8、Ⅱ類＝6、Ⅲ古類＝14、Ⅳ古類＝18、ⅢⅣ複合古類＝14、Ⅲ新類＝0、Ⅳ新類＝1、ⅢⅣ複合新類＝0、Ⅴ類＝3、不明＝21 註うち 2 口は未報告）で、総出土数の約 27％ である。

別所が存在する①群馬県渋川市（旧勢多郡北橘村）小室、②茨城県東茨城郡城里町（旧桂村）高久鹿島神社、③愛媛県西予市（旧東宇和郡宇和町）久枝では、それぞれ①②はⅣ古類、③はⅠ類の蕨手刀が出土しているが、型式（タイプ）的に古式のものばかりである。陸奥国南部以西の東国地域では、ⅢⅣ複合古類やⅤ類などの各型式が散見できるが、いわゆる「別所」およびその近辺からの出土は全くみられない。したがって、別所（＝俘囚移配地）から出土する蕨手刀は、型式的に上信地域で鍛造された形式的に東国形であるため、俘囚が

持ち込んだものとは解釈できず、現在のところグラフをみる限り俘囚移配地⇔別所⇔蕨手刀出土の関連性をみいだすことはできない。一方、別所（＝俘囚移配地）以外の地域で出土するⅢⅣ複合古類とⅤ類型式については、東北北部で鍛造された形式的に東北形として認識できるものである。逆に俘囚移配地以外での出土の意味は、別所≠俘囚移配地と解釈するのが適当と考えられる。

第11章　山国から峠を越え、もたらされた蕨手刀

1. 蕨手刀の定義とその分布

　蕨手刀とは、柄頭の形状が早蕨に似る刀姿から、古代刀剣を説明するための造語である。明治期以後、それまで古刀・古剣として、また、形状的には頭槌（頭椎）の範疇で扱われてきたものを、あえて差別化し、考古学はもとより刀剣学などの学術用語として使用され、定着した。蕨手刀の最大の特徴とは、早蕨状に曲がる柄頭の形状の他、柄が共鉄造りで、片手で握る寸法にあることである。

　蕨手刀使用の年代観は、発掘による遺跡や遺構、出土状況や共伴遺物などから、7世紀後半から9世紀にかけてである。とくに奈良時代を中心に盛行した。こうした年代観については、考古学の黎明期より研究者間の共通認識であり定説となっている。しかし、祖型や出自などに関しては、諸説が提示される状況にあり、蕨手刀そのものの属性についての私見は、以下のとおりである。

　蕨手刀の分布は、日本列島において関東甲信静以東に偏在し、とくに東北北部に集中する傾向にある。北海道島でも定量の出土がみられ、その一方、西日本では散見できる程度の出土である。古代の令制五畿七道に置きかえると、東山道に分布が偏り、信濃・上野・下野・武蔵（宝亀2年〔771〕に東海道に所属替え）・陸奥・出羽の各国でみられ、陸奥国が最も多い。そうした地域的偏在性が、「蝦夷（エミシ）の刀」とされてきた所以でもある。遥か北方の擦文やオホーツクの両異文化地域、西国では朝鮮半島と対峙する山陽道・長門国の孤島である見島や西海道での隼人の地・大隅国などの辺境地域でも分布に粗密があるものの存在する。そして大陸および朝鮮半島での発見例はこれまでにな

いことから、日本列島固有の考古資料であると断言できよう。蕨手刀という出土資料ひとつの分布をみるだけでも、古代の地域間交流は顕著であったことがわかる。それは山野を縦横に走る陸路、河川・海を利用する水路を媒体とした駅路以外の交通路が幾重にも繋がっていた証でもある。

　蕨手刀は形式（フォーム）のうえで、顕在的な特徴として、柄の反りと絞りが弱く、刃が短い古式と柄の反りと絞りが強く、刃が長い新式とにおおかた分けられる。古式は東国に多く、新式は東北以北に多くみられることから、古式＝東国形、新式＝東北形と認知することができる。刃の長短に関しては、おおよそ刃長 400 mm が境で、『記紀』に十束の剣とあるように 5 束（1 束＝4 本の指で握った長さ＝男子平均約 84 mm）が目安となる。また、佩用のため鞘に装着される足金物についても、単環単脚式から台状双脚式への変遷が新古の付加条件ともなる。古式は信濃・上野で、新式は陸奥北部・出羽でそれぞれ主体を占めるが、両地域の中間にあたる陸奥南部では新古両形式が顕著に混在する傾向にある。

2. 蕨手刀発祥の地

　信濃と上野（上信地域）で古式が多く分布するが、諏訪から小県を結ぶ古東山道の通る東信と西毛の両地域での密度が最も濃い。この両地域では、刀工集団の特徴ともいえる鋒形態においても茅の葉が東信に、鋒両刃が西毛に多くみられる。東信と西毛は山によって隔たるが、両地域を繋ぐ峠は、旧東山道碓氷峠（1,180 m）以外にも入山峠（1,035 m）、鰐坂＝和美峠（984 m）、内山峠（1,066 m）、星尾峠（1,260 m）、田口峠（1,110 m）、余地峠（1,268 m）などの数々の峠越えの複数経路があり、山を隔てた両地域一帯が、蕨手刀発祥の地と考えられる。東信および西毛の両地域は、古来より物部氏系の氏族が地域経営していたとみられる。それを裏付ける資料として、群馬県高崎市矢中村東遺跡出土の印面一辺 3.7 cm の「物部私印」、長野県佐久市臼田出土の印面一辺 3.1 cm の「物部猪丸」といった平安時代の鋳銅私印が存在する。さらに上野

第 11 章 山国から峠を越え、もたらされた蕨手刀　267

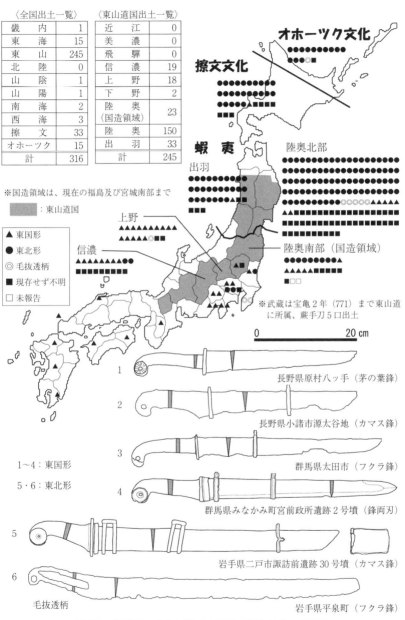

図 118　蕨手刀の分布と形式の特徴（黒済 2013 一部修正）

三碑のひとつ神亀3年（726）銘の金井沢碑には、「物部君午足」の氏名の他、刀工集団の存在を示す「鍛師礒部君身麻呂」とある。この物部氏と礒部氏に関しては、『続日本紀』天平神護元年（765）11月戊午朔条に「上野国甘楽郡人中衛物部蜷淵ら5人に姓を物部公と賜う。（上野国甘楽郡人中衛物部蜷淵等五人賜=姓物部公=。）」、同2年（766）5月甲戌条に「上野国甘楽郡人大初位下礒部牛麻呂ら4人に姓を物部公と賜う。（上野国甘楽郡人外大初位下礒部牛麻呂等四人賜=姓物部公=。）」とあり、鏑川流域の甘楽郡や『和名類聚抄』にみられる碓氷川右岸域の碓氷郡礒部郷といった西毛地域に地縁社会を形成していたことがわかる。こうした山間部で作製された短寸で身幅の広い蕨手刀は、もともと片手で握り、山野での狩猟採集に適した山刀として使用していた利器と考えられる。『集古十種』所収の「上野国高崎郡豊岡村（群馬県高崎市下豊岡町若宮八幡神社蔵）堀地所獲刀図」の場合、奉納後、薪割りの鉈代わりに使用されたといった逸話が残る。そもそも山刀とは、山間部において樹木の枝打ちや樹皮の採収、狩猟での止め刺しや獲物の解体、皮剥ぎ、薪割りや野外調理、細工など幅広い用途に使用される汎用刃物である。『日本書紀』孝徳紀大化2年（646）2月辛巳条の東国国司派遣とその違反記事において、7世紀中頃、上毛野と蝦夷の間に何かしらの緊張状態が続いていた上毛野地域に赴いた紀麻利耆拕臣は「朝倉君に自分の刀を作らせた（復使=朝倉君=作レ刀）」とある。中央官人からみて、共鉄造りといった作刀過程の簡略化（柄木の省略）やその形状の珍しさと実用性に驚き、過ちを犯してまでも作刀させた訳であろう。朝倉君氏の本拠地は、利根川旧河道右岸域の上野国那波郡朝倉郷とされ、その刀が蕨手刀であった可能性も想像に値する。とにかく上信地域では7世紀中葉以後、型式（タイプ）としてⅠ類・Ⅱ類の蕨手刀が作られ、柄反り（Ⅲ類）を意識して鍛造する集団と柄に絞り（Ⅳ類）を意識して鍛造する集団といった各刀工集団が存在していたものと考えられる。ところで上野国内における鉄素材を供給する製鉄遺跡の動向は、東毛の赤城山南麓地域の前橋市三ヶ尻西遺跡や松原田遺跡、太田金山丘陵周辺の太田市西野原遺跡や峰山遺跡で長方形箱形炉による鉄生産が7世紀後半から8世紀前半まで行われ、その後は半地下式竪形炉が導

入された。一方、西毛の藤岡市下日野金井窯跡群では、すでに7世紀末には半地下式竪形炉による鉄生産が行われていた。

3. 蕨手刀の所有者は誰か

　古式の蕨手刀は主に横穴式石室から副葬品として出土するが、共伴遺物から7世紀後半から8世紀前半の相対年代が与えられる。上信地域での蕨手刀を所持、佩用する人物像は、山間部などの新興開発地域における群集墳や伝統的古墳築造地域における終末期古墳の石室などへの追葬もしくは再利用による被葬者であることから、地域開拓の新興的氏族の長と考えられる。そこで蕨手刀とともに腰帯具が副葬される出土例が間々あるので、その所持者はいかなるものか、以下に検討する。腰帯具からは、その時期と所持者の階層を知ることが可能である。腰帯具とは、革帯にバックルにあたる鉸具＋丸鞆＋巡方＋巡方＋丸鞆＋丸鞆＋丸鞆＋巡方＋巡方＋丸鞆＋鉈尾に配列する飾りである。材質には銅製と石製があり、薄板状の裏金具とともに革帯を挟み脚鋲や金属線で留める。はじめは銅製で、その腰帯使用の開始時期については、『扶桑略紀』「天下始用₌革帯₋」の慶雲2年（705）もしくは『西宮記』「和銅四年皮帯始ㇾ用」の和銅4年（711）とされる。そして『続日本紀』和銅5年（712）5月癸酉条には、六位以下の官人が白銅や銀で腰帯を飾ることを禁じている。この腰帯具の中でも巡方と丸鞆に残る垂飾りを装着した垂孔の型式と出土遺構の時期別出土な頻度のピークから①銅製は大孔（8世紀第2四半期）→小孔（8世紀第4四半期）→細長孔（9世紀第1四半期）、②石製は小孔（9世紀第2四半期）→線孔（出土例少ない）→無孔（10世紀第2四半期）といった変遷と年代観を辿ることができる。なお、小孔の石製腰帯具については、長岡京出土事例から年代的に延暦2年（783）から延暦12年（793）のもので、『日本後紀』延暦15年（796）の銅製腰帯の禁止による雑石使用以前から存在していたことが確認された。その後、大同2年（807）に銅製腰帯の再開、弘仁元年（810）に再び銅製腰帯の禁止となる。腰帯具に関して、垂孔型式が銅製の場合、大孔→小

孔→細長孔、石製は小孔→線孔→無孔の順に変遷、時代を追って腰帯具自体が大きくなり、革帯幅も広くなることが確認された。すなわち腰帯による五位以上、六位以下の差は、巡方・丸鞆の大きさの差ではなく、以下のとおり色と品質の差によって可視化されていた。

そもそも天平宝字元年（757）『養老令』衣服令の朝服条・制服条の規定では、官人の位階序列は服色によって具現化され、また、腰帯は五位以上が金銀装、六位以下は烏油、さらに武官についても、武官礼服条・武官朝服条に督・佐・尉・志の四等官の上位二官は金銀装腰帯に金銀装横刀、下位二官は烏油帯に烏装横刀の佩用を定めている。その内容については、おそらく大宝元年（701）『大宝令』でも同様と考えられる。銅製大孔垂孔の巡方と丸鞆とともに出土する例は、東国では群馬県伊勢崎市上原古墳と静岡県富士市西平１号墳、西国の西海道辺境の地、大隅国の鹿児島県肝付町新富横間３号地下式横穴墓、一方、東山道辺境の地、出羽国の山形県南陽市梨郷古墳群、陸奥国の岩手県花巻市熊堂古墳群などである。この他に陸奥国の岩手県金ヶ崎町縦街道古墳群や宮城県栗原市鳥矢ケ崎古墳群２号墳では、銅製細長孔垂孔の巡方と丸鞆が、新羅国と対峙する山陽道長門国の孤島、山口県萩市見島のジーコンボ古墳群56号墳や出羽国の秋田県五城目町岩野山古墳群からは、石製小孔垂孔の巡方と丸鞆がそれぞれ出土している。これらの出土遺構は、東北北部では末期古墳から、それ以外では終末期古墳の再利用を含めた横穴式石室などが主である。とにかく腰帯とともに蕨手刀を副葬された被葬者の年代は８世紀代で、いずれも六位以下の官人層であったことが推察できる。なお、末期古墳は帰降蝦夷も含み蝦夷の墳墓とみなすことができるため、その被葬者は位階を授けられた蝦夷の長と考えられる。それから巡方と丸鞆の代替の長方形金具（縦幅が巡方の半分以下の寸法）の組み合わせの腰帯が、全国各地で８世紀末から９世紀前半に存在するが、宮城県石巻市山田古墳群で蕨手刀とともに出土している。

ところで、『続日本紀』霊亀元年（715）９月己卯朔条に「文武百寮六位以下は、虎・豹・羆の皮および金銀を用いて鞍具並びに横刀の帯の端に飾ることを禁ず（禁下文武百寮六位以用二虎豹羆皮及金銀一飾中鞍具並横刀帯端上）」と、

六位以下の金銀およびトラ・ヒョウ・ヒグマの毛皮装飾による帯刀を禁止している。これは衣服令にみられる六位以下の烏装（＝黒作）横刀帯刀の追加規制とみられる。横刀の端を毛皮で飾る行為は、後の尻鞘に通じるもので、本来、装飾ではなく鞘を雨露から防ぐのを目的に毛皮を被せたのだが、六位以下の階層は、トラ・ヒョウ・ヒグマ以外の動物の毛皮を使用することとなる。三十八年戦争（774～811年）時には、装飾ではなく行軍・実戦に耐え得る後の尻鞘へと発展したものと考えられる。これに関して、後世の史料だが紀長谷雄の『紀家集』「昌泰元年（898）歳次戊午十月廿日競狩記」に帯剣の際の尻鞘の素材について、参議以上は豹皮・五位以上は虎皮・六位は北豹皮を用いるとある。北豹とはアザラシのことで、その毛皮は7世紀後半以降、渡島蝦夷との交易品であった可能性がある。

　また蕨手刀はもともと、山刀として使用される実用刀であり、『養老令』軍防令備戎具条にある「兵士各人に、弓1張、弓弦袋1口、副弦2条、征箭50隻、胡籙1具、大刀1口、刀子1枚、砥石1枚、藺帽1枚、飯袋1口、水甬1口、塩甬1口、脛巾1具、鞋1両。みな自身で備えさせること。かけたり少なかったりしてはならない」の条文から、上信地域の兵士は自弁の蕨手刀を佩びていたことと考える。さらに東信・西毛から峠越えの交通路により甲斐や駿河の東海道方面へ、また、7世紀第3四半期に進められた東山道駅路の本格整備とともに、それを媒体に西は畿内以西の各地へ、東は陸奥・出羽方面へと流通されていった。

4. 蕨手刀の作刀技術、遥か東北の地へ

　東北北部では新式が、とくに陸奥北部に密度濃く分布するが、征夷事業と関連して『続日本紀』にみられる8世紀前葉の陸奥・出羽への信濃と上野からの移民「柵戸（きのへ）」に蕨手刀を鍛造する刀工集団が含まれ、技術導入とともに普及したものと考えられる。『続日本紀』には、①和銅7年（714）10月丙辰条「尾張・上野・信濃・越後等の国の民二百戸を割きて出羽柵戸に配す。（勅割＝尾

張。上野。信濃。越後等国民二百戸㆑。配㆓出羽柵戸㆑。)」、②霊亀元年（715）5月庚戌条「相模・上総・常陸・上野・武蔵・下野の六国の富民千戸を移して陸奥に配す。(移㆓相模。上総。常陸。上野。武蔵。下野六国富民千戸㆑。配㆓陸奥㆑焉。)」、③霊亀2年（716）9月乙未条「陸奥国置賜・最上の二郡および信濃・上野・越前・越後四国の百姓各百戸を以て出羽国に隷せしむ。(因以㆓陸奥国置賜最上二郡。及信濃。上野。越前。越後四国百姓各百戸㆑。隷㆓出羽国㆑焉。)」、④養老元年（717）2月丁酉条「信濃・上野・越前・越後四国の百姓各一百戸を以て出羽柵戸に配す。(以㆓信濃。上野。越前。越後四国百姓各一百戸㆑。配㆓出羽柵戸㆑焉。)」、⑤養老3年（719）7月丙申条「東海・東山・北陸三道の民二百戸を遷して、出羽柵に配す。(遷㆓東海。東山。北陸三道民二百戸㆑。配㆓出羽柵㆑焉。)」、⑥養老6年（722）8月丁卯条「諸国司をして柵戸一千人を簡点して陸奥の鎮所に配せしむ。(令㆘諸国司簡㆓点柵戸一千人㆑。配㆗陸奥鎮所㆖焉。)」といった移住の記事がみられる。

　移民による黒川以北十郡（牡鹿・小田・新田・長岡・志太・玉造・富田・色麻・賀美・黒川の各郡）が置かれた大崎平野を中心とする地域には、新式に混じり古式の蕨手刀も存在する。なお、十郡のうちの新田郡と黒川郡新田郷に関しては、柵戸の出身地の上野国新田郡に因む地名である。また、上記の移住記事にみえる出羽国置賜郡である山形県置賜地域では、北部の南陽市梨郷古墳群は小礫による弱い胴張り構造の横穴式石室で上野国のものに、東部の高畠町安久津古墳群では切石積みで方形を基調とする玄室構造の横穴式石室で、信濃国佐久地域のものに近似する特徴がそれぞれみられる。

　蕨手刀の潜在的特徴の把握に、金属考古学による鋼の原料分析がある。それでは関東出土の古式は鉱石系、東北出土の新式は砂鉄系との違いが報告されているが、東北南部での鉄生産の盛行と供給とともに、多くが鍛造されたと考えられる。ところで天平宝字元年（757）の『養老令』関市令弓箭条には、東辺北辺には鉄冶を置いてはならないとあり、東北地方では対蝦夷政策の一環として、鉄生産が規制されていた。すでに大宝元年（701）の『大宝令』関市令において、同内容の規制は行われていたが、東北南部・福島県浜通りでは新地町

武井製鉄遺跡群、相馬市大坪製鉄遺跡群、南相馬市金沢製鉄遺跡群といったコンビナート的遺跡群が存在する。また、関市令の鉄冶禁止に反し、北部・岩手県三陸（山田町沢田Ⅲ遺跡、同焼山遺跡）などでも、時期決定に検討は必要とするものの古代の半地下式竪形や長方形箱形の各製鉄炉の発掘調査例が増えつつある。しかし、鉄冶禁止の東北地域では製鉄による玉鋼の供給がなくても、日本刀鍛造の卸し鉄技法、いわゆる鋼のリサイクルによって作刀することは可能であったと考えられる。金属考古学の分析からも、炭素量が少なく混入物の多いものもあり、品質差が大きいことが確認されている。また、刃の部分にのみ炭素量が多い鋼を用い、その周りには折れ難い軟鉄を用いる場合もあり、鋼のリサイクルは実際に行われており、分析結果からも裏付けられている。

　共鉄柄の蕨手刀の普及に関しては、鍛造後樺や糸などの柄巻きを施すのみで使用が可能となる利便性もその要因の一つである。陸奥・出羽では城柵を中心に軍事行動の征討だけでなく、饗給（饗宴し禄物を賜与して懐柔すること）と斥候（物見を派遣して動静を探ること）による蝦夷との接触交流をもった。族長層への饗給や交流によって蕨手刀は蝦夷にもたらされ、山刀としてのそもそもの機能が、従来からの弓矢とのセットとなる狩猟採集生活にも適応したものと考えられる。蕨手刀そのものの物流だけではなく、鍛造技術も柵戸から帰降した蝦夷へ伝えられたものと考えられる。天平9年（737）の大野東人による多賀柵から陸奥出羽直路の開削工事と騎兵1,000人の行軍には、東北の地で鍛造された蕨手刀が使用された可能性は大きいと想像される。8世紀中葉には、柄反りと絞りが強く（柄の反りと絞りの融合）、長寸、カマス鋒を特徴とするⅢⅣ複合古類型式の東北形の生産が始まるが、その分布頻度から陸奥国を中心に行われたものと考える。さらに宝亀5年（774）から弘仁2年（811）の三十八年戦争の間、武器としての役割がますます加わり、鍔迫り合いの白兵戦はもとより蝦夷の手により馬を駆使した騎馬個人戦や疾駆斬撃戦に適するよう拳の保護を目的とした喰出鍔から板鍔への移行や反りをともなう長寸化の一途をたどる。『続日本紀』天応元年（781）6月戊子朔条に「彼の夷俘の性と為ること、蜂のごとくに屯り、蟻のごとくに聚りて、首として乱階を為す。攻むれ

ば則ち山藪に奔り逆き、放せば則ち城塞を侵し掠む。伊佐西古・諸絞・八十嶋・乙代等は賊の中の首にして一以て千に当る。(但彼夷俘之為ﾚ性也。蜂屯蟻聚。首為=乱階ｰ。攻則奔=逃山藪ｰ。放則侵=掠城塞ｰ。而伊佐西古。諸鉸。八十嶋。乙代等。賊中之首。一以当ﾚ千。)」、同書延暦2年（783）6月辛亥条に「夷虜は乱常にして、梗をすること未だ已まず。追へば則ち鳥のごとく散り、捨つれば則ち蟻のごとく結ぶ。(夷虜乱ﾚ常。為梗未ﾚ已。追則鳥散。捨則蟻結。)」と、また、『続日本後紀』承和4年（837）2月辛丑条には「弓馬の戦闘は、夷獠の生習にして、平民の十、其の一に敵する能はず。(況復弓馬戦闘。夷獠之生習。平民之十不ﾚ能=敵ｰ其一ｰ。)」ともあり、蝦夷の馬による奇襲ゲリラ戦術と個々の戦闘能力の高さを報告している。さらに一蝦夷集団が反乱を起こすと、比較的短期間のうちに広範囲地域の蝦夷集団が反乱に呼応するといった記述から、各蝦夷間の共闘ネットワークも確立していたと考えられる。したがって、蕨手刀は宝亀5年（774）の海道蝦夷による桃生城の襲撃以後38年の間、対立と緊張の状態や実戦経験により律令国家征討軍と反国家の各蝦夷集団双方の武器として発達、東北北部の地で爆発的に普及する結果となった。そうした進化のなか、斬撃時の衝撃緩和を目的に最終段階の形態となるのがⅤ類型式の毛抜透柄であった。

東北北部に分布する蝦夷の墳墓である末期古墳（円形周溝墓）には、蕨手刀が鉄鏃、轡とともに副葬される事例があり、また、岩手県山田町房の沢古墳群などでの馬を埋葬する土壙の検出は、前述の弓馬の戦闘にまつわる文献史料を裏付ける考古資料である。さらに、蕨手刀が埋葬主体部外に埋納される事例が、青森県八戸市丹後平古墳群46号墳、岩手県二戸市諏訪前遺跡30号墳、秋田県鹿角市物見坂Ⅱ遺跡1・3号墳など数例みられるが、埋葬者への追善供養とみられる。

5. 蕨手刀の流通先

日本列島の東国以西で出土分布するものは、俘囚の内国移配によってもたら

されたものとする説があり、それは蕨手刀を蝦夷特有の刀とする喜田貞吉の考えが根本にある（喜田 1933a）。神亀2年（725）の最初の俘囚移配は伊予国・筑紫・和泉監であったが、東国以西の多くのものは、形式としては古式の範疇で、古式の東国形Ⅰ類型式が伊予国の愛媛県西予市明石から、筑紫の福岡県朝倉市甘木池の上9号墳からそれぞれ出土している。しかし、その媒体を俘囚と確定するには、根拠に乏しい。また、後者の池の上9号墳出土例に関しては、Ⅰ類型式の範疇として解釈するには留意する資料でもある。

一方、新式の東北形（Ⅲ新・Ⅳ新・ⅢⅣ複合古および新・Ⅴ類各型式）の範疇にあるものは、わずかに武蔵国2口、信濃国2口、上野国1口、上総国2口、常陸国1口で出土している。その中でも上総国の2口は、弘仁年間（810〜824）以降、胆沢地方の蝦夷によって作られたと考えられる毛抜透柄のⅤ類型式である。とくに上総国での毛抜透型蕨手刀の出土は、地域的にも9世紀に勃発した嘉祥元年（848）2月・貞観12年（870）12月・元慶7年（883）2月といった3件の俘囚の反乱とも関連する資料と考えられる。しかし、東北形の蕨手刀と俘囚との関係については、必ずしも『和名類聚抄』記載の「上野国碓氷郡俘囚郷・多胡郡俘囚郷・緑野郡俘囚郷、信濃国伊那郡輔衆郷」などの俘囚・夷俘の郷名比定地や『延喜式』主税式の俘囚料を計上する35ヶ国名と照合しても蕨手刀出土地と合致しない。東国では陸奥国に接する下野国と常陸国の両国の俘囚料は多いが、蕨手刀の出土は、両国合わせても4例とわずかである。なお、8世紀前葉に柵戸を多く送り出した東山道地域に俘囚郷の地名が残るのは何か示唆的であり、俘囚の諸国移配は延暦13年（794）の征討以降に本格的に進められた政策で、まだまだ留意する点が多いのが現状である。

東北北部で生産された新式の蕨手刀は、北の海を渡り、遥か北海道島の擦文およびオホーツクといった異文化地域へも流通された。その流通の担い手は、擦文文化の民とされる。ところで奥尻島の青苗砂丘遺跡では、オホーツク式土器が検出されており、オホーツク文化の民が交易のため南下、奥尻島を寄港地としていたと考えられる。『日本書紀』斉明紀4年（658）から3年連続で行われた阿倍比羅夫の日本海側の北方遠征記事では、すでに服属していた津軽蝦夷

▲北海道枝幸町目梨泊遺跡34号墳（オホーツクミュージアムえさし提供）
オホーツク文化の土壙墓から出土、東北北部地域と異文化間の交易品である。

▲愛媛県西予市明石（西予市教育委員会提供）
西日本四国から出土、その特徴は上信地域の東国形蕨手刀である。

▲鹿児島県肝付町新富横間地下式横穴墓群3号墓
（鹿児島県歴史資料センター黎明館提供）
化内の辺境、大隅隼人の地から出土、東国より遠路もたらされたもの。

図119　日本列島各地で出土した蕨手刀

の他、齶田（秋田）・渟代（能代）・渡島（北海道）・粛慎などが新たに服属していたことがみえるが、渡島蝦夷とは擦文文化の民であり、粛慎はオホーツク文化の民とされる。また、同5年（659）3月条に「道奥と越の国司に位各二階、郡領と主政に各一階を授く。（授下道奥興レ越国司位各二階。郡領興二主政一各一階上。）」とあることから、太平洋側でも北方への大遠征が同様の規模で行われていたようである。また、渡島半島南東部の初期擦文文化（7世紀末から8世紀）が太平洋側に偏在分布し、石狩低地帯と比較しても本州土師器文化の影響をより強く受ける傾向にあることは、真昆布の採取を目的に三陸沿岸から移住した海道蝦夷、それらと通婚し関係を持った続縄文系集団の存在が原因と考えられている。そして『続日本紀』霊亀元年（715）10月丁丑条に閇村の蝦

夷須賀君古麻比留らが、先祖以来、陸奥国府に昆布を貢献してきたことが記述されている。もともと、北海道と東北北部の太平洋側は、太平洋ルートによって頻繁に行き来していたことがわかる。しかし、三十八年戦争を契機に三陸沿岸（閉伊地方）と渡島半島南東部との交易、太平洋ルートは衰退し、その代替策として日本海ルートによる出羽国・秋田城と石狩低地帯地域との交易を充実させることとなる。東北北部からの交易品の中には蕨手刀も含まれており、それは遠く北の地のオホーツク文化の枝幸町目梨泊遺跡や網走市モヨロ貝塚などで出土する。とくにオホーツク文化での蕨手刀は、威信財としての役割が課せられ、時代を超え伝世品が土壙墓への副葬品として使用された。そして交易の仲介者である擦文文化では、蕨手刀は続縄文系土壙墓といわゆる北海道式古墳（＝末期古墳）の副葬品として出土する。北海道式古墳は、江別市江別古墳群（後藤遺跡）や恵庭市柏木東遺跡（茂漁古墳群）が石狩低地帯に分布しており、続縄文系土壙墓では千歳市ウサクマイA遺跡や恵庭市西島松5遺跡があげられる。

　一方、蕨手刀発祥の地と考えられる上信（東信・西毛）地域以外でも古式の蕨手刀が、正倉院をはじめ島根県出雲市小坂古墳、徳島県吉野川市鴨島町敷地、愛媛県西予市明石、山口県萩市見島ジーコンボ古墳群、鹿児島県肝付町新富横間地下式横穴墓群などで認められ、遠く西日本の各地および辺境に、製品そのものがもたらされたものと考えられる。そうした点的分布の原因を、単に移配俘囚の携帯品とみなすことには賛成できない。なぜならすべて古式の蕨手刀であることが、俘囚との関係性を薄めており、何か他の解釈が必要だからである。なお、九州出土の蕨手刀のうち福岡県朝倉市池の上9号墳と熊本県人吉市大村横穴墓群の出土品は、上信地域を出自とするものと比較すると形状・造りに違和感を覚える。その要因は、柄の造りが非常に華奢なことである。現在、便宜的にⅠ類の範疇に留めてはいるものの、上信地域のものとは出自が異なることを念頭に、九州独自で発達、展開した刀子とした視点で再検証が必至と考える。

第Ⅲ部　集成篇

凡　例

1. 図の縮尺は、すべて 1/10 である。
2. 図の右脇の地名は、出土もしくは発見地などを示す。
3. 図と表の番号は、一致する。
4. 集成表の「図出典」の番号は、集成文献一覧の番号に一致する。ただし、出典空欄は未報告などの場合があり備考に示す。
5. 図は基本的に実測図を掲載するが、実測図化されていない資料に関しては、写真トレース（断面なし）図で対応した。
6. 同じ対象物に関して、原資料の遺存状況により複数の図を掲載した。
7. 集成表の数値の単位は、mm（ミリメートル）である。
8. 集成表のカッコで括った数値は、欠損などによる残存の数値を示す。
9. 集成表の＊印は、欠損などにより計測不可能であることを示す。
10. 集成表の石井 No. は、石井昌国著『蕨手刀』（1966）内調査要覧番号（253～279 頁）と、八木 No. は、八木光則ほか著『蕨手刀集成（第 3 版）』（2003）内集成番号（1～20 頁）とそれぞれ一致する。
11. 集成表の市町村名に関しては、平成の大合併（1999～2010）以前の旧市町村名を併記した。

1. 全国蕨手刀集成図

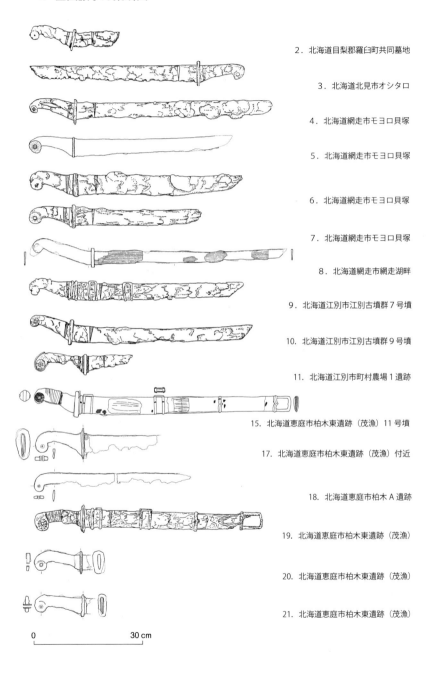

2．北海道目梨郡羅臼町共同墓地
3．北海道北見市オシタロ
4．北海道網走市モヨロ貝塚
5．北海道網走市モヨロ貝塚
6．北海道網走市モヨロ貝塚
7．北海道網走市モヨロ貝塚
8．北海道網走市網走湖畔
9．北海道江別市江別古墳群7号墳
10．北海道江別市江別古墳群9号墳
11．北海道江別市町村農場1遺跡
15．北海道恵庭市柏木東遺跡（茂漁）11号墳
17．北海道恵庭市柏木東遺跡（茂漁）付近
18．北海道恵庭市柏木A遺跡
19．北海道恵庭市柏木東遺跡（茂漁）
20．北海道恵庭市柏木東遺跡（茂漁）
21．北海道恵庭市柏木東遺跡（茂漁）

0   30 cm

1. 全国蕨手刀集成図　283

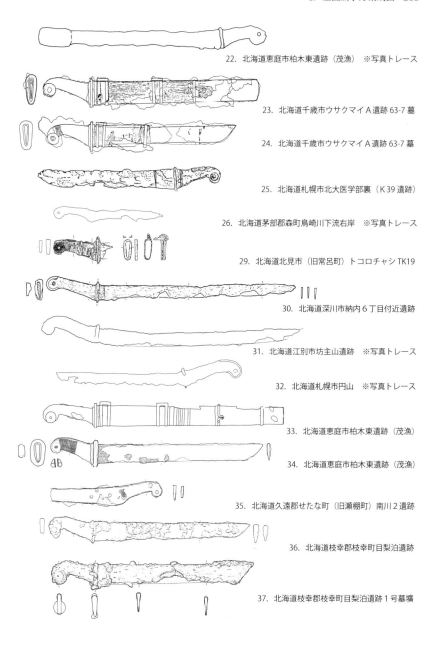

22. 北海道恵庭市柏木東遺跡（茂漁）　※写真トレース
23. 北海道千歳市ウサクマイA遺跡 63-7 墓
24. 北海道千歳市ウサクマイA遺跡 63-7 墓
25. 北海道札幌市北大医学部裏（K 39 遺跡）
26. 北海道茅部郡森町鳥崎川下流右岸　※写真トレース
29. 北海道北見市（旧常呂町）トコロチャシ TK19
30. 北海道深川市納内 6 丁目付近遺跡
31. 北海道江別市坊主山遺跡　※写真トレース
32. 北海道札幌市円山　※写真トレース
33. 北海道恵庭市柏木東遺跡（茂漁）
34. 北海道恵庭市柏木東遺跡（茂漁）
35. 北海道久遠郡せたな町（旧瀬棚町）南川 2 遺跡
36. 北海道枝幸郡枝幸町目梨泊遺跡
37. 北海道枝幸郡枝幸町目梨泊遺跡 1 号墓壙

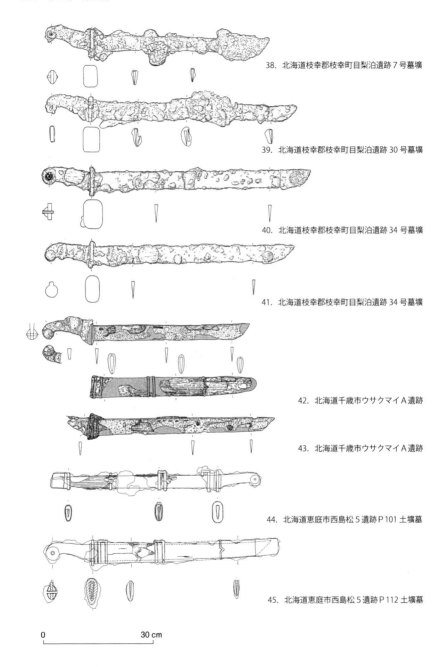

38. 北海道枝幸郡枝幸町目梨泊遺跡 7 号墓壙
39. 北海道枝幸郡枝幸町目梨泊遺跡 30 号墓壙
40. 北海道枝幸郡枝幸町目梨泊遺跡 34 号墓壙
41. 北海道枝幸郡枝幸町目梨泊遺跡 34 号墓壙
42. 北海道千歳市ウサクマイＡ遺跡
43. 北海道千歳市ウサクマイＡ遺跡
44. 北海道恵庭市西島松 5 遺跡 P 101 土壙墓
45. 北海道恵庭市西島松 5 遺跡 P 112 土壙墓

1. 全国蕨手刀集成図　285

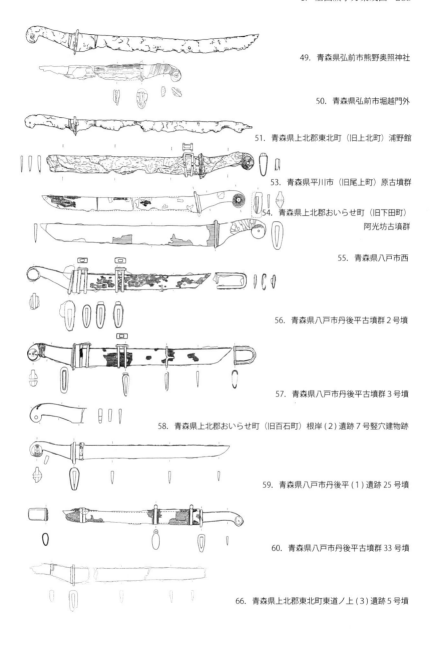

49. 青森県弘前市熊野奥照神社

50. 青森県弘前市堀越門外

51. 青森県上北郡東北町（旧上北町）浦野館

53. 青森県平川市（旧尾上町）原古墳群

54. 青森県上北郡おいらせ町（旧下田町）阿光坊古墳群

55. 青森県八戸市西

56. 青森県八戸市丹後平古墳群2号墳

57. 青森県八戸市丹後平古墳群3号墳

58. 青森県上北郡おいらせ町（旧百石町）根岸(2)遺跡7号竪穴建物跡

59. 青森県八戸市丹後平(1)遺跡25号墳

60. 青森県八戸市丹後平古墳群33号墳

66. 青森県上北郡東北町東道ノ上(3)遺跡5号墳

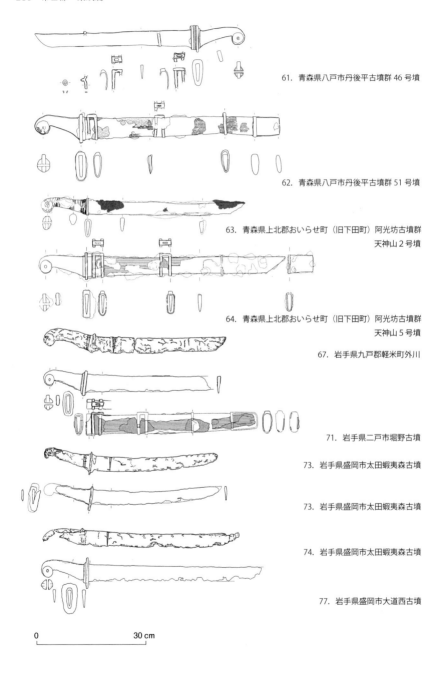

61. 青森県八戸市丹後平古墳群 46 号墳

62. 青森県八戸市丹後平古墳群 51 号墳

63. 青森県上北郡おいらせ町（旧下田町）阿光坊古墳群 天神山 2 号墳

64. 青森県上北郡おいらせ町（旧下田町）阿光坊古墳群 天神山 5 号墳

67. 岩手県九戸郡軽米町外川

71. 岩手県二戸市堀野古墳

73. 岩手県盛岡市太田蝦夷森古墳

73. 岩手県盛岡市太田蝦夷森古墳

74. 岩手県盛岡市太田蝦夷森古墳

77. 岩手県盛岡市大道西古墳

0　　　　30 cm

1. 全国蕨手刀集成図　*287*

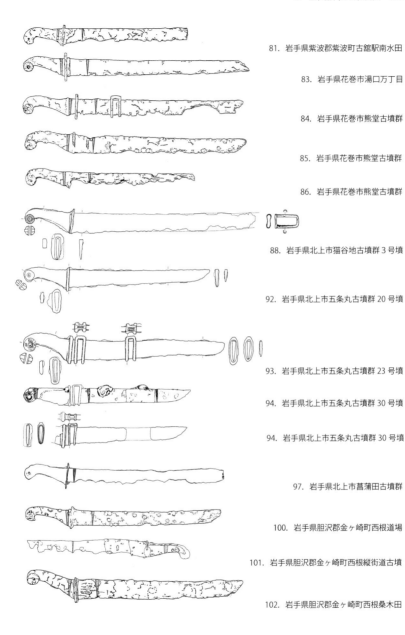

81. 岩手県紫波郡紫波町古舘駅南水田
83. 岩手県花巻市湯口万丁目
84. 岩手県花巻市熊堂古墳群
85. 岩手県花巻市熊堂古墳群
86. 岩手県花巻市熊堂古墳群
88. 岩手県北上市猫谷地古墳群3号墳
92. 岩手県北上市五条丸古墳群20号墳
93. 岩手県北上市五条丸古墳群23号墳
94. 岩手県北上市五条丸古墳群30号墳
94. 岩手県北上市五条丸古墳群30号墳
97. 岩手県北上市菖蒲田古墳群
100. 岩手県胆沢郡金ヶ崎町西根道場
101. 岩手県胆沢郡金ヶ崎町西根縦街道古墳
102. 岩手県胆沢郡金ヶ崎町西根桑木田

288　第Ⅲ部　集成篇

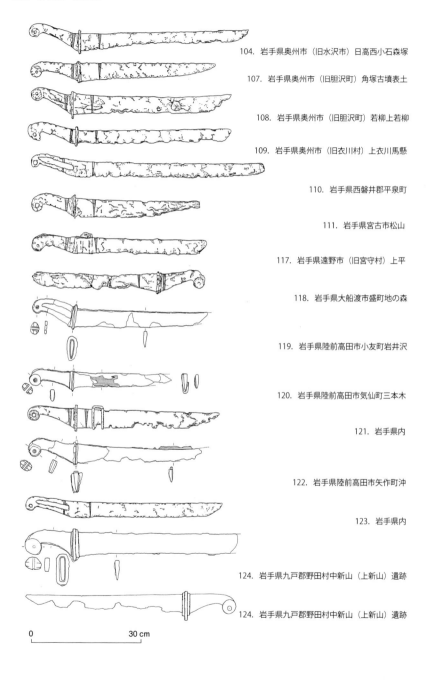

104．岩手県奥州市（旧水沢市）日高西小石森塚

107．岩手県奥州市（旧胆沢町）角塚古墳表土

108．岩手県奥州市（旧胆沢町）若柳上若柳

109．岩手県奥州市（旧衣川村）上衣川馬懸

110．岩手県西磐井郡平泉町

111．岩手県宮古市松山

117．岩手県遠野市（旧宮守村）上平

118．岩手県大船渡市盛町地の森

119．岩手県陸前高田市小友町岩井沢

120．岩手県陸前高田市気仙町三本木

121．岩手県内

122．岩手県陸前高田市矢作町沖

123．岩手県内

124．岩手県九戸郡野田村中新山（上新山）遺跡

124．岩手県九戸郡野田村中新山（上新山）遺跡

1. 全国蕨手刀集成図　289

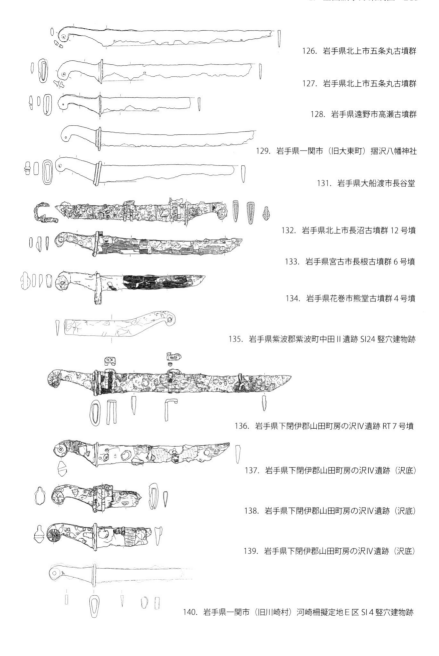

126. 岩手県北上市五条丸古墳群
127. 岩手県北上市五条丸古墳群
128. 岩手県遠野市高瀬古墳群
129. 岩手県一関市（旧大東町）摺沢八幡神社
131. 岩手県大船渡市長谷堂
132. 岩手県北上市長沼古墳群12号墳
133. 岩手県宮古市長根古墳群6号墳
134. 岩手県花巻市熊堂古墳群4号墳
135. 岩手県紫波郡紫波町中田Ⅱ遺跡 SI24 竪穴建物跡
136. 岩手県下閉伊郡山田町房の沢Ⅳ遺跡 RT7号墳
137. 岩手県下閉伊郡山田町房の沢Ⅳ遺跡（沢底）
138. 岩手県下閉伊郡山田町房の沢Ⅳ遺跡（沢底）
139. 岩手県下閉伊郡山田町房の沢Ⅳ遺跡（沢底）
140. 岩手県一関市（旧川崎村）河崎柵擬定地E区 SI4 竪穴建物跡

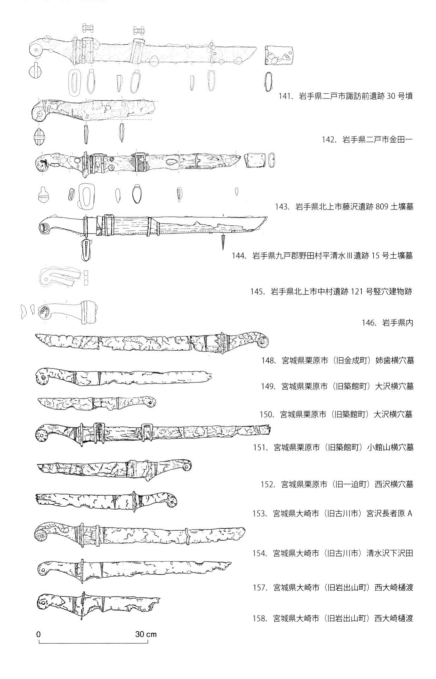

141. 岩手県二戸市諏訪前遺跡 30 号墳

142. 岩手県二戸市金田一

143. 岩手県北上市藤沢遺跡 809 土壙墓

144. 岩手県九戸郡野田村平清水Ⅲ遺跡 15 号土壙墓

145. 岩手県北上市中村遺跡 121 号竪穴建物跡

146. 岩手県内

148. 宮城県栗原市（旧金成町）姉歯横穴墓

149. 宮城県栗原市（旧築館町）大沢横穴墓

150. 宮城県栗原市（旧築館町）大沢横穴墓

151. 宮城県栗原市（旧築館町）小館山横穴墓

152. 宮城県栗原市（旧一迫町）西沢横穴墓

153. 宮城県大崎市（旧古川市）宮沢長者原 A

154. 宮城県大崎市（旧古川市）清水沢下沢田

157. 宮城県大崎市（旧岩出山町）西大崎樋渡

158. 宮城県大崎市（旧岩出山町）西大崎樋渡

1. 全国蕨手刀集成図　291

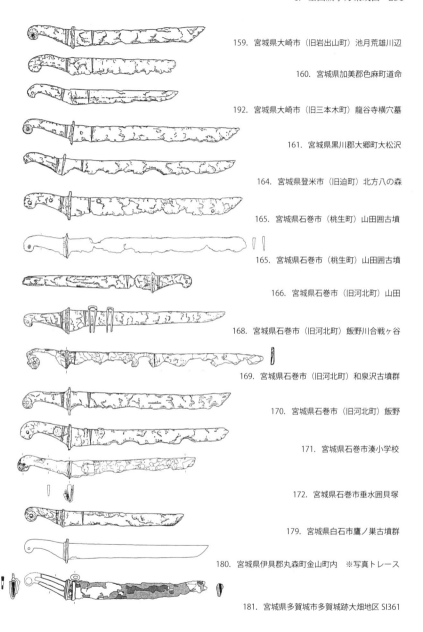

159. 宮城県大崎市（旧岩出山町）池月荒雄川辺
160. 宮城県加美郡色麻町道命
192. 宮城県大崎市（旧三本木町）龍谷寺横穴墓
161. 宮城県黒川郡大郷町大松沢
164. 宮城県登米市（旧迫町）北方八の森
165. 宮城県石巻市（桃生町）山田囲古墳
165. 宮城県石巻市（桃生町）山田囲古墳
166. 宮城県石巻市（旧河北町）山田
168. 宮城県石巻市（旧河北町）飯野川合戦ヶ谷
169. 宮城県石巻市（旧河北町）和泉沢古墳群
170. 宮城県石巻市（旧河北町）飯野
171. 宮城県石巻市湊小学校
172. 宮城県石巻市垂水囲貝塚
179. 宮城県白石市鷹／巣古墳群
180. 宮城県伊具郡丸森町金山町内　※写真トレース
181. 宮城県多賀城市多賀城跡大畑地区 SI361

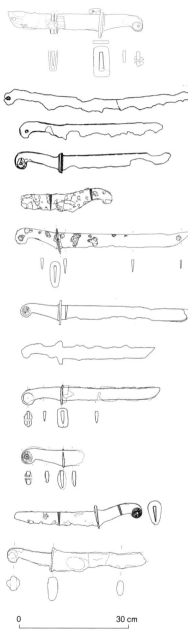

182. 宮城県栗原市（旧栗駒町）鳥矢ケ崎古墳群2号墳

183. 宮城県栗原市（旧志波姫町）城内遺跡

184. 宮城県栗原市（旧志波姫町）城内遺跡

185. 宮城県栗原市（旧志波姫町）城内遺跡

187. 宮城県栗原市（旧瀬峰町）がんげつ遺跡

189. 宮城県加美市（旧宮崎町）米泉東野

193. 宮城県白石市鷹ノ巣古墳群

194. 宮城県白石市鷹ノ巣古墳群

196. 宮城県登米市（旧石越町）山根前横穴墓群2号墓

197. 宮城県登米市（旧石越町）山根前横穴墓群4号墓

198. 宮城県大崎市（旧古川市）馬場檀A遺跡

199. 宮城県亘理郡亘理町桜小路横穴墓群111号墓

0   30 cm

1．全国蕨手刀集成図　*293*

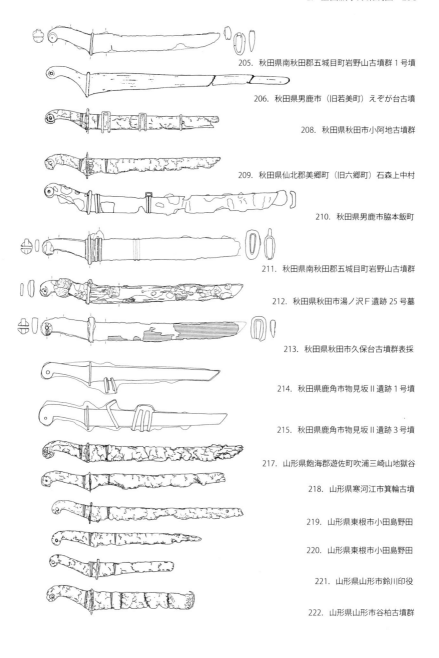

205．秋田県南秋田郡五城目町岩野山古墳群1号墳

206．秋田県男鹿市（旧若美町）えぞが台古墳

208．秋田県秋田市小阿地古墳群

209．秋田県仙北郡美郷町（旧六郷町）石森上中村

210．秋田県男鹿市脇本飯町

211．秋田県南秋田郡五城目町岩野山古墳群

212．秋田県秋田市湯ノ沢F遺跡25号墓

213．秋田県秋田市久保台古墳群表採

214．秋田県鹿角市物見坂Ⅱ遺跡1号墳

215．秋田県鹿角市物見坂Ⅱ遺跡3号墳

217．山形県飽海郡遊佐町吹浦三崎山地獄谷

218．山形県寒河江市箕輪古墳

219．山形県東根市小田島野田

220．山形県東根市小田島野田

221．山形県山形市鈴川印役

222．山形県山形市谷柏古墳群

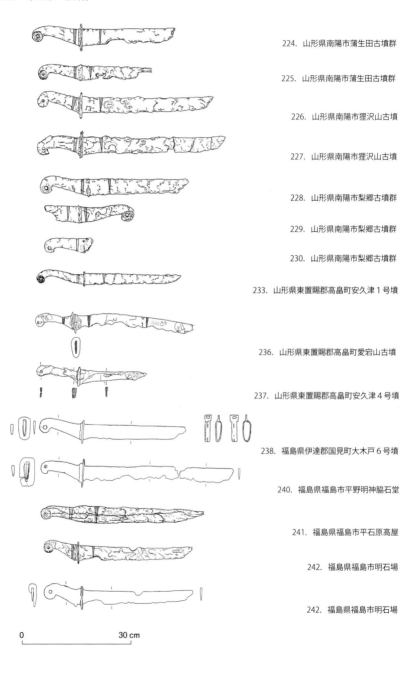

224. 山形県南陽市蒲生田古墳群
225. 山形県南陽市蒲生田古墳群
226. 山形県南陽市狸沢山古墳
227. 山形県南陽市狸沢山古墳
228. 山形県南陽市梨郷古墳群
229. 山形県南陽市梨郷古墳群
230. 山形県南陽市梨郷古墳群
233. 山形県東置賜郡高畠町安久津1号墳
236. 山形県東置賜郡高畠町愛宕山古墳
237. 山形県東置賜郡高畠町安久津4号墳
238. 福島県伊達郡国見町大木戸6号墳
240. 福島県福島市平野明神脇石堂
241. 福島県福島市平石原高屋
242. 福島県福島市明石場
242. 福島県福島市明石場

1. 全国蕨手刀集成図　295

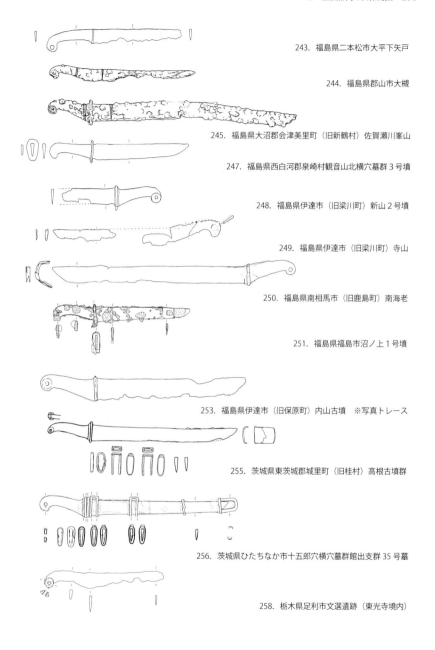

243. 福島県二本松市大平下矢戸
244. 福島県郡山市大槻
245. 福島県大沼郡会津美里町（旧新鶴村）佐賀瀬川峯山
247. 福島県西白河郡泉崎村観音山北横穴墓群3号墳
248. 福島県伊達市（旧梁川町）新山2号墳
249. 福島県伊達市（旧梁川町）寺山
250. 福島県南相馬市（旧鹿島町）南海老
251. 福島県福島市沼ノ上1号墳
253. 福島県伊達市（旧保原町）内山古墳　※写真トレース
255. 茨城県東茨城郡城里町（旧桂村）高根古墳群
256. 茨城県ひたちなか市十五郎穴横穴墓群館出支群35号墓
258. 栃木県足利市文選遺跡（東光寺境内）

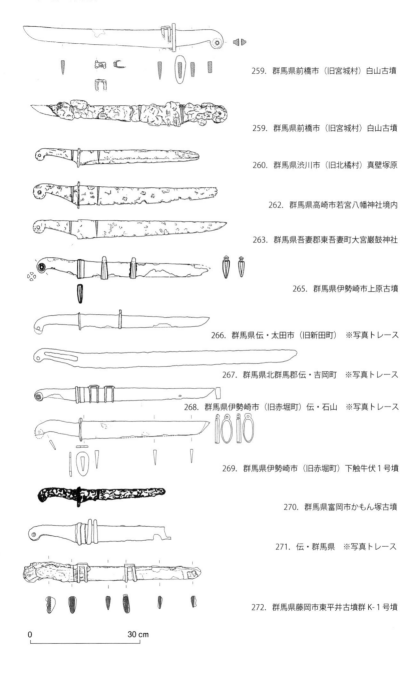

259. 群馬県前橋市（旧宮城村）白山古墳

259. 群馬県前橋市（旧宮城村）白山古墳

260. 群馬県渋川市（旧北橘村）真壁塚原

262. 群馬県高崎市若宮八幡神社境内

263. 群馬県吾妻郡東吾妻町大宮巌鼓神社

265. 群馬県伊勢崎市上原古墳

266. 群馬県伝・太田市（旧新田町）※写真トレース

267. 群馬県北群馬郡伝・吉岡町　※写真トレース

268. 群馬県伊勢崎市（旧赤堀町）伝・石山　※写真トレース

269. 群馬県伊勢崎市（旧赤堀町）下触牛伏1号墳

270. 群馬県富岡市かもん塚古墳

271. 伝・群馬県　※写真トレース

272. 群馬県藤岡市東平井古墳群K-1号墳

0　　　　30 cm

1. 全国蕨手刀集成図

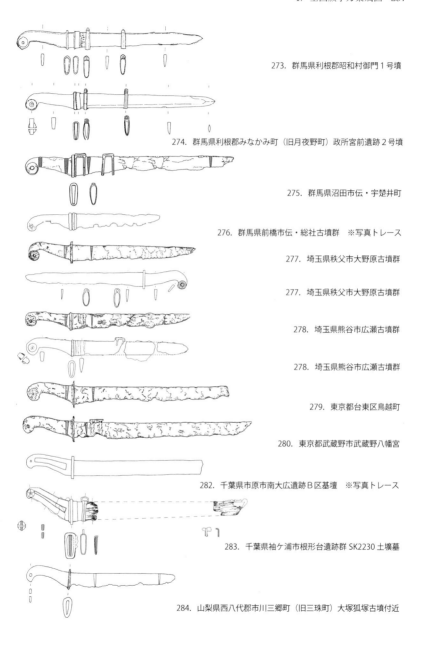

273. 群馬県利根郡昭和村御門 1 号墳

274. 群馬県利根郡みなかみ町（旧月夜野町）政所宮前遺跡 2 号墳

275. 群馬県沼田市伝・宇楚井町

276. 群馬県前橋市伝・総社古墳群　※写真トレース

277. 埼玉県秩父市大野原古墳群

277. 埼玉県秩父市大野原古墳群

278. 埼玉県熊谷市広瀬古墳群

278. 埼玉県熊谷市広瀬古墳群

279. 東京都台東区鳥越町

280. 東京都武蔵野市武蔵野八幡宮

282. 千葉県市原市南大広遺跡B区基壇　※写真トレース

283. 千葉県袖ケ浦市根形台遺跡群 SK2230 土壙墓

284. 山梨県西八代郡市川三郷町（旧三珠町）大塚狐塚古墳付近

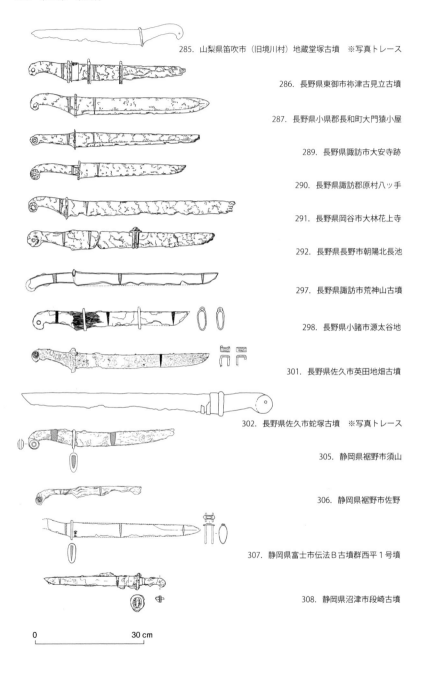

285. 山梨県笛吹市（旧境川村）地蔵堂塚古墳　※写真トレース

286. 長野県東御市祢津古見立古墳

287. 長野県小県郡長和町大門猿小屋

289. 長野県諏訪市大安寺跡

290. 長野県諏訪郡原村八ッ手

291. 長野県岡谷市大林花上寺

292. 長野県長野市朝陽北長池

297. 長野県諏訪市荒神山古墳

298. 長野県小諸市源太谷地

301. 長野県佐久市英田地畑古墳

302. 長野県佐久市蛇塚古墳　※写真トレース

305. 静岡県裾野市須山

306. 静岡県裾野市佐野

307. 静岡県富士市伝法B古墳群西平1号墳

308. 静岡県沼津市段崎古墳

1. 全国蕨手刀集成図　299

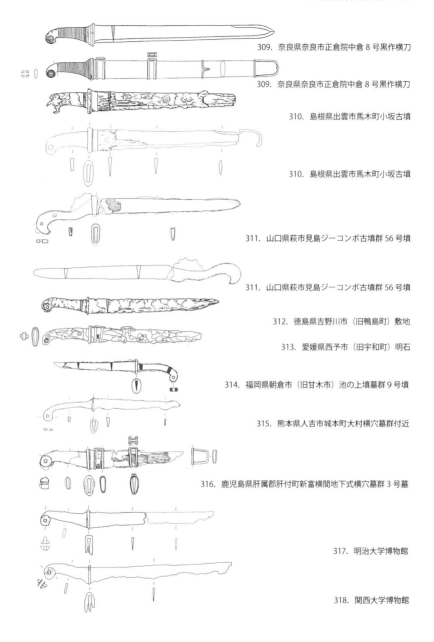

309. 奈良県奈良市正倉院中倉 8 号黒作横刀
309. 奈良県奈良市正倉院中倉 8 号黒作横刀
310. 島根県出雲市馬木町小坂古墳
310. 島根県出雲市馬木町小坂古墳
311. 山口県萩市見島ジーコンボ古墳群 56 号墳
311. 山口県萩市見島ジーコンボ古墳群 56 号墳
312. 徳島県吉野川市（旧鴨島町）敷地
313. 愛媛県西予市（旧宇和町）明石
314. 福岡県朝倉市（旧甘木市）池の上墳墓群 9 号墳
315. 熊本県人吉市城本町大村横穴墓群付近
316. 鹿児島県肝属郡肝付町新富横間地下式横穴墓群 3 号墓
317. 明治大学博物館
318. 関西大学博物館

2. 全国蕨手刀集成表

No.	石井	八木	都道府県	市町村	出土地・遺跡	全長	刃長	柄長	柄幅	柄頭	柄頭長	鶏目・座金	元幅	区	棟肉	棟厚	鋒	柄縁	鍔
1	2	1002		クナシリ島	—														
2	1	1001	北海道	羅臼町	羅臼共同墓地	*	*	127	22	浅い円弧・鳥頭形	24	鉄・玉座金	35	無区	平棟肉無	6			鉄・喰出
3	3	1003	北海道	北見市	オシタロ	590	458	132	26	鋭角屈曲・鳥頭形	32		46	無区	平棟肉無	7	フクラ		鉄・喰出
4	4	1004	北海道	網走市	モヨロ貝塚	(672)	(536)	136	22	浅い円弧・鳥頭形	22	鉄・玉座金	42	無区	平棟肉無	6			鉄・板
5	5	1005	北海道	網走市	モヨロ貝塚	(540)	(424)	116	30	鋭角屈曲・丸形	31	鉄・菊座金	49	無区	平棟肉無	5			鉄・喰出
6	6	1006	北海道	網走市	モヨロ貝塚	588	455	133	34	鋭角屈曲・丸形	36	鉄・玉座金	54	無区	平棟肉無	10	フクラ		鉄・喰出
7	7	1007	北海道	網走市	モヨロ貝塚	(474)	(345)	129	29	鋭角屈曲・丸形	36	鉄・菊座金	42	無区	平棟肉無	7		鉄	鉄・喰出
8	8	1008	北海道	網走市	網走湖畔	(681)	(512)	169	32	浅い円弧・鳥頭形	30		30	無区	平棟肉無	5	カマス		鉄・喰出
9	9	1009	北海道	江別市	江別古墳群(後藤遺跡)7号墳	592	455	137	26	鋭角屈曲・丸形	27	鉄・玉座金	41	無区	平棟肉無	8	カマス	鉄	鉄・喰出
10	10	1010	北海道	江別市	江別古墳群(後藤遺跡)9号墳	620	496	124	23	浅い円弧・丸形	27	鉄・菊座金	44	無区	平棟肉付	11	カマス		鉄・板
11	12	1012	北海道	江別市	町村農場1遺跡	*	*	146	26	鋭角屈曲・丸形	40	銅・菊座金	38	無区	平棟肉無	6		金銅	金銅・喰出
12	13	1013	北海道	江別市	対雁														
13	14	1014	北海道	江別市	対雁														
14	15	1015	北海道	江別市	対雁														
15	16	1016	北海道	恵庭市	柏木東遺跡(茂漁古墳群)11号墳	680	*	127	29	深い円弧・丸形	30	銅・玉菊座金	*	無区	平棟肉無	7	鞘内	金銅	鉄・板
16	17	1017	北海道	恵庭市	柏木東遺跡(茂漁古墳群)														
17	18	1018	北海道	恵庭市	柏木東遺跡(茂漁古墳群)付近	(336)	(199)	137	27	鋭角屈曲・丸形	35		52	無区	平棟肉無	6			鉄・板
18	19	1019	北海道	恵庭市	柏木A遺跡	(430)	(320)	110	30	鋭角屈曲・丸形	27	鉄・玉座金	*	無区	平棟肉無				
19	20	1020	北海道	恵庭市	柏木東遺跡(茂漁古墳群)	630	482	148	29	鋭角屈曲・丸形	38	鉄・菊座金	46	無区	平棟肉無	9	カマス	鉄	鉄・板
20	21	1021	北海道	恵庭市	柏木東遺跡(茂漁古墳群)	*	*	131	27	鋭角屈曲・丸形	35	鉄・玉座金	39	無区	平棟肉無			鉄	鉄・板
21	22	1022	北海道	恵庭市	柏木東遺跡(茂漁古墳群)	*	*	138	27	深い円弧・丸形	30	鉄・玉座金	39	無区	平棟肉無	5		鉄	鉄・喰出
22	23	1023	北海道	恵庭市	柏木東遺跡(茂漁古墳群)	620	*	112	34	鋭角屈曲・丸形		鉄・鶏目	46	無区					鉄・喰出
23	24	1024	北海道	千歳市	ウサクマイA遺跡63-7号墓	525	*	136	28	鋭角屈曲・丸形	34	鉄・玉座金	59	無区	平棟肉無	8	鞘内	鉄	鉄・板
24	25	1025	北海道	千歳市	ウサクマイA遺跡63-7号墓	516	390	126	28	鋭角屈曲・丸形	32	鉄・玉座金	50	無区	平棟肉無	10	カマス	鉄	鉄・板
25	26	1026	北海道	札幌市	北大医学部裏(K39遺跡)	(495)	(368)	127	28	鋭角屈曲・丸形	31	鉄・菊座金	47	無区	平棟肉無	7		鉄	鉄・喰出
26	27	1027	北海道	森町	鳥崎川下流右岸	(300)	(190)	110	19				33	無区	平棟肉無	6			

2. 全国蕨手刀集成表

鍔形	鍔長	鞘口	足金物	責金物	鞘尻	その他	柄反り	柄絞り	型式	遺構	所蔵・所在	図出典	主な文献	備考
									不明	不明		—	18・34・41・124	
角切札	58						22	36	Ⅲ新	不明		41	30・34・41・78・124	
角切札	66						4	27	Ⅳ新	不明		41	21・23・34・41・124	
小判	64						14	35	Ⅴ	土壙墓	市立函館博物館	41	18・23・24・34・41・124	
絞り小判	53						10	38	ⅢⅣ複合古	土壙墓	網走市立郷土博物館	124	34・41・124	
絞り小判	60						10	28	ⅢⅣ複合古	土壙墓	網走市立郷土博物館	41	26・34・41・78・124	
絞り小判	60						4	19	Ⅲ古	土壙墓	網走市立郷土博物館	41	26・34・41・78・124	
絞り小判	50						36	48	Ⅲ新	土壙墓	北海道大学北方生物園フィールド科学センター植物園	124	14・20・23・34・41・78・124	
角切札	51		銅・台状双脚		銅・角窓		12	29	ⅢⅣ複合古	末期古墳	北海道大学北方生物園フィールド科学センター植物園	41	20・41・78・124	
絞り小判	68						23	45	Ⅲ新	末期古墳	北海道大学北方生物園フィールド科学センター植物園	41	20・41・78・124	
角切三角	53					金銅・柄頭覆輪	12	30	ⅢⅣ複合古	土壙墓	旭川市博物館	41	34・41・124	
									不明	土壙墓		—	34・41・124	
									不明	土壙墓		—	34・41・124	
									不明	土壙墓		—	34・41・124	
角切札	66	金銅・縁高	銅・台状双脚	銅・柏葉	銅・角窓	樹皮柄巻	8	16	Ⅲ古	末期古墳	東京国立博物館	78	19・20・34・41・78・124	
										末期古墳?		—	34・41・124	
絞り小判	82	鉄・筒金					13	39	ⅢⅣ複合古	竪穴?	旭川市博物館	124	19・34・41・124	
							1	*	不明	竪穴?	恵庭市郷土資料館	124	19・34・41・124	
角切札	72		銅・台状双脚	鉄・柏葉	鉄・角窓		0	12	Ⅲ古	末期古墳?	市立函館博物館	41	34・41・78・124	
角切三角	60						11	21	ⅢⅣ複合古	末期古墳?	旭川市博物館	124	34・41・78・124	
角切三角	58	鉄・筒金					7	22	Ⅳ古	末期古墳?	旭川市博物館	124	34・41・78・124	
	56	鉄			鉄・角袋	糸柄巻	12	28	ⅢⅣ複合古	末期古墳?	東京国立博物館		34・41・124補遺1	写真トレース
絞り小判	75	鉄・縁高	鉄・台状双脚	鉄・柏葉	鉄・角窓		7	34	Ⅲ新	土壙墓	早稲田大学	54	41・54・124	
絞り小判	76	鉄・筒金	鉄・台状双脚				12	39	ⅢⅣ複合古	土壙墓	早稲田大学	54	41・54・124	
角切札	76		鉄・台状双脚				7	31	Ⅳ新	不明	札幌市埋蔵文化財センター	41	34・41・78・124	
							10	20	ⅢⅣ複合古	土壙墓	北海道博物館		34・41・124	写真トレース

No.	石井	八木	都道府県	市町村	出土地・遺跡	全長	刃長	柄長	柄幅	柄頭	柄頭長	鶏目・座金	元幅	区	棟・肉	棟厚	鋒	柄縁	鍔
27	28	1028	北海道	森町	鳥崎川下流右岸														
28	29	1029	北海道	森町	鳥崎川下流右岸														
29		1030	北海道	北見市(旧常呂町)	トコロチャシTK19	*	*	128	31	深い円弧・丸形	34	銅・玉菊座金	42	無区					鉄・板
30		1031	北海道	深川市	納内6丁目付近遺跡	680	533	147	27	浅い円弧・丸形	42	銅・玉菊座金	37	無区	平棟肉有	5	フクラ	銅	鉄・喰出
31		1032	北海道	江別市	坊主山遺跡	(705)	(545)	160	32	深い円弧・丸形	35	銅・玉座金	40	無区	平棟肉無	8			鉄・喰出
32		1033	北海道	札幌市	円山	510	350	160	30	浅い円弧・丸形	40		40	無区		7	フクラ		鉄・喰出
33		1034	北海道	恵庭市	柏木東遺跡(茂漁古墳群)	650	506	144	25	鋭角屈曲・丸形	46	鉄・玉菊座金		無区			鉄		鉄・喰出
34		1035	北海道	恵庭市	柏木東遺跡(茂漁古墳群)	574	451	123	32	鋭角屈曲・丸形	38	鉄・玉座金	46	無区	平棟肉無	7	カマス		鉄
35		1037	北海道	せたな町(旧瀬棚町)	南川2遺跡	*	*	123	28	鋭角屈曲・丸形	27		49	無区	平棟肉無	7			
36		1038	北海道	枝幸町	目梨泊遺跡	545	417	128	30	鋭角屈曲・鳥頭形	30	鉄・玉座金	50	無区	平棟肉無	12	カマス		鉄・喰出
37		1039	北海道	枝幸町	目梨泊遺跡1号墓壙	553	425	128	33	鋭角屈曲・丸形	42	鉄・玉座金	48	無区	平棟肉無	10	カマス		鉄・喰出
38		1040	北海道	枝幸町	目梨泊遺跡7号墓壙	610	483	127	34	鋭角屈曲・丸形	32	鉄・玉座金	40	無区	平棟肉無	10	カマス	鉄	鉄・板
39		1041	北海道	枝幸町	目梨泊遺跡30号墓壙	683	556	127	33	鋭角屈曲・丸形	30		44	無区	平棟肉無	8	カマス		鉄・板
40		1042	北海道	枝幸町	目梨泊遺跡34号墓壙	736	590	146	37	鋭角屈曲・丸形	36	鉄・玉座金	44	無区	平棟肉無	8	カマス	銅	鉄・板
41		1043	北海道	枝幸町	目梨泊遺跡34号墓壙	686	546	140	34	深い円弧・丸形	36	鉄・玉座金	44	無区	平棟肉無	8	カマス		
42		1044	北海道	千歳市	ウサクマイA遺跡	(555)	(420)	135	25	鋭角屈曲・丸形	33		40	無区	平棟肉無	7	カマス		鉄
43		1045	北海道	千歳市	ウサクマイA遺跡	(564)	495	(69)		—			45	無区	平棟肉無	7	カマス	鉄	鉄・板
44		1046	北海道	恵庭市	西島松5遺跡P101土壙墓	538	420	118	25	鋭角屈曲・丸形	27	鉄・玉座金	32	無区	平棟肉無	7	フクラ	鉄	鉄・板
45		1047	北海道	恵庭市	西島松5遺跡P112土壙墓	613	481	132	28	鋭角屈曲・丸形	36	鉄・玉座金	42	無区	平棟肉無	5	カマス		鉄・板
46			北海道	岩見沢市(旧栗沢町)	由良遺跡														
47			北海道	石狩市(旧浜益村)	浜益川下流摺鉢山麓														
48			北海道	深川市	納内														
49	30	2001	青森県	弘前市	熊野奥照神社	635	494	141	26	鋭角屈曲・丸形	35		48	無区	平棟肉無	8	フクラ		鉄・喰出
50	31	2002	青森県	弘前市	堀越門外	(383)	(273)	110	22	鋭角屈曲・鳥頭形	27	鉄・座金	39	無区	平棟肉付	14			鉄・喰出
51	32	2003	青森県	東北町(旧上北町)	浦野館	(630)	(480)	150	28	深い円弧・丸形	28		38	無区	平棟肉付	6			鉄・板
52	33	2004	青森県	七戸町(旧天間林村)	天間林														
53			青森県	平川市(旧尾上町)	原古墳群	(550)	(400)	150	30	鋭角屈曲・丸形	37	鉄・玉菊座金	45	無区	平棟肉無	8			鉄・喰出
54			青森県	おいらせ町(旧下田町)	阿光坊古墳群	555	418	137	28	鋭角屈曲・丸形	33	鉄・玉菊座金	40	無区	平棟肉無	5	フクラ		鉄・喰出

2. 全国蕨手刀集成表 303

鍔形	鍔長	鞘口	足金物	責金物	鞘尻	その他	柄反り	柄絞り	型式	遺構	所蔵・所在	図出典	主な文献	備考
									不明	土壙墓		—	34・41・124	
									不明	土壙墓		—	34・41・124	
小判	72	銅・縁付	銅・山形短脚			樹皮柄巻・黒漆	9	23	Ⅳ古	土壙墓?	北海道博物館	90	90・124	
角切三角	55					銅・柄頭覆輪、柄巻	22	35	Ⅲ新	末期古墳	深川市郷土資料館	99	99・124	
絞り小判	50						33	37	Ⅲ新	不明	江別市郷土資料館	124	71・124	写真トレース
絞り小判	50					銅・柄頭覆輪	30	38	Ⅲ新	不明	北海道博物館		110・124	写真トレース
	62		銅・台状双脚	鉄・柏葉	鉄・角袋	桜皮柄巻、漆鞘	8	29	Ⅳ古	末期古墳?	旭川市博物館	78	78・124	旭川市指定文化財
小判	70					糸柄巻	20	36	Ⅲ新	竪穴	恵庭市郷土資料館	124	77・124	恵庭市指定文化財
							11	43	ⅢⅣ複合古	遺構外	せたな町瀬棚郷土館	74	74・124	
絞り小判	58						12	33	ⅢⅣ複合古	遺構外	オホーツクミュージアムえさし	84	84・124	国重文(考古資料)
絞り小判	55						11	32	ⅢⅣ複合古	土壙墓	オホーツクミュージアムえさし	102	102・124	国重文(考古資料)
角切札	75						20	35	Ⅲ新	土壙墓	オホーツクミュージアムえさし	102	102・124	国重文(考古資料)
角切札	68						14	33	ⅢⅣ複合古	土壙墓	オホーツクミュージアムえさし	102	102・124	国重文(考古資料)
角切札	76						12	28	ⅢⅣ複合古	土壙墓	オホーツクミュージアムえさし	102	102・124	国重文(考古資料)
角切札	70						12	25	ⅢⅣ複合古	土壙墓	オホーツクミュージアムえさし	102	102・124	国重文(考古資料)
	65	鉄・筒金	鉄・台状双脚	鉄・柏葉		黒漆鞘	11	25	ⅢⅣ複合古	土壙墓	千歳市埋蔵文化財センター	106	106・124	千歳市指定文化財
角切三角	70	鉄・縁高					*	*	不明	土壙墓	千歳市埋蔵文化財センター	106	106・124	千歳市指定文化財
角切札	56	鉄・筒金	鉄・台状双脚	鉄・柏葉	鉄・角袋		5	15	Ⅲ古	土壙墓	北海道埋蔵文化財センター	123	123・124	
角切三角	69	鉄・筒金	鉄・台状双脚	鉄・柏葉	鉄・角袋		8	23	Ⅳ古	土壙墓	北海道埋蔵文化財センター	123	123・124	
									不明	不明		—	36	
									不明	不明		—	72	
									不明	不明		—	99	
角切三角	67						19	39	ⅢⅣ複合古	不明	熊野奥照神社(弘前市)	41	23・41・124	青森県指定文化財
角切三角	50						1	19	Ⅲ古	末期古墳?	青森県立郷土館	104	23・41・104・124	
角切札	52						12	20	ⅢⅣ複合古	末期古墳	個人蔵	41	41・124	青森県指定文化財
									不明	末期古墳?		—	41・124	
絞り小判	56		銅・台状双脚				11	30	ⅢⅣ複合古	末期古墳	平川市教育委員会	86	86・124	平川市指定文化財
角切札	(42)						14	31	ⅢⅣ複合古	末期古墳	おいらせ町阿光坊古墳館	87	87・124	

No.	石井	八木	都道府県	市町村	出土地・遺跡	全長	刃長	柄長	柄幅	柄頭	柄頭長	鶏目・座金	元幅	区	棟肉	棟厚	鋒	柄縁	鍔
55			青森県	八戸市	西	(600)	(462)	138	29	鋭角屈曲・丸形	39	鉄・玉座金	56	無区	平棟肉無	8	カマス	鉄	鉄・喰出
56			青森県	八戸市	丹後平古墳群2号墳	501	374	127	23	鋭角屈曲・丸形	37	鉄・板座金	45	無区	平棟肉無	6	カマス		鉄・喰出
57			青森県	八戸市	丹後平古墳群3号墳	558	430	128	32	鋭角屈曲・丸形	29	鉄・玉菊座金	46	無区	平棟肉付	7	カマス	鉄	鉄・喰出
58			青森県	おいらせ町(旧百石町)	根岸(2)遺跡7号竪穴建物跡	*	*	114	32	鋭角屈曲・丸形	32		39	無区	平棟肉無	6				
59			青森県	八戸市	丹後平(1)遺跡25号墳	544	420	124	23	鋭角屈曲・丸形	36	鉄・玉菊座金	37	無区	平棟肉無	8	フクラ	鉄	鉄・喰出
60			青森県	八戸市	丹後平古墳群33号墳	495	321	174	14	鋭角屈曲・丸形	27	鉄・玉座金	36	両区	平棟肉無	6	フクラ	銅	鉄・喰出
61			青森県	八戸市	丹後平古墳群46号墳	572	439	133	24	鋭角屈曲・丸形	34	鉄・玉座金	42	無区	平棟肉無	7	フクラ	鉄	鉄・喰出
62			青森県	八戸市	丹後平古墳群51号墳	671	538	133	28	鋭角屈曲・丸形	43	鉄・玉菊座金		無区	平棟肉無	7		鉄	鉄・喰出
63			青森県	おいらせ町(旧下田町)	阿光坊古墳群天神山2号墳	561	431	130	25	鋭角屈曲・丸形	32	鉄・玉座金	38	無区	平棟肉無	7	フクラ	銅	鉄・喰出
64			青森県	おいらせ町(旧下田町)	阿光坊古墳群天神山5号墳	673	550	123	28	鋭角屈曲・丸形	34	鉄・玉座金	50	無区	平棟肉無	9	カマス	鉄	鉄・喰出
65			青森県	県内															
66			青森県	東北町	東道ノ上(3)遺跡5号墳	(456)	(336)	120	30				39	無区	平棟肉無	7			鉄・喰出
67	40	3001	岩手県	軽米町	外川目	492	350	142	28	深い円弧・丸形	34	鉄・玉座金	38	無区	平棟肉無	10	カマス	鉄	鉄・喰出
68	41	3002	岩手県	二戸市	八幡山														
69	42	3003	岩手県	二戸市	八幡山														
70	43	3004	岩手県	二戸市	八幡下														
71	44	3005	岩手県	二戸市	堀野古墳	(456)	(336)	120	27	鋭角屈曲・丸形	30	鉄・玉座金	48	無区	平棟肉無	8		鉄	鉄・喰出
72	45	3006	岩手県	滝沢市(旧滝沢村)	篠木														
73	46	3007	岩手県	盛岡市	太田蝦夷森古墳	474	340	134	25	深い円弧・丸形	*		38	無区	平棟肉無	6	フクラ		鉄・板
74	47	3008	岩手県	盛岡市	太田蝦夷森古墳	(536)	418	(118)	*				38	無区	平棟肉無	5	フクラ		鉄・喰出
75	48	3009	岩手県	盛岡市	高館古墳														
76	49	3010	岩手県	盛岡市	高館古墳														
77	50	3011	岩手県	盛岡市	大道西古墳	(603)	(472)	131	26	鋭角屈曲・丸形	32	鉄・玉座金	45	無区	平棟肉無	8		鉄	鉄・板
78	51	3012	岩手県	矢巾町	藤沢蝦夷塚														
79	52	3013	岩手県	矢巾町	藤沢蝦夷塚														
80	53	3014	岩手県	矢巾町	藤沢蝦夷塚														
81	54	3015	岩手県	紫波町	古館駅南水田	(447)	(335)	112	25	鋭角屈曲・丸形	32		42	無区	平棟肉無	5			鉄・喰出

2. 全国蕨手刀集成表

鐔形	鐔長	鞘口	足金物	責金物	鞘尻	その他	柄反り	柄絞り	型式	遺構	所蔵・所在	図出典	主な文献	備考
絞り小判	73					樹皮柄巻	13	46	ⅢⅣ複合古	不明	八戸市立博物館	124	124	
絞り小判	64	鉄・筒金	鉄・台状双脚		鉄・丸窓		18	40	ⅢⅣ複合古	末期古墳	八戸市立博物館	91	91・124	国重文（考古資料）
絞り小判	69		鉄・台状双脚	鉄・柏葉	鉄・角窓	樹皮柄巻	12	32	ⅢⅣ複合古	末期古墳	八戸市立博物館	91	91・124	国重文（考古資料）
							12	21	ⅢⅣ複合古	竪穴建物跡	おいらせ町教育委員会	105	105・124	
角切三角	59	鉄・筒金					9	25	Ⅳ古	末期古墳	八戸市立博物館	122	122・124	国重文（考古資料）
角切三角			銅・単鑷単脚	鉄	鉄・角袋		-1	9	Ⅰ		八戸市立博物館	122	122・124	国重文（考古資料）
角切三角	58	鉄・筒金	鉄・台状双脚	鉄			6	28	Ⅳ古	末期古墳	八戸市立博物館	122	122・124	国重文（考古資料）
絞り小判	74	鉄・筒金	鉄・台状双脚	鉄	鉄・角袋		9	40	Ⅳ新	末期古墳	八戸市立博物館	122	122・124	国重文（考古資料）
絞り小判	48					糸柄巻	4	22	Ⅳ古	末期古墳	おいらせ町阿光坊古墳館	133	133・124	
長方	70	鉄・筒金	鉄・台状双脚	鉄			5	27	Ⅳ古	末期古墳	おいらせ町阿光坊古墳館	133	133・124	
									不明	不明		—	135	
角切長方	55						*	*	ⅢⅣ複合古	末期古墳	青森県立埋蔵文化財センター	143	143	
角切三角	48						18	31	ⅢⅣ複合古	末期古墳？		41	41・124	
									不明	末期古墳？		—	41・124	
									不明	末期古墳？		—	41・124	
									不明	末期古墳？		—	41・124	
絞り小判	65	鉄・筒金	鉄・台状双脚	鉄	鉄・角窓	漆鞘、収鞘＝576 mm	9	32	Ⅳ新	末期古墳	二戸市歴史民俗資料館	124	40・124	
									不明	不明		—	41・124	
角切札	64						21	40	Ⅲ新	末期古墳	岩手県立博物館	41・111	41・111・124	
角切三角	44						0	*	不明	末期古墳		41	41・124	
									不明	末期古墳		—	41・124	
									不明	末期古墳		—	41・124	
角切三角	81						11	32	ⅢⅣ複合古	末期古墳	盛岡市都南歴史民俗資料館	124	41・124	
									不明	末期古墳？		—	41・124	
									不明			—	41・124	
									不明	末期古墳		—	41・124	
小判	54						3	24	Ⅳ古	竪穴建物跡？		41	41・48・124	

No.	石井	八木	都道府県	市町村	出土地・遺跡	全長	刃長	柄長	柄幅	柄頭	柄頭長	鶏目座金	元幅	区	棟肉	棟厚	鋒	柄縁	鍔
82	55	3016	岩手県	紫波町	古館														
83	56	3017	岩手県	花巻市	湯口万丁目	(615)	(495)	120	22	鋭角屈曲・丸形	28		44	無区	平棟肉無	8			鉄・板
84	57	3018	岩手県	花巻市	熊堂古墳群	(600)	(468)	132	26	鋭角屈曲・丸形	29		40	無区	平棟肉無	8			鉄・板
85	58	3019	岩手県	花巻市	熊堂古墳群	604	468	136	26	鋭角屈曲・丸形	32		48	無区	平棟肉付	7	カマス		鉄・喰出
86	59	3020	岩手県	花巻市	熊堂古墳群	(462)	(344)	118	26	鋭角屈曲・丸形	30		44	無区	平棟肉無	6			
87	60	3021	岩手県	花巻市	熊堂古墳群														
88	61	3022	岩手県	北上市	猫谷地古墳群3号墳	(610)	(476)	134	26	鋭角屈曲・丸形	27	銅・玉菊座金	52	無区	平棟肉無	10		鉄	鉄・板
89	62	3023	岩手県	北上市	猫谷地古墳群														
90	63	3024	岩手県	北上市	猫谷地古墳群														
91	64	3025	岩手県	北上市	猫谷地古墳群														
92	65	3026	岩手県	北上市	五条丸古墳群20号墳	502	380	122	28	深い円弧・丸形	28	鉄・玉座金	45	無区	平棟肉無	8	フクラ		鉄・喰出
93	66	3027	岩手県	北上市	五条丸古墳群23号墳	544	409	135	29	鋭角屈曲・丸形	34	鉄・玉菊座	51	無区	平棟肉無	9	フクラ	鉄	鉄・喰出
94	67	3028	岩手県	北上市	五条丸古墳群30号墳	465	334	131	28	鋭角屈曲・丸形	35	銅・玉菊座	41	無区	平棟肉無	8	フクラ	鉄	鉄・喰出
95	68	3029	岩手県	北上市	五条丸古墳群														
96	69	3030	岩手県	北上市	鬼柳蝦夷塚														
97	70	3031	岩手県	北上市	菖蒲田古墳群	(543)	(424)	118	25	深い円弧・丸形	33		42		平棟肉無	7			鉄・喰出
98	71	3032	岩手県	北上市	飯豊町蝦夷塚														
99	72	3033	岩手県	江刺市	江刺市内														
100	73	3034	岩手県	金ヶ崎町	西根道場	531	401	130	22	鋭角屈曲・鳥頭形	26		38	無区	平棟肉無	8	カマス		鉄・喰出
101	74	3035	岩手県	金ヶ崎町	西根縦街道古墳	(444)	(224)	220	24	深い円弧・丸形	29		40	無区	平棟肉無	3			
102	75	3036	岩手県	金ヶ崎町	西根桑木田	575	440	135	27	鋭角屈曲・丸形	32	鉄・座金	52	無区	平棟肉付	10	カマス	鉄	鉄・喰出
103	76	3037	岩手県	金ヶ崎町	西根畠田														
104	77	3038	岩手県	奥州市(旧水沢市)	日高西小石森塚	596	455	141	22	深い円弧・丸形	34	鉄・座金	44	無区	平棟肉無	8	フクラ		鉄・喰出
105	78	3039	岩手県	奥州市(旧水沢市)	真城雷神														
106	79	3040	岩手県	奥州市(旧胆沢町)	角塚古墳表土														
107	80	3041	岩手県	奥州市(旧胆沢町)	角塚古墳表土	510	370	140	24	鋭角屈曲・丸形	30	鉄・菊座金	48		平棟肉無	8	茅の葉	鉄	鉄・喰出
108	81	3042	岩手県	奥州市(旧胆沢町)	若柳上若柳	(549)	(423)	126	24	深い円弧・丸形	36	鉄・菊座金	50	無区	平棟肉無	8			鉄・板

2. 全国蕨手刀集成表

鍔形	鍔長	鞘口	足金物	責金物	鞘尻	その他	柄反り	柄絞り	型式	遺構	所蔵・所在	図出典	主な文献	備考
									不明	不明		—	41・48・124	
小判	75	鉄・筒金					6	33	Ⅳ新	末期古墳	花巻市博物館	41	4・13・23・41・124	
小判	66		銅・台状双脚		銅・角窓		6	26	ⅢⅣ複合古	末期古墳	花巻市博物館	41	41・124	
絞り小判	55						6	29	ⅢⅣ複合古	末期古墳		41	41・124	
							7	23	ⅢⅣ複合古	末期古墳	花巻市博物館	41	41・124・130	
									不明	末期古墳		—	41・124	
角切札	67		鉄・台状双脚				13	41	ⅢⅣ複合古	末期古墳	北上市江釣子史跡センター	124	29・41・124	
									不明	末期古墳		—	3・41・124	
									不明	末期古墳		—	1・41・124	
									不明	末期古墳		—	41・124	
絞り小判	62						6	27	ⅢⅣ複合古	末期古墳	北上市江釣子史跡センター	124	41・124	
絞り小判	72		鉄・台状双脚				15	43	ⅢⅣ複合古	末期古墳	北上市江釣子史跡センター	124	41・124	
絞り小判	62	銅・縁高	銅・台状双脚				1	15	Ⅲ古	末期古墳	北上市江釣子史跡センター	37・124	37・41・124	
									不明	末期古墳		—	41・124	
									不明	末期古墳		—	3・13・23・29・41・124	
絞り小判	69						8	27	ⅢⅣ複合古	末期古墳		94	41・94・124	
									不明	末期古墳?		—	1・41・124	
									不明	不明		—	41・124	
小判	58						8	28	ⅢⅣ複合古	末期古墳?	東京国立博物館	41	9・11・13・41・124	
							0	12	Ⅲ古	末期古墳		44	41・44・124	
絞り小判	66	鉄・筒金					24	51	ⅢⅣ複合新	末期古墳?		41	10・13・41・124	
									不明	末期古墳?		—	41・124	
小判	62						28	50	Ⅲ新	不明	日高神社(奥州市)	41	9・10・13・23・41・124	
									不明	不明			41・124	
									不明	不明			41・124	
角切三角	55						4	31	Ⅳ新	不明		41	4・5・10・13・23・41・124	
小判	69						16	43	ⅢⅣ複合古	不明		41	41・124	

No.	石井	八木	都道府県	市町村	出土地・遺跡	全長	刃長	柄長	柄幅	柄頭	柄頭長	鶏目・座金	元幅	区	棟・肉	棟厚	鋒	柄縁	鐔
109	82	3043	岩手県	奥州市(旧衣川村)	上衣川馬懸	(555)	(417)	138	27	鋭角屈曲・鳥頭形	34		33	無区	平棟肉無	6			鉄・板
110	83	3044	岩手県	平泉町	平泉町内	(650)	(519)	131	27	浅い円弧	26		41	無区	平棟肉無	6			
111	84	3045	岩手県	宮古市	松山	(459)	(338)	121	28	鋭角屈曲・丸形	31		48	無区	平棟肉無	9		鉄	鉄・喰出
112	85	3046	岩手県	宮古市	宮古一中敷地														
113	86	3047	岩手県	宮古市	宮古一中敷地														
114	87	3048	岩手県	宮古市	山口おオの神畠														
115	88	3049	岩手県	宮古市	和見														
116	89	3050	岩手県	宮古市	小山田														
117	90	3051	岩手県	遠野市(旧宮守村)	上平	470	344	126	27	鋭角屈曲・丸形	37		42	無区	平棟肉付	7	カマス		鉄・喰出
118	91	3052	岩手県	大船渡市	盛町地の森	496	357	139	25	鋭角屈曲・丸形	34		50	無区	平棟肉無	6		鉄	鉄・喰出
119	92	3053	岩手県	陸前高田市	小友町岩井沢	(480)	(346)	134	33	鋭角屈曲・丸形	36		54	無区	平棟肉無	8			鉄・板
120	93	3054	岩手県	陸前高田市	気仙町三本木	(390)	(269)	121	35	鋭角屈曲・丸形	32		44	無区	平棟肉無	7		鉄	鉄・喰出
121	94	3055	岩手県	県内		(525)	(388)	137	23	鋭角屈曲・丸形	32	鉄・菊座金	52	無区	丸棟肉無	9		鉄	鉄・板
122		3056	岩手県	陸前高田市	矢作町沖	(474)	(346)	128	24	鋭角屈曲・丸形	32	鉄・菊座金	38	無区	平棟肉無	6		鉄	鉄・喰出
123	96	3057	岩手県	県内		542	404	138	25	浅い円弧・丸形	26		40	無区	平棟肉無	5	カマス		
124		3058	岩手県	野田村	中新山（上新山）遺跡	(575)	(436)	139	34	鋭角屈曲・丸形	44	鉄・玉座金	61	無区	平棟肉無	11		鉄	鉄・喰出
125			岩手県	野田村	中新山（上新山）遺跡														
126		3059	岩手県	北上市	五条丸古墳群	(582)	(452)	130	21	鋭角屈曲・丸形	29		45	両区	平棟肉無	7			
127		3060	岩手県	北上市	五条丸古墳群	(530)	(406)	124	27	深い円弧・丸形	35	鉄・鶏目	40	無区	平棟肉無	6		鉄	鉄・喰出
128		3062	岩手県	遠野市	高瀬古墳群	(354)	(239)	115	22	鋭角屈曲・丸形	27		40	無区	平棟肉無	6			鉄・喰出
129		3063	岩手県	一関市(旧大東町)	摺沢八幡神社	(525)	(415)	110	25	深い円弧・丸形	28		40	無区	平棟肉無	8		鉄	鉄・板
130			岩手県	奥州市(旧水沢市)	水沢区佐倉河														
131		3064	岩手県	大船渡市	長谷堂	(486)	(359)	127	32	深い円弧・丸形	29	鉄・鶏目	45	無区	平棟肉無	10		鉄	鉄・喰出
132		3065	岩手県	北上市	長沼古墳群12号墳	470	355	115	24	鋭角屈曲・丸形	28	鉄・玉座金	45	無区	平棟肉無	8	カマス		鉄・喰出
133		3066	岩手県	宮古市	長根古墳群6号墳	506	387	116	22	鋭角屈曲・丸形	25	鉄・座金	46	無区	平棟肉無	7	フクラ		鉄・喰出
134		3067	岩手県	花巻市	熊堂古墳群4号墳	410	298	112	25	鋭角屈曲・丸形	36	鉄・玉菊座金	40	無区	平棟肉無	9	フクラ		鉄・板
135		3068	岩手県	紫波町	中田Ⅱ遺跡 SI24竪穴建物跡	(303)	(184)	124	32	鋭角屈曲・丸形	30	鉄・鶏目	43	無区	平棟肉無	8			

2. 全国蕨手刀集成表 *309*

鍔形	鍔長	鞘口	足金物	責金物	鞘尻	その他	柄反り	柄絞り	型式	遺構	所蔵・所在	図出典	主な文献	備考
小判	50						22	33	Ⅲ新	不明		41	41・124	
							20	35	Ⅴ	不明	中尊寺大長寿院(平泉町)	41	8・13・23・41・124	
	62						9	35	Ⅳ新	不明	出羽神社(宮古市)	41	41・124	宮古市指定文化財
									不明	末期古墳?		—	41・124	
									不明	末期古墳?		—	41・124	
									不明			—	41・124	
									不明	末期古墳?		—	41・124	
									不明	末期古墳?		—	41・124	
絞り小判			鉄・台状双脚				6	20	ⅢⅣ複合古	不明		41	41・124	
小判	61		鉄・台状双脚				11	36	ⅢⅣ複合古	竪穴建物跡?		124	41・124	
	74						21	45	Ⅴ	不明	陸前高田市立博物館	124	41・124	陸前高田市指定文化財
絞り小判	56						2	25	Ⅳ古	不明	陸前高田市立博物館	124	41・124	
絞り小判	70		銅・台状双脚				4	37	Ⅳ新	不明	東京国立博物館	41	41・124	
絞り小判	49						14	33	ⅢⅣ複合古	不明	陸前高田市立博物館	124	41・124	
							12	29	Ⅴ	不明	個人蔵	41	41・124	
絞り小判	81	鉄・筒金					4	36	Ⅳ新	不明	岩手県立博物館	79・140	79・80・124・140	
									不明		岩手県立博物館	—	80	
							4	31	Ⅲ古	末期古墳	北上市江釣子史跡センター	124	124	
絞り小判	63						8	38	Ⅳ新	末期古墳	岩手県立博物館	124	29・124	
絞り小判	56						7	26	ⅢⅣ複合古	末期古墳	盛岡市中央公民館	101	101・124	
絞り小判	63						15	31	ⅢⅣ複合古	不明	摺沢八幡神社(一関市)	124	124	一関市指定文化財
									不明			—	132	
絞り小判	65						20	37	Ⅲ新	不明	岩手県立博物館	79	79・124	
角切三角	62		鉄・台状双脚		鉄・角窓		5	24	ⅢⅣ複合古	末期古墳	岩手県立博物館	53	53・124	
角切三角	68						5	34	Ⅳ新	末期古墳	宮古市教育委員会	89	89・124	岩手県指定文化財
変り形	86	鉄・筒金					11	21	ⅢⅣ複合古	末期古墳	花巻市博物館	88	88・124	
							27	42	Ⅲ新	竪穴	紫波町教育委員会		124	紫波町教育委員会実測

No.	石井	八木	都道府県	市町村	出土地・遺跡	全長	刃長	柄長	柄幅	柄頭	柄頭長	鶏目・座金	元幅	区	棟肉	棟厚	鋒	柄縁	鍔
136		3069	岩手県	山田町	房の沢Ⅳ遺跡RT7号墳	675	535	140	43	鋭角屈曲・丸形	33	鉄・玉菊座金	54	無区	平棟肉	10	カマス		鉄・喰出
137		3070	岩手県	山田町	房の沢Ⅳ遺跡(沢底)	487	361	126	28	鋭角屈曲・丸形	34	鉄・玉座金	52	無区	平棟肉無	14	フクラ		鉄・喰出
138		3071	岩手県	山田町	房の沢Ⅳ遺跡(沢底)	*	*	115	34	鋭角屈曲・丸形	38	鉄・玉座金	59	無区	平棟肉無	12			
139		3072	岩手県	山田町	房の沢Ⅳ遺跡(沢底)	*	*	126	31	鋭角屈曲・丸形	42	鉄・玉菊座金	56	無区	平棟肉無	15		鉄	鉄・喰出
140			岩手県	一関市(旧川崎村)	河崎柵擬定地E区SI4竪穴建物跡	(357)	(235)	122	24	浅い円弧・丸形	32	鉄・玉座金	38	無区	平棟肉無	7		鉄	鉄・喰出
141			岩手県	二戸市	諏訪前遺跡30号墳	617	492	125	30	深い円弧・丸形	37	鉄・玉座金	45	無区	平棟肉無	9	カマス		鉄・喰出
142			岩手県	二戸市	金田一	(339)	(191)	148	33	深い円弧・丸形	46	鉄・玉座金	51	無区	平棟肉無	7			
143			岩手県	北上市	藤沢遺跡809土壙墓	557	423	134	32	鋭角屈曲・丸形	38	鉄・玉座金	45	無区	平棟肉無	6	フクラ	鉄	鉄・板
144			岩手県	野田村	平清水Ⅲ遺跡15号土壙墓	626	490	136	30	深い円弧・丸形	33	鉄・菊座金	43	棟区	平棟肉無	8	カマス	鉄	鉄・喰出
145			岩手県	北上市	中村遺跡121号竪穴建物跡	*	*	(110)	33	深い円弧・丸形	30		*						
146			岩手県	県内		(167)	(47)	120	26	鋭角屈曲・丸形	37	鉄・菊座金	44	無区	平棟肉無	7			鉄・喰出
147			岩手県	紫波町	日詰字石田(北上川堤防付近)														
148	114	4001	宮城県	栗原市(旧金成町)	姉歯横穴墓	625	495	130	26	鋭角屈曲・丸形	31	鉄・菊座金	44	無区	平棟肉無	8	フクラ	鉄	鉄・喰出
149	115	4002	宮城県	栗原市(旧築館町)	大沢横穴墓	(484)	(360)	124	23	鋭角屈曲・丸形	34		34	無区	平棟肉無	8			
150	116	4003	宮城県	栗原市(旧築館町)	大沢横穴墓	320	220	100	17	鋭角屈曲・丸形	30		30	無区	平棟肉無	7	フクラ		
151	117	4004	宮城県	栗原市(旧築館町)	小館山横穴墓	(642)	(510)	132	25	鋭角屈曲・丸形	34	鉄・菊座金	37	無区	平棟肉無	8		鉄	銅・喰出
152	118	4005	宮城県	栗原市(旧一迫町)	西沢横穴墓	420	295	125	32	鋭角屈曲・丸形	25	鉄・菊座金	40	無区	平棟肉付	7	カマス		鉄・喰出
153	119	4006	宮城県	大崎市(旧古川市)	宮沢長者原A	(387)	(267)	120	22	鋭角屈曲・丸形	29	鉄・菊座金	39	無区	平棟肉無	10		鉄	鉄・喰出
154	120	4007	宮城県	大崎市(旧古川市)	清水沢下沢田	573	438	135	28	鋭角屈曲・丸形	35	鉄・菊座金	41	無区	平棟肉無	7	カマス	鉄	鉄・板
155			宮城県	大崎市(旧古川市)	北原														
156			宮城県	大崎市(旧古川市)	日光山古墳群														
157	121	4008	宮城県	大崎市(旧岩出山町)	西大崎樋渡	525	400	125	21	深い円弧・丸形	33		48	無区	平棟肉無	8	フクラ		鉄・板
158	122	4009	宮城県	大崎市(旧岩出山町)	西大崎樋渡	*	*	128	25	鋭角屈曲・丸形	30		52	無区	平棟肉無	7			鉄・板
159	123	4010	宮城県	大崎市(旧岩出山町)	池月荒雄川辺	488	360	128	24	鋭角屈曲・丸形	28	鉄・菊座金	43	無区	平棟肉無	8	カマス		鉄・喰出
160	124	4011	宮城県	色麻町	道命	(399)	(274)	125	29	鋭角屈曲・丸形	35		44	無区	平棟肉無	5			
161	126	4013	宮城県	大郷町	大松沢	585	447	138	21	鋭角屈曲・丸形	29	鉄・菊座金	42	無区	平棟肉無	6	カマス	鉄	鉄・板

2. 全国蕨手刀集成表 *311*

鍔形	鍔長	鞘口	足金物	責金物	鞘尻	その他	柄反り	柄絞り	型式	遺構	所蔵・所在	図出典	主な文献	備考
絞り小判	69	鉄・縁高	鉄・台状双脚	鉄・柏葉	鉄・角袋	糸柄巻・漆鞘	6	30	Ⅳ新	末期古墳	山田町教育委員会	112	112・124	岩手県指定文化財
絞り小判	65				鉄・角窓	糸柄巻・漆鞘	14	42	ⅢⅣ複合古	遺構外	山田町教育委員会	112	112・124	岩手県指定文化財
	69		鉄・台状双脚			漆鞘	13	31	ⅢⅣ複合古	遺構外	山田町教育委員会	112	112・124	岩手県指定文化財
絞り小判	73					漆鞘	13	37	ⅢⅣ複合古	遺構外	山田町教育委員会	112	112・124	岩手県指定文化財
角切三角	60						7	20	Ⅲ古	竪穴	岩手県立埋蔵文化財センター	128	128	
絞り小判	70		鉄・台状双脚	鉄・柏葉	鉄・角袋		11	31	ⅢⅣ複合古	末期古墳	二戸市教育委員会	136	136	
							4	23	Ⅳ古	不明	二戸市教育委員会	136	136	
角切札	70	銅・縁高	銅・張出双脚	銅・柏葉	銅・角袋	漆鞘	9	27	ⅢⅣ複合古	土壙墓	北上市立埋蔵文化財センター	134	134	
角切三角	58		鉄・銅・台状双脚	鉄・一文字2			6	20	Ⅳ古	土壙墓	野田村教育委員会	139	139	
							*	*	Ⅴ	竪穴	岩手県立埋蔵文化財センター	146	146	
絞り小判	62	鉄・縁高					0	18	Ⅲ古	不明	個人蔵	130	130	
										不明		―	48	
角切札	58						6	31	Ⅳ新	横穴墓	栗原市築館出土文化財管理センター	41	41・124	
							9	23	Ⅳ古	横穴墓	栗原市築館出土文化財管理センター	41	41・124	
							2	12	Ⅲ古	横穴墓	栗原市築館出土文化財管理センター	41	41・124	
絞り小判	62	鉄・縁付	銅・台状双脚				8	28	Ⅳ古	横穴墓		41	41・124	
―	57		鉄・台状双脚				6	31	Ⅳ新	横穴墓	東北大学	41	41・124	
小判	55						3	23	Ⅳ古	不明	大崎市古川出土文化財管理センター	41	41・70・124	大崎市指定文化財
角切三角	63	鉄・筒金		鉄・柏葉			12	30	ⅢⅣ複合古	不明	大崎市古川出土文化財管理センター	41	41・70・124	大崎市指定文化財
										不明		―	149	
										不明		―	149	
角切札	64						2	31	Ⅳ新	横穴墓	石巻市教育委員会	41	41・124	
小判	70						1	20	Ⅳ古	横穴墓	石巻市教育委員会	41	41・124	
小判	58						13	33	ⅢⅣ複合古	土壙墓？	石巻市教育委員会	41	41・124	
							5	24	Ⅳ古	末期古墳？		41	41・124	
絞り小判	60						13	35	ⅢⅣ複合古	末期古墳？		41	41・124	

No.	石井	八木	都道府県	市町村	出土地・遺跡	全長	刃長	柄長	柄幅	柄頭	柄頭長	鶏目座金	元幅	区	棟肉	棟厚	鋒	柄縁	鍔
162	127	4014	宮城県	気仙沼市	階上岩月														
163	128	4015	宮城県	気仙沼市(旧本吉町)	大谷														
164	129	4016	宮城県	登米市(旧迫町)	北方八の森	580	477	103	24	浅い円弧・鳥頭形	25		46	棟区	平棟肉無	6	フクラ		鉄・板
165	130	4017	宮城県	石巻市(旧桃生町)	山田古墳	595	467	128	29	鋭角屈曲・丸形	34		52	無区	平棟肉無	7	カマス	鉄	鉄・板
166	131	4018	宮城県	石巻市(旧河北町)	山田	462	351	111	23	鋭角屈曲・鳥頭形	27		36	無区	平棟肉付	6		鉄	銅・喰出
167	132	4019	宮城県	石巻市(旧河北町)	山田														
168	133	4020	宮城県		飯野川合戦ヶ谷	560	432	128	22	鋭角屈曲・鳥頭形	25		53	棟区	平棟肉無	7	茅の葉	鉄	銅・喰出
169	134	4021	宮城県	石巻市(旧河北町)	和泉沢古墳群	(640)		114	*		*	鉄・菊座金	48	無区	平棟肉無	9	カマス	鉄	銅・喰出
170	135	4022	宮城県	石巻市(旧河北町)	飯野	570	441	129	25	鋭角屈曲・丸形		鉄・菊座金	48	無区	平棟肉無	10	カマス		鉄・板
171	136	4023	宮城県	石巻市	湊小学校	(530)	(398)	132	26	浅い円弧・丸形	42		49	無区	平棟肉無	6	カマス	鉄	銅・喰出
172	137	4024	宮城県	石巻市	垂水囲貝塚	483	344	139	24	鋭角屈曲・丸形	36	鉄・座金	44	無区	平棟肉無	7	カマス		鉄・喰出
173	138	4025	宮城県	塩釜市	一本松横穴墓														
174	139	4026	宮城県	仙台市	長町														
175	140	4027	宮城県	仙台市	仙台市内														
176	141	4028	宮城県	仙台市	仙台市内														
177	142	4029	宮城県	仙台市	仙台市内														
178	143	4030	宮城県	名取市	飯塚古墳群														
179	144	4031	宮城県	白石市	鷹ノ巣古墳群	435	327	108	20	鋭角屈曲・丸形	34	鉄・菊座金	37	無区	平棟肉付	6	カマス	鉄	鉄・喰出
180			宮城県	丸森町	金山町内	496	379	117	23	鋭角屈曲・丸形	26		42	無区	平棟肉付	6	フクラ	鉄	鉄・喰出
181		4033	宮城県	多賀城市	多賀城跡大畑地区SI361竪穴建物跡	(459)	(384)	(75)	29		*		50	無区	平棟肉無	6	フクラ	鉄	銅・喰出
182		4034	宮城県	栗原市(旧栗駒町)	鳥矢ヶ崎古墳群2号墳	364	248	116	33	鋭角屈曲・丸形	26	鉄・座金	43	無区	平棟肉無	7	カマス	鉄	鉄・板
183		4035	宮城県	栗原市(旧志波姫町)	城内古墳	(500)	(380)	120	22	深い円弧・丸形	35		40	無区		*			
184			宮城県	栗原市(旧志波姫町)	城内古墳	(385)	(260)	125	23	深い円弧・丸形	32		41	無区		*			
185			宮城県	栗原市(旧志波姫町)	城内古墳	(420)	(300)	120	25	鋭角屈曲・丸形	35	鉄・座金	40	棟区		*			
186		4036	宮城県	栗原市(旧築館町)	御幣所森古墳群														
187		4037	宮城県	栗原市(旧瀬峰町)	がんげつ遺跡付近	*	*	110	28	深い円弧・丸形	29		48	無区	平棟肉無	7			
188		4038	宮城県	登米市(旧中田町)	蝦夷塚古墳群														
189		4039	宮城県	加美町(旧宮崎町)	米泉東野	481	363	118	28	深い円弧・丸形	33		42	棟区	平棟肉無	6	フクラ		鉄・板
190		4040	宮城県	加美町(旧中新田町)	滝ノ沢														

2. 全国蕨手刀集成表 313

鍔形	鍔長	鞘口	足金物	責金物	鞘尻	その他	柄反り	柄絞り	型式	遺構	所蔵・所在	図出典	主な文献	備考
									不明	不明		—	23・41・124	
									不明	不明		—	41・124	
角切札	(53)						14	36	ⅢⅣ複合古	横穴墓	石巻市教育委員会	41	41・124	
絞り小判	76						10	34	ⅢⅣ複合古	末期古墳	個人蔵	41・92	41・92・124	
絞り小判	54						1	20	Ⅳ古	末期古墳		41	41・124	
									不明	末期古墳		—	41・124	
角切三角	67		銅・台状双脚				-9	27	Ⅳ古	末期古墳	石巻市教育委員会	41	23・41・124	
絞り小判	51						*	8	不明	末期古墳	個人蔵	46	41・46・124	
絞り小判	74						1	25	Ⅳ古	不明	飯野山神社（石巻市）	41	41・124	
絞り小判	63						14	37	ⅢⅣ複合古	不明	石巻市教育委員会	41	41・124	
絞り小判	(24)						21	40	Ⅲ新	岩陰？	石巻市教育委員会	100	41・100・124	
									不明	横穴墓		—	41・124	
									不明	不明		—	41・124	
									不明	不明		—	41・124	
									不明	不明		—	41・124	
									不明	古墳		—	41・124	
絞り小判	44						6	26	Ⅳ古	古墳	個人蔵	41	41・124	
絞り小判	64						9	33	ⅢⅣ複合古	横穴墓	個人蔵	124	67・85・124	写真トレース
絞り小判	53		鉄・横櫓単脚				20	38	Ⅴ	竪穴建物跡	東北歴史博物館	51	51・123	
角切板	69		鉄・横櫓双脚				0	13	Ⅱ	末期古墳	栗原市築館出土文化財管理センター	141	47・49・124・141	
							20	30	Ⅲ新	不明	栗原市築館出土文化財管理センター	144	59・124・144	
							10	25	ⅢⅣ複合古	不明	栗原市築館出土文化財管理センター	144	59・144	
	52						15	25	ⅢⅣ複合古	不明	栗原市築館出土文化財管理センター	144	59・144	
									不明	不明		—	61	
	—						14	37	ⅢⅣ複合古	不明	栗原市築館出土文化財管理センター	64	64・124	
									不明	不明		—	65	
絞り小判	69						12	29	ⅢⅣ複合古	不明	個人蔵	126	126	
									不明	不明		—	38	

No.	石井	八木	都道府県	市町村	出土地・遺跡	全長	刃長	柄長	柄幅	柄頭	柄頭長	鶉目・座金	元幅	区	棟肉	棟厚	鋒	柄縁	鍔
191		4041	宮城県	大崎市(旧田尻町)	御仮屋														
192	125	4042	宮城県	大崎市(旧三本木町)	龍谷寺横穴墓	403	287	116	22	鋭角屈曲・丸形	25		40	棟区	丸棟肉付	5	フクラ	銅	銅・喰出
193		4043	宮城県	白石市	鷹ノ巣古墳群	(504)	(381)	123	32	深い円弧・丸形	32	鉄・菊座金	45	無区		6		鉄	鉄・板
194		4044	宮城県	白石市	鷹ノ巣古墳群	405	279	126	*		*		*	*	*	*	カマス		鉄・板
195		4045	宮城県	角田市	大久保古墳群														
196		4046	宮城県	登米市(旧石越町)	山根前横穴墓群2号墓	416	290	134	29	深い円弧・丸形	40	鉄・玉座金	36	無区	平棟肉付	9	フクラ		鉄・板
197		4047	宮城県	登米市(旧石越町)	山根前横穴墓群4号墓	*	*	129	34	深い円弧・丸形	42	鉄・座金	45	無区	平棟肉付	8			鉄・喰出
198			宮城県	大崎市(旧古川市)	馬場檀A遺跡	(350)	(231)	119	28	鋭角屈曲・丸形	31	鉄・菊座金	46	無区	平棟肉付	8	茅の葉		鉄・板
199			宮城県	亘理町	桜小路横穴墓群111号墓	(369)	(247)	122	31	鋭角屈曲・丸形	30	鉄・座金	54	両区	平棟肉付	10		鉄	鉄・喰出
200			宮城県	山元町	合戦原遺跡横穴墓群30号墓														
201			宮城県	山元町	合戦原遺跡横穴墓群34号墓付近														
202	145	4032	宮城県	丸森町	金山横穴墓														
203			宮城県	栗原市(旧栗駒町)	鳥矢ケ崎古墳群1号墳														
204			宮城県	栗原市(旧栗駒町)	鳥矢ケ崎古墳群1号墳														
205	34	5001	秋田県	五城目町	岩野山古墳群1号墓	470	344	126	32	鋭角屈曲・丸形	28	鉄・玉座金	45	無区	平棟肉付	15	フクラ		鉄・喰出
206	35	5002	秋田県	男鹿市(旧若美町)	えぞが台古墳	667	547	120	28	浅い円弧・丸形	36	銅・鶉目	55	無区	平棟肉無	*	カマス		鉄・喰出
207	36	5003	秋田県	秋田市	久保台古墳														
208	37	5004	秋田県	秋田市	小阿地古墳群	(474)	(354)	120	24	鋭角屈曲・鳥頭形	26	銅・菊座金	38	無区		6		鉄	銅・喰出
209	38	5005	秋田県	美郷町(旧六郷町)	石森上中村	480	362	118	26	深い円弧・丸形	31	銅・菊座金	36	無区	平棟肉無	8	カマス		鉄・喰出
210	39	5006	秋田県	男鹿市	脇本飯町	665	541	124	25	深い円弧・丸形	30	銅・菊座金	42	無区	平棟肉無	9	カマス		銅
211		5007	秋田県	五城目町	岩野山古墳群	(540)	(416)	124	30	鋭角屈曲・丸形	33	鉄・玉座金	57	無区	平棟肉無	11			鉄・板
212		5008	秋田県	秋田市	湯ノ沢F遺跡25号墓	550	413	137	31	深い円弧・丸形	34	鉄・鶉目	50	無区	平棟肉無	10	カマス		鉄・喰出
213		5009	秋田県	秋田市	久保台古墳表採	540	397	143	38	鋭角屈曲・丸形	33	鉄・玉菊座金	48	無区	平棟肉無	11			鉄・板
214			秋田県	鹿角市	物見坂Ⅰ遺跡1号墳	488	354	134	29	鋭角屈曲・丸形	30	鉄・鶉目	42	無区	平棟肉無	*	カマス		鉄・喰出
215			秋田県	鹿角市	物見坂Ⅱ遺跡3号墳	514	381	133	31	鋭角屈曲・丸形	37	鉄・鶉目	45	無区	平棟肉無	*	カマス		鉄・喰出
216			秋田県	秋田市	小阿地古墳群														
217	97	6001	山形県	遊佐町	吹浦三崎山地獄谷	550	420	130	26	鋭角屈曲・丸形	33	鉄・菊座金	44	無区	平棟肉付	9	カマス	鉄	鉄・喰出

2. 全国蕨手刀集成表 315

鍔形	鍔長	鞘口	足金物	責金物	鞘尻	その他	柄反り	柄絞り	型式	遺構	所蔵・所在	図出典	主な文献	備考
									不明	不明		—	124・149	
変り形	55					切刃造	10	32	ⅢⅣ複合古	横穴墓	個人蔵	41	41・52・124	
角切札	70					故意に刀身を曲げる	3	18	Ⅳ古	古墳	個人蔵	58	58・124	
*	*					故意に刀身を曲げる	*	*	不明	古墳	個人蔵	58	58・124	
									不明	古墳		—	124・149	
角切札	56						0	8	Ⅱ	横穴墓	登米市歴史民俗資料館	124	66・124	登米市指定文化財
絞り小判	57						5	20	Ⅳ古	横穴墓	登米市歴史民俗資料館	124	66・124	登米市指定文化財
小判	65						16	28	ⅢⅣ複合古	不明	大崎市古川出土文化財管理センター	70	70	
絞り小判	66						9	18	Ⅲ古	横穴墓	亘理町教育委員会	142	142	
									不明	横穴墓	山元町教育委員会			未報告
									不明	横穴墓	山元町教育委員会			未報告
									不明	横穴墓		—	12・23・41・124	
										末期古墳		—	141	
										末期古墳		—	141	
絞り小判	60						18	38	ⅢⅣ複合古	土壙墓	五城目町教育委員会	124	35・41・43・124	
絞り小判	69						18	45	ⅢⅣ複合新	土壙墓	大館市立栗盛記念図書館	43	9・10・13・23・41・43・124	
									不明	土壙墓			22・41・124	
角切札	66		銅・台状脚	銅・柏葉			9	29	Ⅳ古	土壙墓	個人蔵	41	13・23・41・43・124	
角切札	69	鉄・筒金					12	32	ⅢⅣ複合古	土壙墓	東京国立博物館	41	23・41・43・124	
絞り小判	63		銅・横槽単脚		鉄・角窓		32	42	Ⅲ新	土壙墓	秋田県立博物館	78	41・42・78・124	
小判	79	銅・筒金			鉄・山形双脚		8	31	Ⅳ新	土壙墓	五城目町教育委員会	43	35・43・124	
絞り小判	66					木鞘	16	32	ⅢⅣ複合古	土壙墓	秋田市教育委員会	82	82・124	秋田県指定文化財
角切札	65					木鞘	12	23	ⅢⅣ複合古	遺構外	秋田市教育委員会	124	119・124	
絞り小判	62		鉄・台状双脚				10	26	ⅢⅣ複合古	末期古墳	鹿角市教育委員会	129	129	
絞り小判	65		鉄・台状双脚				7	19	Ⅲ古	末期古墳	鹿角市教育委員会	129	129	
									不明	土壙墓		—	119	
絞り小判	53						10	30	ⅢⅣ複合古	墳墓	酒田市立資料館	41	27・41・124	酒田市指定文化財

No.	石井	八木	都道府県	市町村	出土地・遺跡	全長	刃長	柄長	柄幅	柄頭	柄頭長	鶏目・座金	元幅	区	棟肉	棟厚	鋒	柄縁	鍔
218	98	6002	山形県	寒河江市	箕輪古墳	(503)	(366)	137	26	鋭角屈曲・鳥頭形	30	鉄・座金	44	無区	平棟肉無	6			鉄・喰出
219	99	6003	山形県	東根市	小田島野田	(522)	(413)	109	25	鋭角屈曲・鳥頭形	26		40	無区	平棟肉無	8			鉄・板
220	100	6004	山形県	東根市	小田島野田	(410)	(285)	125	25	鋭角屈曲・丸形	24		33	無区	平棟肉付	6			鉄・喰出
221	101	6005	山形県	山形市	鈴川印役	(340)	(210)	130	24	鋭角屈曲・丸形	24		39	棟区	平棟肉付	7			鉄・板
222	102	6006	山形県	山形市	谷柏古墳群	(405)	(277)	128	29	深い円弧・丸形	30	鉄・鶏目	49	無区	平棟肉無	5		鉄	鉄・板
223	103	6007	山形県	山形市	山形市内														
224	104	6008	山形県	南陽市	蒲生田古墳群	(390)	(252)	138	24	鋭角屈曲・丸形	30	鉄・座金	44	無区	平棟肉無	5		鉄	鉄・板
225	105	6009	山形県	南陽市	蒲生田古墳群	(298)	(180)	118	22	鋭角屈曲・丸形	27	鉄・座金	36	無区	平棟肉無	7			鉄・喰出
226	106	6010	山形県	南陽市	狸沢山古墳群	465	344	121	26	鋭角屈曲・丸形	28		40	無区	平棟肉無	9	カマス	鉄	鉄・板
227	107	6011	山形県	南陽市	狸沢山古墳群	500	377	123	30	鋭角屈曲・鳥頭形	28		46	無区	平棟肉無	9	カマス	鉄	鉄・板
228	108	6012	山形県	南陽市	梨郷古墳群	(398)	(266)	132	26	鋭角屈曲・鳥頭形	36	鉄・座金	41	無区	平棟肉無	6			鉄・喰出
229	109	6013	山形県	南陽市	梨郷古墳群	*	*	149	25	鋭角屈曲・鳥頭形	32	鉄・座金	40	無区	平棟肉無	7			鉄・喰出
230	110	6014	山形県	南陽市	梨郷古墳群	*	*	110	22	鋭角屈曲・鳥頭形	30		36	無区	平棟肉無	*			鉄・喰出
231	111	6015	山形県	南陽市	梨郷古墳群														
232	112	6016	山形県	南陽市	梨郷古墳群														
233	113	6017	山形県	高畠町	安久津古墳群1号墳	374	246	128	16	鋭角屈曲・丸形	22	鉄・菊座金	29	両区	平棟肉無	7	フクラ		鉄・喰出
234		6018	山形県	上山市	上山養苗園														
235		6019	山形県	米沢市	牛森原														
236		6020	山形県	高畠町	愛宕山古墳	(580)	(439)	141	29	鋭角屈曲・丸形	33	鉄・鶏目	45	無区	平棟肉無	8			鉄・板
237			山形県	高畠町	安久津古墳群4号墳	(293)	(121)	171	18	浅い円弧・丸形	25		47	無区	平棟肉無	7			鉄・喰出
238	146	7001	福島県	国見町	大木戸6号墳	(398)	(276)	122	26	鋭角屈曲・丸形	32	鉄・玉座金	38	無区	平棟肉無	6		鉄	鉄・板
239	147	7002	福島県	伊達市(旧伊達町)	伏黒南屋敷														
240	148	7003	福島県	福島市	平野明神脇石堂	(605)	(485)	120	28	浅い円弧・鳥頭形	21	鉄・鶏目	40	無区	平棟肉無	6		鉄	鉄・板
241	149	7004	福島県	福島市	平石原高屋	450	319	131	28	浅い円弧・丸形	30	鉄・座金	42	無区	平棟肉付	10	茅の葉		鉄・板
242	150	7005	福島県	福島市	明石場	405	298	107	28	鋭角屈曲・丸形	32	鉄・玉座金	35	無区	平棟肉無	6	カマス	鉄	鉄・板
243	151	7006	福島県	二本松市	大平下矢戸	(367)	(239)	128	22	深い円弧・丸形	29		36	刃区	平棟肉無	6			鉄・喰出
244	152	7007	福島県	郡山市	大槻	400	299	101	21	鋭角屈曲・丸形	25	鉄・座金	32	刃区	平棟肉無	5	茅の葉		

鍔形	鍔長	鞘口	足金物	責金物	鞘尻	その他	柄反り	柄絞り	型式	遺構	所蔵・所在	図出典	主な文献	備考
	57						11	29	ⅢⅣ複合古	墳墓	山形大学附属博物館	41	27・41・124	
小判	59						13	32	ⅢⅣ複合古	墳墓	個人蔵	41	27・41・124	
							3	23	Ⅳ古	墳墓	國學院大学	41	27・41・124	
角切札	54						20	40	Ⅲ新	不明	印役神明宮(山形市)	41	13・23・27・41・124	山形市指定文化財
小判	69					故意に刀身を曲げる	14	36	ⅢⅣ複合古	古墳	個人蔵	41	27・41・124	
									不明	不明		—	7・27・41・124	
絞り小判	72						8	31	Ⅳ新	古墳	東京大学人類学教室	41	27・41・124	
絞り小判	42						2	20	Ⅳ古	古墳	東京国立博物館	41	8・13・23・27・41・124	
小判	66						14	34	ⅢⅣ複合古	古墳	南陽市教育委員会	41	27・41・124	
小判	69						4	21	Ⅳ古	古墳	南陽市教育委員会	41	27・41・124	
							9	27	Ⅳ古	古墳	山形県立博物館	41	23・27・41・124	
							10	26	ⅢⅣ複合古	古墳	山形県立博物館	41	23・27・41・124	
							3	12	Ⅳ古	古墳	山形県立博物館	41	23・27・41・124	
									不明	古墳		—	27・41・124	
									不明	古墳		—	27・41・124	
絞り小判	36						7	23	Ⅲ古	古墳	山形大学	41	27・41・124	
						故意に刀身を曲げる			不明	不明		—	45・124	
						「天平宝字天国」銘			不明	古墳		—	6・124	
角切三角	72					故意に刀身を曲げる	14	31	ⅢⅣ複合古	古墳	高畠町立郷土資料館	119	119・124	高畠町指定文化財
絞り小判	50						12	27	ⅢⅣ複合古	古墳	宮坂考古館	119	119	
小判	61		鉄・横櫓単脚				13	31	ⅢⅣ複合古	古墳	国見町教育委員会	97	41・97・124	
									不明	不明		—	28・41・97・124	
角切札	75					故意に刀身を曲げる	13	30	ⅢⅣ複合古	墳墓	医王寺(福島市)	97	41・97・124	
							0	16	Ⅱ	古墳?	個人蔵	41	41・97・124	
角切札	60		鉄・台状双脚				15	31	ⅢⅣ複合古	墳墓	福島県教育委員会	41・97	41・97・124	
							-12	8	Ⅰ	古墳?	観世寺(二本松市)	97	13・23・41・97・124	
							7	20	Ⅳ古	墳墓	円寿寺(郡山市)	41	41・97・124	

No.	石井	八木	都道府県	市町村	出土地・遺跡	全長	刃長	柄長	柄幅	柄頭	柄頭長	鶏目・座金	元幅	区	棟肉	棟厚	鋒	柄縁	鐔
245	153	7008	福島県	会津美里町(旧新鶴村)	佐賀瀬川峯山	673	552	121	25	浅い円弧・丸形	25	鉄・菊座金	46	無区	平棟肉無	8	カマス		鉄・喰出
246	154	7009	福島県	会津若松市															
247		7010	福島県	泉崎村	観音山北横穴墓群3号墓	382	256	126	24	鋭角屈曲・鳥頭形	24		41	両区	平棟肉無	7	フクラ		鉄・板
248		7011	福島県	伊達市(旧梁川町)	新山2号墳	*	*	126	26	鋭角屈曲・丸形	28	鉄・玉座金	40	無区	平棟肉無	7			鉄・喰出
249		7012	福島県	伊達市(旧梁川町)	寺山	(459)	(316)	137	*	鋭角屈曲・鳥頭	36		*	無区	平棟肉無	5			
250		7013	福島県	南相馬市(旧鹿島町)	南海老	665	529	136	26	浅い円弧・丸形・	28		44	無区	平棟肉無	8	カマス		鉄・喰出
251		7014	福島県	福島市	沼ノ上古墳群1号墳	382	262	120	26	浅い円弧・鳥頭形	24		36	両区	平棟肉無	6	フクラ		鉄・喰出
252			福島県	本宮市(旧白沢村)	白旗塚古墳														
253			福島県	伊達市(旧保原町)	内山古墳	560	415	145	39	浅い円弧・鳥頭形	37	鉄・座金	58	無区	平棟肉無	*	カマス		鉄・喰出
254			福島県	福島市	平野井野目古墳														
255		8001	茨城県	城里町(旧桂村)	高根古墳群	516	394	122	24	浅い円弧・丸形	20	鉄・玉座金	42	棟区	平棟肉無	9	フクラ	鉄	鉄・喰出
256			茨城県	ひたちなか市	十五郎穴横穴墓群館出支群35号墓	518	391	127	26	深い円弧・鳥頭形	42		45	棟区	平棟肉無	9	カマス	銅	銅・喰出
257	155	9001	栃木県	益子町	田野山居台														
258			栃木県	足利市	文選遺跡(東光寺境内)	(327)	(208)	119	24	浅い円弧・丸形	38		42	無区	平棟肉無	5			
259	156	10001	群馬県	前橋市(旧城村)	白山古墳	(525)	(389)	136	30	鋭角屈曲・丸形	34	鉄・菊座金	48	無区	平棟肉無	9	フクラ		鉄・板
260	157	10002	群馬県	渋川市(旧北橘村)	真壁塚原	457	335	122	18	鋭角屈曲・丸形	27		37	無区	丸棟肉付	8	鋒両刃		鉄・喰出
261	159	10004	群馬県	高崎市	岩鼻町市ケ原														
262	160	10005	群馬県	高崎市	若宮八幡神社境内	(505)	(378)	127	23	鋭角屈曲・丸形	36		50	無区	平棟肉無	6	フクラ		鉄・板
263	161	10006	群馬県	東吾妻町(旧吾妻町)	大宮巌鼓神社	530	408	122	19	深い円弧・丸形	34		49	両区	平棟肉無	8	茅の葉		
264	162	10007	群馬県	碓氷郡内															
265		10008	群馬県	伊勢崎市	上原古墳	(480)	(364)	116	30	浅い円弧・丸形	26	銅・玉菊座金	47	無区	平棟肉無	7	鋒両刃		鉄・喰出
266		10009	群馬県	伝・太田市(旧新田町)		477	354	123	21	深い円弧・丸形	28		38	刃区	平棟肉無	9	フクラ		
267		10010	群馬県	伝・吉岡町		(706)	(580)	126	27	浅い円弧・丸形	28		39	無区	平棟肉無	8	フクラ		
268		10011	群馬県	伊勢崎市(旧赤堀町)	伝・石山	485	368	117	22	鋭角屈曲・鳥頭形	23	銀・鶏目銅・座金	37	両区	平棟肉無	*	カマス		鉄・喰出
269		10012	群馬県	伊勢崎市(旧赤堀町)	下触牛伏1号墳	470	349	121	30	浅い円弧・丸形	28		45	無区	平棟肉無	10	カマス		鉄・喰出
270		10013	群馬県	富岡市	かもん塚古墳	(346)	(233)	113	28	浅い円弧・丸形	29		35	無区	平棟肉無	7			鉄・板
271		10014	群馬県	伝・県内		(387)	(246)	141	25	深い円弧・丸形	33		42	無区	平棟肉無	*			鉄・喰出

2. 全国蕨手刀集成表 *319*

鍔形	鍔長	鞘口	足金物	責金物	鞘尻	その他	柄反り	柄絞り	型式	遺構	所蔵・所在	図出典	主な文献	備考
角切札							15	31	ⅢⅣ複合古	墳墓	個人蔵	41	33・41・97・124	
							不明	不明				—	41・124	
小判	58						3	20	Ⅲ古	横穴墓	福島県文化財センター白河館	56	56・97・124	
	65						2	22	ⅢⅣ複合古	古墳	個人蔵	55	55・97・124	
							16	28	ⅢⅣ複合古	古墳	個人蔵	97	97・124	
	59	鉄・筒金				鉄・角窓	16	34	ⅢⅣ複合古	横穴墓	個人蔵	97	97・124	
絞り小判	53						6	20	Ⅳ古	古墳	福島市教育委員会	102	97・102・124	
							不明	古墳				—	60	
絞り小判	67						12	36	ⅢⅣ複合古	古墳	伊達市教育委員会	76		写真トレース
							不明	不明				—	98	
小判	56	鉄・筒金	銅・台状双脚			鉄・角袋	6	26	Ⅳ古	古墳	茨城県立歴史館	101	101・124	
角切三角	52	銅・筒金	銅・台状双脚	鉄・柏葉		鉄・角窓	10	25	ⅢⅣ複合古	横穴墓	ひたちなか市教育委員会	145	145	
							不明	不明				—	23・41・124	
							5	20	Ⅳ古	古墳	岡山大学			筆者実測
小判	76		銅・台状双脚				4	23	Ⅲ古	古墳	奈良国立博物館	73・148	73・124・148	
角切三角	55	銅・縁高	鉄・台状双脚			切刃造	5	30	Ⅳ古	古墳	赤城神社(渋川市)	41	41・124	渋川市指定文化財
							不明	不明				—	23・10・124	
絞り小判	66						2	36	Ⅳ新	古墳	若宮八幡神社(高崎市)	41	2・4・13・23・41・124	高崎市指定文化財
							0	32	Ⅱ	伝世品	大宮巌鼓神社(東吾妻町)	41	13・41・124	群馬県指定文化財
							不明	不明				—	23・41・124	
絞り小判	52	銅・縁高	銅・単鐔単脚				6	24	Ⅳ古	古墳	群馬県立歴史博物館	73	73・124	
絞り小判	45		銅・単鐔単脚				-5	0	Ⅰ	不明	個人蔵	124	85・124	写真トレース
							12	24	Ⅴ	不明	個人蔵	124	85・124	写真トレース
小判	44	銅・縁高	銅・張出双脚			銅・角袋	0	14	Ⅱ	古墳	個人蔵	124	85・124	写真トレース
小判	60		銅・単鐔単脚				3	21	Ⅲ古	古墳	群馬県埋蔵文化財調査事業団	83	83・124	
絞り小判	52						5	10	Ⅳ古	不明	群馬県立歴史博物館	69	69	
絞り小判	57	銅・縁高	銅・単鐔単脚				1	20	Ⅳ古	不明	靖国神社遊就館(千代田区)	124	114・124	写真トレース

No.	石井	八木	都道府県	市町村	出土地・遺跡	全長	刃長	柄長	柄幅	柄頭	柄頭長	鶏目・座金	元幅	区	棟肉	棟厚	鋒	柄縁	鍔
272			群馬県	藤岡市	東平井古墳群 K-1号墳	480	360	120	36	深い円弧・丸形	33		30	無区	平棟肉無	10	鋒両刃		
273			群馬県	昭和村	御門1号墳	485	352	133	30	深い円弧・丸形	32		40	無区	平棟肉無	8	鋒両刃		鉄・喰出
274			群馬県	みなかみ町(旧月夜野町)	政所宮前遺跡2号墳	514	377	137	30	深い円弧・丸形	36		39	無区	平棟肉無	8	鋒両刃		鉄・喰出
275			群馬県	沼田市	伝・宇楚井町	(566)	(430)	136	25	鋭角屈曲・丸形	36	銅・菊座金	46	無区	平棟肉無	9			銅・喰出
276			群馬県	前橋市	伝・総社古墳群	(360)	(242)	118	24	浅い円弧・丸形	35	銅・菊座金	42	無区	平棟肉無	*			銅・喰出
277	163	11001	埼玉県	秩父市	大野原古墳群	450	327	123	26	鋭角屈曲・鳥頭形	24	銅・菊座金	39	両区	平棟肉無	6	フクラ		鉄・喰出
278	164	11002	埼玉県	熊谷市	広瀬古墳群	(450)	(316)	134	25	鋭角屈曲・丸形	36	銅・菊座金	39	無区	平棟肉無	6	鋒両刃		銅・喰出
279	165	13001	東京都	台東区	鳥越町	(552)	(422)	130	26	鋭角屈曲・丸形	38	鉄・座金	47	無区	平棟肉無	6			鉄・喰出
280	166	13002	東京都	武蔵野市	武蔵野八幡宮	628	486	142	28	鋭角屈曲・丸形	30		41	無区	平棟肉無	7	カマス		鉄・板
281			東京都	あきる野市	瀬戸岡古墳群														
282			千葉県	市原市	南大広遺跡B区基壇	(480)	(350)	130	34	浅い円弧・鳥頭形	24		43	無区	平棟肉無	*			鉄・喰出
283			千葉県	袖ヶ浦市	根形台遺跡群 SK2230土壙墓	(590)	(463)	127	33	浅い円弧・丸形	23	銅・菊座金	45	無区	平棟肉無	7	カマス	鉄	鉄・喰出
284	168	19001	山梨県	市川三郷町(旧三珠町)	大塚狐塚古墳付近	(396)	(280)	116	21	深い円弧・鳥頭形	23		35	無区	平棟肉無	6	茅の葉		鉄・喰出
285			山梨県	笛吹市(旧境川村)	地蔵堂塚古墳	413	291	122	26	深い円弧・鳥頭形	24		40	無区	平棟肉無	6	茅の葉		鉄・喰出
286	169	20001	長野県	東御市(旧東部町)	祢津古見立古墳	(426)	(321)	105	27	浅い円弧・丸形	30		42	無区	平棟肉無	8	茅の葉		鉄・喰出
287	170	20002	長野県	長和町(旧長門町)	大門猿小屋	491	362	129	32	鋭角屈曲・鳥頭形	23		50	無区	丸棟肉付	8	鋒両刃		鉄・喰出
288	171	20003	長野県	小海町	松原湖畔	(334)	(205)	129											
289	172	20004	長野県	諏訪市	大安寺跡	(462)	(337)	125	20	浅い円弧・丸形	26	銅・菊座金	39	刃区	平棟肉付	6	茅の葉		鉄・喰出
290	173	20005	長野県	原村	八ッ手	421	286	135	19	深い円弧・丸形	23	鉄・平菊座金	34	両区	平棟肉無	7	茅の葉		鉄・喰出
291	174	20006	長野県	岡谷市	大林花上寺	(567)	(458)	109	25	鋭角屈曲・丸形	27	銅・菊座金	42	無区	平棟肉無	8			鉄・喰出
292	175	20007	長野県	長野市	朝陽北長池	(511)	(384)	127	26	浅い円弧・丸形	40	銅・菊座金	53	刃区	平棟肉無	9	茅の葉		
293	176	20008	長野県	上伊那郡															
294	177	20009	長野県	上伊那郡															
295	178	20010	長野県	伊那市(旧高遠町)付近															
296		20011	長野県	松本市	埴原古墳														
297		20012	長野県	諏訪市	荒神山古墳	(510)	(377)	133	25	浅い円弧・丸形	*		35	両区	平棟肉無	8	フクラ		鉄・喰出

2. 全国蕨手刀集成表

鍔形	鍔長	鞘口	足金物	責金物	鞘尻	その他	柄反り	柄絞り	型式	遺構	所蔵・所在	図出典	主な文献	備考
		銅・縁高	銅・台状双脚				4	19	Ⅲ古	古墳	藤岡市教育委員会	117	117・124	
角切三角	48	銅・縁高	銅・単鐶単脚				1	15	Ⅲ古	古墳	昭和村教育委員会	109	109	
角切三角	48	銅・縁高	銅・単鐶単脚		銅・角窓	銅・吊金具	1	15	Ⅲ古	古墳	みなかみ町教育委員会	127	127	
絞り小判	60		銅・台状双脚				0	24	Ⅳ古	不明	沼田市教育委員会	107	107	
絞り小判	45	銅・縁高					0	15	Ⅳ古	古墳	個人蔵			写真トレース
角切札	51	銅・縁高	銅・単鐶単脚				3	20	Ⅳ古	古墳	聖神社(秩父市)	41・93	14・23・41・93・124	埼玉県指定文化財
絞り小判	47	銅・縁高	銅・台状双脚	鉄・角袋		木鞘、布付着	6	22	Ⅳ古	古墳	熊谷市立郷土資料室	41・93	31・41・93・124	熊谷市指定文化財
角切札	70						9	33	ⅢⅣ複合古	不明	鳥越神社(台東区)	41	15・23・41・124	
小判	68		鉄・台状双脚				14	31	ⅢⅣ複合古	墳墓	武蔵野八幡宮(武蔵野市)	41	23・24・41・124	武蔵野市指定文化財
									不明	古墳		—	25	
角切札	57					毛抜透柄	14	24	Ⅴ	方形基壇	市原市埋蔵文化財調査センター		113	写真トレース
角切札	68	鉄・筒金	銅・単鐶単脚			毛抜透柄、刃欠損	35	65	Ⅴ	土壙墓	袖ヶ浦市教育委員会	121	121	
角切三角	50						12	28	Ⅳ古	古墳	東京国立博物館	115	13・23・41・115・124	
角切三角	51						12	28	Ⅳ古	古墳	山梨県立考古博物館		116	写真トレース 山梨県指定文化財
小判	56	銅・縁高	銅・単鐶単脚				3	20	Ⅲ古	古墳	東京国立博物館	41	10・13・23・41・57・124	
絞り小判	65						8	29	Ⅳ古	単独出土	東京国立博物館	41	41・57・124	
									不明	不明		—	41・57・124	
絞り小判	55					片切刃造	-6	16	Ⅱ	墳墓	個人蔵	41	11・13・23・41・57・124	
絞り小判	43						-3	18	Ⅰ	単独出土	個人蔵	41	11・13・23・41・57・124	
角切三角	57						12	30	ⅢⅣ複合古	墳墓	岡谷市立考古美術館	41	11・13・23・41・57・124	
			銅・山形単脚				-6	23	Ⅱ	礎石建物跡?	池生神社(長野市)	41	15・23・41・57・124	
									不明	不明		—	41・57・124	
									不明	不明		—	41・57・124	
									不明	不明		—	41・57・124	
									不明	不明		—	16・124	
							-12	6	Ⅰ	古墳	長野県立埋蔵文化財センター	62	62・124	

No.	石井	八木	都道府県	市町村	出土地・遺跡	全長	刃長	柄長	柄幅	柄頭	柄頭長	鶺目・座金	元幅	区	棟肉	棟厚	鋒	柄縁	鍔
298		20013	長野県	小諸市	源太谷地	(428)	(304)	124	24	深い円弧・鳥頭形	35		50	無区	平棟肉無	8	カマス		
299		20014	長野県	立科町	桐藤寮上														
300		20015	長野県	立科町	赤沼平														
301		20016	長野県	佐久市	英田地畑古墳	485	363	122	26	深い円弧・鳥頭形	24	銅・玉菊座金	40	無区	平棟肉無	6	フクラ		鉄・板
302			長野県	佐久市	蛇塚古墳	680	540	145	38	浅い円弧・丸形	50	鉄・座金	50	無区	平棟肉無	9	カマス		鉄・板
303			長野県	佐久穂町(旧八千穂村)	宮の入清水														
304			長野県	南安曇郡															
305	167	22001	静岡県	裾野市	須山	(402)	(276)	126	22	鋭角屈曲・鳥頭形	33	銀・鶺目銅・座金	41	無区	平棟肉無	9	茅の葉		銅・喰出
306			静岡県	裾野市	佐野	(292)	(175)	117	13	浅い円弧・鳥頭形	24	銅・座金	31	両区	平棟肉無	5			
307		22002	静岡県	富士市	伝法B古墳群西平1号墳	(412)	346	(66)	28		*		38	両区	平棟肉付	8	鋒両刃		銅・喰出
308			静岡県	沼津市	段崎古墳	337	258	79	18	浅い円弧・丸形	20	鉄・目釘	27	両区	平棟肉無	7	茅の葉		銅・板鍔
309	179	29001	奈良県	奈良市	正倉院中倉	616	496	128	25	鋭角屈曲・鳥頭形	28	銅・玉菊座金	46	両区	丸棟肉付	8	鋒両刃	鉄	銅・喰出
310	180	32001	島根県	出雲市	馬木町小坂古墳	(525)	(390)	125	32	鋭角屈曲・鳥頭形	30	鉄・座金	48	両区	丸棟肉付	7	鋒両刃		鉄・喰出
311		35001	山口県	萩市	見島ジーコンボ古墳群56号墳	(552)	(391)	161	31	鋭角屈曲・鳥頭形	38		39	両区	平棟肉付	9	鋒両刃		鉄・喰出
312	181	36001	徳島県	吉野川市(旧鴨島町)	敷地	(480)	(350)	130	23	鋭角屈曲・鳥頭形	28	銅・座金	38	両区	平棟肉付	8	鋒両刃		銅・喰出
313		38001	愛媛県	西予市(旧宇和町)	明石	(434)	(302)	132	22	深い円弧・丸形	22	銅・菊座金	35	両区	平棟肉無	7			鉄・喰出
314		40001	福岡県	朝倉市(旧甘木市)	池の上墳墓群9号墳	(315)	201	114	15	深い円弧・丸形	22		25	両区	平棟肉無	5			鉄・喰出
315	182	43001	熊本県	人吉市	城本町大村横穴墓群付近	(392)	256	136	12	深い円弧・丸形	33		28	両区	平棟肉無	8		鉄	鉄・喰出
316	183	46001	鹿児島県	肝付町(旧高山町)	新富横間地下式横穴墓群3号墓	(399)	260	139	30	深い円弧・丸形	33	鉄・座金	42	無区	平棟肉付	6			鉄・喰出
317			明治大学			(472)	(336)	136	25	鋭角屈曲・丸形	27	銅・菊座金	40	無区	平棟肉無	6	フクラ	鉄	鉄・喰出
318	95		関西大学			(509)	(387)	122	29	深い円弧・丸形	33	鉄・菊座金	44	無区	平棟肉無	6			鉄・喰出

2. 全国蕨手刀集成表

鍔形	鍔長	鞘口	足金物	責金物	鞘尻	その他	柄反り	柄絞り	型式	遺構	所蔵・所在	図出典	主な文献	備考
							4	20	Ⅳ古	古墳?	東京国立博物館	50	50・124	
									不明	単独出土		—	57・124	
									不明	単独出土		—	57・124	
*	64		銅・台状双脚				10	28	ⅢⅣ複合古	古墳	東京国立博物館	42	42・57・124	
角切三角	59	鉄・筒金	鉄・台状双脚				9	12	Ⅲ古	古墳	佐久市教育委員会		147	写真トレース 佐久市指定文化財
									不明	不明			124	
									不明	不明		—	16	
絞り小判	50		銅・台状双脚				1	20	Ⅳ古	不明	裾野市立富士山資料館	96	41・96・124	
							-10	10	Ⅰ	不明	裾野市立富士山資料館	96	96	
絞り小判	52		銅・張出双脚				*	*	Ⅲ古	古墳	富士市かぐや姫ミュージアム	75	75・124	
倒卵	42						0	5	Ⅱ	古墳		81	81	
絞り小判		鉄・筒金	鉄・台状双脚	鉄・柏葉	鉄・角窓	鹿革手抜き緒	-6	17	Ⅲ古	伝世品	正倉院中倉	41・63	5・23・41・63・124	
絞り小判	66	銅・縁高			鉄・角窓		-3	16	Ⅲ古	古墳	島根県立古代出雲歴史博物館	131	41・124・131	
絞り小判	57	銅・筒金					9	10	Ⅲ古	古墳	萩市博物館	118・124	39・118・124	山口県指定文化財
絞り小判	47						3	18	Ⅲ古	墳墓	東京国立博物館	41	10・13・23・41・124・131	
絞り小判	47		銅・張出双脚				-14	11	Ⅰ	不明	西予市教育委員会	95	95・124	西予市指定文化財
小判	39						-8	7	Ⅰ	古墳	朝倉市教育委員会	68	68・124	
角切三角	38						-39	12	Ⅰ	横穴墓	個人蔵	137	13・22・23・41・124・137	
絞り小判	55	銅・縁高	銅・台状双脚		鉄・角窓		6	25	Ⅲ古	地下式横穴墓	鹿児島県資料センター黎明館	138	32・41・124・138	
角切三角	54						7	24	ⅢⅣ複合古	不明	明治大学博物館			筆者実測
絞り小判	54						13	30	Ⅳ古	不明	関西大学博物館		17・41	筆者実測

3. 集成 文献一覧

1　星川吉寛　1797『蝦夷塚石郭之図』(『蕨手刀集成(第3版)』所収　盛岡市文化財研究会　2003)
2　松平定信　1800『集古十種』兵器部 (『集古十種』第4所収　国書刊行会　1908)
3　桂川中良　1800『桂林漫録』(『日本随筆大成』第1期2所収　吉川弘文館　1993)
4　横山由清　1875『尚古図録』第2篇　横山由清
5　松浦武四郎　1882『撥雲余興』第2集　松浦武四郎
6　清水彦介　1885『米沢風土記拾遺』上巻　自筆稿本
7　神田孝平　1887「奥羽巡回報告」『東京人類学会報告』2-11　東京人類学会
8　八木奨三郎　1899「東北地方に於ける人類学的施行」『東京人類学会雑誌』165　東京人類学会
9　大野雲外　1903「東北旅中散見の遺物」『東京人類学会雑誌』206　東京人類学会
10　高橋健自　1911『鏡と剣と玉』富山房
11　鳥居龍蔵　1924『諏訪史』第1巻　信濃教育部会諏訪部会
12　喜田貞吉　1928「学窓日誌」『東北文化研究』1-1　史誌出版社
13　後藤守一　1928「原史時代の武器と武装」『考古学講座』第2巻　雄山閣出版
14　鳥居龍蔵　1930「鳥越から発掘せられた蕨手刀について」『武蔵野』15-4　武蔵野文化協会
15　栗岩英治　1935「宅址から蕨手の刀」『信濃』4-11　信濃史学会
16　栗岩英治　1935「前号(宅址から蕨手刀)に対する補遺感想等」『信濃』4-12　信濃史学会
17　末永雅雄　1935『富民協会農業博物館本山考古室要録』岡書院
18　河野広道　1936「北海道の古墳様墳墓に就いて」『考古学雑誌』24-2　日本考古学会
19　後藤壽一・曽根原武保　1936「胆振国千歳郡恵庭村の遺跡について」『考古学雑誌』24-2　日本考古学会
20　後藤守一　1936「北海道に於ける古墳出土遺物の研究(1)」『考古学雑誌』24-2　日本考古学会
21　伊東信雄　1938「北見出土の蕨手刀に就いて」『考古学雑誌』28-7　日本考古学会
22　末永雅雄　1943『日本上代の武器』弘文堂書店
23　大場磐雄　1947「蕨手刀に就いて」『考古学雑誌』34-10　日本考古学会
24　児玉作左衛門　1948『モヨロ貝塚』北海道原始文化研究会
25　後藤守一　1956「瀬戸岡古墳群」『多摩地方の古墳群』東京都文化財報告書第3集　東京都教育委員会
26　米村喜男衛　1950『モヨロ貝塚資料集』網走市立郷土資料館・野村書店
27　柏倉亮吉　1953「山形県の古墳」山形県文化財調査報告第4輯　山形県教育委員会
28　福島県史料集成編纂委員会　1953『福島県史料集成』第4集　福島県史料集成刊行会
29　吉田義昭　1954「寛政年間江釣子古墳群の発掘」『奥羽史談』4-4　奥羽史談会
30　児玉作左衛門ほか　1956「根室国温根湯遺跡の発掘について」『北方文化研究報告』第11輯　北海道大学北方文化研究室
31　小林茂　1957「武蔵熊谷市広瀬出土の蕨手刀」『古代』24　早稲田大学考古学会
32　寺師見国　1957「鹿児島県下の地下式土壙」鹿児島県教育委員会
33　穴沢咊光　1959「蕨手刀の一新例」『考古学雑誌』45-2　日本考古学会
34　小沼健太郎　1961「北海道出土の蕨手刀につきて」『史叢』29　北海道学芸大学函館分校史学研

究室
35　奈良修介・豊島昂　1961「秋田県五城目町岩野山古墳」『秋田考古学』19　秋田考古学協会
36　稲童丸謙二　1964『栗沢町史』栗沢町役場
37　岩手県教育委員会　1963『五条丸古墳群』岩手県教育委員会
38　村山貞之助　1964『中新田町史』中新田町
39　山口県教育委員会　1964『見島総合学術調査報告』山口県教育委員会
40　福岡町教育委員会　1965『堀野遺跡』福岡町教育委員会
41　石井昌国　1966『蕨手刀―日本刀の始源に関する一考察―』雄山閣出版
42　竹内　恒　1966「蕨手刀を出土した南佐久郡臼田町英田地区古墳」『信濃』18-4　信濃史学会
43　奈良修介・豊島　昂　1967『秋田県の考古学』吉川弘文館
44　金ヶ崎町教育委員会　1968『西根古墳と住居址』金ヶ崎町教育委員会
45　山形県　1969『山形県史（考古資料）』資料編第11　山形県
46　河北地区教育委員会　1972『和泉沢古墳群』河北地区教育委員会
47　栗駒町文化財保護委員会・栗駒町鳥矢崎古墳調査団　1972『栗駒町鳥矢崎古墳調査概報』栗駒町教育委員会
48　紫波町史編纂委員会　1972『紫波町史』第１巻　紫波町
49　東北学院大学考古学研究部　1972「鳥矢崎古墳群発掘調査概報」『温故』第７号　東北学院大学考古学研究部
50　長野県教育委員会　1972『農業振興地域等開発地域埋蔵文化財緊急分布調査報告書（小諸市・昭和46年度）』長野県教育委員会
51　宮城県多賀城跡調査研究所　1972『多賀城跡―昭和46年度発掘調査概報―』宮城県教育委員会・宮城県多賀城跡調査研究所
52　辺見靱高　1973『龍谷寺横穴古墳調査報告書』南三陸先史文化研究会
53　和賀町教育委員会　1974『長沼古墳』和賀町教育委員会
54　ウサクマイ遺跡研究会　1975『烏柵舞』雄山閣出版
55　梅宮　茂　1975『新山古墳群』梁川町教育委員会
56　福島県教育委員会　1975『東北自動車道遺跡調査報告』福島県教育委員会
57　桐原　健　1976「蕨手刀の祖型と性格」『信濃』28-4　信濃史学会
58　白石市史編さん委員会　1976『白石市史別巻考古資料篇』白石市
59　志波姫町史編纂委員会　1976『志波姫町史』志波姫町
60　田中正能　1976『白旗山古墳発掘調査報告書』白沢村教育委員会
61　築館町史編纂委員会　1976『築館町史』築館町
62　日本道路公団名古屋建設局・長野県教育委員会　1976『長野県中央道埋蔵文化財包蔵地発掘調査報告書（諏訪市その４・昭和50年度）』日本道路公団名古屋建設局・長野県教育委員会
63　正倉院事務所　1977『正倉院の大刀外装―宮内庁蔵版―』小学館
64　瀬峰町文化財保護委員会　1977『がんげつ遺跡―平安時代の竪穴遺構―』瀬峰町教育委員会
65　中田町史編纂委員会　1977『中田町史』中田町
66　横穴談話会　1977『山根前横穴古墳群』横穴談話会
67　米山雲外ほか　1978「蕨手横刀の研磨報告」『刀剣美術』254　（財）日本美術刀剣保存協会
68　甘木市教育委員会　1979『池の上墳墓群』甘木市教育委員会
69　石井昌国　1979「出土刀」『新編考古学講座７・有史文化（下）遺物』雄山閣出版
70　古川市図書館　1980『郷土資料目録（考古）』古川市教育委員会
71　江別市教育委員会　1981『元江別遺跡群』江別市教育委員会

72 北村清治 1981『浜益遺跡・浜益陵中凹山』私家版
73 群馬県 1981『群馬県史3・資料編3（原始・古代3）』群馬県
74 瀬棚町教育委員会 1983『南川2遺跡』瀬棚町教育委員会
75 富士市教育委員会 1983『富士市埋蔵文化財発掘調査報告書（西平第1号墳）』富士市教育委員会
76 保原町史編纂委員会 1983『保原町史第2巻資料（原始・古代・中世・近世）』保原町
77 石川　徹 1984「蕨手刀」『考古学ジャーナル』25　ニューサイエンス社
78 宇田川　洋 1984『河野広道ノート』考古篇5　北海道出版企画センター
79 高橋信雄・赤沼英男 1984「岩手の古代鉄器に関する検討（2）―自然科学的手法による蕨手刀の調査―」『岩手県立博物館研究報告』2　岩手県立博物館
80 高橋信雄・赤沼英男 1984「蕨手刀からみた東北北部の古代製鉄技術」『季刊考古学―古代日本の鉄を科学する―』8　雄山閣出版
81 沼津市教育委員会 1985『沼津市文化財調査報告（段崎古墳）』沼津市教育委員会
82 秋田市教育委員会 1986『秋田新都市開発整備事業関係埋蔵文化財発掘調査報告書』秋田市教育委員会
83 （財）群馬県埋蔵文化財調査事業団 1986『下触牛伏遺跡』（財）群馬県埋蔵文化財調査事業団
84 枝幸町教育委員会 1988『目梨泊遺跡』枝幸町教育委員会
85 福島県立博物館 1988『日本刀の起源展―直刀から彎刀へ―』福島県立博物館
86 尾上町教育委員会 1989『原遺跡発掘調査報告書』尾上町教育委員会
87 下田町教育委員会 1989『阿光坊遺跡発掘調査報告書』下田町教育委員会
88 岩手県立博物館 1990『熊堂古墳群・浮島古墳群発掘調査報告書』（財）岩手県文化振興事業団
89 （財）岩手県文化振興事業団埋蔵文化財センター 1990『長根Ⅰ遺跡発掘調査報告書』（財）岩手県文化振興事業団埋蔵文化財センター
90 右代啓視 1990「北海道常呂町出土のオホーツク式土器―加藤正コレクション―」『北海道開拓記念館調査報告』29　北海道開拓記念館
91 八戸市教育委員会 1990『丹後平古墳』八戸市教育委員会
92 小井川和夫 1991「桃生町山田古墳群・矢本町矢本横穴群出土遺物」『東北歴史資料館研究紀要』16・17　東北歴史資料館
93 瀧瀬芳之 1991「埼玉県の拵付大刀」『研究紀要』8　（財）埼玉県埋蔵文化財調査事業団
94 和賀町教育委員会 1991『和賀町内遺跡分布調査報告書3』和賀町教育委員会
95 佐藤宗男 1992「愛媛県宇和町出土の蕨手刀について」『古代文化』44-10　古代学協会
96 裾野市史編さん専門委員会 1992『裾野市史（資料編・考古）』第1巻　裾野市
97 福島県文化センター 1992『矢吹地区遺跡発掘調査報告』9　福島県教育委員会
98 福島県立博物館 1992『出土鉄製品の構造技術法調査』福島県立博物館
99 葛西智義ほか 1993「深川市納内出土の蕨手刀について」『北海道考古学』29　北海道考古学会
100 小暮　亮 1993「石巻市垂水囲貝塚出土の蕨手刀」『石巻文化センター調査研究報告』2　石巻文化センター
101 遠野市教育委員会 1993『高瀬Ⅰ・Ⅱ遺跡（別報）』遠野市教育委員会
102 枝幸町教育委員会 1994『目梨泊遺跡』枝幸町教育委員会
103 瓦吹　堅 1994「那珂川流域の古代文化研究（1）―東茨城郡桂村を中心に―」『茨城県立歴史館報』第21号　茨城県立歴史館
104 考古部門 1994「青森県立郷土館所蔵の古代・中世の考古資料」『青森県立郷土館調査研究年報』青森県立郷土館

105	百石町教育委員会　1994『根岸（2）遺跡発掘調査報告書』百石町教育委員会	
106	千歳市教育委員会　1995『ウサクマイN・蘭越委7遺跡における考古学的調査』千歳市教育委員会	
107	沼田市　1995『沼田市史』資料編1　沼田市	
108	福島市教育委員会　1995『学壇遺跡群』福島市教育委員会	
109	昭和村教育委員会　1996『川額軍原Ⅰ遺跡』昭和村教育委員会	
110	北海道開拓記念館　1997『北の古代史をさぐる―擦文文化―』北海道開拓記念館・開拓の村文化振興会	
111	盛岡市教育委員会　1997『上田蝦夷森古墳群・太田蝦夷森古墳群発掘調査報告書』盛岡市教育委員会	
112	（財）岩手県文化振興事業団埋蔵文化財センター　1998『房の沢Ⅳ遺跡発掘調査報告書』（財）岩手県文化振興事業団埋蔵文化財センター	
113	（財）千葉県史料研究財団　1998『千葉県の歴史（資料編・考古3）』第11巻　千葉県	
114	横浜市歴史博物館・横浜市ふるさと歴史財団埋蔵文化財センター　1998『兵の時代―古代末期の東国社会―』横浜市歴史博物館	
115	山梨県　1999『山梨県史・原始古代2（考古／遺構・遺物）』資料編2　山梨県	
116	野崎　進　2000「境川村出土の蕨手刀について」『山梨考古』第77号　山梨県考古学協会	
117	藤岡市教育委員会　2000『東平井古墳群・平地前遺跡』藤岡市教育委員会	
118	山口県　2000『山口県史（資料編・考古1）』山口県	
119	秋田市　2001『秋田市史（古代史料編）』第7巻　秋田市	
120	川崎利夫　2001「山形県内古墳出土の鉄刀・鉄劔について」『さあべい』18　さあべい同人会	
121	（財）君津郡市文化財センター　2002『根形台遺跡群』千葉県木更津土地改良事務所	
122	八戸市教育委員会　2002『丹後平古墳群』八戸市教育委員会	
123	（財）北海道埋蔵文化財センター　2002『西島松5遺跡』（財）北海道埋蔵文化財センター	
124	八木光則ほか　2003『蕨手刀集成（第3版）』盛岡市文化財研究会	
125	八千穂村誌歴史編編纂委員会　2003『八千穂村誌（歴史編）』第4巻　八千穂村誌刊行会	
126	生田和宏　2004「加美町菜切谷出土の蕨手刀」『東北歴史博物館研究紀要』5　東北歴史博物館	
127	日沖剛史　2004「政所宮前遺跡2号墳出土蕨手刀」『東国史論』第19号　群馬考古学研究会	
128	（財）岩手県文化振興事業団埋蔵文化財センター　2006『河崎の柵擬定地発掘調査報告書』（財）岩手県文化振興事業団埋蔵文化財センター	
129	鹿角市教育委員会　2006『物見坂Ⅱ遺跡（2）・物見坂Ⅰ遺跡』鹿角市教育委員会	
130	金田一尚子　2006「熊堂古墳群出土の蕨手刀について」『花巻市博物館研究紀要』第2号　花巻市博物館	
131	黒済和彦　2006「出雲市馬木町小坂古墳出土蕨手刀の再検討」『古代文化研究』14　島根県古代文化センター	
132	岩手県立博物館　2007『岩手県を旅した絵師の足跡―名古屋市・長母寺所蔵「養虫山人絵日記」Ⅰ図版編―』（財）岩手県文化振興事業団	
133	おいらせ町教育委員会　2007『阿光坊古墳群発掘調査報告書』おいらせ町教育委員会	
134	北上市立埋蔵文化財センター　2008『藤沢遺跡』北上市教育委員会	
135	青森県立郷土館　2008『養虫山人と青森―放浪の画家が描いた明治の青森』青森県立郷土館	
136	二戸埋蔵文化財センター　2008『諏訪前遺跡発掘調査報告書』二戸埋蔵文化財センター	
137	垣見奈緒子　2009「人吉市の蕨手刀について」『ひとよし歴史研究』12　人吉市教育委員会	
138	菊地芳朗　2010「古墳時代終末期における日本列島周縁部の太平洋沿岸交流―副葬刀剣をもと	

に一』『弥生・古墳時代における太平洋ルートの文物交流と地域間関係の研究』高知大学人文社会科学系
139　井上雅孝　2014「平清水Ⅲ遺跡と蕨手刀」『北三陸の蝦夷・蕨手刀』岩手考古学
140　十和田育美　2014「「上新山遺跡」と蕨手刀」『北三陸の蝦夷・蕨手刀』岩手考古学会
141　辻　秀人　2015「鳥矢ケ崎古墳群測量調査報告」『東北学院大学論集　歴史と文化』53　東北学院大学学術研究会
142　亘理町教育委員会　2015『桜小路横穴墓群Ⅱ』亘理町教育委員会
143　青森県埋蔵文化財調査センター　2016『東道ノ上（3）遺跡Ⅱ』青森県教育委員会
144　安達訓仁　2016「発掘調査成果からみた伊治城跡と古代栗原郡」『栗原市伊治城跡から読み解く東北古代史』東北学院大学アジア流域文化研究所
145　（公財）ひたちなか市生活・文化・スポーツ公社　2016『十五郎穴横穴墓群』ひたちなか市教育委員会・（公財）ひたちなか市生活・文化・スポーツ公社
146　（公財）岩手県文化振興事業団埋蔵文化財センター　2017『中村遺跡発掘調査報告書』国土交通省東北地方整備局岩手河川国道事務所・（公財）岩手県文化振興事業団
147　白沢勝彦　2017「応急措置された古代鉄刀の保存修復」『長野県立歴史館たより』91　長野県立歴史館
148　吉澤悟ほか　2017「群馬県白山古墳出土品の研究 1」『鹿園雑集』19　奈良国立博物館
149　宮城県教育委員会　2018『平成 30 年度版・宮城県遺跡地名表』宮城県教育委員会
補遺 1　東京国立博物館　1968『東京国立博物館図版目録・古墳遺物篇（北海道・東北）』東京国立博物館

参考文献

青木昭博　1988「『こしかた物語』について」『米沢史市編集資料』21　米沢市史編さん委員会

青木繁夫　1975「岩手県堀野古墳出土蕨手刀の修復について」『保存科学』14　東京文化財研究所

青森県立郷土館　1984『蓑虫山人―明治の郷土を記録した放浪の画人―』青森県立郷土館（図録）

青森県立郷土館　2008『蓑虫山人と青森―放浪の画家が描いた明治の青森―』青森県立郷土館（図録）

赤沼英男　1990「出土鉄器の金属学的解析からみた東北地方北部および北海道の鉄製産」『鉄をとおして北の文化を考える』北の鉄文化シンポジウム予稿集　岩手県立博物館

赤沼英男　2005「出土遺物の組成からみた物質文化交流―古代北方地域出土鉄関連資料を中心に―」『岩手県立博物館調査研究報告書』19　岩手県立博物館

赤沼英男　2009「東北地方北部および北海道出土刀剣類の形態と組成からみた日本刀成立過程」『岩手県立博物館調査研究報告書』24　岩手県立博物館

赤沼英男・熊谷賢　2013「陸前高田市立博物館所蔵被災蕨手刀の金属考古学的解析」『岩手県立博物館研究報告』30　岩手県立博物館

秋田県埋蔵文化財センター　2012『真崎勇助著『雲根録』全5巻翻刻（平成24年度第2回ふるさと考古学セミナー『黎明期の秋田考古学』資料）』秋田県埋蔵文化財センター

阿久津　久　1990「資料紹介・蕨手刀」『茨城県立歴史館だより』49　茨城県立歴史館

足立克己　1984『高広遺跡発掘調査報告書―和田団地造成工事に伴う発掘調査―』島根県教育委員会

穴沢咊光　1959「蕨手刀の新一例」『考古学雑誌』45-2　日本考古学会

阿部　弘　2002「正倉院について」『正倉院紀要』25　正倉院事務所

甘木市教育委員会　1979『池の上墳墓群』甘木市教育委員会

生田和宏　2004「加美町菜切谷出土の蕨手刀」『東北歴史博物館研究紀要』5　東北歴史博物館

池上　悟　1986「古墳時代の須恵器について―フラスコ形提瓶―」『立正大学人文科学研究所年報』23　立正大学

参考文献

池淵俊一　2004「出雲型子持壺の変遷とその背景」『考古論集（河瀬正利先生退官記念論文集）』河瀬正利先生退官記念事業会
諫早直人・大江克己・金宇大・降幡順子・吉澤悟　2017「群馬県白山古墳出土品の研究Ⅰ」『鹿園雑集』19　奈良国立博物館
石井昌国　1966『蕨手刀―日本刀の始源に関する一考察―』雄山閣
石川克博　1994「上毛野・上野国をめぐる七・八世紀の問題―文献と考古学資料の接点を求めて―」『ぐんま資料研究』1　群馬県立文書館
石川　諄　1998「和同開珎の製作の変遷」『方泉處』21　東洋鋳造貨幣研究所
出雲考古学研究会　1987『石棺式石室の研究―出雲地方を中心とする切石造り横穴式石室の検討―』古代の出雲を考える6　出雲考古学研究会
出雲市教育委員会　2000『光明寺3号墓・4号墳』建設省出雲工事事務所・出雲市教育委員会
市川健夫　1981「日本におけるブナ帯文化の構図」『地理』26-4　古今書院
一関市博物館　2017図録『養虫山人の足跡を訪ねて』一関市博物館
一志茂樹　1993『古代東山道の研究』信毎書籍出版センター
伊藤玄三　1968「末期古墳の年代について」『古代学』14-3・4　古代学協会
伊東信雄　1938「北見出土の蕨手刀に就いて」『考古学雑誌』28-7　日本考古学会
稲田健一・栗田昌幸・高木寛之・髙妻洋成　2014「X線CTによる十五郎穴横穴墓群出土鉄製品の調査」『日本文化財科学会第31回大会研究発表要旨集』日本文化財科学会
稲田奈津子　2009a「森川杜園『正倉院御物写』と日名子文書」『正倉院文書研究』11　正倉院文書研究会
稲田奈津子　2009b「森川杜園『正倉院御物写』の世界」東京大学大学院工学系研究科建築学専攻・東京大学史料編纂所附属画像史料解析センター
犬山市史編さん委員会　1983『犬山市史・資料編3』犬山市
今泉隆雄　1992「律令国家とエミシ」『新版古代の日本9（東北・北海道）』角川書店
今泉隆雄・藤沢敦　2006「東北」『列島の古代史ひと・もの・こと1（古代史の舞台）』岩波書店
今村啓爾　2002「無文銀銭と和同開珎銀銭」『季刊考古学』78　雄山閣
入沢雪絵　2001「県内の古墳出土の大甕について」『小八木志志貝戸遺跡群（古墳時代編）』2　（財）群馬県埋蔵文化財調査事業団
岩崎泰一・小島敦子　1986『下触牛伏遺跡』（財）群馬県埋蔵文化財調査事業団
岩手県　1961『岩手県史（上古篇・上代篇）』1　杜陵印刷
岩手県立博物館　2007『岩手を旅した絵師の足跡―名古屋市長母寺所蔵『養虫山人絵日記』Ⅰ図版編―』岩手県立博物館調査研究報告書22　岩手県文化振興事業団
岩手考古学会　2014『北三陸の蝦夷・蕨手刀（岩手考古学会第46回研究大会資料）』

岩手考古学会

ウサクマイ遺跡研究会　1975『烏柵舞』雄山閣

右代啓視　1991「オホーツク文化の年代学的諸問題」『北海道開拓記念館研究紀要』19　北海道開拓記念館

宇田川　洋　1984『河野広道ノート』考古篇5　北海道出版企画センター

宇田川　洋　2003「アイヌ文化の形成過程をめぐる—試論—威信財もしくは ikor 的存在を考える—」『国立歴史民俗博物館研究報告』107　国立歴史民俗博物館

内田律雄　1984「出雲刈山4号墳と搬入須恵器」『ふぃーるど・のーと』6　本庄考古学研究所

内田律雄　1990「『出雲国風土記』大井浜の須恵器生産（上・下）」『古代学研究』118・120　古代学研究会

内山敏行　2003「古墳時代終末期の長頸鏃—東日本における棘関長頸腸抉鏃の評価—」『武器生産と流通の諸問題』七世紀研究会

内山敏行　2005「鏃から見た七世紀の北日本」『北方の境界接触世界』七世紀研究会

梅宮茂ほか　1975『新山古墳発掘調査報告書』梁川町文化財調査報告書1　梁川町教育委員会

江坂輝弥　1959「福島県下発見の蕨手刀」『古代』31　早稲田大学考古学会

枝幸町教育委員会　1994『目梨泊遺跡』枝幸町教育委員会

海老沢真治　2011「富士北麓若彦路再考—『吾妻鏡』関係地名の検討を中心として—」『山梨県立博物館研究紀要』5　山梨県立博物館

おいらせ町教育委員会　2007『阿光坊古墳群発掘調査報告書』おいらせ町教育委員会

大阪府立近つ飛鳥博物館　2004『古墳から奈良時代墳墓へ—古代律令国家の墓制—』大阪府立近つ飛鳥博物館（図録）

大里仁一　1958「群馬県における上代火葬墓—石製蔵骨器を主体とした—」『史学会報』第7号　群馬大学史学会

大澤伸啓　1997『文選第11号墳発掘調査報告書』足利市埋蔵文化財調査報告書33　足利市教育委員会

大隅清陽　2006「ヤマトタケルと酒折宮の伝承」『山梨県史通史編1（原始・古代）』山梨県

大館市教育委員会　1991『真崎勇助翁コレクション目録』大館市教育委員会

大谷晃二　1994「出雲地域の須恵器の編年と地域色」『島根考古学会誌』11　島根考古学会

太田原慶子　2016「蓑虫山人とゆかりの人々」『青森県立郷土館研究紀要』40　青森県立郷土館

大津　透　1992「大化改新と東国国司」『新版古代の日本』8（関東）角川書店

大塚初重　1963「武蔵・瀬戸岡における奈良時代墳墓」『駿台史学』3　駿台史学会

大沼忠春　1996「北海道の古代社会と文化」『古代王権と交流Ⅰ（古代蝦夷の世界と交流）』名著出版
大野延太郎　1903「東北旅中散見の遺物」『東京人類学会雑誌』206　東京人類学会
大場磐雄　1947「蕨手刀について」『考古学雑誌』34-10　日本考古学会
大場磐雄　1976『記録考古学史・楽石雑筆（中）大場磐雄著作集7　雄山閣
大場磐雄　1965『北多摩文化財綜合調査報告1』東京都文化財調査報告書15　東京都教育委員会
大場利夫　1954「蕨手刀」『考古学雑誌』40-3　日本考古学会
大場利夫　1962「モヨロ貝塚出土の金属器」『北方文化研究報告』17　北海道大学北方文化研究室
大平好一　1992「鉄製品」『矢吹地区遺跡発掘調査報告9』福島県文化財調査報告書269　福島県教育委員会
小笠原兼吉　1928「岩手県最初の古墳発掘記録」『東北文化研究』1-1　史誌出版社
小笠原迷宮　1924「和同銭を出した陸中国熊堂の古墳群」『考古学雑誌』14-7　日本考古学会
岡野慶隆　1979「奈良時代における氏墓の成立と実態」『古代研究』16　（財）元興寺文化財研究所
岡本孝之　1997「西馬音内型石器論」『西相模考古』6　西相模考古学研究会
岡本孝之　1998「外土塁環壕集落の性格」『異貌』16　共同体研究
岡谷市　1984『岡谷市史　上巻』岡谷市
岡山県史編纂委員会　1986『岡山県史・考古資料』岡山県
沖野　誠　2016『化内の辺境―隼人と蝦夷―』宮崎県立西都原考古博物館（図録）
小田島祿郎　1926『岩手考古図録』岩手県教育委員会
垣見奈緒子　2009「人吉市の蕨手刀について」『ひとよし歴史研究』12　人吉市教育委員会
柏倉亮吉　1953『山形県の古墳』山形県文化財調査報告4　山形県教育委員会
柏倉亮吉ほか　1976『米沢市八幡原中核工業団地造成予定地内埋蔵文化財調査報告書』米沢市教育委員会
桂川中良　1800『桂林漫録』（1993『日本随筆大成』第1期2　吉川弘文館）
桂村郷土誌改訂委員会　1998『桂村郷土誌（三訂版）』桂村教育委員会
桂村史編さん委員会　2004『桂村史（通史編）』桂村
加藤義成　1981『修訂出雲国風土記参究』松江今井書店
加部二生　1999「横穴式石室の前庭について―その起源と系譜―」『国立歴史民俗博物館研究報告』82　国立歴史民俗博物館
亀田昊明　1958「蕨手刀に関する一私考―置賜型、村山型古墳の関係に於いて―」『置賜文化』19　置賜史談会

軽部達也　2000『東平井古墳群・平地前遺跡』藤岡市教育委員会
川崎澄夫　1957「蕨手刀に関する一試論」『秋田考古学』6　秋田考古学協会
川崎利夫　2001「山形県内古墳出土の鉄刀・鉄剣について」『さあべい』19　さあべい同人会
川尻秋生　1989「白玉腰帯について―延暦十五年正月五日官符に関する一試論―」『千葉史学』15　千葉歴史学会
川原秀夫　2003「檜前部君氏と上野」『群馬文化』274　群馬県地域文化研究協議会
川見典久　2017「『集古十種』兵器篇と十八世紀の古武器調査」『古文化研究』　黒川古文化研究所
瓦吹　堅　1994「那珂川流域の古代文化研究（1）―東茨城郡桂村を中心に―」『茨城県立歴史館報』21　茨城県立歴史館
神田孝平　1887「奥羽巡回報告」『東京人類学会報告』2-11　東京人類学会
菊池山哉　1966『別所と特別部落の研究』東京史談会
菊池山哉　1997『別所と俘囚（復刻版）』批評社
菊池徹夫　1973「八世紀前後の北海道における金属製品について」『北海道考古学』9　北海道考古学会
菊地芳朗　2010「古墳時代終末期における日本列島周縁部の太平洋沿岸交流―副葬刀剣をもとに―」『弥生・古墳時代における太平洋ルートの文物交流と地域間関係の研究』高知大学人文社会科学系
菊地芳朗　2010『古墳時代史の展開と東北社会』大阪大学出版会
北野耕平　1960「蕨手刀子の年代」『古代学研究』23　古代学研究会
喜田貞吉　1933a「奈良時代前後における北海道の経営」『歴史地理』62-4・5・6　日本歴史地理研究会
喜田貞吉　1933b「北海道に於ける所謂「古墳」に就いて」『蝦夷往来』9　尚古堂
鬼頭清明　1989「七～八世紀における上野国の古墳と氏」『東洋大学文学部紀要（史学科篇）』42　東洋大学
君島武史　2008『藤沢遺跡』北上市教育委員会
（財）君津郡市文化財センター　2002『根形台遺跡群Ⅱ発掘調査報告書』袖ヶ浦市
木村法光　1999「壬申検査社寺物図集と正倉院宝物」『正倉院紀要』22　正倉院事務所
清野謙次　1955『日本考古学・人類学史』下　岩波書店
桐原　健　1976「蕨手刀の祖型と性格―信濃における蕨手刀のあり方について―」『信濃』28-4　信濃史学会
桐原　健　1998「蕨手刀雑考―信濃出土の同刀が提起する問題―」『長野県考古学会誌』84・85　長野県考古学会
桐原　健　2014「蕨手刀の周辺」『佐久考古通信』112　佐久考古学会
金田一尚子　2006「資料紹介・熊堂古墳群出土の蕨手刀について」『花巻市博物館研究

紀要』2　花巻市博物館
楠原佑介・溝手理太郎　1983『地名用語語源辞典』東京堂出版
熊谷公男　2004『古代の蝦夷と城柵』吉川弘文館
熊谷市史編纂委員会　1963『熊谷市史前篇』熊谷市
栗原信充　1838『刀剣図考』（1953『新訂増補故実叢書』19　吉川弘文館）
黒板勝美・国史大系編修会　2007『日本書紀』後篇（改訂増補国史大系1下）吉川弘文館
黒板勝美・国史大系編修会　2007『続日本紀』（改訂増補国史大系2）吉川弘文館
黒板勝美・国史大系編修会　2007『続日本後紀』（改訂増補国史大系3）吉川弘文館
黒川真頼　1910「古代刀鉾図説」『黒川真頼全集（美術篇・工芸篇）』3　国書刊行会
黒崎　直　1980「畿内における8・9世紀の墳墓」『研究論集Ⅵ』奈良国立文化財研究所38　奈良国立文化財研究所
黒済和彦　2004「群馬県出土蕨手刀の分類と編年」『群馬考古学手帳』14　群馬土器観会
黒済和彦　2005「群馬県出土蕨手刀の分布とその性格」『群馬考古学手帳』15　群馬土器観会
黒済和彦　2006「出雲市馬木町小坂古墳出土蕨手刀の再検討」『古代文化研究』14　島根県古代文化センター
黒済和彦　2008「蕨手刀の型式分類及び編年と分布」『地域と文化の考古学Ⅱ（明治大学文学部考古学研究室編）』六一書房
黒済和彦　2013「十五郎穴横穴墓群の蕨手刀について」『第35回茨城県考古学協会研究発表会資料』茨城県考古学協会
黒済和彦　2013「山国から峠を越え、齎された蕨手刀」『古代山国の交通と社会』八木書店
黒済和彦　2016「茨城県出土の蕨手刀について」『十五郎穴横穴墓群』ひたちなか市教育委員会・（公財）ひたちなか市生活・文化・スポーツ公社
黒田一充　1996「官位十二階と律令位階制」『金の大刀と銀の大刀─古墳・飛鳥の貴人と階層─』大阪府立近つ飛鳥博物館（図録）
群馬県史編さん委員会　1981『群馬県史・資料編3（原始古代3）』群馬県
群馬県史編さん委員会　1991『群馬県史・通史編2（原始古代2）』群馬県
小池浩平　1998「上毛野氏及び上毛野─上野国地域と蝦夷政策との関連（1）─」『群馬県立歴史博物館紀要』19　群馬県立歴史博物館
小池浩平　1999「上毛野氏及び上毛野─上野国地域と蝦夷政策との関連（2）─（8世紀前半の柵戸移配記事を中心に）」『群馬県立歴史博物館紀要』20　群馬県立歴史博物館
小池雅典　1996「群馬県内出土の金属製壺鐙」『群馬県内出土の馬具・馬形埴輪（群馬

県古墳時代研究会資料集)』2　群馬県古墳時代研究会
小岩末治　1953「岩手郡太田村蝦夷森古墳調査報告―附県内出土蕨手刀の一考察―」『岩手史学研究』14　岩手史学会
小岩末治　1955「岩手郡太田村蝦夷森古墳調査報告―附県内古墳出土品に就いての一考察―」『岩手史学研究』18　岩手史学会
河野広道　1934「北海道の古墳様墳墓について」『考古学雑誌』24-2　日本考古学会
河野広道　1958『網走市史（先史時代篇）』上巻　網走市
河野広道　1961「和銅銭を伴出した蕨手刀」『ウタリ』4-1　北海道学芸大学考古学研究会
河野広道　1964「北海道出土の蕨手刀に関する問題」『史流』5　北海道学芸大学史学会
國學院大學日本文化研究所学術フロンティア推進事業「劣化画像の再生活用と資料化に関する基礎的研究」プロジェクト　2004『柴田常恵写真資料目録Ⅰ』國學院大學日本文化研究所
児玉作左衛門　1948『モヨロ貝塚』北海道原始文化研究会
児玉作左衛門・大場利夫　1956「根室国温根沼遺跡の発掘について」『北方文化研究報告』11　北海道大学北方文化研究室
後藤壽一　1932「古墳の発掘について―江別遺跡調査報告第一報―」『蝦夷往来』8　尚古堂
後藤壽一・曽根原武保　1934「胆振国千歳郡恵庭村の遺跡について」『考古学雑誌』24-2　日本考古学会
後藤守一　1928「原史時代の武器と武装」『考古学講座』2　雄山閣
後藤守一　1929「西多摩郡多西村瀬戸岡の古墳」『東京府史蹟保存物調査報告』6　東京府
後藤守一　1934「北海道に於ける古墳様出土遺物の研究」『考古学雑誌』24-2・3　日本考古学会
後藤守一　1940「資料」『古代文化』12-5　日本古代文化学会
後藤守一　1956「瀬戸岡古墳群」『多摩地方の古墳群』東京都文化財報告書3　東京都教育委員会
小沼健太郎　1961「北海道出土の蕨手刀につきて」『史叢』29　北海道学芸大学函館分校
小林　茂　1957「武蔵熊谷市広瀬出土の蕨手刀」『古代』24　早稲田大学考古学会
小林昌二　1996「越地域における部民分布の再検討」『越と古代の北陸（古代王権と交流3）』名著出版
小村正之　1996『川額軍原Ⅰ遺跡』昭和村教育委員会
小谷地　肇　2007『阿光坊古墳群発掘調査報告書』おいらせ町埋蔵文化財発掘調査報告書第1集　おいらせ町教育委会

近藤義郎　1992「僕と栃木県の考古学」『栃木県考古学会誌』14　栃木県考古学会
斎藤　忠　1953「北日本の古代文化―歴史学と考古学との関連性に関する一問題―」『古代学』2-2　古代学協会
斎藤　忠　1974『日本考古学史』吉川弘文館
斎藤　忠　1975「因幡国伊福吉部徳足比売の墓について」『仏教史研究』9　日本仏教史学会
斎藤　忠　1981『大北横穴群』伊豆長岡町教育委員会
斎藤　忠　1979「松浦武四郎の考古学観」『日本歴史』378　日本歴史研究会・吉川弘文館
斎藤　忠　2006『日本考古学人物事典』学生社
斎藤　弘　1985「古墳時代の金属製壺鐙」『日本古代文化研究』2　古墳文化研究会
佐伯有清　1962『新撰姓氏録本文篇』吉川弘文館
佐伯有清　1974「馬の伝承と馬飼の成立」『日本古代文化の探求・馬』社会思想社
酒井清治　1991「須恵器の編年―関東―」『古墳時代の研究6（土師器と須恵器）』雄山閣
坂川進ほか　2002『丹後平古墳群―八戸新都市区域内埋蔵文化財発掘調査報告書XIII　丹後平（1）遺跡・丹後平古墳』八戸市埋蔵文化財調査報告書93　八戸市教育委員会
坂本経尭　1979「荒尾野原古墳」『肥後上代文化の研究』肥後上代文化研究所・肥後考古学会
坂本美夫　1985『馬具』考古学ライブラリー34　ニューサイエンス社
佐々木虔一　2016「上総・下総地方の俘囚の反乱と情報伝達」『千葉史学』68　千葉歴史学会
佐々木稔　1984「古代日本における製鉄の起源と発展―自然化学的研究の立場からのアプローチ―」『季刊考古学』8　雄山閣
佐々木稔　1995「古代の鉄と刀剣」『古代刀と鉄の科学（増補版）』雄山閣
笹澤泰史　2007「群馬県における古代製鉄遺跡の出現と展開―その研究序説として―」『研究紀要』25　群馬県埋蔵文化財調査事業団
佐藤矩康　2006『北の出土刀を科学する―最新科学と考古学よりみた刀剣文化史への道程―』自費出版本
佐原　真　1985「分布論」『岩波講座・日本考古学』1　岩波書店
塩野　博　2004『埼玉の古墳（比企・秩父／大里）』2　さきたま出版会
柴田知二　2008『諏訪前遺跡―第12次調査―』二戸市文化財調査報告書1　二戸市埋蔵文化財センター
柴田弘武　1987『鉄と俘囚の古代史―蝦夷「征伐」と別所―』彩流社
柴田弘武　2007『全国「別所」地名辞典（上・下）』彩流社
島根県教育委員会　1980『出雲・上塩冶地域を中心とする埋蔵文化財調査報告』島根県

教育委員会・建設省出雲工事事務所
島根県教育委員会　1995『上塩冶横穴墓群第 20・21 支群』島根県教育委員会
清水彦介　1885『米沢風土記拾遺』自筆稿本（米沢市立図書館蔵）
志村　博　1983『富士市埋蔵文化財発掘調査報告書（西平第 1 号墳）』富士市教育委員会
下江健太　2001「方頭大刀の編年」『定東塚・西塚古墳』岡山大学考古学研究室
下向井龍彦　1993「捕亡令『臨時発兵』規定の適用から見た国衙軍制の形式過程―戦術革命と『武勇輩』の形成―」『内海文化研究紀要』22　広島大学内海文化研究施設
下向井龍彦　2000「武士形成における俘囚の役割―蕨手刀から日本刀への発展／国家と軍制の転換に関連させて―」『史学研究』228　広島史学研究会
庄内昭男　2002「『蓑虫山人画紀行』から明治 24 年・27 年における山人の旅程と考古資料について」『秋田県立博物館研究報告』27　秋田県立博物館
白沢勝彦　2017「応急処置された古代鉄刀の保存修復」『長野県立歴史館たより』91　長野県立歴史館
白鳥良一　1980「多賀城跡出土土器の変遷」『研究紀要』Ⅶ　宮城県多賀城跡調査研究所
新谷尚紀　1996「火葬と土葬」『民衆生活の日本史（火）』思文閣出版
末木　健　2007「甲斐の古道若彦路」『山梨考古学協会誌』17　山梨考古学協会
末永雅雄　1943『日本上代の武器』弘文堂書房
杉山荘平　1967「蓑虫仙人小伝」『物質文化』10　物質文化研究会
杉山秀宏　1988「古墳時代の鉄鏃」『橿原考古学研究所論集』8　吉川弘文館
杉山博久　2011「創設者人類学会の庇護者（上）―神田孝平小伝―」『考古学雑誌』95-4　日本考古学会
鈴木　治　1963「正倉院十鞍について」『書陵部紀要』14　宮内庁書陵部
鈴木一有　1999「律令時代における轡の系譜」『下滝遺跡群 2』（財）浜松市文化協会
鈴木公雄　1988『考古学入門』東京大学出版会
鈴木琢也　2016「擦文文化の成立過程と秋田城交易」『北海道博物館研究紀要』1　北海道博物館
鈴木敏則　2001「湖西窯古墳時代須恵器編年の再構築」『須恵器生産の出現から消滅・第 5 分冊（補遺・論考編）』東海土器研究会
鈴木廣之　2003『好古家たちの 19 世紀―幕末明治における《物》のアルケオロジー―』吉川弘文館
裾野市史編さん専門委員会　1992『裾野市史（資料編・考古）』1　裾野市
諏訪市史編纂委員会　1995『諏訪市史　上巻（原始・古代・中世）』諏訪市
（公財）静嘉堂　2013『静嘉堂蔵松浦武四郎コレクション』（公財）静嘉堂（図録）
関　和彦　1994『日本古代社会生活史の研究』校倉書房

関　和彦　1999「『出雲国風土記』註論（その四）神門郡条」『古代文化研究』7　島根県古代文化センター
関　和彦　2001『新・古代出雲史―「出雲風土記」再考―』藤原書店
関口功一　1991「佐味朝臣氏について」『東国史論』6　群馬考古学研究会
関口功一　2013『古代上毛野をめぐる人びと』岩田書店
関根真隆　1977「正倉院刀剣史料考」『正倉院の大刀外装』小学館
芹沢充寛　1977「蕨手刀の出土状況」『裾野郷土研究』8　裾野郷土研究会
薗田香融　1962「わが上代の騎兵隊」『史泉』23・24 合併号　関西大学史学会
台東区史編纂専門委員会　1997『台東区史・通史編Ⅰ』台東区
台東区役所　1966「地質時代より原始時代」『台東区史沿革編』台東区役所
高尾好之　1985『段崎古墳発掘調査報告』沼津市埋蔵文化財調査報告書 35　沼津市教育委員会
高崎市市史編さん委員会　1999『高崎市史・資料編 1・原始古代 1』高崎市
高橋健自　1911『鏡と剣と玉』富山房
高橋　崇　1986『蝦夷』中公新書 804　中央公論新社
高橋照彦　2005「古代銭貨をめぐる諸問題」『考古学ジャーナル』526　ニューサイエンス社
高橋信雄・赤沼英男　1983〜87「岩手の古代鉄器に関する検討（1）〜（5）―自然科学的手法による蕨手刀の調査―」『岩手県立博物館研究報告』1〜5　岩手県立博物館
高橋信雄・赤沼英男　1984「蕨手刀からみた東北北部の古代製鉄技術」『季刊考古学』8　雄山閣
高橋信雄　1995「蕨手刀」『まてりあ』34-10　日本金属学会
高畠町文化財史編集委員会・高畠町史編纂委員会　1971『高畠町史（考古資料編）』別巻　高畠町
高畠孝宗　2005「オホーツク文化における威信財の分布について」『海と考古学』海交史研究会考古学論集刊行会
高畠孝宗　2011「オホーツク文化における刀剣類受容の様相―枝幸町目梨泊遺跡を中心に―」『北方島文化研究』第 9 号　北方島文化研究会
瀧瀬芳之　1984「円頭・圭頭・方頭大刀について」『日本古代文化研究』創刊号　古墳文化研究会
瀧瀬芳之　1991「埼玉県の拵付大刀」『研究紀要』8　（財）埼玉県埋蔵文化財調査事業団
竹内理三　1997『角川日本地名大辞典 10・群馬県』角川書店
竹内理三　1984『角川日本地名大辞典 9・栃木県』角川書店
竹内理三　1984『角川日本地名大辞典 19・山梨県』角川書店
竹内　恒　1966「蕨手刀を出土した南佐久郡臼田町英田地畑古墳」『信濃』18-4　信濃

史学会
竹田昌暉　1982「日本刀の源流に関する資料的文献的研究（Ⅶ・Ⅷ）蕨手刀について」『刀剣美術』303・304　（財）日本美術刀剣保存協会
竹田昌暉　1986「蕨手刀再考」『刀剣美術』357　（財）日本美術刀剣保存協会
竹本　晃　2015「金井沢碑からみた物部系氏族の展開」『研究紀要』19　由良大和古代文化研究協会
伊達宗泰　1973「古墳・寺・氏族」『論集終末期古墳』塙書房
田中喜多美ほか　1951「岩手県江釣子猫谷地古墳群発掘調査報告」『岩手史学研究』9　岩手史学会
田中広明　2003『地方の豪族と古代の官人』KASHIWA学術ライブラリー01　柏書房
谷川磐雄　1924「考古学上より観たる秩父（中）」『中央史壇』12-12　中央史談会
（財）千葉県史料研究財団　1998『千葉県の歴史資料編・考古3』千葉県
小縣群役所　1922『小縣郡史』本篇　小縣時報局
津金澤吉茂　1991「古代の墓制」『群馬県史』通史編2原始古代2　群馬県
辻本直男　1974『伊勢神宮宝刀図譜』大塚工藝社
津野　仁　1990「古代・中世の鉄鏃―東国の出土品を中心にして―」『物質文化』54　物質文化研究会
津野　仁　2005「毛抜形太刀の系譜」『國學院大學考古学資料館紀要』21　國學院大學考古学資料館研究室
坪井清足・町田章　1970「Ⅵ遺物」『出雲国庁跡発掘調査概報』松江市教育委員会
鶴間正昭　2000「関東における古墳時代の須恵器」『須恵器生産の出現から消滅』第1分冊　東海土器研究会
勅使河原　彰　1995『日本考古学の歩み』名著出版
東野治之　1983「正倉院武器中箭刻名について―評制下における貢進物の一史料―」『日本古代木簡の研究』塙書房
徳江秀夫　1992「上野地域における装飾付大刀の基礎的調査」『研究紀要』10　（財）群馬県埋蔵文化財調査事業団
栃木県考古学会第5回東日本埋蔵文化財研究会栃木大会準備委員会　1995『東日本における奈良・平安時代の墓制―墓制をめぐる諸問題―』第5回東日本埋蔵文化財研究会栃木大会準備委員会
鳥居龍蔵　1924『諏訪史』1　信濃教育会諏訪部会
鳥居龍蔵　1930「鳥越から発掘せられた蕨手刀に就いて」『武蔵野』15-4　武蔵野文化協会
長野県　1988『長野県史（考古資料編・遺構遺物）』1（4）　長野県史刊行会
長野県　1989『長野県史（通史編・原始古代）』1　長野県史刊行会
永峯光一　1951「古墳の環境―甲府盆地の場合―」『國史學』56　國史學会

名越時正　1948　「沢山村の古代遺跡」『史窓月報』創刊号　水戸第一高等学校史学会
奈良修介・豊島昴　1961「秋田県南秋田郡五城目町岩野山古墳」『秋田考古学』19　秋田考古学協会
奈良修介・豊島昴　1967『秋田県の考古学』吉川弘文館
奈良文化財研究所飛鳥藤原宮跡発掘調査部　2002『銙帯をめぐる諸問題』(独)奈良文化財研究所
新沼鉄夫　1979「古代製鉄と鉄鏃の製法―実験による想像説の可能性追及―」『古代学研究』91　古代学研究会
西尾克己　1995「古墳・横穴墓からみた古代社会」『風土記の考古学(出雲風土記の巻)』3　同成社
仁科義男　1935『甲斐の先史並原史時代の調査』甲斐志料刊行会・甲斐上代文化研究所
仁科義男　1935『甲斐之考古第2編』甲斐上代文化研究所
西村眞次　1938「置賜盆地の古代文化」『東置賜郡史』上巻　東置賜教育会
沼津市教育委員会　1990『清水柳北遺跡発掘調査報告書その2』沼津市教育委員会
野田嶺志　1980『防人と衛士』(歴史新書26)　教育社
野崎　進　2000「境川村出土の蕨手刀について」『山梨考古』77　山梨県考古学協会
白雲去来楼主人　1917「刀剣外形の沿革」『刀の研究』3-9　南人社
函館市立博物館　1989『児玉コレクション目録Ⅰ先史(考古資料編)』函館市立博物館
羽柴雄輔編　2010『淡崖書簡』1　慶應義塾大学
橋本博文　1992「相模の古墳」『東国の古墳』雄山閣
長谷部言人　1939「人類学教室所蔵淡崖神田孝平氏遺蔵品」『人類学雑誌』54-11　日本人類学会
八戸市教育委員会　2002『丹後平古墳群』八戸市教育委員会
濱田耕作・梅原末治　1917『肥後に於ける装飾ある古墳及横穴』京都帝国大学文科大学考古学研究報告1　京都帝国大学
原村　1985『原村誌 上巻』原村役場
日沖剛史　2004「政所宮前遺跡2号墳出土蕨手刀」『東国史論』19　群馬考古学研究会
東日本埋蔵文化財研究会北海道大会準備委員会　1997『第6回　東日本埋蔵文化財研究会　遺物からみた律令国家と蝦夷―資料集第1～3分冊―』東日本埋蔵文化財研究会
平石　充　2003「文字資料(墨書土器)の時期に関して」『山陰古代出土文字資料集成Ⅰ(出雲・石見・隠岐編)』島根県古代文化センター
平石　充　2004「出雲西部地域の権力構造と物部氏」『古代文化研究』12　島根県古代文化センター
平野進一　1997「いわゆる武井廃寺塔心礎とされる八角形墳墓」『考古学ジャーナル』414　ニューサイエンス社

平野卓治　1996「蝦夷社会と東国の交流」『古代王権と交流』1　名著出版
平野元三郎　1958「上総姉崎町の火葬蔵骨器」『古代』29・30合併号　早稲田大学考古学会
廣井雄一　2003「日本刀の成立と展開」『草創期の日本刀』佐野美術館
福島県立博物館　1992『出土鉄製品の構造技法調査』福島県立博物館学術調査報告22　福島県立博物館
福島県史料集成編纂委員会　1953『福島県史料集成』4　福島県史料集成刊行会
（財）福島市振興財団文化財調査室　1995『学壇遺跡群』福島市教育委員会
福島雅儀　1983「県南地方の横穴群から出土した鉄刀について」『七軒横穴群』矢吹町文化財調査報告6　矢吹町教育委員会
福島雅儀　2005「古代金属装鉄刀の年代」『考古学雑誌』89-2　日本考古学会
藤井一二　1991『和同開珎』中公新書
藤沢　敦　2004「倭の「古墳」と東北北部の「末期古墳」」『古墳時代の政治構造』青木書店
藤沢　敦　2007「倭と蝦夷の律令国家─考古学的文化の変移と国家・民族の境界─」『史林』90-1　史学研究会
藤沢　敦　2009「墳墓から見た古代の本州島北部と北海道」『国立歴史民俗博物館研究報告』152　国立歴史民俗博物館
藤森栄一　1939「考古学上よりしたる古墳墓立地の観方」『考古学』10-1　東京考古学会
藤原音松　1948『武蔵野史』武蔵野市役所
古田修久　1998「和同開珎の分類」『方泉處』21　東洋鋳造貨幣研究所
保坂三郎・神尾明正　1963「千葉県木更津市江川火葬墓」『日本考古学年報』10　日本考古学協会
星川正甫　1875『公国譚』稿本（岩手県立図書館蔵）
星川吉寛　1779『蝦夷塚石郭之図』（岩手県立図書館蔵）
北海道開拓記念館　1997『北の古代史をさぐる擦文文化』北海道開拓記念館・開拓の村文化振興会（図録）
前沢和之　1992「豊城入彦命系譜と上毛野地域─その歴史的特性をめぐって─」『国立歴史民俗博物館研究報告』44　国立歴史民俗博物館
前田速夫　2004『余多歩き―菊池山哉の人と学問―』晶文社
真崎勇助　1891〜98『雲根録』第4編　自筆稿本（大館市立栗盛記念図書館蔵）
益井邦夫　1992『幕末の鬼才・三浦乾也』里文出版
松浦武四郎　1882『撥雲余興』2　松浦武四郎
松尾禎作　1976「大塚山竪壙古墳」『佐賀県史跡名勝天然記念物調査報告第7輯』復刻版下巻　青潮社

松崎元樹　2001「Ⅴ瀬戸岡古墳群」「Ⅸ成果と問題点 6 瀬戸岡古墳群の再検討」『天神前遺跡・瀬戸岡古墳群・上賀多遺跡・新道通遺跡・南小宮遺跡』東京都埋蔵文化財センター調査報告 95　(財)東京都埋蔵文化財センター

松田　猛　2002「古代勢多郡の地名と氏族」『赤城村歴史資料館紀要』4　赤城村歴史資料館

松平定信　1800『集古十種』第 4・刀剣 1 (1908『集古十種』第 4　国書刊行会)

松本建速　2001「蕨手刀と牧」『海と考古学』4　海交史研究会

松本建速　2003「蝦夷と蕨手刀」『物質文化』75　物質文化研究会

松本建速　2006『蝦夷の考古学』同成社

松本建速　2011『蝦夷とは誰か』(ものが語る歴史 25) 同成社

三浦茂三郎　1988「群馬県における古墳の終末」『研究紀要』5　(財)群馬県埋蔵文化財調査事業団

三浦貴子　2006『物見坂Ⅱ遺跡 (2)・物見坂Ⅰ遺跡』鹿角市文化財調査資料 86　鹿角市教育委員会

右島和夫　1992「古墳から見た 6、7 世紀の上野地域」『国立歴史民俗博物館研究報告』44　国立歴史民俗博物館

右島和夫　2003「古墳時代上野地域における東と西」『群馬県立歴史博物館紀要』23　群馬県立歴史博物館

三島　格　1952「荒尾市野原古墳群調査雑記」『熊本史学』3　熊本史学会

水野　祐　1993「出雲の豪族と出雲臣族」『古代考える・出雲』吉川弘文館

光谷拓実　2003「年輪年代法による正倉院正倉の建築部材の調査」『正倉院紀要』25　正倉院事務所

光谷拓実　2006「年輪年代法による正倉院正倉の建築部材の調査 (2)」『正倉院紀要』28　正倉院事務所

光谷拓実　2016「年輪年代法による正倉院正倉の建築部材の調査 (3)」『正倉院紀要』38　正倉院事務所

蓑島栄紀　2001「渡島蝦夷の社会段階と組織化」『古代国家と北方社会』吉川弘文館

蓑島栄紀　2013「古代の「昆布」と北方社会―その実態と生産・交易―」『環太平洋・アイヌ文化研究』10　苫小牧駒澤大学環太平洋・アイヌ文化研究所

宮城県多賀城跡調査研究所　1972『多賀城跡・昭和 46 年度発掘調査概報』宮城県教育委員会

宮崎政久　2011「「蕨手刀」異説」『刀剣と歴史』701　日本刀剣保存会

宮原武夫　1980「両総の俘囚の反乱」『千葉県の歴史』20　千葉県

武蔵野市史編纂委員会「古代」『武蔵野市史原始古代編』武蔵野市役所

村田晃一　2000「飛鳥奈良時代の陸奥北辺―移民の時代―」『宮城考古学』2　宮城考古学会

森　公章　1992「出雲地域とヤマト王権」『新版古代の日本 4 中国・四国』角川書店
森　浩一　1988『考古学の先覚者たち』中央公論社
森　浩一　1991「日本海西地域の古代像」『海と列島文化』2　小学館
森　秀之　1996「擦文・オホーツク文化期の出土刀剣に関する覚書（1）―枝幸町目梨泊遺跡の資料によせて―」『紋別市立郷土博物館報告』9　紋別市立郷土博物館
森　秀之　1997「擦文・オホーツク文化期の出土刀剣に関する覚書（2）―枝幸町目梨泊遺跡の資料によせて―」『紋別市立郷土博物館報告』10　紋別市立郷土博物館
森　秀之　2005「擦文・オホーツク文化期の出土刀剣に関する覚書（3）―恵庭市西島松 5 遺跡出土資料の考察―」『紋別市立博物館報告』12　紋別市立博物館
毛利光俊彦　1978「古墳出土銅鋺の系譜」『考古学雑誌』64-1　日本考古学会
八木奘三郎　1899「東北地方に於ける人類学的旅行」『東京人類学会雑誌』165　東京人類学会
八木静山　1935「明治考古学史」『ドルメン』4-4　岡書院
八木静山　1940「明治時代の先史古物採集家」『民族文化』2　山岡書店
八木光則　1996「蕨手等の変遷と性格」『考古学の諸相』坂詰秀一先生還暦記念会
八木光則　2003「7・8 世紀鉄刀の画期と地域性」『七世紀研究会シンポジウム・武器生産と流通の諸画期』七世紀研究会
八木光則　2010『古代蝦夷社会の成立』（ものが語る歴史 21）同成社
八木光則・藤村茂克　2003『蕨手刀集成（第 3 版）』盛岡市文化財研究会
柳浦俊一　1980「出雲地方における歴史時代須恵器の編年試論」『松江考古』3　松江考古学会
安田初雄　1959「古代における日本の放牧に関する歴史地理的考察」『福島大学学芸学部論集』10-2　福島大学学芸学部
八千穂村誌歴史編纂委員会　2005『八千穂村誌第 4 巻（歴史編）』八千穂村誌刊行会
柳澤清一　2011「新北方編年案と B-Tm 火山灰から見た蕨手刀の副葬年代―青苗砂丘遺跡から目梨泊遺跡・モヨロ貝塚へ―」『北方考古学の新展開―火山灰・蕨手刀をめぐる編年大系の見直しと精密化―』六一書房
柳田敏司　1964「秩父市大野原出土の蕨手刀」『埼玉考古』2　埼玉考古学会
矢野一貞　1861『筑後将士軍談』（1926『校訂筑後国史（筑後将士軍談）』下巻　筑後遺籍刊行会）
山浦　清　2000「続縄文から擦文文化成立期にかけての北海道・本州間の交流」『現代の考古学 5（交流の考古学）』朝倉書店
山形県　1969『山形県史・資料編Ⅱ・考古資料』山形県
山形県　1976『山形県史・資料編 15 下・古代中世資料 2』山形県
山田良三　1984「社寺伝世馬具の壺鐙について」『橿原考古学研究所論集』7　吉川弘文館

山中襄太　1968『地名語源辞典』校倉書房
山梨県　1998『山梨県史資料編1（原始・古代）』山梨県
山梨県　2004『山梨県史通史編1（原始・古代）』山梨県
山本　清　1960「山陰の須恵器」『島根大学開学十周年記念論文集』島根大学
山本寿々雄　1968『山梨県の考古学』吉川弘文館
横山成己　2012「見島ジーコンボ古墳群「俘囚墓説」小考」『やまぐち学の構築』8　「やまぐち学」推進プロジェクト
横山由清　1871『尚古図録』第2　横山由清
吉田義昭　1954「寛政年間江釣子古墳群の発掘」『奥州史談』4-4　奥州史談会
米崎清実　2005『蜷川式胤著「奈良の筋道」』中央公論美術出版
米村喜男衛　1935「北海道網走町モヨリ貝塚中の人骨埋葬に就いて」『人類学雑誌』50-2　日本人類学会
米山　衛　2004『北辺の海の民・モヨロ貝塚』新泉社
米山雲外・園部景保・小林等　1978「蕨手横刀の研磨報告」『刀剣美術』254　（財）日本美術刀剣保存協会
米山雲外　1986「蕨手刀について」『刀剣美術』355　（財）日本美術刀剣保存協会
米山雲外　1987「再び蕨手刀について」『刀剣美術』361　（財）日本美術刀剣保存協会
若月義小　1991「「東国の調」の実態と性質—ミヤケの収取機構との関連で—」『立命館文学』521　立命館大学人文学会
若林勝邦　1898「羽後国発見の蕨手の剣」『考古学会雑誌』2-2　日本考古学会
渡邊邦雄　2003「天武・持統朝の墓制」『古代学研究』161　古代学研究会
綿貫邦男　1990「銙帯から見た律令制の一側面—群馬県末期古墳出土の銙帯から—」『群馬考古学手帳』1　群馬土器観会
亘理町教育委員会　2015『桜小路横穴墓群Ⅱ』亘理町教育委員会

初 出 一 覧

　本書は過去に発表した旧稿および新稿で構成される。ただし、このたび一書を成すにあたり旧稿の分割あるいは整理・統合を行い、旧稿発表後の新発掘資料および知見に応じて、大幅に加除・加筆・訂正などを行った。旧稿（初出）との対応関係は次のとおりである。

第Ⅰ部
第1章　新稿
第2章　新稿
第3章　「蕨手刀の型式分類及び編年と分布」『地域と文化の考古学』Ⅱ（明治大学文学部考古学研究室編　六一書房　2008年　183-199頁）、「十五郎穴横穴墓群の蕨手刀について」『第35回茨城県考古学協会研究発表会資料』（茨城県考古学協会　2013年　15-20頁）

第Ⅱ部
第1章　「群馬県出土蕨手刀の分類と編年」『群馬考古学手帳』14（群馬土器観会　2004年　1-22頁）、「群馬県出土蕨手刀の分布とその性格」『群馬考古学手帳』15（群馬土器観会　2005年　1-13頁）
第2章　新稿
第3章　新稿
第4章　新稿
第5章　新稿
第6章　新稿
第7章　新稿
第8章　「茨城県出土の蕨手刀」『十五郎穴横穴墓群―東日本最大級の横穴墓群の調査―』（ひたちなか市教育委員会・（公財）ひたちなか市生活・文化・スポーツ公社　2016年　239-254頁）
第9章　「出雲市馬木町小坂古墳出土蕨手刀の再検討」『古代文化研究』14（島根県古代文化センター　2006年　33-50頁）
第10章　新稿
第11章　新稿
第Ⅲ部　新稿

おわりに

　なぜ、このように蕨手刀を研究するようになったのか。そのきっかけは、大学で考古学を学び、柄が早蕨のように屈曲した刀の存在を知った時であった。はて、その奇妙な刀姿を何処かでみたような、思えば子供の頃に観た昭和41年（1966）制作の特撮時代劇映画「大魔神」であった。それは戦国時代、武士が陰謀を巡らし民衆たちを虐げると、静かに祀られていた武人埴輪風の石像が大魔神に変身し、その破壊的力によって悪人武士を倒すという勧善懲悪物語である。その劇中、怒れる大魔神が振りかざしていた刀が蕨手刀であった。その後、考古資料の編年を学ぶうえで、武人埴輪と蕨手刀には、年代的に齟齬があることを知り、ますます蕨手刀に興味を持つようになったことを思い出す。

　大学卒業後、一地方公共団体の埋蔵文化財担当として発掘調査などに従事することとは別に、個人的に考古学はもとより各分野での蕨手刀の情報を集め、一在野の研究者として研究を続けてきた。結果、この一冊にまとめることができたと思う。

　本書は、研究篇と資料検討篇、それと全国蕨手刀集成図・表および文献一覧の集成篇から構成している。第Ⅰ部の研究篇では、先学の業績について考古学黎明期以前から戦前戦後の実証的研究の業績を顧みた。そのなかで蕨手刀そのものの視覚的記録方法として、和紙に墨で描いた図、平面と断面を展開した二次元的実測図、写真などを媒体に二次資料が保存されてきたことがわかった。写真の場合、ガラス乾板からフィルム、デジタル化へと時代とともに変遷し、また、実測図の場合、最近ではCTスキャンによる3D実測図なるものも目にする。日本の近代化、明治150年の今年、技術の発展は、目を見張るばかりで驚かされる。蕨手刀の実証的研究は、今から107年前、高橋健自が示したわず

か7口の資料から始められ、戦前戦後を通じて行われてきた先学達の研究成果により、現代の研究は培われてきた。私の型式分類・編年などの研究結果もその延長線上に、ただ存在するものである。

　第Ⅱ部資料検討篇では、各章において畿内求心地域の東国各地の出土蕨手刀の紹介と出土意義について、また、西国では島根県出雲市出土資料をもとに、西国での蕨手刀のあり方や搬入経路などについて、さらに俘囚移配地と蕨手刀の関連性について、考古資料および文献史料など各地域史と絡めて検討を試みた。第11章では、蕨手刀に関する属性などを総括し、キーワード「なぜ、蕨手刀は東北北部に多く分布するのか」については、国家政策による東国からの強制移住、とりわけ上信地域の技術者集団の移動と移住が大きな要因であることを指摘し、論を進めた。

　第Ⅲ部集成篇は、日本列島全国から出土した蕨手刀についての集成図と表、文献一覧である。かつて石井昌国（1966）の「蕨手刀調査要覧」では182口、八木光則（2003）の「蕨手刀集成（第3版）」では269口があげられているが、それ以後の新資料および未報告資料など318口を拾いあげることができた。

　私の研究は、まだまだ発展途上の段階にあるので、蕨手刀関連の新情報を得るたびに、「本物を見たい、写真を撮りたい、実測図を取りたい、出土状況を知りたい」という意欲をもとに、今後もコツコツと研鑽に努めたい。まずは東北北部の陸奥国と出羽国、北海道島の蕨手刀についての詳細な検討と金属考古学との協業による蕨手刀鍛造における地金の分析データの蓄積を行うことと、現代刀匠による蕨手刀の復元鍛造が試みられる場合、技術の伝承における民俗学的視点からの検証などに立ち会えればと考えている。

　我が恩師の故小林三郎先生（明治大学教授）から生前、「有人有史」の言葉をいただいたことがある。今回のこの拙著により、考古学史のなかに私が生きた証としてこの研究の一端が刻まれればと秘かに思う次第である。

　本書の刊行に際し、市原市埋蔵文化財調査センター、岩手県立博物館、大館市立栗盛記念図書館、岡山大学考古学研究室、オホーツクミュージアムえさし、鹿児島県歴史資料センター黎明館、雄山閣、栗原市教育委員会、國學院大

學日本文化研究所、國學院大學博物館、佐久市教育委員会、島根県立古代出雲歴史博物館、島根県立古代文化センター、市立米沢図書館、白石市教育委員会、紫波町教育委員会、西予市教育委員会、伊達市教育委員会、東京大学大学院工学系研究科建築学専攻、東京大学史料編纂所、名古屋市・霊鷲山長母寺、南陽市教育委員会、ひたちなか市教育委員会、ひたちなか市埋蔵文化財調査センター、笛吹市教育委員会、山梨県立考古博物館の各自治体や研究機関など、また、赤沼英男、安達訓仁、稲田健一、稲田奈津子、高畠孝宗、冨沢一明の各氏より資料の提供などのご協力、ご教示をいただいたことに対し、お礼の意を表したい。

　最後に、これまで研究を続けられてきたのは、諸先生、諸先輩、友人等からのご指導、ご援助の賜であり、小著の執筆、出版を導いてくださった鈴木靖民先生（國學院大學名誉教授）、佐々木虔一先生（古代交通研究会会長）には、心より感謝の意を表したい。また、執筆、校正の際に妻・玉恵からは数々の助言の他、蔵書の六国史など文献史料を借用させてもらい、刊行にあたっては同成社社長の佐藤涼子氏、編集部の三浦彩子氏に編集、校正など大変お世話になった。あわせて心から感謝の気持ちを述べたい。

2018年10月

酷暑過ぎし、天災の続く平成最後の秋

黒　済　和　彦

ものが語る歴史シリーズ㊴

蕨手刀の考古学
(わらびてとう の こうこがく)

■著者略歴■
黒済和彦（くろずみ　かずひこ）
1958 年　東京都生まれ
1983 年　明治大学文学部史学地理学科（考古学専攻）卒業
現　在　川口市教育委員会勤務
〔主要論文等〕
「東国の中の出雲世界―主に北武蔵の入間・比企地域を中心に―」
　『出雲古代史研究』18　出雲古代史研究会　2008 年
「古代入間郡における終末期古墳の様相と評・郡家の成立」『論叢
　古代武蔵國入間郡家』古代入間を考える会　2008 年
「利根川・荒川中流域地域」『季刊考古学』115（特集　低地の考古
　学）雄山閣　2011 年
「三ツ和遺跡を考える―古代足立郡におけるムラの様子―」『古代学
　研究所紀要』25　明治大学日本古代学研究所　2017 年

2018 年 12 月 12 日発行

著　者　黒済和彦
発行者　山脇由紀子
印　刷　㈱精興社
製　本　協栄製本㈱

発行所　東京都千代田区飯田橋 4-4-8　㈱同成社
　　　　（〒102-0072）東京中央ビル
　　　　TEL　03-3239-1467　振替　00140-0-20618

©Kurozumi Kazuhiko 2018. Printed in Japan
ISBN 978-4-88621-811-7 C3321